本项目由深圳市宣传文化事业发展专项基金资助

深圳学派建设丛书（第九辑）

宗炳评传
Commentary on Zong Bing

黄发玉 著

中国社会科学出版社

图书在版编目（CIP）数据

宗炳评传 / 黄发玉著 . —北京：中国社会科学出版社，2022.6
（深圳学派建设丛书 . 第九辑）
ISBN 978 - 7 - 5227 - 0047 - 2

Ⅰ. ①宗⋯　Ⅱ. ①黄⋯　Ⅲ. ①宗炳（375 - 443）—评传　Ⅳ. ①K825.72

中国版本图书馆 CIP 数据核字（2022）第 057098 号

出 版 人	赵剑英
责任编辑	李凯凯
责任校对	胡新芳
责任印制	王　超

出　　版	中国社会科学出版社
社　　址	北京鼓楼西大街甲 158 号
邮　　编	100720
网　　址	http://www.csspw.cn
发 行 部	010 - 84083685
门 市 部	010 - 84029450
经　　销	新华书店及其他书店
印　　刷	北京君升印刷有限公司
装　　订	廊坊市广阳区广增装订厂
版　　次	2022 年 6 月第 1 版
印　　次	2022 年 6 月第 1 次印刷
开　　本	710×1000　1/16
印　　张	20.75
字　　数	305 千字
定　　价	108.00 元

凡购买中国社会科学出版社图书，如有质量问题请与本社营销中心联系调换
电话：010 - 84083683
版权所有　侵权必究

谨以此书
献给宗炳故里的父老乡亲

《深圳学派建设丛书》
编委会

顾　　问：王京生　李小甘　王　强

主　　任：张　玲　张　华

执行主任：陈金海　吴定海

主　　编：吴定海

总序　学派的魅力

王京生

学派的星空

在世界学术思想史上，曾经出现过浩如繁星的学派，它们的光芒都不同程度地照亮人类思想的天空，像米利都学派、弗莱堡学派、法兰克福学派等，其人格精神、道德风范一直为后世所景仰，其学识与思想一直成为后人引以为据的经典。就中国学术史而言，不断崛起的学派连绵而成群山之势，并标志着不同时代的思想所能达到的高度。自晚明至晚清，是中国学术尤为昌盛的时代，而正是在这个时代，学派的存在也尤为活跃，像陆王学派、吴学、皖学、扬州学派等。但是，学派辈出的时期还应该首推古希腊和中国的春秋战国时期，古希腊出现的主要学派就有米利都学派、毕达哥拉斯学派、埃利亚学派、犬儒学派；而儒家学派、黄老学派、法家学派、墨家学派、稷下学派等，则是中国春秋战国时代学派鼎盛的表现，百家之中几乎每家就是一个学派。

综观世界学术思想史，学派一般都具有如下的特征：

其一，有核心的代表人物，以及围绕着这些核心人物所形成的特定时空的学术思想群体。德国19世纪著名的历史学家兰克既是影响深远的兰克学派的创立者，也是该学派的精神领袖，他在柏林大学长期任教期间培养了大量的杰出学者，形成了声势浩大的学术势力，兰克本人也一度被尊为欧洲史学界的泰斗。

其二，拥有近似的学术精神与信仰，在此基础上形成某种特定的学术风气。清代的吴学、皖学、扬学等乾嘉诸派学术，以考据为治学方法，继承古文经学的训诂方法而加以条理发明，用于古籍整理和语言文字研究，以客观求证、科学求真为旨归，这一学术风气也因此成为清代朴学最为基本的精神特征。

其三，由学术精神衍生出相应的学术方法，给人们提供了观照世界的新的视野和新的认知可能。产生于 20 世纪 60 年代、代表着一种新型文化研究范式的英国伯明翰学派，对当代文化、边缘文化、青年亚文化的关注，尤其是对影视、广告、报刊等大众文化的有力分析，对意识形态、阶级、种族、性别等关键词的深入阐释，无不为我们认识瞬息万变的世界提供了丰富的分析手段与观照角度。

其四，由上述三点所产生的经典理论文献，体现其核心主张的著作是一个学派所必需的构成因素。作为精神分析学派的创始人，弗洛伊德所写的《梦的解析》等，不仅成为精神分析理论的经典著作，而且影响广泛并波及人文社科研究的众多领域。

其五，学派一般都有一定的依托空间，或是某个地域，或是像大学这样的研究机构，甚至是有着自身学术传统的家族。

学派的历史呈现出交替嬗变的特征，形成了自身发展规律：

其一，学派出现往往暗合了一定时代的历史语境及其"要求"，其学术思想主张因而也具有非常明显的时代特征。一旦历史条件发生变化，学派的内部分化甚至衰落将不可避免，尽管其思想遗产的影响还会存在相当长的时间。

其二，学派出现与不同学术群体的争论、抗衡及其所形成的思想张力紧密相关，它们之间的"势力"此消彼长，共同勾勒出人类思想史波澜壮阔的画面。某一学派在某一历史时段"得势"，完全可能在另一历史时段"失势"。各领风骚若干年，既是学派本身的宿命，也是人类思想史发展的"大幸"：只有新的学派不断涌现，人类思想才会不断获得更为丰富、多元的发展。

其三，某一学派的形成，其思想主张都不是空穴来风，而有其内在理路。例如，宋明时期陆王心学的出现是对程朱理学的反动，但其思想来源却正是后者；清代乾嘉学派主张朴学，是为了反对陆王心学的空疏无物，但二者之间也建立了内在关联。古希腊思想作为欧洲思想发展的源头，使后来西方思想史的演进，几乎都可看作是对它的解释与演绎，"西方哲学史都是对柏拉图思想的演绎"的极端说法，却也说出了部分的真实。

其四，强调内在理路，并不意味着对学派出现的外部条件重要性的否定；恰恰相反，外部条件有时对于学派的出现是至关重要的。政治的开明、社会经济的发展、科学技术的进步、交通的发达、移民的汇聚等，都是促成学派产生的重要因素。名震一时的扬州学派，就直接得益于富甲一方的扬州经济与悠久而发达的文化传统。综观中国学派出现最多的明清时期，无论是程朱理学、陆王心学，还是清代的吴学、皖学、扬州学派、浙东学派，无一例外都是地处江南（尤其是江浙地区）经济、文化、交通异常发达之地，这构成了学术流派得以出现的外部环境。

学派有大小之分，一些大学派又分为许多派别。学派影响越大分支也就越多，使得派中有派，形成一个学派内部、学派之间相互切磋与抗衡的学术群落，这可以说是纷纭繁复的学派现象的一个基本特点。尽管学派有大小之分，但在人类文明进程中发挥的作用却各不相同，有积极作用，也有消极作用。如，法国百科全书派破除中世纪以来的宗教迷信和教会黑暗势力的统治，成为启蒙主义的前沿阵地与坚强堡垒；罗马俱乐部提出的"增长的极限""零增长"等理论，对后来的可持续发展、协调发展、绿色发展等理论与实践，以及联合国通过的一些决议，都产生了积极影响；而德国人文地理学家弗里德里希·拉采尔所创立的人类地理学理论，宣称国家为了生存必须不断扩充地域、争夺生存空间，后来为法西斯主义所利用，起了相当大的消极作用。

学派的出现与繁荣，预示着一个国家进入思想活跃的文化大发展时期。被司马迁盛赞为"盛处士之游，壮学者之居"的稷下学宫，之所以能成为著名的稷下学派之诞生地、战国时期百家争鸣的主要场所与最负盛名的文化中心，重要原因就是众多学术流派都活跃在稷门之下，各自的理论背景和学术主张尽管各有不同，却相映成趣，从而造就了稷下学派思想多元化的格局。这种"百氏争鸣、九流并列、各尊所闻、各行所知"的包容、宽松、自由的学术气氛，不仅推动了社会文化的进步，而且也引发了后世学者争论不休的话题，中国古代思想在这里得到了极大发展，迎来了中国思想文化史上的黄金时代。而从秦朝的"焚书坑儒"到汉代的"独尊儒术",百家争鸣局面便不复存在,思想禁锢必然导致学派衰落,国家文化发展也必将受到极大的制约与影响。

深圳的追求

在中国打破思想的禁锢和改革开放40多年,面对百年未有之大变局的历史背景下,随着中国经济的高速发展以及在国际上的和平崛起,中华民族伟大复兴的中国梦正在实现。文化是立国之根本,伟大的复兴需要伟大的文化。树立高度的文化自觉,促进文化大发展大繁荣,加快建设文化强国,中华文化的伟大复兴梦想正在逐步实现。可以预期的是,中国的学术文化走向进一步繁荣的过程中,将逐步构建起中国特色哲学社会科学学科体系、学术体系和话语体系,在世界舞台上展现"学术中的中国"。

从20世纪70年代末真理标准问题的大讨论,到人生观、文化观的大讨论,再到90年代以来的人文精神大讨论,以及近年来各种思潮的争论,凡此种种新思想、新文化,已然展现出这个时代在百家争鸣中的思想解放历程。在与日俱新的文化转型中,探索与矫正的交替进行和反复推进,使学风日盛、文化昌明,在很多学科领域都出现了彼此论争和公开对话,促成着各有特色的学术阵营的形成与发展。

一个文化强国的崛起离不开学术文化建设,一座高品位文化城市的打造同样也离不开学术文化发展。学术文化是一座城市最内在的精神生活,是城市智慧的积淀,是城市理性发展的向导,是文化创造力的基础和源泉。学术是不是昌明和发达,决定了城市的定位、影响力和辐射力,甚至决定了城市的发展走向和后劲。城市因文化而有内涵,文化因学术而有品位,学术文化已成为现代城市智慧、思想和精神高度的标志和"灯塔"。

凡工商发达之处,必文化兴盛之地。深圳作为我国改革开放的"窗口"和"排头兵",是一个商业极为发达、市场化程度很高的城市,移民社会特征突出、创新包容氛围浓厚、民主平等思想活跃、信息交流的"桥头堡"地位明显,形成了开放多元、兼容并蓄、创新创意、现代时尚的城市文化特征，具备形成学派的社会条件。在创造工业化、城市化、现代化发展奇迹的同时，深圳也创造了文化跨越式发展的奇迹。文化的发展既引领着深圳的改革开放和现代化进程，激励着特区建设者艰苦创业，也丰富了广大市民的生活，提升了城市品位。

如果说之前的城市文化还处于自发性的积累期，那么进入新世纪以来，深圳文化发展则日益进入文化自觉的新阶段：创新文化发展理念，实施"文化立市"战略，推动"文化强市"建设，提升文化软实力，争当全国文化改革发展"领头羊"。自2003年以来，深圳文化发展亮点纷呈、硕果累累：荣获联合国教科文组织"设计之都""全球全民阅读典范城市"称号，被国际知识界评为"杰出的发展中的知识城市"，连续多次荣获"全国文明城市"称号，屡次被评为"全国文化体制改革先进地区"，"深圳十大观念""新时代深圳精神"影响全国，《走向复兴》《我们的信念》《中国之梦》《永远的小平》《迎风飘扬的旗》《命运》等精品走向全国，深圳读书月、市民文化大讲堂、关爱行动、创意十二月、文化惠民等品牌引导市民追求真善美，图书馆之城、钢琴之城、设计之都等"两城一都"高品位文化城市正成为现实。

城市的最终意义在于文化。在特区发展中，"文化"的地位正发生着巨大而悄然的变化。这种变化不仅在于大批文化设施的兴建、各类文化活动的开展与文化消费市场的繁荣，还在于整个城市文化地理和文化态度的改变，城市发展思路由"经济深圳"向"文化深圳"转变。这一切都源于文化自觉意识的逐渐苏醒与复活。文化自觉意味着文化上的成熟，未来深圳的发展，将因文化自觉意识的强化而获得新的发展路径与可能。

与国内外一些城市比起来，历史文化底蕴不够深厚、文化生态不够完善等仍是深圳文化发展中的弱点，特别是学术文化的滞后。近年来，深圳在学术文化上的反思与追求，从另一个层面构成了文化自觉的逻辑起点与外在表征。显然，文化自觉是学术反思的扩展与深化，从学术反思到文化自觉，再到文化自信、自强，无疑是文化主体意识不断深化乃至确立的过程。大到一个国家和小到一座城市的文化发展皆是如此。

从世界范围看，伦敦、巴黎、纽约等先进城市不仅云集大师级的学术人才，而且有活跃的学术机构、富有影响的学术成果和浓烈的学术氛围，正是学术文化的繁盛才使它们成为世界性文化中心。可以说，学术文化发达与否，是国际化城市不可或缺的指标，并将最终决定一个城市在全球化浪潮中的文化地位。城市发展必须在学术文化层面有所积累和突破，否则就缺少根基，缺少理念层面的影响，缺少自我反省的能力，就不会有强大的辐射力，即使有一定的辐射力，其影响也只是停留于表面。强大而繁荣的学术文化，将最终确立一种文化类型的主导地位和城市的文化声誉。

深圳正在抢抓粤港澳大湾区和先行示范区"双区"驱动，经济特区和先行示范区"双区"叠加的历史机遇，努力塑造社会主义文化繁荣兴盛的现代城市文明。近年来，深圳在实施"文化立市"战略、建设"文化强市"过程中鲜明提出：大力倡导和建设创新型、智慧型、包容型城市主流文化，并将其作为城市精神的主轴以及未来文化发展的明确导向和基本定位。其中，智慧型城市文化就是以追求知识和理性为旨归，人文气息浓郁，学术文化繁荣，智慧产出能力较强，学习型、知识型城市建设成效卓著。深圳要大力弘扬粤港澳大湾区人文精神，建设区域文化中心城市和彰显国家文化软实力的现代文明之城，建成有国际影响力的智慧之城，学术文化建设是其最坚硬的内核。

经过40多年的积累，深圳学术文化建设初具气象，一批重要学科确立，大批学术成果问世，众多学科带头人涌现。在中国特色社会主义理论、先行示范区和经济特区研究、粤港澳大湾区、文化发展、城市化等研究领域产生了一定影响；学术文化氛围已然形成，在国内较早创办以城市命名的"深圳学术年会"，举办了"世界知识城市峰会"等一系列理论研讨会。尤其是《深圳十大观念》等著作的出版，更是对城市人文精神的高度总结和提升，彰显和深化了深圳学术文化和理论创新的价值意义。这些创新成果为坚定文化自信贡献了学术力量。

而"深圳学派"的鲜明提出，更是寄托了深圳学人的学术理想和学术追求。1996年最早提出"深圳学派"的构想；2010年《深圳市委市政府关于全面提升文化软实力的意见》将"推动'深圳学派'建设"载入官方文件；2012年《关于深入实施文化立市战略建设文化强市的决定》明确提出"积极打造'深圳学派'"；2013年出台实施《"深圳学派"建设推进方案》。一个开风气之先、引领思想潮流的"深圳学派"正在酝酿、构建之中，学术文化的春天正向这座城市走来。

"深圳学派"概念的提出，是中华文化伟大复兴和深圳高质量发展的重要组成部分。树起这面旗帜，目的是激励深圳学人为自己的学术梦想而努力，昭示这座城市尊重学人、尊重学术创作的成果、尊重所有的文化创意。这是深圳40多年发展文化自觉和文化自信的表现，更是深圳文化流动的结果。因为只有各种文化充分流动碰撞，形成争鸣局面，才能形成丰富的思想土壤，为"深圳学派"形成创造条件。

深圳学派的宗旨

构建"深圳学派"，表明深圳不甘于成为一般性城市，也不甘于仅在世俗文化层面上做点影响，而是要面向未来中华文明复兴的伟大理想，提升对中国文化转型的理论阐释能力。"深圳学派"从名称上看，是地域性的，体现城市个性和地缘特征；从内涵上看，是问题性的，反映深圳在前沿探索中遇到的主要问题；从来源上看，"深圳学派"没有明确的师承关系，易形成兼容并蓄、开放择优的学术风格。因而，"深圳学派"建设的宗旨是"全球视野，民族立场，时代精神，深圳表达"。它浓缩了深圳学术文化建设的时空定位，反映了对学界自身经纬坐标的全面审视和深入理解，体现了城市学术文化建设的总体要求和基本特色。

一是"全球视野"：反映了文化流动、文化选择的内在要求，体现了深圳学术文化的开放、流动、包容特色。它强调要树立世界眼光，尊重学术文化发展内在规律，贯彻学术文化转型、流动与选择辩证统一的内在要求，坚持"走出去"与"请进来"相结合，推动深圳与国内外先进学术文化不断交流、碰撞、融合，保持旺盛活力，构建开放、包容、创新的深圳学术文化。

　　文化的生命力在于流动，任何兴旺发达的城市和地区一定是流动文化最活跃、最激烈碰撞的地区，而没有流动文化或流动文化很少光顾的地区，一定是落后的地区。文化的流动不断催生着文化的分解和融合，推动着文化新旧形式的转换。在文化探索过程中，唯一需要坚持的就是敞开眼界、兼容并蓄、海纳百川，尊重不同文化的存在和发展，推动多元文化的融合发展。中国近现代史的经验反复证明，闭关锁国的文化是窒息的文化，对外开放的文化才是充满生机活力的文化。学术文化也是如此，只有体现"全球视野"，才能融入全球思想和话语体系。因此，"深圳学派"的研究对象不是局限于一国、一城、一地，而是在全球化背景下，密切关注国际学术前沿问题，并把中国尤其是深圳的改革发展置于人类社会变革和文化变迁的大背景下加以研究，具有宽广的国际视野和鲜明的民族特色，体现开放性甚至是国际化特色，融合跨学科的交叉和开放，提高深圳改革创新思想的国际影响力，向世界传播中国思想。

　　二是"民族立场"：反映了深圳学术文化的代表性，体现了深圳在国家战略中的重要地位。它强调要从国家和民族未来发展的战略出发，树立深圳维护国家和民族文化主权的高度责任感、使命感、紧迫感。加快发展和繁荣学术文化，融通马克思主义、中华优秀传统文化和国外学术文化资源，尽快使深圳在学术文化领域跻身全球先进城市行列，早日占领学术文化制高点。推动国家民族文化昌盛，助力中华民族早日实现伟大复兴。

　　任何一个大国的崛起，不仅伴随经济的强盛，而且伴随文化的昌盛。文化昌盛的一个核心就是学术思想的精彩绽放。学术的制高点，是民族尊严的标杆，是国家文化主权的脊梁骨；只有占领学术制高点，才能有效抵抗文化霸权。当前，中国的和平崛起已成为世界的最热门话题之一，中国已经成为世界第二大经济体，发展速度为世界刮目相看。但我们必须清醒地看到，在学术上，我们还远未进入世界前列，特别是还没有实现与第二大经济体相称的世界文化强国的地位。这样的学术境地不禁使我们扪心自问，如果思想学术得不到世界仰慕，中华民族何以实现伟大复兴？在这个意义上，深圳和全国其他地方一样，学术都是短板，理论研究不能很好地解读实践、总结经验。而深圳作为"全国改革开放的一面旗帜"，肩负着为国家、为民族文化发展探路的光荣使命，尤感责任重大。深圳这块沃土孕育了许多前沿、新生事物，为学术研究提供了丰富的现实素材，但是学派的学术立场不能仅限于一隅，而应站在全国、全民族的高度，探索新理论解读这些新实践、新经验，为繁荣中国学术、发展中国理论贡献深圳篇章。

三是"时代精神"：反映了深圳学术文化的基本品格，体现了深圳学术发展的主要优势。它强调要发扬深圳一贯的"敢为天下先"的精神，突出创新性，强化学术攻关意识，按照解放思想、实事求是、求真务实、开拓创新的总要求，着眼人类发展重大前沿问题，聚焦新时代新发展阶段的重大理论和实践问题，特别是重大战略问题、复杂问题、疑难问题，着力创造学术文化新成果，以新思想、新观点、新理论、新方法、新体系引领时代学术文化思潮，打造具有深圳风格的理论学派。

党的十八大提出了完整的社会主义核心价值观，这是当今中国时代精神的最权威、最凝练表达，是中华民族走向复兴的兴国之魂，是中国梦的核心和鲜明底色，也应该成为"深圳学派"进行研究和探索的价值准则和奋斗方向。其所熔铸的中华民族生生不息的家国情怀，无数仁人志士为之奋斗的伟大目标和每个中国人对幸福生活的向往，是"深圳学派"的思想之源和动力之源。

创新，是时代精神的集中表现，也是深圳这座先锋城市的第一标志。深圳的文化创新包含了观念创新，利用移民城市的优势，激发思想的力量，产生了一批引领时代发展的深圳观念；手段创新，通过技术手段创新文化发展模式，形成了"文化＋科技""文化＋金融""文化＋旅游""文化＋创意"等新型文化业态；内容创新，以"内容为王"提升文化产品和服务的价值，诞生了华强文化科技、腾讯、华侨城等一大批具有强大生命力的文化企业，形成了文博会、读书月等一大批文化品牌；制度创新，充分发挥市场的作用，不断创新体制机制，激发全社会的文化创造活力，从根本上提升城市文化的竞争力。"深圳学派"建设也应体现出强烈的时代精神，在学术课题、学术群体、学术资源、学术机制、学术环境方面迸发出崇尚创新、提倡包容、敢于担当的活力。"深圳学派"需要阐述和回答的是中国改革发展的现实问题，要为改革开放的伟大实践立论、立言，对时代发展作出富有特色的理论阐述。它以弘扬和表达时代精神为己任，以理论创新、知识创新、方法创新为基本追求，有着明确的文化理念和价值追求，不局限于某一学科领域的考据和论证，而要充分发挥深圳创新文化的客观优势，多视角、多维度、全方位地研究改革发展中的现实问题。

四是"深圳表达"：反映了深圳学术文化的个性和原创性，体现了深圳使命的文化担当。它强调关注现实需要和问题，立足深圳实际，着眼思想解放、提倡学术争鸣，注重学术个性、鼓励学术原创，在坚持马克思主义的指导下，敢于并善于用深圳视角研究重大前沿问题，用深圳话语表达原创性学术思想，用深圳体系发表个性化学术理论，构建具有深圳风格和气派的话语体系，形成具有创造性、开放性和发展活力的理论。

称为"学派"就必然有自己的个性、原创性，成一家之言，勇于创新、大胆超越，切忌人云亦云、没有反响。一般来说，学派的诞生都伴随着论争，在论争中学派的观点才能凸显出来，才能划出自己的阵营和边际，形成独此一家、与众不同的影响。"深圳学派"依托的是改革开放前沿，有着得天独厚的文化环境和文化氛围，因此不是一般地标新立异，也不会跟在别人后面，重复别人的研究课题和学术话语，而是要以改革创新实践中的现实问题研究作为理论创新的立足点，作出特色鲜明的理论表述，发出与众不同的声音，充分展现深圳学者的理论勇气和思想活力。当然，"深圳学派"要把深圳的物质文明、精神文明和制度文明作为重要的研究对象，但不等于言必深圳，只囿于深圳的格局。思想无禁区、学术无边界，"深圳学派"应以开放心态面对所有学人，严谨执着，放胆争鸣，穷通真理。

狭义的"深圳学派"属于学术派别，当然要以学术研究为重要内容；而广义的"深圳学派"可看成"文化派别"，体现深圳作为改革开放前沿阵地的地域文化特色，因此除了学术研究，还包含文学、美术、音乐、设计创意等各种流派。从这个意义上说,"深圳学派"尊重所有的学术创作成果,尊重所有的文化创意,不仅是哲学社会科学,还包括自然科学、文学艺术等,应涵盖多种学科,形成丰富的学派学科体系,用学术续写更多"春天的故事"。

"寄言燕雀莫相唁,自有云霄万里高。"学术文化是文化的核心,决定着文化的质量、厚度和发言权。我们坚信,在建设文化强国、实现文化复兴的进程中,植根于中华文明深厚沃土、立足于特区改革开放伟大实践、融汇于时代潮流的"深圳学派",一定能早日结出硕果,绽放出盎然生机!

写于 2016 年 3 月
改于 2021 年 6 月

宗炳携琴图
（民国二十三年甲戌冬日吴曹标绘于庐山东林寺）

耳既錯減臂腳瘦患卽除無不歎服焉十八年卒時年六十四無子鼻陽山成顗已亡矣上歎曰恨不得使藏顗觀之

宗炳字少文南陽涅陽人也祖承宜都太守父繇之湘鄉令母同郡師氏聰辯有學義教授諸子炳居喪過禮為鄉閭所稱刺史殷仲堪桓玄並辟主簿舉秀才不就高祖誅劉毅領荊州問毅府咨議參軍中丞曰今日何施而可永曰除其宿釁倍其惠澤貫敘門次顯擢才能如此而巳高祖納之辟炳為主簿不起問其故答曰棲丘飲谷三十餘年高祖善其對妙善琴書精於言理每遊山水往輒忘歸征西長史王敬弘每從之未嘗不彌日也乃下入廬山就釋慧遠考尋文義兄臧為南平太守遍與俱還乃於江陵三湖立宅閒居無事高祖召為太尉參軍不就二兄蚤卒孤累其多家貧無以相贍頗營稼穡高祖數致餼賚其後子弟從祿乃悉不復

目 录

第一章 家世与生平 ……………………………………………… (1)
  第一节 南阳士族 …………………………………………… (2)
  第二节 世居江陵 …………………………………………… (10)
  第三节 三湖立宅 …………………………………………… (17)
  第四节 隐逸不仕 …………………………………………… (22)

第二章 "好山水，爱远游" ……………………………………… (38)
  第一节 以游体道 …………………………………………… (38)
  第二节 "西陟荆巫" ………………………………………… (41)
  第三节 "南登衡岳" ………………………………………… (45)
  第四节 山水诗人 …………………………………………… (52)

第三章 "妙善琴书图画" ………………………………………… (59)
  第一节 书法："动成楷则" ………………………………… (59)
    一 书品书风 …………………………………………… (60)
    二 新杂体书与瑞应图 ………………………………… (67)
  第二节 画迹："意可师效" ………………………………… (74)
    一 画品画风 …………………………………………… (74)
    二 关于"一笔画" ……………………………………… (78)
    三 关于《狮子击象图》 ……………………………… (83)
    四 关于《惠持师像》 ………………………………… (86)
  第三节 琴技："欲令众山皆响" …………………………… (87)

第四章　庐山寻道 …………………………………… (94)
第一节　佛风熏陶 …………………………………… (94)
第二节　屡入庐山 …………………………………… (102)
第三节　东林高贤 …………………………………… (117)

第五章　衡山护法 …………………………………… (128)
第一节　白黑之争 …………………………………… (128)
第二节　三教殊同论 ………………………………… (142)
第三节　神不灭论 …………………………………… (151)
第四节　因果报应论 ………………………………… (162)
第五节　渐悟论 ……………………………………… (168)
第六节　心本体论 …………………………………… (174)

第六章　山水画论鼻祖 ……………………………… (188)
第一节　山水画的独立宣言 ………………………… (188)
第二节　"含道应物"与"澄怀味象" …………… (199)
第三节　"山水质有而趣灵" ……………………… (210)
第四节　"以形写形，以色貌色" ………………… (217)
第五节　"方寸之内"与"自然之势" …………… (225)
第六节　"应会感神，神超理得" ………………… (233)
第七节　"图之以壁，坐卧向之" ………………… (239)
第八节　"畅神而已，孰有先焉" ………………… (248)

终论　宗炳的境界与文化形象 ……………………… (258)
第一节　宗炳的境界 ………………………………… (258)
　　一　山水境界 ……………………………………… (258)
　　二　艺术境界 ……………………………………… (260)
　　三　佛学境界 ……………………………………… (262)
　　四　人生境界 ……………………………………… (263)
第二节　宗炳的文化形象 …………………………… (265)
　　一　艺术宗师 ……………………………………… (265)

二　名士偶像 …………………………………………（271）

附　宗炳著述 ……………………………………………（280）
　　一　画山水序 …………………………………………（280）
　　二　明佛论 ……………………………………………（281）

参考文献 …………………………………………………（296）

后　记 ……………………………………………………（304）

第一章

家世与生平

　　1600多年前的晋宋之际，南朝重镇江陵东郊名曰三湖的丛林深处，居住着一位隐士，这就是被称为"山水画论鼻祖"，同时又是著名书画家、佛学家和音乐家的宗炳。

　　宗炳，字少文，[①] 南阳涅阳（今河南邓州东北）人，东晋孝武宁康三年（375年）出生于江陵，刘宋文帝元嘉二十年（443年）卒，享寿69岁。

　　宗炳生活的年代，是一个多事之秋。宗炳出生前的半个多世纪，因"八王之乱""五胡乱华"，加上天灾连年，立国仅50余年的西晋灭亡。在此前后，大批中原士族为避战乱而迁往长江中下游，史称"衣冠南渡"。建武元年（317年），南渡首领西晋宗王司马睿于建康称晋王；次年称帝，是为东晋元帝。而中国北方，则相继进入朝代频繁更迭的十六国时期。自此开始，东晋朝廷内部的争权夺利，国内的农民起义，东晋攻打北方少数民族政权，试图夺回被占领的北方州县，以及北方少数民族政权对东晋的进犯，此起彼伏、连绵不断。

　　宗炳出生后天下仍不太平，东晋的江山并不安稳，尤其是太元三年（378年，宗炳4岁），前秦攻打荆州北方屏障——襄阳（次年陷落），江陵岌岌可危，其时都督荆州的桓冲被迫将治所从江陵移至上明城（今湖北松滋西北）；太元六年（381年，7岁），前秦又

[①] 《宋书·宗炳传》用其名"炳"，《宋书》卷九三，中华书局2019年点校本修订本，第2503页；《南史·宗少文传》避讳，称"少文"而不名，《南史》卷七五，中华书局1975年点校本，第1860页；《梁书·宗夬传》避讳改"炳"为"景"。《梁书》卷十九，中华书局1973年点校本，第299页。

攻打位于江陵东北的竟陵（今湖北潜江东北）；太元八年（383年，9岁），前秦发百万大军进攻，企图一举灭掉东晋（淝水大战，前秦大败）；太元十七年（392年，18岁）至隆安三年（399年），荆江洪水多次泛滥成灾，其间荆州刺史殷仲堪成为第一个因防洪不力被降职的官员；隆安三年（399年，25岁）起，孙恩、卢循先后起义，历时12年，沉重打击了东晋政权。元兴二年（403年，29岁），桓玄挟"震主之威"，君臣易位，废东晋、改国号；次年（404年，30岁），北府旧将刘裕自京口起兵讨伐桓玄，桓玄挟安帝至江陵；义熙元年（405年，31岁），青州刺史刘毅陷江陵，杀桓玄及余党；义熙六年（410年，36岁）东晋中军将军刘裕攻灭南燕；义熙八年（412年，38岁），东晋太尉刘裕陷江陵，刺史刘毅兵败自杀；宋永初元年（420年），刘裕功高震主，晋帝让位，南朝进入宋国时代，此时宗炳已经46岁。

宗炳的前半生，生活在一个社会动荡的时代，政权更迭，统序混乱，战争频仍，民不聊生，这种社会背景为宗炳终生隐居不仕、信奉佛学埋下了伏笔。

第一节　南阳士族

宗家祖籍南阳，迁居江陵，宗炳已是宗家在江陵居住的第三代，史称"南阳宗炳"。当时的士人，一般都被冠以郡望，一方面是因为时局动荡，多有迁徙之士，冠以郡望表明某人系何方人士；另一方面是缘于当时盛行的士族门阀制度，世人特别看重郡望、门第。中古士族门阀制度，萌芽于东汉后期，形成于曹魏西晋，鼎盛于东晋及南北朝前期，衰落于南北朝后期。

论族姓，论阀阅，论世资，成为当时的一种社会现实，而这又与郡望紧密相关。历史上的世家大族，大多衣冠连绵、累世显赫，东晋南朝最为著名的琅邪王氏和陈郡谢氏家族，更是为世人所知晓。琅邪王氏在"衣冠南渡"后为司马氏东晋政权的建立和稳固起到了至关重要的作用，有所谓"王与马共天下"之说。而陈郡谢氏，是南北朝时期另一个赫赫有名的士族，由宋至梁，一直是"士族领袖"，与琅邪王氏并称"王谢"。唐人刘禹锡《七绝·乌衣巷》中有"旧时王谢堂前燕，飞入寻常百姓家"，元人萨都剌《满江红·金陵怀古》中有"王谢堂前双燕子，乌衣巷口曾相识。"指的就是上述"王谢"两大家族。

南阳宗氏是两汉魏晋南北朝时期一个著名世家大族。据载宗姓源出多头，一曰"以字为氏"，《新唐书》卷七四《宰相世系表》宗氏条云："宗氏出自子姓。宋襄公母弟敖仕晋，孙伯宗为三卿所杀，子州犁奔楚，食采于钟离。州犁少子连，家于南阳，以王父字为氏。"① 一曰"以官为氏"："周大夫宗伯之后，以官命氏。齐有宗楼。南阳安众，河内太守宗均。族曾孙宗俱，司空。均元孙慈，慈十代孙躬。躬孙琼，唐苏州刺史。"② 实际上，宗氏究竟何出，多有争讼。

南阳是东汉开国皇帝刘秀家乡，所谓"南阳帝乡多近亲"。刘秀兄弟，汉景帝之子长沙定王刘发后裔，元帝时迁到南阳郡，王莽篡政时期，已经成为当地有名的豪族。刘秀打天下多有南阳人助力，例如刘秀麾下有骠骑大将军宗佻、车骑将军宗歆、尚书宗广。③ 其中，宗广明载为南阳人，宗佻、宗歆也应属南阳人。也有南阳宗氏族人自树旗号聚众起事以呼应刘秀，如宗成，自称"虎牙将军"④起兵。南阳宗氏由此进入最高统治阶层，成为在全国有一定影响力的豪门望族，官宦累世，名士不绝。宗伯、宗均等即是当时著名人物，今本《元和姓纂》列举南阳宗氏人物，也首列东汉宗均，宗伯亦载于《宗均传》中。

荆州监利玉沙（监利古时曾设玉沙县，故名）宗氏族谱载："我宗氏自宗伯（周朝）以官受姓，世有谱牒。"又云："宗伯，仕周，为大夫，掌礼，与周同姓，后遂以官为姓，此宗氏由来也。"

---

① 《新唐书》卷七四《宰相世系表》，中华书局1975年点校本，第3156页。
② 《元和姓纂》附四校记，卷一《二冬》，中华书局1994年版，第一册，第45页。
③ 宗佻见《后汉书》卷一上《光武帝纪》上，中华书局1965年点校本，第6页。宗歆、宗广见《后汉书》卷一六《邓禹传》，第601、603、604页。
④ 《后汉书》卷十三《公孙述传》，中华书局1965年点校本，第533页。

并将宗伯（东汉）、宗均、宗预、宗慈等列为其先祖。其《卷首》载有宗懃三十二代孙曾任章溪县主簿的宗钥于明永乐五年（1372年）所撰序言，其诗曰：

> 宗氏支派自南阳，
> 世代传家礼义乡。
> 松柏犹存今日操，
> 芝兰不改旧时芳。
> 豫章材木盘根大，
> 江汉源流派衍长。
> 惟愿斯图垂永久，
> 乘风驾浪有余光。①

此即宗氏家族的历史缩影，也是宗氏家族人品的高度概括。

宗伯，东汉"建武初为五官中郎将"；《后汉书》卷四一《宗均传》传主父亲宗伯，"宗伯若非自己追随光武起兵，当即参与光武起事的诸南阳宗氏之后"。②

宗均，宗伯之子，字叔庠，南阳安众人，先后任九江太守，尚书令，河内太守，为东汉名臣，因政绩卓著，为光武帝所嘉奖，后进入最高权力核心，历经光武、明、章三帝。《宗均传》中附族子意传，宗意父宗京，官至辽东太守。宗意孙宗俱，灵帝时为司空。③

宗资，宗均之孙，字叔都，南阳安众人，举孝廉，拜议郎，补御史中丞。桓帝延熹中为汝南太守。以范滂（字孟博）为功曹，"委任政事，推功于滂，不伐其美。任善之名，闻于海内。"汝南有民谣曰："汝南太守范孟博、南阳宗资主画诺。"④

---

① 荆州监利黄歇口镇宗桥村《宗氏族谱》卷首，1987年季冬续修，宗桥村族长存。
② 牟发松：《汉唐间的荆州宗氏》，载《文史》第四十四辑，中华书局1998年版，第81—96页。
③ 《后汉书》卷四一《宗均传》，中华书局1965年点校本，第1411页。原文为宋，乃误。
④ 《后汉书》卷六七序及引注《谢承书》，中华书局1965年点校本，第2186页。

宗承，宗资之子，字世林，名士，史称其"修德雅正，确然不群，征聘不就，闻德而至者如林"。承与曹操同时，但对操之为人十分厌恶，不愿与操交往。而当时尚未成名的曹操对宗承却极为敬仰，曾屡次造访宗承，均没有获得面晤机会。后来曹操终获机会，想与宗承握手，但宗承"拒而不纳"。后来曹操总揽朝政时，曾谓承曰："可以交未？"答曰："松柏之志犹存。"世林因而被曹操疏远，位不配德。文帝曹丕时征宗承为直谏大夫，明帝时欲以之为相，承以年老固辞不就。①

宗预，字德艳，南阳安众人，蜀汉官员和大将。建安（196—220年）中追随张飞入蜀，建兴（223—237年）初，丞相诸葛亮以为主簿，迁参军右中郎将。宗预善言，曾两次出使孙权吴国，不辱使命，而又深得孙权敬重，为蜀、吴两国关系发展做出重要贡献。延熙（238—257年）末，宗预迁征西大将军，并受封关内侯。景耀元年（258年），升任镇军大将军，受领兖州刺史。②

宗慈，字孝初，南阳安众人也，东汉修武令，因太守多取贿赂，遂弃官而去。征拜议郎，未到，道疾卒。九辟公府不就，终身止于县令，为一代名士，南阳群士皆重其义行。③

宗伯、宗均、宗资、宗承、宗预等均系南阳宗氏先祖，由于史料阙如，或魏晋时期宗氏式微，未见其显赫人物，因此这些先祖与宗炳支系之间尚不能形成确切的直系关系。只是到晋宋之际，才出现以宗炳祖父宗承一族为中心、迁徙江陵的南阳宗氏人物。

宗炳祖父宗承，永嘉之乱时参与平定割据江东的陈敏有功，封柴桑县侯，除宜都太守。宜都郡，时属荆州。由于局势动荡，宗承举家迁入江陵，"属永嘉东徙""子孙因居江陵"。④需要注意的是，此宗承非宗资之子宗承，后者与曹操同时，而曹操卒于公元220年，宗炳生于公元375年，二者之间年代相去甚远，显然不合祖孙

---

① （南朝宋）刘义庆，（南朝梁）刘孝标注，余嘉锡笺疏：《世说新语笺疏·方正第五》，中华书局2011年版，第246页。
② 《三国志》卷四五《宗预传》，中华书局1959年点校本，第1075页。
③ 《后汉书》卷六七《宗慈传》，中华书局1965年点校本，第2202页。
④ 《梁书》卷四一《宗懔传》，中华书局1973年点校本，第584页。《晋书》卷一百《陈敏传》，中华书局1974年点校本，第2614页。

世系，且永嘉之乱（307—312年）在曹操去世（220年）近百年之后。

炳父繇之，为湘乡县令；时湘乡县属荆州衡阳郡，并为郡治所在。

宗炳有两位兄长，一名臧，为南平太守；另一名讳无考。"二兄蚤（早）卒，孤累甚多"。① 南平郡，东晋时辖县四：江安、孱陵、作唐、安南，治所设作唐（今湖南安乡县北），后设江安（今湖北公安县西北）。

宗炳有五子：《宋书》载子四：宗朔任南谯王义宣车骑参军，宗绮任江夏王义恭司空主簿，宗昭任郢州治中，宗说任正员郎；② 《梁书·宗夬传》载炳子宗繁，任西中郎咨议参军。③

宗炳从父弟宗彧之，字叔粲，早孤，事兄恭谨，家贫好学，虽文义不逮炳，而真澹过之。州辟主簿，举秀才，不就。公私饩遗，一无所受。高祖受禅，征著作佐郎，不至。元嘉初，大使陆子真观采风俗，三诣彧之，每辞疾不见也。告人曰："我布衣草莱之人，少长垄亩，何枉轩冕之客。"子真还，表荐之，征员外散骑侍郎，又不就。元嘉八年，卒，时年五十。④

宗炳侄子宗悫，字元幹，年少时，炳曾问其志，悫曰："愿乘长风破万里浪。""乘风破浪"成语乃出于此。江夏王义恭为征北将军、南兖州刺史，"悫随镇广陵"；后因义恭荐举，除振武将军，为安西参军萧景宪军副，参与伐林邑之战；文帝时为随郡太守；孝武即位，为左卫将军，封洮阳侯；孝建中，累迁豫州刺史，监五州诸军事；废帝即位，为宁蛮校尉、雍州刺史，加都督。死后赠征西将军，谥曰肃侯。⑤ 南朝刘宋曾一时天下太平，士人皆以习文考取功名为正业。宗炳素以"高节"著称，诸子侄"皆好学"，而宗悫却与众不同，"独任气好武，故不为乡曲所称"。然而就是这位不与世

---

① 《宋书》卷九三《宗炳传》，中华书局2019年点校本修订本，第2503页。
② 同上。
③ 《梁书》卷一九《宗夬传》，中华书局1973年点校本，第299页。
④ 《宋书》卷九三《宗彧之传》，中华书局2019年点校本修订本，第2515页。
⑤ 《宋书》卷七六《宗悫传》，中华书局2019年点校本修订本，第2159页。

同的侄儿，成为南朝名将，战功卓著，为宗家带来充满阳刚之气的无上荣光。宗悫后人甚多，据其族谱称，现有南昌宗氏、九江宗氏以及荆州监利玉沙宗氏。

宗悫曾为随郡（今湖北随州市）太守，据《随州志》载："宋征西将军宗悫墓在玉波门内宗驾岭，乾隆十三年，居民锄地得断碑，仅存一'悫'字，余皆剥落，知州王云翔为立碑于墓前，旋失去。二十八年，知州李闻棱复立，石刻'宗悫墓'三字。道光三十年，知州金云门即墓为垣，咸丰十一年毁。"① 1957年文物普查时，随州城关镇西关街发现一土冢，高2.8米，直径15米，南有拜台，立有石碑，高1.6米，宽0.69米，厚0.15米，上刻"宋征西将军宗悫之墓，大清光绪二十五年，岁次己亥夏月，知随州事陈树屏立"。② 如今，宗悫墓遗址附近的曾都区西城玉波门社区仍有街名"宗确巷"，以示纪念（因"悫"字古僻，以"确"代之）。

宗炳孙宗测，字敬微，一字茂深。其书画与祖同名，著有《续高士传》《衡山记》《庐山记》等。测颇有祖风，性情孤傲，独立不迁。州举秀才、主簿，骠骑豫章王征为参军，永明三年（485年）诏征太子舍人，建武二年（495年）征为司徒主簿，皆不就。测年青时好静而不张扬，不喜人间俗事，曾叹曰："家贫亲老，不择官而仕，先哲以为美谈，余窃有惑。"（《南齐书》本传）如果真的不能像姜诗、郭巨那样至孝，暗中感动天地，前者舍侧"忽有涌泉"，"每旦辄出双鲤鱼"，供其母饮、食③，后者拟埋子养母，掘地而得黄金，④ 那么，就得当利用天道，分享地利，辛苦劳作供养父母，怎能享用朝廷丰厚俸禄，为国君分忧呢？

骠骑将军豫章王征召为参军时，宗测答复官府道：为何要胡乱

---

① 《随州志》整理工作委员会：《随州志》（清同治八年）卷十六《墓域》，湖北人民出版社2013年版，第149页。
② 苏杰：《随郡太守宗悫，"乘长风破万里浪"》，2014年8月19日，随州市人民政府网（http://www.suizhou.gov.cn/gkxx/szwh/202001/t20200104_585526.shtml）。
③ 事见《后汉书》卷八四《列女·广汉姜诗妻传》，中华书局1965年点校本，第2783页。
④ 见（唐）欧阳询《艺文类聚》卷八二《宝玉部上·金》引《搜神记》，上海古籍出版社1999年版，第1424页；（唐）徐坚《初学记》卷二七《宝器部·金》引宗（一作宋）躬《孝子传》，中华书局2004年版，第646页。

伤害自由自在的海鸟，蛮横砍伐不问世事的山中林木？我本性与鱼鸟同，喜欢停息林泉之间。我眷恋松林云海，轻视冠冕仕途。（"性同鳞羽，爱止山壑，眷恋松筠，轻迷人路。纵宕岩流，有若狂者，忽不知老至。"）宗测又极重孝道，母亲去世时，亲自背泥土下葬，并在墓前植以松柏。①

宗炳孙宗夬（宗繁之子）字明敻，弱冠，举郢州秀才，仕齐、梁二朝。历齐临川王萧映的常侍、骠骑行参军；齐武帝嫡孙南郡王居西州，以夬管书记；明帝即位，以夬为郢州治中；南康王为荆州刺史，引为别驾；齐和帝中兴（501年）初，迁御史中丞，以父忧去职。起为冠军将军、卫军长史；梁天监元年（502年），迁征虏长史、东海太守。二年，征为太子右卫率，迁五兵尚书。

宗夬与同郡乐蔼、刘坦，系荆州名士中威望最高者，为州人所推崇，被称为"西土位望"，又被称为"楚之镇也"。荆州刺史萧颖胄极为信赖他们，有事必向其咨询。宗夬追随萧衍（后为梁武帝），其才干深得萧的器重。《梁书》称："夬少勤学，有局干（度量和才干）。""夬既以笔札被知，亦以贞正见许。"可谓才德双馨。天监三年（504年），宗夬英年早逝，年四十九。夬子曜卿。夬从弟岳，有名行，州里称之，出于夬右，仕历尚书库部郎，郢州治中，北中郎录事参军事。②

宗懔，字元懔，一字符懔。父高之，梁山阴令。懔少而聪敏，好读书，昼夜不倦，被乡里呼为"小儿学士"。懔"博学有才藻"，曾奉命一夜写成《龙川庙碑》，得到梁元帝的称赞。懔又极守孝道，其母病故，痛苦至吐血多次，据称数千乌鸦为其孝道所感动，飞集于其庐舍，"候哭而来，哭止而去"，为时人称道。曾任江陵令，累迁梁吏部郎中、五兵尚书、吏部尚书。侯景平后，曾劝梁元帝定都渚宫（江陵）。梁灭后受太祖（宇文泰）器重入北周，拜车骑大将军、仪同三司。有集二十卷，尤以《荆楚岁时记》影响称最③宗家

---

① 《南齐书》卷五四《宗测传》，中华书局2019年点校本修订本，第1036页；《南史》卷七五《宗测传》，中华书局1975年点校本，第1861页。

② 《梁书》卷一九《宗夬传》，中华书局1973年点校本，第299页。

③ 《梁书》卷四一《宗懔传》，中华书局1973年点校本，第584页；《周书》卷四十二《宗懔传》，中华书局1971年点校本，第759页。

余荫至宗承八世孙宗懔,成为历史绝响,尔后似再无名人可考。①

现将宗承至宗懔世系列表如下:②

宗承—宗懔世系表

一世	二世	三世	四世	五世	六世	七世	八世
承	繇之?	臧?	泌悫	罗云		高之	懔
				元宝			
		炳	朔绮昭说繁	岳测			
					宾		
				夬	曜卿		
		彧之					

南阳宗氏是一个"重其义行"③的家族。宗均之孙宗资、玄孙宗慈,都是大名士,以"经明行修"著称,宗慈是"言能以德行引人者"的"八顾"④之一;宗资之子宗承,以"修德雅正"著称,先祖"威武不能屈"的人格深深影响了宗氏后人。魏晋时期宗家隐士辈出,正如谱中所言"芝兰不改旧时芳",说的就是宗家隐士先贤。孔子有言:"芝兰生于深林,不以无人而不芳。君子修道立德,

---

① 陈有宗元饶,江陵人氏,但是否为宗承之后裔,无明载。见《陈书》卷二九《宗元饶传》,中华书局1972年点校本,第385页。
② 表中横向实线表示与前代属直系血缘关系,如宗繁子宗夬,宗夬子宗曜卿,高之子懔;无实线表明无法确定直系血缘关系;"?"表明名讳无考,如宗炳"二兄早卒",一兄名臧,另一兄名讳无考。此表参校牟发松《汉唐间的荆州宗氏》,载《文史》第44辑,中华书局1998年版,第92页。宗炳后裔现分居湖北江陵、监利、公安、潜江以及河南南阳等地,见湖北江陵三湖宗炳文化研究会《宗韵》(内部刊物),2007年11月,第30、96页。
③ 《后汉书》卷六七《宗慈传》,中华书局1965年点校本,第2202页。
④ 《后汉书》卷六七序:"顾者,言能以德行引人者也。"中华书局1965年点校本,第2187页。

不为穷困而改节。"① 宗炳、孙宗测、从父弟宗彧之、外弟师觉授，都是著名的隐逸之士。

南阳宗氏又是一个世代通经致仕的儒学大族。宗均好经书，通《诗》《礼》，善论难，重名教，立学校，禁淫祀。② 宗资"少在京师，学《孟氏易》、《欧阳尚书》"；③ 而宗慈则有"天下通儒宗孝初"之称。宗均族兄京"以《大夏侯尚书》教授"，京子意"少传父业"，举孝廉。④

正是凭借累世传袭的家学家风，加上与刘秀政权的密切关系，南阳宗氏一族始终维持着大族的声望和地位。也正是家族这样的文化传统，为宗炳成为一个统涉儒道、精通佛理、才艺超绝的高士奠定了坚实的基础。⑤

第二节　世居江陵

宗炳虽然祖籍南阳，却是一个土生土长的江陵人。史载宗炳祖父："承宜都郡守，卒官，子孙因居江陵。"⑥ "宗测字敬微，南阳人，宋徵士炳孙也。世居江陵。"⑦ "宗夬，南阳涅阳人也，世居江陵。祖景（即炳，避讳改景），宋时征太子庶子，不就，有高名。"⑧ 宜都郡，时属荆州。宗承时任职宜都，与荆州治所江陵相去不远。

宗家迁居江陵的根本原因在于两晋之交时的社会动乱，西晋虽

---

① 杨朝林、宋立林主编：《孔子家语通解》，齐鲁书社2013年版，第244页。
② 《后汉书》卷四一《宗均传》（"宗"误作"宋"），中华书局1965年点校本，第1141页。
③ 《后汉书》卷六七序注引《谢承书》，中华书局1965年点校本，第2186页。
④ 《后汉书》卷四一《宗均传附宗意传》，中华书局1965年点校本，第1414页。
⑤ 本节参考牟发松《汉唐间的荆州宗氏》，载《文史》第44辑，中华书局1998年版，第81—96页。
⑥ 《北史》卷七十《宗懔传》，中华书局1974年点校本，第2434页。光绪《荆州府志》卷五七《文苑》，湖北人民出版社2006年校勘重印，第2097页。
⑦ 《南齐书》卷五四《宗测传》，中华书局2019年点校本修订本，第1036页。
⑧ 《梁书》卷一九《宗夬传》，中华书局1973年点校本，第299页。

然有五十年的历史，但真正统一的时间仅有短短二十年。西晋末年，北方少数民族入侵，加上王室内讧，中原大地又陷入兵荒马乱之中，于是北方士族纷纷南下，在中国的历史上，首次出现所谓的"衣冠南渡"潮，大批北方汉族士人移居长江流域下游的建业、扬州等地以及长江上游的江汉地区，宗家正是在永嘉之乱时迁徙江陵的。

陈寅恪先生曾经分析过当时长江上游的南渡形势："南阳及新野之上层士族，其政治社会地位稍逊于洛阳胜流如王导等者，则不能或不必移居江左新邦首都建业，而迁至当日长江上游都会江陵南郡近旁一带。此不仅以江陵一地距胡族势力较远，自较安全，而因其为当日长江上游之政治中心，要为占有政治上地位之人群所乐居者也。"①

南阳士族迁居江陵，首先是因为地理上比较便利，更有着政治上的考量。两晋时期，荆州（江陵）的地位十分重要，盛弘之《荆州记》云："自晋室东迁，王居建业，则以荆、扬为京师根本所寄。"当时荆州所辖范围主要在今湖北、湖南，相对于京师所在之扬州为上游，"上流形胜，地广兵强"，又是"国之西门，户口百万，北带强胡，西邻劲蜀，经略险阻，周旋万里，得贤则中原可定，势弱则社稷同忧"，②荆州"含带蛮、蜑，土地辽落，称为殷旷，江左大镇，莫过荆、扬"③。所以南宋洪迈《容斋随笔》"东晋将相"条曰："方伯之任莫重于荆徐，荆州为国西门，刺史常都督七八州事，力雄强，分天下半。"④

盛弘之《荆州记》云：江陵之由来为"近州无高山，所有皆陵阜，故名江陵"。实际上江陵城西郊略有些许山丘，其他大部区域为一马平川，东边则是湖汊纵横、一望无边的江汉平原。由于荆江和汉江众多的分汊河道和穴口所冲积成的泥沙不断淤积，云梦泽体不断东移和萎缩。两汉时期，云梦泽的面貌仍隐隐约约、依稀可

---

① 陈寅恪：《金明馆丛稿初编》，上海古籍出版社2020年版，第72页。
② 《晋书》卷七七《何充传》，中华书局1974年点校本，第2030页。
③ 《南齐书》卷十五《州郡志》，中华书局2019年点校本修订本，第308页。
④ （宋）洪迈撰，孔凡礼点校：《容斋随笔》，中华书局2015年版，第82页。

见，其景象就是当初司马相如笔下所谓的"平原广泽"（《子虚赋》），魏晋南北朝时期，这里的变化加剧。长江和汉江以及云梦泽的这种演化，为荆州缔造了众多的湖泊水体和广袤肥沃的平原，为农业、渔业、交通、贸易的发展，提供了十分便利的条件。作为当时陆路交通的南北枢纽和水路交通的东西枢纽，荆州成为兵家必争之地。

除了地理和政治上的原因，北方士族迁徙江陵还有文化上的原因。荆州有着悠久的历史和深厚的文化底蕴。荆州北部的荆山，是楚国的发源地。西周末年，楚人从荆山走了出来，在今天荆州城北郊的纪南建都。楚国在荆州立国411年，有20代楚王在这里登基。荆州成了楚国的政治、经济和文化中心，也成为后来两汉、魏晋南北朝的政治、经济和文化中心之一。以荆州为中心的楚国，曾经是中国古代最大的邦国，也是当时世界上最大的国家。以荆州为核心发源地的荆楚文化，曾经是中国古代乃至世界上第一流的文化，诞生了老子、庄子、屈子等闪耀古今的文化巨星。

东汉末年，刘表统治的荆州（治襄阳）举办学校，设立学官，"资养"士人，有组织发展学术文化事业，而且特别注重经学研究，数以千计的中原学士聚集荆州，荆州州学因此成为全国唯一的官学，形成经学史上著名的荆州学派。与此同时，荆州的私学也特别兴盛。官学与私学相互补益、相得益彰，使荆州代替洛阳成为全国的学术中心。荆州学派影响深远，不仅促进了荆楚地区人文学术方面的发展，更为重要的是，为后来玄学的兴起做了人才和学理上的准备。[1] 东晋时期，虽然荆州作为全国学术中心的地位不复存在，但永嘉之乱后，大批中原名士南渡又聚集荆州（治所主要在江陵），出镇荆州的官吏也大都喜爱谈玄论道，加上佛教在南方的传播，荆州又成为全国重要的玄学和佛学中心。[2]

尽管荆州治所曾经短暂在江陵以外的地方，但江陵作为荆州首

---

[1] 牟发松：《湖北通史》（魏晋南北朝卷），华中师范大学出版社2018年版，第419—421页。

[2] 参见牟发松《汉唐间的荆州宗氏》，载《文史》第44辑，中华书局1998年版，第81页。

屈一指的重镇地位，却是一直存在的。荆州地区的这些文化遗产和文化基因，成为北方士人不断南下的重要动因。在永嘉之乱及以后的南渡大族中，有不少像宗氏这样的文化世家。也正是荆楚地区的这种历史传统和文化氛围，孕育了像宗炳这样的一代文化艺术大家。

当时从南阳迁到江陵的文化士族，除了宗氏家族，还有刘氏家族（刘虬、刘昭）、庾氏家族（庾信）和乐氏（乐蔼）家族等。

"刘虬，字灵预，南阳涅阳人也。旧族，徙居江陵。"① 与刘虬同宗移居江陵的还有刘昭。

而庾氏家族庾易，"新野人也，徙居属江陵"。② 其孙庾信《哀江南赋》中有"诛茅宋玉之宅，穿径临江之府"一语便指已迁居江陵。③ 而据庾季才传载："字叔奕，新野人也。八世祖滔，随晋元帝过江，官至散骑常侍，封遂昌侯，因家于南郡江陵县。祖诜，梁处士，与宗人易（庾信之祖）齐名。"④

乐氏家族也是如此：乐蔼，字蔚远，南阳淯阳（今河南南阳）人。南朝大臣，南梁开国功臣，曾为镇军司马、尚书左丞、骁骑将军、广州刺史，深为梁武帝所信赖。⑤

这些世家大族不仅均来自南阳，并且"抱团取暖"，史籍多次联名提及这些南阳同郡："测送弟丧还西，仍留旧宅永业寺，绝宾友，唯与同志庾易、刘虬、宗人尚之等往来讲说。"⑥

梁元帝镇荆州时，谓长史刘之遴（刘虬子）曰："贵乡多士，为举一有意少年。"之遴即推荐宗懔。即日引见，令兼记室。这里的"贵乡"即指"南阳"。

这些同郡的品性似乎相近，不喜世俗，亲近山林，多次拒召不就。宗炳"志托丘园，自求衡荜，恬静之操，久而不渝"。⑦ 炳孙宗

---

① 《南齐书》卷五四《刘虬传》，中华书局 2019 年点校本修订本，第 1035 页。
② 《南齐书》卷五四《庾易传》，中华书局 2019 年点校本修订本，第 1036 页。
③ 《周书》卷四一《庾信传》，中华书局 1971 年点校本，第 736 页。
④ 《隋书》卷七八《艺术传·庾季才传》，中华书局 1973 年点校本，第 1764 页。
⑤ 《梁书》卷一九《乐蔼传》，中华书局 1973 年点校本，第 302 页。
⑥ 《南齐书》卷五四《宗测传》，中华书局 2019 年点校本修订本，第 1036 页。
⑦ 《宋书》卷九三《戴颙传》，中华书局 2019 年点校本修订本，第 2501 页。

测"少静退，不乐人间"。(《南齐书》本传)，宗人尚之"亦好山泽"(《南齐书》本传)，刘虬"少而抗节好学，须得禄便隐"。(《南齐书》本传)庾易"志性恬隐，不交外物"。(《南齐书》本传)

当时世家大族不仅在一起谈玄论道，"往来讲说"，更是攀亲联姻，"强强联合"。魏晋南北朝时期，士族门阀中盛行门第婚姻，出身、血统成为婚姻的主要标准，而婚姻也成为攀结高门贵族的重要手段。若门不当户不对，则不足以谈婚论嫁，《世说新语》记载甚多。南阳同郡也是如此，乐蔼就是宗悫的外甥，乐蔼的姐姐又嫁给刘虬。①

朝廷也似乎认同他们为同郡，往往同时征召。而这些同郡似乎有某种默契，同被征辟但均不应召，仅《南齐书·刘虬传》记载就有三次这类事例：

"建元初，豫章王为荆州，教辟虬为别驾，与同郡宗测、新野庾易并遣书礼请，虬等各修笺答，而不应辟命。

"永明三年，刺史庐陵王子卿表虬及同郡宗测、宗尚之、庾易、刘昭五人，请加蒲车束帛之命。诏征为通直郎，不就。

"刘昭与虬同宗，州辟祭酒从事，不就。"②

江陵为南迁的南阳士族提供了一个合适的避风港，也正是江陵，成为北方士族再度兴盛的舞台。正如陈寅恪所言："上述北人南来之上层士族，其先本居南阳一带，后徙江陵近旁地域。至江左政权之后期，渐次称著。"③ 当然，这种兴盛之势在晋宋之际业已开始。

宗家南下初居高沙湖，史载：长江自枝江下曾分为南、北二泓，其间有三大洲，依次为枚回洲（一作枝里洲）、景里洲（一作邴里洲）、燕尾洲。枚回洲系当年益州都护冯迁斩桓玄处，江北又有故乡洲，系当年毛佑之与参军费恬射桓玄处。枚回洲之下是景里洲，在南郡（即今荆州城区）西二十里，洲有湖名高沙，高沙湖即李家

---

① 《梁书》卷一九《乐蔼传》，中华书局1973年点校本，第302页。
② 《南齐书》卷五四《刘虬传》，中华书局2019年点校本修订本，第1035页。
③ 陈寅恪：《金明馆丛稿初编》，上海古籍出版社2020年版，第75页。

埠北的沙滩湖，湖东北有小水通江，名曰曾口。①

高沙湖位于李家埠（今李埠镇，原属江陵县，今属荆州市荆州区），曾有湖名曰沙滩湖或高沙湖，并与长江相通，湖已不存。宗家祖居高沙湖，宗炳也应该出生于此，并且在这里度过青少年时光，后迁居三湖，当然不排除中老年的宗炳也曾在高沙湖老宅短暂居住过。

宗承所以择居高沙湖，与其任职于宜都有关。宜都在荆州治所江陵城以西，而高沙湖位于长江边上，距江陵城区仅有二十里，②对于当时凭借水路的官员来说，住在长江边上，有诸多便利。据载：宜都距江陵城区"水路三百五十里"（合今145公里）③溯江而上，三四天的水路，直达宜都；顺江而下，两三天到达江陵城区。

实际上，荆江统一河床形成之前，江陵城上下游江中河汊纵横、沙洲众多。上至枝江县治、上明城一带，下至江津（今荆州沙市城区下），其时有九十九洲之说，旧枝江县治及上明城也在江洲之上。南朝时期，这些洲渚得到逐步开发，如枝江旧治所在的百里洲，有"桑田甘果，映江依洲"。枝江县界内的江洲上一半以上已有人居住。江陵县境内的高沙洲（湖）"翠泽平皛（明亮），水陆弥旷，芰荷殷生，鳞羽滋阜，湖南林野清迥，可以栖托，故徵士宗炳昔常家焉"。④黄庭坚有诗曰："不趋吏部曹中版，且鲙高沙湖里鱼。"⑤

正因为这些洲渚得到了一定程度的开发，而且风景优美，环境幽静，物产丰富，一些官员乃至名士、隐士以及佛道信徒多居于

---

① （北魏）郦道元著，陈桥驿校证：《水经注校证》卷三十四《江水》，中华书局2013年版，第762页。乾隆《江陵县志》卷之三《方舆·山川》，原版影印本，第12、13、16页。

② 江陵县县志编纂委员会《江陵县志》，湖北人民出版社1990年版，第60页。

③ 《宋书》卷三七《州郡》，中华书局2019年点校本修订本，第1217页。

④ 见乾隆《江陵县志》卷三《方舆·山水》，原版影印本，第17页。

⑤ 《戏简朱公武刘邦直田子平五首》其一，黄庭坚撰，见（宋）任渊等注，刘尚荣校点《黄庭坚诗集注》中华书局2003年版，第二册，第529页。黄庭坚曾被贬谪入蜀，在返乡（分宁双井）途中经停江陵达十个月之久。

此，甚至还建有精舍、佛塔。① 桓温镇荆州时别驾罗含"以廨舍喧扰，于城西池小洲上立茅屋，伐木为材，织苇为席而居"。② 宗炳同郡隐士刘虬"精信释氏，衣粗布，礼佛长斋，注法华经，自讲佛义。以江陵西沙洲去人远，乃徙居之"。③ 南郡枝江人刘凝之"推家财与弟及兄子，立屋于野外"，也就是居于沙洲之上。凝之后与宗炳一样，隐居衡山之阳，"登高岭，绝人迹"。④

也许是一种缘分，这里离慧远法师驻锡过的上明寺（位于今松滋县西北长江之滨）相去不远。当年慧远从襄阳南下至上明，走水路必经高沙湖一带。如此众多的高人、隐士、佛徒，居于或活动于江陵西部一带的沙洲，形成了一种具有隐逸性质的亚文化，这种亚文化对于青少年时代的宗炳，不可能不产生潜移默化的影响。居住在高沙湖的宗炳，至少听闻过慧远到上明之事，也有可能目睹和参加过这些沙洲上佛道信徒们的修道活动，也可能接触过一些高人名士。这就为宗炳以后的人生道路打下了底色，埋下了伏笔。

宗炳出生于一个书香门第，少年时期受过良好的教育。据载："母同郡师氏，聪辩有学义，教授诸子。"因此宗炳的道德修持、文章义理，自然与其母亲的教诲分不开，与家庭环境分不开。宗炳的学识才华与品行，不仅与母亲早年的教育密切相关，而且与其妻也不无关系。妻罗氏，"亦有高情，与炳协趣"。正是这样一种家族环境，孕育出了宗炳这样一位高人雅士。

宗炳的才学是多方面的，不仅学贯三教，而且皆通六艺。中国的士族大家，儒家教育必不可少，特别是像宗炳这样的文化世家子弟。从宗炳的著述看，宗炳对于儒家经典，涉猎广博。对于儒家学说，自然也是身体力行。宗炳是恪守儒家孝道的："炳居丧过礼，为

---

① 参见牟发松《汉唐间的荆州宗氏》，载《文史》第四十四辑，中华书局1998年版，第81—96页。
② 《晋书》卷九二《文苑·罗含传》，中华书局1974年点校本，第2403页。
③ 《南齐书》卷五四《刘虬传》，中华书局2019年点校本修订本，第1035页。"江陵西沙洲即高沙洲"，见乾隆《江陵县志》卷三《方舆·山水》，第17页；卷二十五《名胜·第宅》，原版影印本，第5页。
④ 《南史》卷七五《刘凝之传》，中华书局1975年点校本，第1868页。

乡间所称。"① 大概是父母去世的时候，非常讲究孝道，按照儒家的礼节，得到乡人的称道。后来宗炳曾在庐山与雷次宗聆听慧远讲说《丧服经》。《丧服经》是儒家经典《仪礼》中的有关篇章，《丧服》之学实际上是围绕以"丧服"为中心而展开的儒家礼学制度。

宗炳"精于玄理"，虽然当时玄学已经接近尾声，但是文人学子还是喜欢谈玄说道，尤其是像宗炳这样的高洁之士，更愿意谈论。史载宗炳就曾受张邵之托，与其子张敷谈论《系》《象》，张当有拜师之意。而宗炳作为长辈和老师，有时可能有所谦让，假意服输。"少文每欲屈"，于是敷"名价日增"，"武帝闻其美，召见奇之，曰：'真千里驹也。'以为世子中军参军，数见接引。累迁江夏王义恭抚军记室参军。"② 可见宗炳并非等闲之士，与宗炳高士"谈论"，能抬高声望，甚至得到皇帝赞赏和重用。

第三节 三湖立宅

史载宗炳在庐山事奉慧远时，"兄臧为南平太守，逼与俱还，乃于江陵三湖立宅，闲居无事。"③ 宗炳在三湖居住时间最长，直到去世，其间只是偶尔到其他地方小住。

"三湖"一名最早出现于南朝宋盛弘之《荆州记》："南蛮府东有三湖。"④ 据考此书问世于公元 437 年（宋文帝刘义隆元嘉十四年），其时宗炳 63 岁。而《宋书》纪传部分成书于 488 年（齐永明六年），至少晚于《荆州记》50 年。晚于《荆州记》的郦道元（约472—527 年）《水经注》，对三湖进行了较为详细的记载，并引用了盛弘之《荆州记》："（扬水）又东北，路（衍字）白湖水注之，湖在大港北，港南曰中湖，南堤下曰昏官湖，三湖合为一水，东通

---

① 以上见《宋书》卷九三《宗炳传》，中华书局 2019 年点校本修订本，第 2503 页。
② 《宋书》卷四六《张邵传》，中华书局 2019 年点校本修订本，第 1515 页。
③ 《宋书》卷九三《宗炳传》，中华书局 2019 年点校本修订本，第 2503 页。
④ （北魏）郦道元著，陈桥驿校证：《水经注校证》，中华书局 2013 年本，第 642 页。盛弘之，生平无考，南朝刘宋时荆州刺史刘义庆幕僚名士，其书失佚。

荒谷。……此处也，春夏水盛，则南通大江。否则南迄江堤、北径方城西。方城即南蛮府也，又北与三湖会。故盛弘之曰：南蛮府东有三湖，源同一水。盖徙治西府也。宋元嘉中，通路白湖，下注扬水，以广运漕。"①也就是说，"三湖"是白湖、中湖和昏官湖三个湖的合称，而且可直通大江。

晋杜预镇荆州时，大兴水利，凿扬水渠，疏浚夏水，贯通江汉水系，形成了以江陵为中心、北经汉水入襄阳、南经长江入洞庭的南北漕运航道，而三湖处于这个南北漕运的枢纽地带。②

除史书记载以外，目前所知最早写三湖的诗是南朝萧齐著名山水诗人谢朓的《望三湖诗》：

> 积水照赪霞，
> 高台望归翼。
> 平原周远近，
> 连汀见纤直。
> 葳蕤向春秀，
> 芸黄共秋色。
> 薄暮伤哉人，
> 婵媛复何极。③

永明九年（491年），齐武帝第八子随郡王萧子隆赴任镇西将军、荆州刺史，谢朓被任命为镇西功曹，同赴荆州，后转文学，

---

① （北魏）郦道元著，陈桥驿校证：《水经注校证》，中华书局2013年版，第642页。
② "预乃开杨口，起夏水达巴陵千余里，内泄长江之险，外通零桂之漕。"见《晋书》卷三四《杜预传》，中华书局1974年点校本，第1031页。
③ 逯钦立辑校：《先秦汉魏晋南北朝诗》齐诗卷四《望三湖诗》，中华书局1983年版，第1448页；曹融南注：《谢宣城集校注·望三湖》，上海古籍出版社1991年版，第232页。《水经注》谓：三湖乃"白湖、中湖和昏官湖"之合称。曹融南注："江陵城东三里余，有三湖，倚北湖，倚南湖，廖台湖，皆其一隅。"略有不确，县志载："倚南湖，在城东九十四里；倚北湖，在城东一百一十里，皆三湖之一隅。""蓼（一作廖）台湖，三湖之一隅也。"乾隆《江陵县志》卷三《山川》，原版影印本，第18页。可见，倚北、倚南、蓼台湖皆为三湖之一隅也。

《望三湖诗》即作于此任职间,永明十年(492年),其时朓29岁。朓在荆州任职期间,曾与宗炳孙宗夬同僚。[①] 不仅如此,谢朓在任职期间,以及在任职来回的路上,创作过多首与荆州、江陵有关的诗作。如《出藩曲》:"夫君迈惟德,江汉仰清和。"《答张齐兴》:"荆山褰百里,汉广流无极。"《校猎曲》:"殪兽华容浦,张乐荆山台。"《江上曲》:"江上可采菱,清歌共南楚。"谢朓的诗,以清丽著称,短短一首五言,将古三湖的广袤与秀色,清晰地呈现在我们眼前。[②]

宗炳选择在三湖隐居,首先与这里的自然环境密切相关。三湖,位于江陵东部,北接扬水、汉水,南临夏水、长江,水路交通十分发达。经扬水去江陵,由夏水或北入汉江,或南下长江,均可去江夏郡(或武昌郡)、江州(寻阳、庐山)、建康、扬州。也可经洞庭、湘江去衡山,乃至溯湘江而上经灵渠而达桂江。当时的三湖,湖面辽阔,云梦泽的博大气势尚存。明代袁中道曾有《三湖杂咏》七首,其间就有"平湖三百里""百里荭蒲路"(《杂咏》之一、之三,见后注)的诗句。清时民间仍有"斗米过三湖"之说,即因三湖之大,一人驾船穿过三湖,需要吃完一斗米才行。[③]

三湖不仅湖面辽阔,而且湖汊纵横、岛屿众多。因此草木繁茂、物产丰盛,是文人墨客、达官贵人游览、垂钓、采摘(荷芰、菰蒲)、避暑(楚有"清暑台")乃至隐居之处。"三湖钓雪"成为古江陵的八景之一。清康熙年间荆州知府黄良佐曾作《三湖钓雪》:

> 重湖积水澹无烟,正值苍茫雨雪天。玉界琼田兰桨泛,青蓑绿笠钓丝悬。渔翁换米应沽酒,贾客炊菰欲买鲜。夜半更添霜月冷,移舟还泊柳塘边。[④]

---

① 《梁书》卷四九《庾于陵传》,中华书局1973年点校本,第689页。
② 谢诗均见曹融南注《谢宣城集校注》,上海古籍出版社1991年版。
③ 湖北省国营三湖农场志编纂委员会编:《三湖农场志(1960—1985)》,1990年,第321页。志载:明清时期,三湖东自高河口(今潜江市张金镇东南),西至岑河口(今荆州市沙市区岑河镇境内),南起大河口(今江陵县白马镇境内),北止浩子口(今潜江市浩口镇境内),其湖域面积数倍于现三湖农场辖区。
④ 乾隆《江陵县志》卷五二《艺文·诗》,原版影印本,第25页。

三湖也并非一片没有历史的荒湖，而是有着深厚的文化底蕴。这里地处楚国国都近郊，享国长达800年之久的楚国，在三湖这片土地上不知发生了多少故事。楚灵王（？—前529年）所造的章华宫，就位于古三湖内①，三湖成为楚国达官贵人花天酒地、游山玩水的地方。章华宫内终日歌舞升平，所谓"楚王好细腰，宫中多饿死"。因此，章华宫又被称为"细腰宫"。章华宫建得十分雄伟高大，登上高台，需要休息三次，故又被称"三休台"。古往今来，有多少文人墨客，来到章华宫遗址凭吊，写下了多少悲壮、哀婉的诗篇。袁中道有诗曰："章华清暑台，三湖恣登眺。"（《登雄楚楼同诸王孙》）②"章台古梅"（章华寺内有古梅，相传楚灵王所植，距今2500多年，现已不存）也成为古江陵的八景之一。

楚灵王的弟弟楚平王（？—前516年），因杀害伍子胥的父兄，后来遭到伍子胥的报复。著名的"掘坟鞭尸"，据说就发生在三湖的一隅——蓼台湖（《东周列国志》）。历史上是否真有伍子胥"掘坟鞭尸"一事，楚平王之墓是否真在三湖的蓼台湖，学者们说法不一，但其传说已广为人知。明末清初历史学家孔自来曾有《蓼台绝句》：

  石椁沉沉事有无，骊山柱自费胥徒。由来谗色倾人国，覆楚非关伍大夫。③

三湖也是屈原当年流放的所经之水域。屈原第二次流放是从郢都出发向东经江汉流域（当时还没形成今天的江汉平原），至夏口即今武汉一带，然后折向南至洞庭湖流域。屈原的《哀郢》《涉江》记载了这一次流放的路线，"遵江夏以流亡"（《哀郢》），即离开郢都沿着长江、夏水向东逐放。《汉书·地理志》云："夏水首受江，

---

 ① 清人胡在恪《章华台辨》曰："袁中道云：章华在今（指明朝）三湖之间。"乾隆《江陵县志》卷四九《艺文》，第14页。章华台究竟在何处，有争议，此不细论。
 ② （明）袁中道：《珂雪斋集》前集卷七诗，明万历四十六年刻本，第128页。
 ③ 乾隆《江陵县志》卷五三《艺文·诗》，原版影印本，第18页。

东入沔，行五百里。"①《水经注》曰："夏水出江津于江陵县东南。""又东经监利县南"，再向东北流至沔水（汉水）。②当时诗人心情沉痛，船进入夏水后向东行进，诗人惆怅西望，楚国城门（龙门）已难觅踪影，再也见不到君主了。桨棹齐划，船却徘徊不前。"发郢都而去闾兮，荒忽其焉极？楫齐扬以容与兮，哀见君而不再得。""过夏首而西浮兮，顾龙门而不见。"③而夏水上游正是经三湖南部穿插而过，在三湖这片辽阔的水域，久久留下了屈原的身影。

荆楚大地，不仅山清水秀，风光旖旎，而且文化底蕴十分深厚。楚人的先祖在这里筚路蓝缕，以启山林，继而走向江汉平原、潇湘大地，以至整个中国南方，铸就了延绵800多年的楚国，成就了"楚地千里，饮马黄河，问鼎中原"的霸业；形成了源远流长、博大精深，在中华文明发展史上举足轻重的荆楚文化。因此这里有着大量早期楚文化的遗存，巴山楚水的巫祝文化、神仙文化，以屈原宋玉为代表的辞赋文学、浪漫主义文化。在荆楚文化的核心地带，文化世家出身的宗炳，在传承着儒家文化的同时，也享受着老庄④文化的熏陶和楚骚文化的滋养，并由此为后人所景仰，其居所也为文人雅士凭吊之地。

袁中道《三湖杂咏》之四曰：

宗炳辍衡游，三湖投老住。
来年高筑台，题日卧游处。

又写有《访苏潜夫于小龙湖赋赠》，其二曰：

备土添花径，防湖涨柳渠。

---

① 《汉书》卷二八上《地理志八》上，中华书局1962年点校本，第1566页。
② （北魏）郦道元著，陈桥驿校证：《水经注校证》卷三三，中华书局2013年版，第722—723页。
③ 林家骊译注：《楚辞·哀郢》，中华书局2010年版，第122页。另见（北魏）郦道元著，陈桥驿校证《水经注校证》卷三三，中华书局2013年版，第722页。
④ 老庄均为楚国人，其中庄子为楚庄王之后。

黄芦亲睡鸟，碧水伴嬉鱼。
沼墨知临帖，松鳞验着画。
重追宗炳迹，新筑卧游居。①

宗炳的故宅就位于三湖一个名叫清水口的高台上——后因宗家人世代在此居住而称为"宗家台"。今天这里仍然可见宗家居住过的旧宅遗迹，以及一棵据传是宗炳当年种下的千年古槐。这株槐树，曲干虬枝，遮天蔽日，多次因雷劈而重生，显示出顽强的生命力。1985年4月、6月，江陵县文物局曾两次派人前来考察，再次确定宗炳故居遗址，并继续列为县文物保护单位。1990年《江陵县志》载：宗炳故居"宅基上原有楼亭，塑有宗炳端坐像，民国年间被毁，仅存宅基和古槐一棵"。②如今三湖建有气势恢宏的宗炳广场，并有道路以宗炳命名。每年到三湖采风、拜谒宗炳故居遗址的艺术家络绎不绝，三湖也将"宗炳故里"作为其文化名片。

第四节　隐逸不仕

在记载宗炳生平仅有的两种正史《宋书》《南史》中，宗炳都被列为隐逸。宗炳一生"志托丘园，自求衡荜，恬静之操，久而不渝"。③ 在中国文化史上，宗炳一直是一个隐士的形象，人称徵士④，或称高士、或称居士，均有隐逸之义。居士者，一指在家信佛者，二指有德才而隐居不仕者，宗炳双重身份兼有。

何谓隐士？具有隐逸行为的人，被称为"山林之士"⑤"岩穴之

---

① （明）袁中道：《珂雪斋集》前集卷七诗，明万历四十六年刻本，第131页。
② 江陵县县志编纂委员会《江陵县志》第九十八卷《名胜》，湖北人民出版社1990年版，第667页。
③ 《宋书》卷九三《戴颙传》，中华书局2019年点校本修订本，第2501页。
④ 《南齐书》卷五四《宗测传》，中华书局2019年点校本修订本，第1036页："宗测，……宋徵士炳孙也。"
⑤ （清）郭庆藩撰，王孝鱼点校：《庄子集释·天道》，中华书局2018年版，第466页。

士"① 或"栖遁之士"。②《南齐书·高逸传》序言曰：隐士须"含贞养素，文以艺业。不然与樵者之在山，何殊别哉"。③ 也就是说，隐士不仅仅是隐居之士，而且品性高洁，才艺卓著，否则与山野樵夫无异。

早在先秦时期，我国就已经形成隐逸文化，出现了各种不同类型的隐士。④ 如果说先秦和两汉前期的隐逸多为个人行为，那么魏晋南北朝时期，隐逸就已经成为一种"集体有意识"的行为，也就是成为一种风气、时尚，这与当时的社会现实有着非常密切的关系。东汉末年社会矛盾已经到了十分激烈的程度，豪门贵族占领大片土地，建起豪华的庄园；而失地农民流离失所，只有依附于地主阶级。东汉，农民起义此起彼伏。三国纷争，长达半个世纪之久。由于战争频仍，人民生活如同水火。西晋虽然有五十年的历史，但真正统一的时间只有短短20年（公元280年到公元299年），其中真正稳定的时间更是仅有短短十年（公元280年西晋灭吴，到公元290年司马炎去世）。西晋末年，"八王之乱""五胡乱华"，北方士族纷纷南下，国人又陷入战乱之中。百年东晋，江南国土并不安定，江东士族的"三定江南"，南北世家的矛盾与冲突，荆、扬之间的内争，桓温的三次北伐，孙恩、卢循的起义，最后导致东晋的衰亡。晋末宋初之际，天下仍不太平。掌握朝中大权的刘裕为了控制上游的荆州，先后灭掉坐镇荆州的刘毅、司马休之，而后又北伐南燕、后秦。从刘裕铲除异己（晋安帝义熙十一年，415年）到刘宋元嘉二十七年（450年），南朝才出现了三四十年相对安定的时期。

宗白华曾经指出："汉末魏晋六朝是中国政治上最混乱、社会上最痛苦的时代。"⑤ 在这样一种背景之下，很多社会名流都远离政

---

① 《史记》卷六一《伯夷列传第一》，中华书局1959年点校本，第2122页。
② 《南齐书》卷四八《袁彖传》，中华书局2019年点校本修订本，第94页。
③ 《南齐书》卷五四《高逸传》"序"，中华书局2019年点校本修订本，第1021页。
④ 详见《史记》卷六一《伯夷列传第一》，中华书局1959年点校本。皇甫谧：《高士传》，《汉魏六朝杂传集》第三册，中华书局2017年版。《笔记小说大观》，四编第一册，（台湾）新兴书局1985年版。
⑤ 宗白华：《论〈世说新语〉和晋人的美》，载宗白华《美学散步》，上海人民出版社1981年版，第177页。

治、远离尘世，而聚于竹林之下、居于山野之中，或谈玄论道，或吟诗作赋，或涂抹书画，以期获得一种超脱、适性、恬达的人生状态。因此隐居之士，在某种程度上说，是不得已而为之，这就是所谓生不逢时。"若使夫遇见信之主，逢时来之运，岂其放情江海，取逸丘樊？不得已而然故也。"①

宗炳一生跨越东晋后期和刘宋前期，其前半生（即东晋结束、宗炳46岁之前）是一个战争频仍的年代，而后半生（至元嘉二十年）才获得相对的安定。社会的动荡不安、政权的频繁更迭，祖辈的颠沛流离，促使他走上了终身的隐居之路。

隐士的存在，既有其深刻的社会原因，又有特殊的个体动因。从其社会原因而言，朝代更迭、社会动乱、君主昏庸、大道不行，比较容易出现隐士阶层。而从个人来说，怀才不遇、功成名就、逍遥超然，冷酷倨傲，这样的人容易出世或退隐。范晔在《后汉书》中就对隐士之目的作了一番综述："或隐居以求其志，或回避以全其道，或静己以镇其躁，或去危以图其安，或垢俗以动其概，或疵物以激其清。然观其甘心畎亩之中，憔悴江海之上，岂必亲鱼鸟乐林草哉，亦云性分所至而已。"②可见，隐士阶层并非铁板一块，大略考之，历史上有三种主要类型的隐逸之士。

一是豪门贵族类的隐士。这类人的所谓隐逸，并非为了躲避时患，而是疏于时事，养尊处优。仲长统曾经描述过这样一类的隐逸图景：

> 使居有良田广宅，背山临流，沟池环匝，竹木周布，场圃筑前，果园树后。舟车足以代步涉之艰，使令足以息四体之役。养亲有兼珍之膳，妻孥无苦身之劳。良朋萃止，则陈酒肴以娱之；嘉时吉日，则亨羔豚以奉之。蹰躇畦苑，游戏平林，濯清水，追凉风，钓游鲤，弋高鸿。讽于舞雩之下，咏归高堂之上。安神闺房，思老氏之玄虚；呼吸精和，求至人之仿佛。与达者数子，论道讲书，俯仰二仪，错综人物。弹《南风》之雅操，

---

① 《南史》卷七六《隐逸列传》，中华书局1975年点校本，第1908页。
② 《后汉书》卷八三《逸民》序，中华书局1962年点校本，第2755页。

发清商之妙曲。逍遥一世之上，睥睨天地之间。不受当时之责，永保性命之期。如是，则可以陵霄汉，出宇宙之外矣。岂羡夫入帝王之门哉！①

请看这类隐士是何等的逍遥自在，既可享受荣华富贵，又可闲看风花雪月，还有高朋满座谈玄论道；既无生存之忧，又无社会之责。宗炳不属此类。

二是寒门子弟类的隐士。这类人在政治上不得志、在生活上不富裕，加上时局动荡不安，他们只能寻求新的生活处境和生活方式。"终身履薄冰，谁知我心焦。"② 于是迫不得已走进山林。这样既能保全自己，又能转移痛苦。此类隐士属"静己以镇其躁"，"去危以用其安"（范晔）。宗炳也不属于此类。

三是士族文人类的隐士。这类隐士没有在官场受挫，甚至无心官场，也不是或无须从生计出发，而是"隐居以求其志，回避以全其道"（慧远）。也正如戴逵在其《闲游赞》所说："非徒逃人患、避争斗，谅所以翼顺资和，涤除机心。容养淳淑而自适者尔。"③ 所以，这种隐士追求的是自适体道而已。宗炳就属于此类。

隐逸，与其说是一种政治环境所致，倒不如说是一种道德品性上和文化价值上的追求。隐士是中国古代社会最具人格魅力与象征意义的特殊群体，他们严以律己、宽以待人，在社会生活中发挥着重要的道德感召作用。宗炳一生性情淡泊，不求名利。"衡阳王义季在荆州，亲至其室，炳角巾布衣，引见不拜。王曰：屈先生以重禄，可乎？对曰：'禄如腐草，衰盛几何。'"④ 政治、权力、金钱，在这些隐士眼里，都缺乏历史的长久性。

---

① 《后汉书》卷四九《仲长统传》，中华书局1962年点校本，第1644页。
② （晋）阮籍：《咏怀诗》三十三，载逯钦立辑校《先秦汉魏晋南北朝诗》魏诗卷十，中华书局1983年版，第503页。
③ （唐）欧阳询：《艺文类聚》卷三六《人部》二十一《隐逸上》，上海古籍出版社1965年版，第650页。
④ （宋）陈舜俞：《庐山记》十八贤传篇第五《南阳宗炳》，载慧远著，张景岗点校本《庐山慧远大师文集·附录》，九州出版社2014年版，第347页。

实际上并非什么人都能成为隐士，隐士生活有点类似于现在所说的佛系生活，没有一定的经济基础是万万不可行的。宗炳出身于一个官宦世家，他的隐逸有一定的经济基础。否则，他何以能"闲居无事"，"好山水，爱远游。"由于是官宦之家，朝廷要经常给这些家庭馈赠食物。本传载"高祖数致饩赉"，其孙测本传也载："鱼复侯子响为江州，厚遣赠遗。"对于这种馈赠，宗炳并不愿意过多地接受："其后子弟从禄，乃悉不复受。"其时宗炳家境并不十分富有。这种情况下，如何处置，就和自己的品性、人格有着十分密切的关系。史载宗炳"二兄蚤卒，孤累甚多，家贫无以相赡，颇营稼穑。"① 有馈赠而不受，坚持自己劳作，亲事耕稼，以养子侄。穷且益坚，不坠青云之志。这与那些富甲一方、养尊处优的隐士，有着天壤之别。

宗炳的隐逸又与其哲学、美学思想的形成有着非常密切的关系。魏晋之际，儒学衰微，玄风浩荡。严酷的现实，使庄老思想大行其道，士人们远离政治、走向自然、审视人生、心仪自由。庄老思想为隐逸行为提供了最重要的精神动力，而不得其志、淡泊名利的士人正是实现庄老思想的最佳实践者。精神上追求超越俗尘，人生上摆脱世俗累患，成为当时士人的普遍追求。

与儒家哲学相比，道家的隐逸具有不同的意蕴。儒家的隐逸具有被动选择的意味，具有较强的功利性；而道家的隐逸则显示为主动的追求，具有非功利性的特征，因而更有益于审美的建构。② 道家隐逸的核心理念是老子的"无为"和庄子的"逍遥"。老子言"致虚极，守静笃"，"生而不有，为而不恃，长而不宰，是谓玄德""功成、名遂，身退，天之道"。③ 老子主张的是一种"无为、节欲、保真、虚静"的处世哲学，这为隐逸行为提供了重要的思想动力。而庄子则更加注重个性的独立、人格的纯洁、心灵的自由。"古之所谓隐士者，非伏其身而弗见也，非闭其言而不出也，非藏其知而不发也，时命大谬也。当时命而大行乎天下，则反一无迹；

---

① 《宋书》卷九三《宗炳传》，中华书局2019年点校本修订本，第2503页。
② 高智：《六朝隐逸诗学研究》，社会科学文献出版社2016年版，第14页。
③ 分别见朱谦之撰《老子校释》第十六章、第五十一章、第九章，中华书局2018年版，第67、213、37页。

不当时命而大穷乎天下，则深根宁极而待，此存身之道也。"① "不累于俗，不饰于物，不苟于人。"② 其追求的是一种逍遥无待、自由自在、与世无争的境界。与老子思想相比，庄子的思想更有一种生命哲学和美学的意味。

宗炳这样一类的士大夫们不再注重功利价值，而是转向从山林丘壑之中获得精神解脱，在艺术或文学的审美之中获得心灵慰藉，从而唤起了中国山水审美意识的觉醒，增进了诗歌、音乐、绘画等艺术的审美色彩，推动了隐逸文化向审美化方向发展。

躲避明末之乱、改名换姓隐居于三湖的朱元璋之后裔——孔自来曾写有《宗炳宅怀古》一诗，正是隐士宗炳的完全写照：

> 湖水清且漪，中有幽人宅。
> 所志在名山，闲居乐萧瑟。
> 老病痴远心，游履循遥迹。
> 抚弦泉石开，觇图烟霞积。
> 不知轩冕尊，但觉云林隔。
> 子孙凛素风，长啸向阡陌。
> 讵效充隐名，陡羡终南辟。③

从仕与隐的关系来划分，隐士又具有不同的类型，有半仕半隐、忽仕忽隐、隐于庙堂、名隐实官、以隐求仕、真隐而仕、仕而后隐、完全归隐。不管怎么样分类，宗炳都是完全的、彻底的隐士。他的隐居，不是伺机为官，也不是退官而隐，而是始终如一，独立不迁，尽管多次被征召、延请，他都拒而不就。④

---

① （清）郭庆藩撰，王孝鱼点校：《庄子集释》（缮性），中华书局2018年版，第558页。

② （清）郭庆藩撰，王孝鱼点校：《庄子集释》（天下），中华书局2018年版，第1085页。

③ 乾隆《江陵县志》卷五十《艺文》，原版影印本，第21页。

④ 宗炳终身不仕，这本是千古不易的结论，韦宾先生于2009年出版《汉魏六朝画论十讲》，其《宗炳生平》又以《宗炳出仕考》为题在《文艺研究》2009年第10期上发表，其基本观点是：宗炳至少出仕为官两次。这一结论对以往公认的定论形成了冲击，也改变了宗炳的历史形象。本节试对此问题细加考证，以回应韦氏论述，并求正于高明。

细研史籍，不难发现宗炳一生至少9次征命而不应，其中8次为《宋书》本传所载，《南史》本传（除重复外）另载一次。

下面试对9次征召略加考述。

第一次："刺史殷仲堪、桓玄并辟主簿，举秀才，不就。"①

既然是"并辟"，就应该是二人同时主政并会商。殷仲堪，东晋士族，太元十七年（392年）"十一月癸酉，以黄门郎殷仲堪为督荆益梁三州诸军事、荆州刺史"②；而此时桓玄已袭爵南郡公，弃官回荆州，"玄在荆州豪纵，士庶惮之，甚于州牧"。殷仲堪对桓玄有所忌惮，纵容有加。隆安二年（398年），桓玄因王国宝事始得志，为江州刺史；隆安三年（399年）"十二月，桓玄袭江陵，荆州刺史殷仲堪、南蛮校尉杨佺期并遇害。"③ 次年，玄都督荆司雍等七州，领荆州刺史。④ 可见，"并辟"之事当在隆安二年与三年（398—399年）之间，考虑到隆安二年，殷、桓二人关系尚未破裂，而隆安三年，则已完全破裂直至十二月殷被桓所杀，故"并辟"之事很可能发生于隆安二年（398年），是年宗炳24岁。

第二次："高祖召为太尉参军，不就。"（《宋书·宗炳传》）。义熙七年（411年），刘裕被授太尉、中书监。"先是诸州郡所遣秀才、孝廉，多非其人，公表天子，申明旧制，依旧策试。"⑤ 可见，刘裕被授太尉后，有招募、选拔人才之举，征宗炳为太尉参军当在义熙七年，是年宗炳37岁。

第三次："高祖诛刘毅，领荆州，问毅府咨议参军申永曰：'今日何施而可？'永曰：'除其宿衅，倍其惠泽，贯叙门次，显擢才能，如此而已。'高祖纳之，辟炳为主簿，不起。问其故，答曰：'栖丘饮谷，三十余年。'高祖善其对。"（《宋书·宗炳传》）

义熙八年（412年）"十月，镇恶克江陵，毅及党与皆伏诛。

---

① 《宋书》卷九三《宗炳传》，中华书局2019年点校本修订本，第2502页。
② 《晋书》卷九《帝纪第九孝武帝》，中华书局1974年点校本，第239页。
③ 《晋书》卷十《帝纪第十安帝》，中华书局1974年点校本，第252页。
④ 《晋书》卷九九《桓玄传》，中华书局1974年点校本，第2588、2589页。
⑤ 《宋书》卷二《武帝中》，中华书局2019年点校本修订本，第29、30页。

十一月己卯，公（刘裕）至江陵。"次年二月，"帝至自江陵"。刘毅被诛后，太尉刘裕在江陵停留三个月[1]，其间，即着手行政和人事调整。刘裕分荆州十郡为湘州；听取前幕僚意见后，不计前嫌，征辟跟随刘毅八年之久、并任刘毅卫军从事中郎的谢灵运为太尉参军，辟宗炳为主簿当在此时。以义熙八年（412年）计，宗炳38岁。

第四次："骠骑道怜命为记室参军，并不就。"[2] 道怜为高祖刘裕异母弟，向为刘裕所重。刘毅被诛后，司马休之复以都督荆、雍、梁、秦、宁、益六州军事，平西将军，领护南蛮校尉，荆州刺史，假节，休之在江陵颇得民心。刘裕"疑其有异志"[3]，义熙十一年（415年）正月，借故赐死休之子侄。四月，击败司马休之四万军队，攻克江陵，授刘道怜骠骑将军、开府仪同三司、荆州刺史，护南蛮校尉，加都督，北府文武悉配之。[4] 义熙十二年（416年），刘裕再次北伐，灭后秦，欲经略关中，便将刘道怜由荆州调回朝廷（417年）。因此道怜最早于义熙十一年（415年）召辟宗炳，时宗炳41岁。

第五次："高祖开府辟召，下书曰：'吾忝大宠，思延贤彦，而《兔罝》潜处，《考盘》未臻，侧席丘园，良增虚伫。南阳宗炳、雁门周续之，并植操幽栖，无闷巾褐，可下辟召，以礼屈之。'于是并辟太尉掾，皆不起。"[5] 而据《宋书·周续之传》，高祖将北伐，江州刺史刘柳荐之高祖曰："窃见处士雁门周续之，清真贞素，思学钩深，弱冠独往，心无近事，性之所遣，荣华与饥寒俱落，情之所慕，岩泽与琴书共远。加以仁心内发，义怀外亮，留爱昆卉，诚著桃李。若升之宰府，必鼎味斯和；濯缨儒官，亦王猷遐缉。""俄而辟为太尉掾，不就。"[6]

---

[1] 《宋书》卷二《武帝中》，中华书局2019年点校本修订本，第30页。
[2] 《南史》卷七五《宗少文传》，中华书局1975年点校本，第1860页。
[3] 同上书，第33页。
[4] 《南史》卷一三《宋宗室及诸王上·长沙景王道怜》，中华书局1975年点校本，第353页。
[5] 《宋书》卷九三《宗炳传》，中华书局2019年点校本修订本，第2503页。
[6] 《宋书》卷九三《周续之传》，中华书局2019年点校本修订本，第2505页。

《宋书》载：义熙十二年正月，"诏公（刘裕）依旧辟士。"因此有"开府辟召"之举；《晋书》载，义熙十二年，诏曰："可敕二府，依旧辟召。""于是始辟召掾属"。① 太尉掾，太尉副官佐或太尉署属（曹）官员。由上可知，宗炳、周续之二人同时征召于义熙十二年（416年），是年高祖北伐，宗炳42岁。

第六次："宋受禅，征为太子舍人。"（不应）② 宋受禅即刘裕称帝，刘宋建国于东晋恭帝元熙二年、宋武帝永初元年（420年）。是年八月"立王太子为皇太子"，③ 其时宗炳46岁。

第七次："元嘉初，又征通直郎。"（不应）《宋书》载："太祖元嘉二年（425年），诏曰：'新除通直散骑侍郎戴颙、太子舍人宗炳，并志托丘园，自求衡荜，恬静之操，久而不渝。颙可国子博士，炳可通直散骑侍郎。'"④ 是年宗炳51岁。

第八次："东宫建，征为太子中舍人，庶子，并不应。"（《宋书·宗炳传》）。

元嘉六年（429年）三月"（文帝）立皇子邵为皇太子"，⑤ 尔后，"更筑宫，制度严丽。"⑥ 因此征召宗炳当在元嘉六年之后。

元嘉九年（432年），朝廷"诏内外百官举才"，江夏文献王刘义恭上表推荐宗炳，其表曰："窃见南阳宗炳，操履闲远，思业真纯，砥节丘园，息宾盛世，贫约而苦，内无改情，轩冕屡招，确尔不拔。若以蒲帛之聘，感以大伦之美，庶投竿释褐，翻然来仪，必能毗燮九官，宣赞百揆。"⑦

元嘉六年（429年）至八年（431年），江夏文献王义恭曾都督荆湘雍益梁宁南北秦八州诸军事、任荆州刺史，镇江陵，且时任义恭抚军长史、持军、南蛮校尉的张邵曾派儿子张敷与宗炳谈玄说

---

① 《宋书》卷二《武帝中》，中华书局2019年点校本修订本，第37页。《晋书》卷十《恭帝》，中华书局1974年点校本，第268页。
② 《宋书》卷九三《宗炳传》，中华书局2019年点校本修订本，第2503页。
③ 《宋书》卷三《武帝下》，中华书局2019年点校本修订本，第59页。
④ 《宋书》卷九三《戴颙传》，中华书局2019年点校本修订本，第2500页。
⑤ 《宋书》卷五《文帝》，中华书局2019年点校本修订本，第84页。
⑥ 《宋书》卷九七《元凶劭传》，中华书局2019年点校本修订本，第2661页。
⑦ 《宋书》卷六一《武三王》，中华书局2019年点校本修订本，第1795页。

道，因此义恭对宗炳多有耳闻甚至接触，其推荐可谓力若千钧。张彦远《历代名画记》亦曾记载："江夏王义恭尝荐炳于宰相，前后辟召竟不就。"

史载：元嘉十二年（435年）五月，"有沙门慧琳，假服僧次而毁其法，著《白黑论》。衡阳太守何承天，与琳比狎，雅相击扬，著《达性论》，并拘滞一方，诋呵释教。永嘉太守颜延之、太子中舍人宗炳，信法者也。检驳二论，各万余言。"① 既然此时已被称为"太子中舍人"，可见征召应在元嘉十二年（435年）之前。

若因刘义恭举荐，宗炳被征召"太子中舍人、庶子"，应在元嘉九年（432年），其时宗炳58岁。

第九次："衡阳王义季在荆州，亲至炳室，与之欢宴，命为咨议参军，不起。"（《宋书·宗炳传》）。元嘉十六年（439年），义季代临川王义庆都督荆湘雍益梁宁南北秦八州诸军事、荆州刺史。元嘉十六年至二十一年（439—444年），义季主荆州②。义季主荆州后，也有辟士之举："衡阳王义季临荆州，发教以祈及刘凝之、师觉授不应征召，辟其三子。"③ 宗炳被征召当在此时。义季"亲至其室，炳角巾布衣，引见不拜。王曰：屈先生以重禄，可乎？对曰：'禄如腐草，衰盛几何。'"④ 以元嘉十六年（439年）计，宗炳65岁。

上述9次征召，简言之，殷仲堪、桓玄主荆州时一次（主簿、秀才）；刘裕主政时五次，其中受命太尉后辟为参军、诛刘毅后辟主簿、北伐前后辟太尉掾、弟道怜主荆州辟为记室参军、宋受禅后召为太子舍人；元嘉年间文帝刘义隆主政时三次，其中元嘉初征通直郎，东宫建征太子中舍人、庶人，弟义季主荆州时征咨议参军。

需要说明的是，《宋书》本传对宗炳征召的记载（前半段），并

---

① 何尚之：《答宋文皇帝赞扬佛教事》，载（梁）僧祐编撰，刘立夫、魏建中、胡勇译注《弘明集》卷十一，中华书局2013年版，第714页。本书所引《弘明集》以《大正藏》第52册，No.2102为底本，参校刘立夫译注本及译文，注刘本页码。
② 《宋书》卷五《文帝》，中华书局2019年点校本修订本，第92、99页。
③ 《宋书》卷九三《龚祈传》，中华书局2019年点校本修订本，第2510页。
④ （宋）陈舜俞：《庐山记》十八贤传篇第五《南阳宗炳》，载慧远著，张景岗点校本《庐山慧远大师文集·附录》，九州出版社2014年版，第347页。

非按历史顺序。"高祖诛刘毅后辟主簿",这一事件叙述完后有一段文字,用以说明宗炳的"栖丘饮谷,三十余年":

> 妙善琴书,精于言理,每游山水,往辄忘归。征西长史王敬弘每从之,未尝不弥日也。乃下入庐山,就释慧远考寻文义。兄臧为南平太守,逼也俱还,乃于江陵三湖立宅,闲居无事。高祖召为太尉参军,不就。

文中王敬弘随宗炳游历,系敬弘为征西长史之时,《宋书》载:王敬弘"少有清尚,……性恬静,乐山水""敬弘妻,桓玄姊也。敬弘之郡,玄时为荆州,遣信要令过。敬弘至巴陵,……乃遣别船送妻往江陵。妻在桓氏,弥年不迎。山郡无事,恣其游适,累日不回,意甚好之。""转桓伟安西长史、南平太守。去官,居作唐县界。玄辅政及篡位,屡召不下。"[1]

王敬弘传中并无"征西长史"之职(恐为安西长史之误),王敬弘与宗炳出游的时间系其任安西长史、南平太守期间。安西长史为安西将军的下属,是荆州地区的重要官职,虽与荆州没有直接关系,但王敬弘任长史时其治所为江陵。元兴元年(402年),桓玄之兄桓伟任安西将军、荆州刺史、南蛮校尉。元兴二年(403年),桓伟卒,王敬弘弃官闲居。是年桓玄篡晋,次年(404年),桓玄兵败。可见,王敬弘转为桓伟的安西长史时间在元兴元年(402年)至二年(403年),这显然在高祖诛刘毅之前。

而后宗炳"乃下入庐山"(405年,详考见后),并为兄所逼回,在三湖立宅,闲居无事。其间高祖受命为太尉(411年),召宗炳为参军。至义熙八年(412年),刘裕诛刘毅后再次召宗炳为主簿时,宗炳已三十余岁,故有"栖丘饮谷,三十余年"之语。

宗炳一生屡次征召而不就,史有明载。《宋史》本传记载每次征召皆有"不起""不就"或"不应"一语。《南史》本传曾一言以蔽之:"宋受禅及元嘉中频征,并不应。"而《全宋文》(卷二

---

[1] 《宋书》卷六六《王敬弘传》,中华书局2019年点校本修订本,第1893页。

十)"宗炳"条目在列举《宋书》中的八次征召后,也以"皆不就"结尾。①

宗炳从来没有应召,但对其征召的"职位"和品级却不断上升。

第一次和第三次,召为主簿。主簿,即主官属下佐吏,典领文书,办理事务,大约相当于现在的秘书或秘书长。古代官府皆有主簿一职,上自三公,下至郡县,故其品位不一,唐杜佑《通典》(职官典第三十七)在划分晋宋时期官职的品位时,都没有主簿这一职位的划分。魏晋以下统兵开府之大臣幕府中主簿常参机要,总领府事。习凿齿曾为桓温的主簿,时人曰"三十年看儒书,不如一诣习主簿"。此为主簿权势最盛之时。隋唐以前,因为长官的亲吏,主簿权势颇重。

第二次,召为太尉参军。太尉本为三公之一,乃朝廷最高军政长官(但有时仅为官衔而非官职),参军,原为"参谋军事",后军府以外官署亦置,宋时诸府参军为七品。

第四次,召为记室参军。记室系掌管文书之官职,记室参军即专事掌管军队文书工作的官职,亦应为七品。

第五次,召为太尉掾。太尉掾,即太尉副官或一曹(即部门)之长,总领曹事,宋时公府掾,属七品。

第六次,召为太子舍人。太子舍人为太子官署,陪伴太子,以其高尚的修养品行影响太子,各个朝代品位不同,宋时太子舍人定为七品,品位较低。

第七次,召为通直散骑侍郎。散骑侍郎,掌文学侍从、收纳章奏、劝谏纠劾的官职,东晋时置二人,后增至四人,属散骑省。通直散骑侍郎职同散骑侍郎,参平尚书奏事,兼掌侍从、讽谏,地位较高。员外散骑侍郎与散骑侍郎通员当值,故曰通值。宋时为五品。

第八次,召为太子中舍人、庶子。太子中舍人、太子中庶子为太子官属。宋承晋制,各置四人,共掌文翰,中舍人在中庶子之

---

① (清)严可均辑:《全宋文》卷二十,宗炳条目,《续修四库全书》集部,总集类,上海古籍出版社2002年版。

下，系舍人中才学俱佳者，其俸禄与中庶子相同。宋时太子中庶子，庶子，均为五品。

第九次，召为咨议参军。"咨议参军"即咨询谋议参军，属顾问谏议官职，属王府和州府所设特别官职，职数不定，地位甚尊，位于一般参军之上，有时行大郡太守甚至府州长官之职。宋时"刺史不领兵者、郡国太守、内史"为五品，"咨议参军"应不低于五品。①

尽管宗炳终身不仕，但是历史上却偶有称宗炳官职的记载：刘宋何尚之《答宋文皇帝赞扬佛教事》云："永嘉太守颜延之、太子中舍人宗炳，信法者也。"梁庾元威《论书》云："宋中庶宗炳出九体书。"②乾隆《江陵县志》云：宗炳官太子中舍人。③

拒召不就，但仍能以其征召官职称谓，而且其品位越来越高。在中古时期，这是一种普遍的社会现象。这种现象反映了当时皇权与士人之间的一种特殊的关系。《史记》中并无隐逸之士的明确书写，尽管书中不乏隐逸踪迹；《汉书》虽无隐逸列传之名，却有隐逸列传之实；而《后汉书》则明确列有"逸民传"，当时的隐逸之士频受朝廷之征辟礼遇，在《后汉书》中多有所载。《后汉书》中的隐士，多以不应辟命的姿态出现。东汉王朝对隐逸之士采取十分开明的态度，而"士人高自标置不肯'屈身降志'，王朝政府却须反躬自责为德薄不能致贤。"④

一方面，征召是朝廷或官方的一种手段，或者是将其治下的精英人士纳入其统治的框架，或者是表明唯才是举、不拘一格降人才的一种姿态。正所谓："举逸民，天下之人归心焉。"⑤但另一方面，

---

① 参见《宋书》卷三九、卷四十《百官》，中华书局2019年点校本修订本，第1321—1371页；（唐）杜佑：《通典》卷三七，中华书局1988年点校本，第1007—1008页。

② （唐）张彦远著，范祥雍点校：《法书要录》卷一，人民美术出版社2016年版，第59页。

③ 乾隆《江陵县志》卷五八《杂记》，原版复印本，第27页。

④ 阎步克：《察举制度变迁史稿》，辽宁大学出版社1991年版，第86页。

⑤ 程树德撰，程俊英、蒋见元点校：《论语集释·尧曰》，中华书局2018年版，第1754页。

"儒有上不臣天子，下不事诸侯。"① 隐逸之士可以应召，也可以不应召。有时候尽管没有应召，人们可以视为其所拒绝的应召之职来称呼他，甚至可以视为其发布辟命的长官的故吏。虽然没有应召，这些隐士却获得了相应的社会地位（官职或品位），而且屡征不就，其社会地位就越来越高，东汉杨君征而不就，仍然获得"公府掾"的身份。同时期的徐稚、申屠蟠、荀爽、张玄诸人皆未应辟命，也同样被视为辟命的身份。随着辟命官职或品位的提升，被召士人的声望也随之上升。当然，对于不应召者，东汉时期可能有违抗君命之嫌，面临追究过失的危险。②

尽管有隐士多次应召不就，朝廷及长官仍然乐此不疲。甚至以上一次征召的官职来称谓未曾任职的隐士，如魏文帝曾诏命管宁为"太中大夫"，尽管管宁未曾就任，但魏明帝仍在诏书中称其为"太中大夫"，实际上是"未曾受其位，亦可获其号。""征命所任官职已经附着于管宁的个人身份之中，而无关其应命与否。""事实上，对宗炳所称的'太子舍人'，亦具有同样的性质。"

从东汉后期始，官方把这种征召不就的官职品位作为下一次辟命的起点。与宗炳同时的戴颙，就先后征命为太尉行参军（七品）—通直散骑侍郎（五品）—国子博士（六品）—太子中庶子（五品）—散骑常侍（三品）。"虽然戴颙从未真正接受过王朝的任何一次征除，但王朝在对于戴颙的征命中所任官职、升进路径，皆与王朝的权力秩序无异。"③ 宗炳也是如此，前引"新除通直散骑侍郎戴颙、太子舍人宗炳"，表明朝廷也曾任命宗炳为"太子舍人"，宗炳并未接受即并未就职，但朝廷仍以"太子舍人"为辟命的起点，任命宗炳为"通直散骑侍郎"，征召的官职品位比上次高。

南朝史籍所提及的"新除"事例，均有"未拜"之义。"原则

---

① （汉）郑玄注，（唐）孔颖达疏：《礼记正义》卷五九《儒行》，载（清）阮元校刻《十三经注疏》，中华书局 2009 年版，第 3627 页。
② 参见徐冲《中古时代的历史书写与皇帝权力起源》，上海古籍出版社 2012 年版，第 203—205 页。
③ 以上见徐冲《中古时代的历史书写与皇帝权力起源》，上海古籍出版社 2012 年版，第 251—254 页。

上朝廷除授的官职,在受拜之前,均称为'新除'"①官职除、拜有着特定的制度程序,朝廷授官与士人受官,构成任命过程的基本关系,这个过程形成一套官场礼仪。"除"与"拜"并不是一回事,而是一件事情的两个阶段、两个端点。通俗地说,"除"相当于今天的"任命","拜"相当于今天的"就职"。

不管隐士有没有接受皇帝或官府的征召,至少在王朝一方看来,这种以官方发出的诏书或征命,具有权威性,"朝廷对官职的除而未拜,也在官资层面给予法理确认。"②因此无论是应命还是拒绝,征召的官职已成为隐逸之人身份的一部分。如果说这种现象在魏晋南北朝还是一种不成文的规矩的话,那么在唐代则以法律的形式确立下来:"赠官及视品官,与正官同。"③

与其他隐士一样,在多次拒绝当权者征召的同时,宗炳的名望越来越高。官方不仅不断给予赍赐,还多次亲临或派使者到其居所造访或征召。此类现象不绝于史。"各级官府长官以辟召为手段,将其治下的精英人群纳入一种突破了单纯官僚制框架的整体秩序中。"④

宗炳终身隐逸不仕,在一定程度上也影响了他的家庭成员。史载:宗炳从父弟宗彧之"蚤孤,事兄恭谨,家贫好学,虽文义不逮炳,而真澹过之"。估计宗彧之成孤儿后,与宗炳家生活在一起。朝廷及地方政府曾先后辟主簿,举秀才,征为著作佐郎、员外散骑侍郎,他都没有应召。朝廷和民间的资助,一概不予接受。文帝派人到民间采风的使臣曾三次访他,他都拒而不见。告人曰:"我布衣草莱之人,少长垄亩,何柱轩冕之客。"⑤宗炳外弟师觉授,与宗炳也是意趣相投,"并有素业,以琴书自娱"。刘义庆辟为州祭酒、

---

① 周文俊:《南朝官职拜除考述》,载武汉大学编《魏晋南北朝隋唐史资料》第三十八辑,武汉大学出版社2018年版,第118、122页。

② 同上书,第138页。

③ (唐)长孙无忌撰,刘俊文笺解:《唐律疏议笺解》,中华书局1996年版,第163页。

④ 徐冲:《中古时代的历史书写与皇帝权力起源》,上海古籍出版社2012年版,第250页。本节"征召不就"多参考徐书。

⑤ 《宋书》卷九三《宗彧之传》,中华书局2019年点校本修订本,第2515页。

主簿，不就。① 宗炳孙宗测，"亦有祖风""少静退，不乐人间。叹曰：'家贫亲老，不择官而仕。'"孙测并继承祖业，游历山川，主攻诗画。孙测游历庐山时，曾住在其祖父宗炳旧居，鱼复（县名，即奉节）侯萧子响任江州地方长官，派人拿丰厚的东西赠给他。宗测拒而不受，他说："我年轻的时候有疯狂之病，寻访名山采摘草药，从老远的地方来到这里。估计着自己的食量吃松果，估量着自己的身形穿草木做成的衣服，心境淡然，已经很满足了，怎能接受这样的突然的施舍！"（"少有狂疾，寻山探药，远来至此，量力而进松木，度形而衣薜萝，盎然已足，岂容当此横施。"）② 可见，宗炳同辈与晚辈中多人隐逸不仕，体现了宗炳高洁的家风和处世的品格。

---

① 《南史》卷七三《师觉授传》，中华书局 1975 年点校本，第 1806 页。
② 《南史》卷七三《宗测传》，中华书局 1975 年点校本，第 1861 页。

第二章

"好山水，爱远游"

隐逸，并非闭门不出。很多隐逸之士徜徉于山水之间、逍遥于老庄之道。屈原的《远游》，既是对他被流放的记载，也是其某种隐逸于江湖的象征。"悲世俗之迫阨兮，愿轻举而远游。"① 正是由于社会环境的"迫阨"，屈原才不得不以被动的方式去"远游"，而这里的"轻举"，则透露出屈原追求精神自由的超然态度，体现了屈原以一种悲剧方式去上下求索的热情。宗炳一生"好山水，爱远游。""往辄忘归"，自述"余眷恋庐、衡，契阔荆、巫，不知老之将至。"（《画山水序》）宗炳的远游与屈原不同，虽然带有隐逸的色彩，但他更是一种有目的的、更为主动的远游，他把自己对人生的追求寄托于林壑烟云之中，他要在名山大川之中"身所盘桓、目所绸缪"，以发现山水之美、自然之美，探求天地之道、宇宙之道。这才是他安于隐遁生活的主要原因。他一生遍游楚水吴山，"西陟荆、巫，南登衡岳，因结宇衡山，欲怀尚平之志。"到了晚年，以疾还江陵，无不遗憾地感叹道："老疾俱至，名山恐难遍睹。"②

第一节　以游体道

"游"是中国的一种文化现象，中国的士大夫与"游"有着不

---

① 林家骊译注：《楚辞·远游》，中华书局2010年版，第167页。
② 《宋书》卷九三《宗炳传》，中华书局2019年点校本修订本，第2503页。

解之缘。孔子说:"父母在,不远游。"又说:"游必有方。"① 孔子自己因为不得志而周游列国,惶惶如丧家之犬。当然孔子之游并无隐遁之意。孔子曾让几位弟子"各言其志",当子路、冉、公西华言毕,轮到曾皙(曾参父)时,曾皙站起来说:"莫春者,春服既成,冠者五六人,童子六七人,浴乎沂,风乎舞雩,咏而归。"曾皙不谈政治抱负,"异乎三子"的志向,偏偏得到了孔子的嘉许,夫子喟然叹曰:"吾与点也。"(点即皙)② 我与曾点的想法一样啊!孔子自己也曾有言:"道不行,乘桴浮于海。"③ 可见孔子也是考虑出入进退问题的,而退出方式之一,就是到自然中去解忧散怀。

  汉之前,"游"并不是士大夫们一种普遍的隐遁或解忧的方式。到了魏晋南朝时期,游历山水,成为士大夫们极其普遍的行为。这里既是对政治的逃避,也是走向自然的一种表现。因此,魏晋南朝的史籍中,"好山水,爱远游"的记载不绝如缕:阮籍"或闭户视书,累月不出;或登临山水,经日忘归"④。王羲之"……采药石不远千里,遍游东中诸郡。穷诸名山,泛沧海,叹曰:'我卒当以乐死。'"⑤ 孙绰"面对高岭千寻,长湖万顷","席芳草,镜清流,览卉木,观鱼鸟,具物同荣,资生咸畅"⑥。孔淳之"性好山水,每有所游,必穷其幽峻,或旬日忘归"⑦。雷次宗"有山水之好,……乐以忘忧,不知朝日之晏矣。"⑧

  而著名山水诗人谢灵运,更是酷爱山水。谢出任永嘉太守时,郡有名山水,谢因官场不得志,遂肆意游遨,遍历诸县,有时出

---

① 程树德撰,程俊英、蒋见元点校:《论语集释·里仁下》,中华书局2018年版,第353页。
② 程树德撰,程俊英、蒋见元点校:《论语集释·先进下》,中华书局2018年版,第1041、1047页。
③ 程树德撰,程俊英、蒋见元点校:《论语集释·公冶上》,中华书局2018年版,第386页。
④ 《晋书》卷四九《阮籍传》,中华书局1974年点校本,第1359页。
⑤ 《晋书》卷八〇《王羲之传》,中华书局1974年点校本,第2101页。
⑥ (清)严可均辑:《全晋文·三月三日兰亭诗序》卷六一,载《续修四库全书》,上海古籍出版社2002年版,第1605册,第384页。
⑦ 《宋书》卷九三《宗炳传》,中华书局2019年点校本修订本,第2508页。
⑧ 《宋书》卷九三《雷次宗传》,中华书局2019年点校本修订本,第2517页。

游，或一百六七十里，动逾旬朔而不归。"寻山陟岭，必造幽峻，岩嶂千重，莫不备尽。"据说谢灵运对登山之举颇有研究，他特地制作了一种木屐，"上山则去其前齿，下山去其后齿。"①晋宋之际，山水诗应运而生，谢灵运为永嘉太守时所作的诗篇就是山水诗早期的典型代表。

而"好山水，爱远游"的宗炳，自然不逊他人，"每游山水，往辄忘归。征西长史王敬弘每从之，未尝不弥日也。"②可见不仅文人雅士喜好登山临水，官员们也有林泉之志，有的"忙里偷闲"，有的甚至不务正业，去游历山水。

如前所引，王敬弘为了自己潇洒自由，居然把妻送到娘家，长时间不予接回。可见王也是性情之人，这与宗炳的"好山水"的性情不谋而合，因此与宗炳一起游山玩水十分惬意。

史籍还曾记载刘裕追随宗炳游玩的事迹，刘裕征刘毅领荆州后，接受申永的建议，征召宗炳为主簿，宗炳不应。高祖问其故，答曰："栖丘饮谷，三十余年，岂可于黄门折腰为走吏。"③高祖赞赏宗炳的回答，并且受到宗炳的感染，于是追随宗炳游玩："高祖乃撤卫帅而从游。近登第树，听其高谈，叹曰：'不知礼，乃觉心明。'"也就是不受礼教的束缚，走向自然，便觉神清气爽。④

士人们游历山水，达到了如醉如痴的地步，"经日忘归""累日不回""旬日忘归""动逾旬朔""深入忘反""当以乐死"。虽出仕为官，高居庙堂，案牍劳形，而又兼山水之爱，幽栖穷薮，隐于山野，成为士大夫阶层新的价值追求，也成为士人们的一种生活方式，与今人时髦式的、炫耀式的、点卯式的旅游有着本质的区别。

宗炳正是在这样一种背景下，实践着自己"遍睹名山"的人生理想。宗炳饱览南国旖旎风光，一方面为其山水画之作积累了丰富的素材，阅遍千山万水，胸中自有丘壑。另一方面也许更重要的

---

① 《宋书》卷六七《谢灵运传》，中华书局2019年点校本修订本，第1918、1942页。
② 《宋书》卷九三《宗炳传》，中华书局2019年点校本修订本，第2503页。
③ （宋）李昉著，夏剑钦校点：《太平御览》，河北教育出版社2002年版，第867页。
④ 同上书，第379页。

是，宗炳崇尚道、佛，山水是"道"的化身，自然之中包含着玄道之趣，游历山水的过程，就是体道悟道、实践其道的过程，所谓"目击而道存"①。宗炳信奉佛教，佛教的"法身"犹如道家之"道"，隐含于自然万物之中，"神道无方，触象而寄"②。佛教又主张冥想静观，在山林之野，在丘壑之间，应于目，会于心。因此，要悟"道"求"法"，就要亲临山水，即使不能亲临，也要"卧游"山水，这才是宗炳"好山水，爱远游"的根本原因。那么，宗炳究竟游历过哪些名山大川？现存史料，多有阙略，但我们仍然可以窥见一斑。

第二节 "西陟荆巫"

《宋书》本传云：宗炳"西陟荆巫，南登衡岳"。其《画山水序》又云："余眷恋庐衡，契阔荆巫。"可见宗炳不仅游历过荆山、巫山、衡山和庐山，而且对这些地方颇有眷恋之情。

"荆"即荆山。从"西陟荆巫"一语可知，应在江陵之西。无疑这就是湖北西部的荆山，也是我国最为著名的荆山。

此荆山，位于今湖北省西北部的武当山东南、汉江西岸，呈北西—南东走向。北始房县青峰镇大断层，南止荆门—当阳一线；西至远安沮水地堑，东到荆门—南漳一线，面积约3100平方公里，因古代满山荆条，故名。长江支流沮、漳河源于山南，汉江支流蛮河出于山北，其名胜抱璞岩相传为春秋时期卞和得玉处。荆山之玉，人所周知。

《水经注》载："沮水出汉中房陵县（今湖北十堰房县）景山，东南过临沮县（远安旧址）界。"景山，即荆山之首也。沮水又南经楚昭王墓，东对麦城，西接昭丘是也。沮水又南与漳水合焉，又

---

① （清）郭庆藩撰，王孝鱼点校：《庄子集释·田子方》，中华书局2018年版，第708页。

② 慧远：《万佛铭记》，载（唐）释道宣《广弘明集》（宋思溪藏本）卷十五，国家图书馆出版社2018年版，第六册，第22页。

东南过枝江县,[①] 再经江陵县李埠（今湖北荆州市荆州区李埠镇）入江。

宗炳居江陵，去荆山游览多有便利。如前所述，宗炳曾在高沙湖（今李埠）度过青少年时光，若彼时前往，沿沮水而上可达。今天的李埠镇，仍然濒临沮漳河，上可致当阳、远安而达荆山，下可径入长江。若是晚年居江陵城东的三湖时出游，则溯扬水而上，也十分便利。

宗炳所说的"巫"，应指今三峡地区。"巫山"一名始自上古时期，《山海经》曰："有巫山者，有𡸣山者。"[②] 又曰："有灵山，巫咸、巫即、巫肦、巫彭、巫姑、巫真、巫礼、巫抵、巫谢、巫罗十巫，从此升降，百药爱在。"[③] "灵""巫"，古本一字，二字繁体皆从"巫"。因此灵山即巫山。上古之时此地巫文化盛行，有十大名巫，首者巫咸，作为帝尧医师，死后其名被用于生前升降采药的地方。

巫有广义、狭义之别，单体的"巫山"，只是现在位于巫山县域内的某一座或某几座自然山体而已。历史上泛称的"巫（山）"，就是巫山山脉，主要指四川盆地东部湖北、重庆、湖南三地交界一带南北走向的连绵群峰。这一带古称"于（音巫）中"。楚国在此置巫郡，秦改巫郡为巫县，划属南郡，以巫名县自此始。秦代的巫县，囊括今日巫山至宜昌之间的一大片峡江地域。

《后汉书·公孙述传》云："臣（荆邯）之愚计，以为宜及天下之望未绝，豪杰尚可招诱，急以此时发国内精兵，令田戎据江陵，临江南之会，倚巫山之固，筑垒坚守，传檄吴、楚，长沙以南必随风而靡。"[④]《宋书》云："江左以来，树根本于越扬，任推毂于荆楚。扬土自庐蠡以北，临海而极大江；荆部则包括湘沅，跨巫山而掩邓塞。"[⑤] 这里，"巫山"代指三峡地区，而"邓塞"为襄阳东北

[①] （北魏）郦道元著，陈桥驿校证：《水经注校证》，中华书局2013年版，第720页。
[②] 方韬译注：《山海经》，中华书局2011年版，第321页。
[③] 同上书，第315页。
[④] 《后汉书》卷十三《公孙述传》，中华书局1965年点校本，第539页。
[⑤] 《宋书》卷六六"史臣曰"，中华书局2019年点校本修订本，第1903页。

山名，代指襄阳一带。

今有学者对巫山地望做过专门考察后明确指出："上古时，由于各方面条件的限制，地理和地域概念是比较模糊的，在今川、渝、陕、鄂、湘交界处大片山地都通称巫山，我们仍沿用这种提法，但为区别今巫山县之巫山，我们暂称为大巫山。"① 又称：巫山山脉"在今巫山县城东南，呈北北东—南南西走向，东入巴东，西进奉节，南西直达咸丰。……巫山山脉在今巫山县境内海拔1500米以上的山峰就有33座。"② 二者对广、狭巫山的界定大致是相同的。

因此，宗炳文中所说的游历过的"巫"绝不可能是现在巫山县城江南之"巫山"。宗炳也不可能单单跑到那么一座自然山体上去，即使只到了现在巫山县之巫山，从距离上看，宗炳溯江而上，也游历了三峡的大半，即西陵峡和巫峡全程；从景色来看，更是领略了三峡的雄奇与秀美，即巫峡十二峰的壮丽景色，小三峡、小小三峡的秀丽风光。可见，宗炳当年所游历的巫山，也就是当今我们所说的长江三峡地段。

宗炳怎么到"巫山"？必定是走水路逆长江而上，游览整个三峡风光。长江三峡乃中国山水奇观，在古代这种景观更原始、更奇特。《水经注》有一段关于三峡的生动叙述："自三峡七百里中，两岸连山，略无阙处。重岩叠嶂，隐天蔽日。自非亭午夜分，不见曦月。至于夏水襄陵，沿溯阻绝。或王命急宣，有时朝发白帝，暮到江陵，其间千二百里（李白的'朝辞白帝彩云间，千里江陵一日还'，就脱胎于此。下同），虽乘奔御风，不以疾也（'轻舟已过万重山'）。春冬之时，则素湍绿潭，回清倒影，绝巘多生怪柏，悬泉瀑布，飞漱其间，清荣峻茂，良多趣味。每至晴初霜旦，林寒涧肃，常有高猿长啸，属引凄异，空谷传响，哀转久绝。（'两岸猿声啼不住'）"③

---

① 管维良：《大巫山盐泉与巴族兴衰》，《四川三峡学院学报》1999年第4期。
② 程地宇：《〈高唐赋〉中巫山地望的再探讨》，《重庆社会科学》2005年第3期。
③ （北魏）郦道元著，陈桥驿校证：《水经注校证》，中华书局2013年版，第756页，这一段话源于盛弘之《荆州记》，郦略作修改。

实际上还有另一种可能，宗炳文中的"荆巫"并非两地山名，而是泛指荆楚西部山区。历史上楚与蜀之边界位于巫峡之中的黑石滩，其上游奉节为蜀国所辖，其下游巫山（县）为楚国所辖，也就是说，巫山地区大部分属于楚国，因此"荆巫"也可以指三峡中下游属于荆楚的这一区域。这里又有荆门山，荆门山位于长江三峡的东口，上有盘亘雄踞的十二峰（称十二培），下有横流湍急的虎牙滩；南与五龙山的群峰相接，北与虎牙山隔江相峙，此处风景独特、形势险要，史称"全楚西塞第一关"。荆门山与巫山合称"荆巫"，恐怕也在情理之中。杜甫当时居住在夔州即三峡瞿塘峡之首时，曾写诗云："荆巫非苦寒，采撷接青春。"① 可见，大巫山、三峡地区，泛称"荆巫"也未尝不可。

1600多年前的宗炳，巫山之游并非易事，况且宗炳绝非仅仅是"到此一游"，而可能是多次游历。参考古人游记、笔记和诗文测算，在没有机械仅凭人力行船的古代，长江的下行船只平均每日航行50公里，上行每日约34公里；而在峡江中，下行船每日约50公里至70公里，上行船每日约12公里。而据陆游《入蜀记》所载，② 从荆州（江陵、沙市）起须换乘入峡船，不用风帆而改用百丈和橹，到硖州（今宜昌）段148公里，以平均30公里计算约5天。入峡之后，202公里至夔州，平均每日行12公里，计算为17天。③ 因此在一般情况下，宗炳乘船逆水而行从江陵至夔州，也就是到三峡之首（李白、杜甫所认定的巫山）一带，大约需要22天，回程大约7天，一去一来在路上大约一个月，这还不包括上岸登山游览的时间。

也许宗炳游览巫山有一定的有利条件，宗炳的祖父曾任宜都太守，晋时宜都郡属荆州，辖夷道、佷山、夷陵三县，其所辖区域包括三峡中下游、清江流域、江汉平原西部，素有"楚蜀咽喉""三峡门城""鄂西门户"之称。《水经注》云："夷道县，汉武帝伐西

---

① 杜甫：《暇日小园散病，将种秋菜，督勤耕牛，兼书触目》，载萧涤非注《杜甫诗选注》，人民文学出版社1979年版，第317页。
② （宋）陆游：《入蜀记》，《四库全书》史部传记类卷三，影印本，第18页。
③ 参见简锦松《李白登上三峡之巅》，《中国三峡》2018年9月。

南夷，路由此出，故曰夷道矣。王莽更名江南，桓温父名彝，改曰西道，魏武分南郡置临江郡，刘备改曰宜都。郡治在县东四百步故城，吴丞相陆逊所筑也。为二江之会也。"① 也就是说，宜都郡治所，在夷道县故城附近，且位于长江与清江交汇之处。这实际上就是今宜都市区所在之处，离三峡地区近在咫尺。

而在宜都治所周边，其山川风貌，也十分了得："北有湖里渊，渊上橘柚蔽野，桑麻暗日，西望伥山诸岭，重峰叠秀，青翠相临，时有丹霞白云，游曳其上。城东北有望堂，地特峻，下临清江，游瞩之名处也。""山水有灵，亦当惊知己于千古矣。"② 如此绝妙的风景，必然使观者宗炳产生"山水质而有趣灵"的感悟。

第三节 "南登衡岳"

衡山，是宗炳晚年游历、隐居的地方，直到他老病俱至，才回到江陵。

衡山，又名衡岳、南岳、寿岳、南山，中国"五岳"之一，位于湖南中部。据称因其位于星座二十八宿的轸星之翼，"变应玑衡"，"铨德钧物"，犹如衡器，可称天地，故名衡山。上古时期的唐尧、虞舜曾在此巡疆狩猎祭祀社稷，夏禹曾在此杀马祭天地求治洪方法，火神祝融被黄帝委任镇守衡山，教民用火，化育万物，被尊称南岳圣帝。

衡山是中国著名的佛教、道教圣地，历代皆有真仙、高僧、道士，或隐居修道，或传道布法，或采药炼丹，皆因这里"清烟瑞气蔽于山岩，芳卉仙葩映于溪谷"。

正如《南岳总胜集》所云："溪山之胜，林壑之美，人所同好也。而于幽人野士，常独亲焉，必志不拘于利欲，形不胶于城市。养心于清静，养气于澹泊，养视听于寂寞，然后山林之观，得其

---

① （北魏）郦道元著，陈桥驿校证：《水经注校证》，中华书局2013年版，第760页。

② 同上书，第760、759页。

真趣。"① 宗炳正是此类"幽人野士"。由于年代太久，在一般史籍中很难觅到宗炳在衡山隐居修行的踪迹，诸如《南岳志》《衡山县志》，虽然提到宗炳，但仅是转述《宋书》和《南史》本传中"结宇衡山"一类的文字，对于其结宇之处所和修道之行状未能提供有价值的信息。

南宋道士陈田夫清居衡山紫盖峰下（一说筑庵峰）九真洞老圃庵三十余年，往来于七十二峰，对衡山之地形、名胜和史迹了如指掌，其《南岳总胜集》中保存了十分珍贵的史料，是书明确记载宗炳隐居修行之处的有两则：

其一，"莲华峰"条目云：

> 下有方广寺，八山四水周回环匝。……北有灵辙源车辙。迹记云：昔罗汉居此，鬼神运粮，车辙道也。东望芭蕉庵，乃宋高僧宗炳修行之所。北有灵源塔。

其二，"高台惠安禅院"条目云：

> 在后洞妙高峰下，与方广比邻，山势幽邃，景物与山前不侔。本朝赐今额。寺前五十步正险绝处，石上有迹如车辙状。记云：昔五百罗汉居此，闻惠（慧）思和尚将至。乃相谓曰：山主即至，我辈当避之，遂徙他所，今辙迹尚存。记云：乃鬼运粮以供厨馔。又西有水源，自岩下出，莫知其所，自号灵源。宋宗炳有庵，在灵源之上，今芭蕉庵是也。尚存基址。②

宗炳在衡山的行迹，尽管《南岳总胜集》中已有多处记载，但在清李元度修纂、后经民国多人增补的《南岳志》中却没有提及，

---

① （宋）陈田夫：《南岳总胜集》，载《丛书集成续编》，台北新文丰出版公司1988年印行，第219卷，第468页。陈田夫系南宋道士，生卒不详，据载南宋高宗赵构绍兴年间（1131—1162）到南岳。

② （宋）陈田夫：《南岳总胜集》，载《丛书集成续编》，台北新文丰出版公司1988年印行，第219卷，第478、506页。

其"晋宗炳故宅"条目也仅转述《莲社高贤传》中有关文字①。

但《南岳志》有这样一段记载，北宋高僧谷泉于仁宗年间来到南岳衡山，先居灵峰寺，后为芭蕉庵住持，自号"芭蕉禅师"。谷泉离开芭蕉庵时，在壁上题诗一首名《书壁》：

> 余此芭蕉庵，幽居堆云处。
> 千般异境未暇数，且看矮松三四树。
> 寒来烧枯杉，饥食大紫芋。
> 而今抛之去，不知谁来住。②

今人重修的《南岳志》中，宗炳列入《名游》第一人，但宗炳隐居的处所及行迹未见记载，而芭蕉庵则列入已废的寺庵名目，仅芭蕉庵所处的"岳山后"已废寺庵就达36个之多（莲花峰等所处的衡山西南部相对独立的区域俗称"山后"或"岳山后"）。③

明末清初大思想家王夫之曾在其《南岳赋》中写道："慈明狎虎，芭蕉浴雷"，"少文展图而栖薄。"④ 其"芭蕉"即芭蕉庵，"少文"即宗炳。王氏曾在莲花峰下筑续梦庵（与芭蕉庵相距不远）隐居十年之久，并撰写我国最早的峰志——《莲峰志》。

由上引可知，宗炳隐居修行之处在南宋时期名为"芭蕉庵"，而且其"基址尚存"，位于后山的莲花峰与妙高峰之间，附近有高台寺（非今日之高台寺）和方广寺。宋张栻《自方广过高台寺》云："两寺清闻磬，群峰石作城。""香火远公社，江湖鸥鸟盟。"⑤

---

① （清）李元度修纂，（民国）王香余、欧阳谦增补，（民国）王香余续增：《南岳志》卷二一，岳麓书社2013年版，第683页之"古迹"条目。

② （清）李元度修纂，（民国）王香余、欧阳谦增补，（民国）王香余续增：《南岳志》，岳麓书社2013年版，第661页、521页（有异文）。释谷泉，衡岳芭蕉庵住持，一号"大道禅师"，泉州（今属福建）人，宋仁宗年间（1023—1031）来南岳。陈田夫来南岳比谷泉晚了100多年，或许谷泉时期芭蕉庵尚存，100多年后被毁。也或许此芭蕉庵非彼芭蕉庵。

③ 《南岳志》，湖南出版社1996年版，第187、262页。

④ 王夫之：《南岳赋》，载《南岳志》，湖南出版社1996年版，第431—434页。王夫之曾在莲花峰下筑《续梦庵》隐居十年之久，与宗炳隐居处近在咫尺。

⑤ （宋）张栻：《自方广过高台寺》，（宋）陈思编：《两宋名贤小集》卷二百十一《南轩集》，第1035页，清文渊阁四库全书本（中国基本古籍库）。

由此作者想到当年慧远带领宗炳等僧侣门人建斋立誓之举，或许也想到当年宗炳曾到此隐居修道。芭蕉庵与方广寺东西相望，与高台寺毗邻而居，其旧址位于高台寺西边的"灵源"泉水之上。

之所以名为莲花峰，是因为周围有八座山峰相绕，宛如莲花，且与妙高峰、天堂峰、天台峰、潜圣峰形成扇形。这里的景色以"深"著称，峡谷幽邃，古木森森，泉水潺潺，为衡山四绝风光之一。"岳之胜也，高则祝融，深则莲华（通'花'）。"（王夫之《莲峰志》刘阳序）"南岳之莲花峰，在崇岗绝磵（同涧）中，深入而幽潜。八峰矫好，若青莲出水，蜕埃墡而亭立，净明奇丽，岳之一胜也。禅修寂学者，往往择而栖焉，宜其人之高洁远俗，世缘不能染也。"（王夫之《莲峰志》周怡序）宗炳正是这样一位"禅修寂学者"。

佛教进入衡山比道教要晚，据考最早到达南岳的是南北朝时期的惠海、希遁，其时为梁天监年间（502—519年），随后慧思则于陈光大二年（568年）来岳。但这都在宗炳之后，宗炳大约于公元433—435年在此隐居。宗炳比惠海、希遁、慧思诸法师更早来到衡山，有学者认为，宗炳可能是最早把佛教信仰带到衡山中心地带的信徒[①]。当然，宗炳身为居士，主要是隐逸修道，并非作为出家和尚而传经弘法。

也许正是因为宗炳早已在此奉佛修行，或者因为莲花与佛教之因缘，惠海法师到达衡山后（梁天监二年，公元503年），才慕名在莲花峰下建起了弘法道场——方广寺，此时距宗炳隐居已有七十多年。而后海印高僧亦来南岳，初居善果道场，后于瑞应峰建南台寺。

方广寺地理位置十分独特："寺在莲花里，群峰附花叶。""寺藏螺髻顶，人在藕花心。"[②]"南岳，故宇内名山，而方广幽邃，尤仙圣所居。群峰环拱，层见叠出，宛如莲花之状。内典所称西方极乐界，无乃类是耶。"[③]

---

① 张松辉：《十世纪前的湖南宗教》，湖南人民出版社2004年版，第204页。
② （宋）陈田夫：《南岳总胜集》，载《丛书集成续编》，台北新文丰出版公司1988年印行，第219卷，第478页。
③ 《明曾凤仪方广藏经阁记》，载（清）李元度修纂，（民国）王香余、欧阳谦增补，（民国）王香余续增《南岳志》，岳麓书社2013年版，第627页。

莲花峰位于南岳衡山的最深处，即使到明清之际，这里还是"踪迹希阔"（《莲峰志》，刘阳序），宗炳避开尘世的喧嚣，只身来到这里，潜心修道。这让我们感受到一个笃志修道者的勇气和毅力，一个绝然隐居者的恬淡与超脱。宗炳是白莲社的创始人之一，在此莲花峰下修行，宛如坐于莲蕊之中，别有一番禅意。

宗炳隐居衡山，并非隐居芭蕉庵一处闭门修道，恐时有游走传道。

"东北有石室，以休为名。唐高僧须发髯鬓居之，并无烟火器具。人有诘之。但云休仅七十余年，寿百数十岁。或云，曾遇宋宗炳，传道而不食。"① 唐高僧休修行的石室，曾有人见到过宗炳在此传道。

"了然子者，辽东人也，不显名氏。……先生自西山访南岳，谒青玉、白璧二坛（注：青玉即仙人桥也，白璧即光天坛也），寻于前洞，入洞门访昌利先生，剧饮数日，而李前之蜀山先生归隐前洞，宋高僧宗炳访之不遇。"可见宗炳在衡山修行期间也时常拜访在此的其他隐遁之士。②

在《南岳总胜集》中，宗炳被列入衡山的"真仙"名录，并列有小传，称之为"宋高僧宗炳"。晋宋之际，在衡山隐居者不乏其人，事佛者有之，求仙者有之，信道者亦有之，有些还是宗炳的南阳同郡和南郡人士。可见宗炳在衡山修行并非独往独来，而是有同仁相伴或前后相随。

隐士刘驎之（生卒年不详，公元376年前后在世），南阳人士，"少尚质素，虚退寡欲，不修仪操，人莫之知。好游山泽，志存遁逸"。刘本隐居于荆州城区下游200里处之阳岐村（今石首市），③"因采药至衡岳，深入忘反，见一涧水，水南有二石囷，一囷开一囷闭，水深湍不能过，欲还，失路。值樵者问津，仅得到家，或说

---

① （宋）陈田夫：《南岳总胜集》，载《丛书集成续编》，台北新文丰出版公司1988年印行，第477页。
② （宋）陈田夫：《南岳总胜集》，载《丛书集成续编》，台北新文丰出版公司1988年印行，第219卷，第487页。据称，了然子广游蜀楚，交友甚众，修道有功，断事如神，被陈田夫在书中列入"真仙"名录。
③ 《晋书》卷九四《刘驎之传》，中华书局1974年点校本，第2448页。

困中皆仙方上药、诸珍异宝,骠之再寻索,已失所在。"①

　　隐士刘凝之(389—448),南郡枝江人,"性好山水,一旦携妻子泛江湖,隐居衡山之阳"。②刘凝之与衡山有特殊的缘分,因为其父刘期公曾担任过衡阳太守。有学者认为,其父可能在衡山一带有亲友和资产,所以凝之本人后来就一直居住衡山。③莲花峰、妙高峰均位于衡山西南,属衡山之阳,宗炳应该与刘凝之有交集,他们是同龄人,都活跃于荆州一带,而且宗炳外弟师觉授曾与刘凝之一起被征召而不就:"衡阳王义季临荆州,发教以祈及刘凝之、师觉授不应征召,辟其三子。"④

　　宗炳同时代人谢灵运也曾游历过衡山,并留下《衡山诗》:"嵩下一老翁,四五年少者。衡山采药人,路迷粮亦绝。遇息嵩下坐,正见相对说。一老四五少,仙隐不可别。其书非世教,其人必贤哲。"⑤可见当时在衡山修道者、隐居者、采药者,有老有少,不绝如缕。灵运与宗炳在庐山曾有交集,若同在衡山时应有交往。

　　上引宗炳隐居衡山时"传道而不食"似有二解:其一,佛教主张过午不食。如果是这样,宗炳所修所传之道为佛道。但过午不食,都是众人皆知的佛教戒规,没有必要专门记载。其二,道教养生有辟谷一说,即不食五谷,据说可健身延年,甚至可得道成仙。魏晋南北朝时期,随着道教的出现和传播,士人十分重视养生之术,或炼丹服药,或辟谷求仙。而且历史上道教最早进入衡山,魏晋时南岳已是宫观林立,云龙峰上有栖真观,紫盖峰下有南岳观,赤帝峰前有华数观,紫霄峰前有衡岳观。南北朝期间在南岳最著名的道士有徐灵期、邓郁之、张昙要等,徐灵期曾著有《衡山记》,是第一部记述南岳的专著。因此,宗炳在庐山期间,结识道人,兼修道佛,亦不无可能。

---

　　① (宋)陈田夫:《南岳总胜集》,载《丛书集成续编》,台北新文丰出版公司1988年印行,第219卷,第487页。
　　②《宋书》卷九三《刘凝之传》,中华书局2019年点校本修订本,第2510页。
　　③ 张松辉:《十世纪前的湖南宗教》,湖南人民出版社2004年版,第207页。
　　④《宋书》卷九三《龚祈传》,中华书局2019年点校本修订本,第2510页。
　　⑤ 逯钦立辑校:《先秦汉魏晋南北朝诗》宋诗卷三,中华书局1983年版,第1186页。

例如：

梁道士邓郁，江陵人，"隐居衡山极峻之岭，立小板屋两间，足不下山，断谷三十余载，唯以涧水服云母屑，日夜诵大洞经"。①陈道士徐则"绝粒养性，所资唯松术而已，虽隆冬沍寒，不服棉絮"。②

宗炳的"不食"，颇有辟谷养生、得道求仙的意味，不排除宗炳也有采药之举。其实宗炳是非常崇尚道家和仙家的，他在《画山水序》卷首所提到的"轩辕、尧孔、广成、大隗、许由、孤竹之流"，除孔之外，皆是道家和仙家著名人物，其中尧虽是儒家之圣，亦是道家之圣。在其《画山水序》中，宗炳不无遗憾地说："愧不能凝心怡身，伤跕石门之流。"在其《明佛论》中也曾说："老子与庄周之道，松乔列真之术，信可以洗心养身。"宗炳崇尚道家和仙家的倾向清晰可见。因此，宗炳在衡山隐居、道（教）佛（教）兼修，是完全有可能的。

《宋书》本传称：宗炳"结宇衡山，欲怀尚平之志。""尚平"即东汉时的向子平："向长字子平，河内朝歌人也。隐居不仕，性尚中和，好通《老》、《易》。贫无资食，……叹曰：'吾已知富不如贫，贵不如贱，但未知死何如生耳。'建武（25—55年）中，男女娶嫁既毕，敕断家事勿相关，当如我死也。于是遂肆意，与同好北海禽庆俱游五岳名山，竟不知所终。"③ 子女婚嫁之后，向子平心事已了，然后出家云游，了无牵挂。旧时称子女婚嫁之事为"向平之愿"，子女婚嫁已毕则称"向平愿了"。谢灵运《初去郡诗》云："毕娶类尚子，薄游似邴生。"④

衡山方广寺一带，也许真是文人雅士们实现其尚平之志的最佳处所。当年朱熹游历到此也曾写有《感尚子平事》一首："翩

---

① 《南史》卷七六《隐逸传》，中华书局1975年点校本，第1896页。乾隆《江陵县志》卷五六《外志·释志》，原版影印本，第15页。

② 《北史》卷八八《徐则传》，中华书局1974年点校本，第2915页。

③ 《后汉书》卷八三《向长传》，中华书局1965年点校本，第2759页。向，《高士传》作"尚"。

④ 逯钦立辑校：《先秦汉魏晋南北朝诗》宋诗卷三，中华书局1983年版，第1171页。

然远岳恣游行,慨想当年尚子平。我亦近来知损益,只将惩窒度余生。"①

宗炳中年时,由于二兄早卒,孤累甚多,不得不亲营耕稼,以谋生计。后来子侄长大成人,婚嫁已毕,这时宗炳已心无牵挂,才能真正隐居山林以"洗心养身",实现其"尚平之志"。宗炳曾为此作《尚子平图》,可见到衡山隐居时,宗炳已届晚年。

宗炳隐居衡山,也许与其父曾任湘乡知县有关。湘乡曾为衡阳郡治,宗炳可能年少时就对衡山有所知晓。值得一提的是,宗测也曾踏着祖父的足迹,"志欲游名山""寻游衡山七岭",并著有《衡山记》(已佚),或许也曾经隐居在芭蕉庵修行悟道。

第四节　山水诗人

除了"西陟荆、巫,南登衡岳"以外,宗炳还登过半石山和白鸟山,这是所记载的宗炳唯一留存下来的两首山水诗。

古人的"山水之游"与今人不同,古人游必有诗、游必有记。宗炳不仅酷爱山水,也是一个山水诗人。宗炳的诗是中国山水诗史或中国隐逸诗史重要的一页[2],古人曾谓"能诗宗少文"。[3] 宗炳诗作仅存两首,且都是山水之作。

其一为《登半石山》:

> 清晨陟阻崖,气志洞萧洒。嶰谷崩地幽,穷石凌天委。长松列竦肃,万树巉岩诡。上施神农萝,下凝尧时髓。[4]

---

① (宋)朱熹:《感尚子平事》,《钦定四库全书》(影印本)集部别集类《晦庵集》卷五,第8页。

② 详见王玫《六朝山水诗史》,天津人民出版社1996年版,第191—194页;高智《六朝隐逸诗学研究》,社会科学文献出版社2016年版,第124页。

③ (清)吴伟业:《避难广陵赋呈》八首之三有"爱酒陶元亮,能诗宗少文"之句。《钦定四库全书》(影印本)集部别集类《梅村集》卷八,第11页。

④ 逯钦立辑校:《先秦汉魏晋南北朝诗》宋诗卷一,中华书局1983年版,第1137页。

清晨登上陡峭的山崖，放眼远眺，但觉志气宏放，意趣潇洒。峡谷下面崩裂成一道道深邃的沟壑；危石耸天，仿佛随时都会摧折倾倒。更有那岩上挺立的长松，风骨肃穆，气宇轩昂；巍巍山巅，葱葱林木，散发着奇诡的光芒。山崖上覆盖着神农时代的古藤，山崖下凝结着远古遗留的石髓。全诗描绘了一幅深山幽壑的奇特景象和登山游览的奇妙感觉，并以年代之久远的荒寂幽僻给人以历史的沧桑感，寄托了作者超然绝世的隐逸情怀。

其二为《登白鸟山》：

> 我徂白鸟山，因名感昔拟。仰升数百仞，俯览眇千里。杲杲群木分，炭炭众峦起。[1]

此诗虽疑有阙句，但不妨碍我们从整体上把握：信步登上白鸟山，不禁感慨万千。仰登山顶，白岩高耸入云，俯瞰千里，无边旷野苍茫一片；周遭树木茂盛，群峦起伏。全诗仿佛一幅全景式的山水画，体现了诗人"具备万物""吞吐大荒"的宏阔胸襟。

宗炳虽然流传下来的山水诗不多，但是毫无疑问，他是六朝山水诗发展的一个阶段性人物："山水之游和绘画实践有助于培养敏锐的艺术感受力，这使宗炳山水诗极富画意，作诗以画，诗中有画，寓主观情感于山川胜景之中，不作泛泛的说明议论或者抒情，而让山水自足呈现。如果说同时代的诗人尚有东晋玄论之余风的话，宗炳的山水篇章则完全是刘宋面目，已经进入一种自然淳朴的境界了。这从他的《登半石山》《登白鸟山》等诗可见一斑。"[2] "宗炳以其艺术家的敏感扫除了其他诗人作品中难免存在的玄言哲理，让自然山水真正以艺术欣赏的对象出现在诗中，这固然是宗炳个人艺术气质与文学才能所决定的，但也说明山水诗创作此时已呈

---

[1] 逯钦立辑校：《先秦汉魏晋南北朝诗》宋诗卷一，中华书局1983年版，第1137页。

[2] 王玫：《六朝山水诗史》，天津人民出版社1996年版，第192页。

自觉之势。"①

有学者认为宗炳的诗与谢灵运的诗风格相似，并将宗炳的诗同列为隐逸诗，认为与谢灵运同时或稍后的宗炳、鲍照、谢庄、吴迈远等人的隐逸诗，与谢灵运多有相同之处，或受其影响。诗体多为五言体，内容多以山水写隐逸，也多采用谢灵运的"移步换形"法，在动态中摹写景物，最后点题。②

很难说宗炳的诗是受到了谢灵运的影响，就年龄而论，宗炳比谢灵运还大十岁，并且宗炳游历众多名山大川，对山水之美有深刻的感悟，这种"移步换形"法，本是宗炳的审美方法。宗炳曾说，在观察山水过程中，要"身所盘桓，目所绸缪"，以便从不同的角度来观察对象，描写对象。所以，也许历史的本来面目是宗炳与谢灵运的山水审美理念互有影响，只不过宗炳所留下的山水诗篇很少，现在我们无法窥见其山水诗的全貌。

美学家叶朗认为，宗炳的山水诗代表了一个新的时代的开始：

> 晋宋之际，山水诗从玄言诗中脱胎而成，……从总体来说，此后的山水诗逐渐走向类似宗炳《登半石山诗》的路径，即注重体物，以景写境。③

宗炳诗的这种划时代特征，宗炳对山水诗的历史性贡献，很少为人们所注意。即使注意到了，也未能引起人们的重视。至少可以说，宗炳不仅是早期山水诗人，而且很可能是山水诗的创立者之一。随着时间的推移，随着宗炳著述的不断散佚，宗炳的诗名逐渐为其画名所掩盖，最后淹没在历史的长河之中。如果我们能够看到宗炳更多的山水诗作的话，可能历史呈现给我们的是一种不同的面貌。

---

① 王玫：《六朝山水诗史》，天津人民出版社1996年版，第193、194页。二诗意译参阅王著。
② 高智：《六朝隐逸诗学研究》，社会科学文献出版社2016年版，第124页。
③ 叶朗主编：《中国美学通史》魏晋南北朝卷，江苏人民出版社2014年版，第359页。

宗炳的山水诗既有实景描写，也有心志抒发，如《登半石山》首二句"清晨陟阻崖，气志洞萧洒"，体现了虚实相映的意趣，具有理想主义与现实主义相结合的屈原式浪漫主义叙述手法；而且多用对偶句式，《登半石山》余六句均以对偶手法表达，具有夸张、华丽的时空景象与自然事物，有明确的辞赋表达特征；诗中使用"地幽""穷石""竦肃"等词语，颇有屈原作品所传递的高洁精神、清寒意味。

宗炳的山水诗还采用了叠字的修辞手法，如其《登白鸟山》诗中的"仰升数百仞，俯览眇千里。杲杲群木分，岌岌众峦起。"（杲杲，明亮之义；岌岌，高耸的样子）具有浓郁的楚辞韵味。叠字修辞手法，是《楚辞》的一大特色，尤其是具有抒情意味的篇章，这种手法使用得非常频繁。譬如《离骚》共使用12处，著名的"路曼曼其修远兮，吾将上下而求索。"就是其中之一。而仅有19个句子的《山鬼》，就使用了7处，其中："君思我兮然疑作，雷填填兮雨冥冥，猨啾啾兮又夜鸣。风飒飒兮木萧萧，思公子兮徒离忧。"[①]连用叠字，具有强烈的节奏感、音乐美，读之令人思绪绵长，犹如余音绕梁，三日不绝。宗炳诗中甚至还有与《楚辞》中同样的叠字，如《楚辞》中的"尧舜之抗行兮，瞭杳杳而薄天。"[②] "阳杲杲其未光兮，凌天地以径度。"[③] "高余冠之岌岌兮，长余佩之陆离。"[④] 由此可以明显地看出，宗炳的诗作不仅明显具有楚骚词赋风格，而且具有清新活泼的浪漫主义色彩，比较直接地表达了对山水的热爱之情，没有当时的那种玄学的尾巴。[⑤]

宗炳仅存的两首诗都是登山之作，那么这两座山在何处呢？我们似可做些探究，首先看半石山在何处？

据《山海经》载：半石山在少室山西五十里，大苦山东七十里，"其上有草焉，生而秀，其高丈余，赤茎赤华，华而不实，其

---

① 林家骊译注：《楚辞·山鬼》，中华书局2010年版，第73页。
② 林家骊译注：《楚辞·哀郢》，中华书局2010年版，第124页。
③ 林家骊译注：《楚辞·远游》，中华书局2010年版，第175页。
④ 林家骊译注：《楚辞·离骚》，中华书局2010年版，第12页。
⑤ 参见雷礼锡《宗炳山水画论的楚骚美学精神》，《湖北文学院学报》2018年第1期。

名曰嘉荣，服之者不畏霆。""来需之水出其阳，而西流入伊水；合水出于其阴，而北流注于洛。"① 以此推之，半石山位于洛阳之东、南阳之北的登封市西境，即今偃师市境内，与巩义市相邻。清代有著名学者、金石学家河南偃师人武亿，自号半石山人，可资一证。由于历史久远，其具体名称恐有多变，很难找到今天对应的山脉或自然山体。但即使如此，半石山在这一带无疑。此地虽然离宗炳祖籍南阳近在咫尺，但宗炳居住地并非祖籍所在，史上也无宗炳造访祖籍的记载，且宗炳生活的晋宋之际，洛阳一带只有极其短暂的时间曾为南方政权所控制。因此，尚无法证明宗炳登临的就是此山。

再看白鸟山：《太平寰宇记》在记叙河东（今山西西南）山川物产时引《山海经》云："白鸟山同，其阳出玉，其阴出铁。"②（今本《山海经》无此语）但已不见其名，且比上述半石山离荆州更远。湖南娄底涟源市有一座自然山，名曰白鸟山。但此山名不见经传，且其自然风貌与宗炳诗中描述相去甚远。另据《云南通志》载：云南府（昆明）有仙卧山，在城东北十里，一名白鸟山。③ 显然这也是一座自然山，并且离荆州本土甚远，宗炳是否登临此山，不得而知。

有一种可能是，宗炳游"巫山"时登临的是三峡最高峰，即位于三峡夔门下游的赤甲山（唐以前称白盐山），唐代大诗人李白曾登临此山。所谓的巫山十二峰，都只能在江上仰观，历史上没有攀登的记录。而白盐山虽高，却有驿道攀登可上，正是沿着这条驿道，历史上不仅李白，而且杜甫，宋朝范成大、王十朋，明朝王廷相等人，都曾从此驿道登临。李白《自巴东舟行经瞿塘峡登巫山最高峰晚还题壁》有云："飞步凌绝顶，极目无纤烟。却顾失丹壑，仰观临青天。"④ 杜甫《白盐山》诗云："卓立群峰外，蟠根积水边。他皆任厚地，尔独近高天。白榜千家邑，清秋万估船。……"⑤

---

① 方韬译注：《山海经》，中华书局2011年版，第167—169页。
② （宋）乐史：《太平寰宇记》，卷四十一河东道二，《清文渊阁四库全书补遗》，第283页。
③ （清）鄂尔泰修：《云南通志》卷三《山川》，《文渊阁四库全书》，第16页。
④ （唐）李白著，（清）王琦注：《李太白全集》，中华书局2011年版，第870页。
⑤ 杜甫著，杨伦笺注：《杜诗镜铨》卷十三，上海古籍出版社1981年版，第633页。

此与宗炳诗中"仰升数百仞,俯览眇千里。杲杲群木分,岌岌众峦起。"之意境极为接近。白盐山巅有一处名为"燕子坡",因此处莺燕群飞,故名。若宗炳登临此处,因感而发,题为《登白鸟山》也未尝不可,明朝王廷相登临此处曾题为《石猿山》,可资一证。①

有人据《画山水序》中"嵩华之秀"一语推断,宗炳游历过嵩山和华山,似缺乏根据。《画山水序》原文为:"是以观画图者,徒患类之不巧,不以制小而累其似,此自然之势。如是,则嵩、华之秀,玄牝之灵,皆可得之于一图矣。"其意为:如果是好的画作,应该既能画出嵩山和华山外在的秀美,又能画出其内在的神韵。宗炳此语,并不意味着亲自游历过这两座山。在中国语境中,嵩华并称,泛指高山,有时也比喻崇高。宗炳一文中出现嵩华,乃泛指高山,或是泛指山水。

同样,宗炳文中也出现过昆仑以及"阆风",是否可以判定宗炳也去过昆仑和阆风呢?当然不能。在我国传统文化中,昆仑山是神山、仙山,至大无比,至高无上,文人多用"昆仑"代表高山或高大之意,而"阆风"又为昆仑之山名。诗文中经常写到昆仑、阆风,例如屈原在《楚辞》中写道:"登昆仑兮四望,心飞扬兮浩荡。"② 又曰:"朝吾将济于白水兮,登阆风而绁马。"③ 难道由此可以判断屈原登上了昆仑、阆风吗?

宗炳既在庐山随慧远精研义理,自然也是畅游了庐山的。宗炳《画山水序》有"愧不能凝气怡身,伤跕石门之流"一语,此"石门"究竟在何处?学者有不同的判断,有湖南石门说,认为宗炳往来湖南衡山时,须走湖南石门县西的石门山④;有子路石门说,"是知其不可而为之者"⑤;有庐山石门说,认为宗炳参与过庐山石门

---

① 简锦松:《李白登上三峡之巅》,《中国三峡》2018 年 9 月。
② 林家骊译注:《楚辞·河伯》,中华书局 2010 年版,第 68 页。
③ 林家骊译注:《楚辞·离骚》,中华书局 2010 年版,第 22 页。
④ 陈传席:《六朝画论研究》,天津人民美术出版社 2015 年版,第 143 页。
⑤ 张彦远著,俞剑华注释:《历代名画记》,上海人民美术出版社 1964 年版,第 130 页,俞氏注。

游①。笔者认为,"庐山石门说"理由更为充足。

　　首先,自江陵去湖南衡山,根本不需要经过湖南西部石门山往返折腾,而应是从江陵入长江,顺流而下至洞庭湖,然后溯湘江而上,直达衡山。其次,这里也并没有表达"知其不可而为之"的意思。而"石门之流"应是指当时石门游的众僧,"伤跕"应是指"现在行动不便",再也不能像当初那样,和众僧一起游览了。从这段话的语境来看,一是宗炳十分仰慕带有仙气的"凝气怡身",二是带有几分遗憾的心情("愧不能")。因此这里的"石门"应该是庐山之石门。慧远龙泉精舍就在石门涧,东林寺也相距不远,因此宗炳无论单独还是与诸道人一起,都有可能去石门游历的(详见画论部分)。

　　如果宗炳有更多的山水之作存世,相信对宗炳的游历研究又是一番面目。需要提及的是,宗炳之孙测亦颇有祖风,"性同鳞羽,爱止山壑,眷恋松云,轻迷人路。纵宕岩流,有若狂者,忽不知老至。"也曾追随祖迹,同样游历过庐山,居宗炳旧宅,并著有《庐山记》。②

---

①　李泽厚、刘纲纪主编:《中国美学史》(魏晋南北朝编),安徽文艺出版社1999年版,第488页。
②　《南齐书》卷五四《宗测传》,中华书局2019年点校本修订本,第1037页。

第三章

"妙善琴书图画"

宗炳具有多方面的才艺,既是画家、书家,又是琴师。《宋书》载:宗炳"妙善琴书";《南史》载:宗炳"妙善琴书图画";《历代名画记》称宗炳"善书画"。研究中国早期佛教的荷兰著名学者许理和说:宗炳"是一位学者,来自一个高官家庭,是当时最负盛名的书法家之一,也是一位著名的音乐家和清谈名士"。① 关于宗炳的书艺、画迹、琴技,梁庾元威《论书》、梁庾肩吾《书品》、齐谢赫《画品》、《宋书》本传、《南史》本传、唐张彦远《历代名画记》和《法书要录》、宋朱长文《琴史》均有记述。②

第一节 书法:"动成楷则"

学者对宗炳绘画考证稍多,而对其书法探究甚少。宗炳的书法未见传世,但史籍中确有记载,最早记载宗炳书法的当是梁庾元威的《论书》和梁庾肩吾的《书品》,其后是唐李嗣真的《后书品》(三篇均收入张彦远的《法书要录》);而后在宋陈思《书小史》(卷六·传五)晋宋齐书法家传中,列宗炳小传,称宗炳"妙善琴书图画,行草尤工";明陶宗仪《书史会要》云:"宗炳,高尚不

---

① [荷]许理和:《佛教征服中国——佛教在中国中古早期的传播与适应》,李四龙、裴勇等译,江苏人民出版社2017年版,第265页。

② (宋)朱长文:《琴史》卷第四,《丛书集成续编》第102卷,台北新文丰出版公司1988年版。

仕，善书。"① 今人钟一鸣《荆楚书法》称"宗炳工楷、草，同时也是一位杂体书法的爱好者。"周用金《中国古今书法家》列南北朝书法家74人，宗炳在列，并称宗"工于真书、草书"。由此可见，宗炳兼善楷、行、草书及杂体书。上述诸书仅为一些简略的记载而已，但从中我们可以得到关于宗炳书法的些许信息。

一 书品书风

中国自魏晋南北朝时期，形成了品评书画诗文等文学艺术的传统。这个传统首先来自对于人物的品藻。魏晋南北朝时期，品评人与物成为士大夫间的一种风气，也是时尚"清谈"的一项内容。先是对人物的品评，包括人物的形体、相貌及风度。《世说新语》一书多有记载：

世目李元礼："谡谡如劲松下风。"

王戎目山巨源："如璞玉浑金，人皆钦其宝，莫知名其器。"

庾子嵩目和峤："森森如千丈松，虽磊砢有节目，施之大厦，有栋梁之用。"

王平子目太尉："阿兄形似道，而神锋太俊。"太尉答曰："诚不如卿落落穆穆。"②

不仅品评单个人物，而且把多人放在一起，论其短长，较其高下：汝南陈仲举、颍川李元礼二人，共论其功德，不能定先后。蔡伯喈评之曰："陈仲举强于犯上，李元礼严于摄下，犯上难，摄下易。"仲举遂在"三君"之下，元礼居"八俊"之上。这是对陈仲举（陈蕃）、李元礼（李膺）两人进行品评，共同讨论二人的功业德行，确定谁先谁后、孰优孰劣。还有进行多人对比的，即每月换一个品题，对乡党人物进行议论和评价。③

这种品评之风后来逐渐发展到对文学艺术的批评，包括对书法、

---

① （明）陶宗仪等：《书史会要续·书史会要》，浙江人民美术出版社2019年版，第58页。

② （南朝宋）刘义庆撰，（南朝梁）刘孝标注，余嘉锡笺疏：《世说新语笺疏·赏誉第八》，中华书局2011年版，第367、374、377、385页。

③ （南朝宋）刘义庆撰，（南朝梁）刘孝标注，余嘉锡笺疏：《世说新语笺疏·品藻第九》，中华书局2011年版，第437页。

绘画、诗文的品评。宗白华指出：中国美学竟是出发于"人的品藻"之美学。美的概念、范畴、形容词发源于人格美的评赏。中国艺术和文学批评的名著，谢赫的《画品》、袁昂的《古今书评》、庾肩吾的《书品》、钟嵘的《诗品》、刘勰的《文心雕龙》，都产生在这热闹的品藻人物的氛围中。①

当时的《书品》《画品》《诗品》，不是简单的评论，而是首先对所评价的书画诗文分出三六九等，然后分别对其进行评论。将事物分为不同的品级，这是魏晋南北朝时期通用的品评事物的方法。例如在选官制度方面，曹魏采取所谓"九品中正制"，又称九品官人法。此方法就是在中正推荐的基础之上，将人才分为九个品级，作为吏部选官用人的依据。在赋税制方面，西晋北魏前期实行所谓"九品混通制"，即将赋税高低的品级也分为九个品级，同时还按不同等级将赋税送到不同地区。② 这种九品制的品评方式，后来影响到文学艺术界。

最早对书法进行品评的是南朝梁庾肩吾，其《书品》（或称《书品论》）是书法批评史上第一篇"品第"专论，也是最具有代表性的书法批评著作。肩吾《书品》采用"九品论人"的方法，将书家分为上、中、下三品；每品又分为上、中、下三等，其体例系统严密，品评精练。《书品》的品评方法在书法批评史上具有十分重要的地位，对后世书法评论具有重大影响，唐李嗣真、张怀瓘的九级品评即根源于此。庾肩吾《书品》叙述书法的源流演变，评论历代书法家的特色。文中遴选并品评了以东汉张芝居首的书家共128人，宗炳被列为"下之上"品，"下之上"品共二十人：

姜诩、梁宣、魏征（玄成）、韦秀、钟舆、向泰、羊忱、晋元帝（景文）、识道人、范晔、宗炳（宗误为宋）、谢灵运、萧思话、薄绍之、齐高帝、庾黔娄、费元瑶、孙奉伯、王荟、羊佑等。

庾肩吾对宗炳等二十位书家的评语是："并擅毫翰，动成楷则，

---

① 宗白华：《美学散步》，上海人民出版社1981年版，第178页。
② 王仲荦：《魏晋南北朝史》，上海人民出版2016年版，第120—121、496—497页。

殆逼前良，见希后彦。"① 即这一品级的书家都擅长书法，一动笔写出字来，皆可成为楷模，几乎要逼近前贤，后代才学之士也会产生仰慕之情。可见，尽管位列"下之上"品，也属于著名的书法家之列，其所遗手迹也具有法书的意义。

肩吾的书品不仅开历史之先河，而且具有相当的可信度。宋代书画研究家朱长文说："肩吾，梁人也。其去羲、献未远，其所评，远者必有依据，近者皆所亲见。"② 庾肩吾（487—551）与宗炳（375—443）相距不足百年，且庾家与宗家祖籍均为南阳，均已居江陵数代，肩吾对宗炳其人其书应该是非常了解的，很有可能亲眼见到或藏有宗炳书法。

庾肩吾本人也是一位著名书法家，③ 书家对其书法评价极高。梁袁昂说："庾肩吾书如新亭伧父，一往见似扬州人，共语便音态出。"④ 唐张怀瓘《书断》称："才华既秀，草隶兼善，累纪专精，遍探名法，可谓瞻闻之士也。""肩吾隶草入能。"⑤ 唐李嗣真说：陆机等犹带古风，谢朓、庾肩吾创得今韵。⑥ 庾肩吾的文才与陆士衡、谢朓同列，其书法中也有文人之气，是典型的文人书法。可见，庾肩吾之《书品》专业水准和历史价值是无从质疑的，故历来为史家所重。

史上第二位对宗炳的书法进行品评的是唐李嗣真，其《后书品》⑦ 作于初唐，是继庾肩吾《书品》之后的又一部书法批评著述，

---

① （梁）庾肩吾：《书品论》，载（唐）张彦远著，范祥雍点校《法书要录》卷一，人民美术出版社2016年版，第61页。以下引文不另注。

② （宋）朱长文：《品书论》，载华东师范大学古籍整理研究所选编校点《历代书法论文选》，上海书画出版社2018年版，第320页。

③ （梁）庾肩吾（487—551），字子慎，一作慎之，文学家、书法家。其父庾易，自南阳新野徙江陵；其子庾信，文学家。

④ 华东师范大学古籍整理研究所选编校点：《历代书法论文选》，上海书画出版社2018年版，第73页。

⑤ 同上书，第200页。

⑥ 同上书，第141页。

⑦ 李嗣真（？—696），唐代书画家。《后书品》一卷，《新旧唐志》《崇文总目·小学类》《书录解题·杂艺类》《通志略》等均作《书后品》，而《说郛》本作《后书品》，误倒一字。称《后品》是因为前有王愔、王僧虔、袁昂、庾肩吾之《书品》或《书评》。

较之《书品》,《后书品》又有新创,《书品》将史上书法名家分为九品,《后书品》则分为十等,在九品之上单列逸品。全书遴选秦至初唐81名书家,李斯书法不计入品级,实为82人。其中:

中中品十二人:谢安、康昕、桓玄、丘道护、许静、萧子云、陶弘景、释智永、刘珉、房玄龄、陆柬之、王知敬。

中下品共七人:孙皓、张超、谢道蕴、宗炳、宋文帝、齐高帝、谢灵运。

作者除了分列品级之外,还对部分书家加以评赞,其中对宗炳的书法评价为:"宗炳放逸屈慓,颇敩康、许,量其直置孤梗,是灵运之流也。"[①]

这里提到三位与宗炳有关的书法家,即康、许和灵运。康、许二人应为上一个品级的康昕、许静,而(谢)灵运与宗炳为同一个等级,我们试通过这三位书法家来进一步判断宗炳的书法水准和风格。

康、许,何许人也?

嗣真对许(静)未作具体评价,其人其书也无考。且看康昕,字君明,生卒年不详,大约与王献之同时。本胡人,后居家义兴(今宜兴),书画家,官临沂(今山东临沂)令,师从王羲之。"书类子敬,亦比羊欣",[②] 据羊欣文载:"胡人康昕,并攻隶草。"[③] 此处"隶草"即隶书(楷书)和草书的合称。王僧虔《论书》曰:"康昕学右军草,亦欲乱真。"[④]

东晋僧人多习书法,支遁、康法识、康昕、于道邃、安慧则、昙瑶、惠式、道照等高僧均善书法。《高僧传》载:康法识"以草隶知名",康昕说自己比法识的字写得好,于是二人各作王右军草

[①] 华东师范大学古籍整理研究所选编校点:《历代书法论文选》,上海书画出版社2018年版,第140页。以下引《后书品》不另注。

[②] (唐)张彦远著,俞剑华注释:《历代名画记》,上海人民美术出版社1964年版,第97页。

[③] 《采古来能书人名》,载(唐)张彦远著,范祥雍点校《法书要录》卷一,人民美术出版社2016年版,第16页。

[④] (唐)张彦远著,范祥雍点校:《法书要录》卷一,人民美术出版社2016年版,第21页。

书，又写经书，示以众人，众人称奇，甚为重之。① 可见，宗炳善书画，不仅是当时的社会风气及家传家学所致，而且也与当时僧人抄写经文、喜爱书画有着密切的关系。

而李嗣真对康氏品评为："康昕巧密精奇，有翰飞莺弄之体。"在"赞"中又特别评价说："安、康绮鲜。"（"安"即与康昕同一个品级并位于其前的谢安）可见，康昕的书法具有纤细、灵动、妍媚、奇妙的姿态。

宗炳既学康昕，而康昕取法二王，师羲之，善献之，且已经达到以假乱真的程度。因此宗炳必有二王之风：即"放逸屈慑"，"巧密精奇，有翰飞莺弄之体"，有"绮鲜"之态，而这些正是二王的风格，特别是"小王"书法既有严整法度，又有飘逸之态。

再来看看宗炳与谢灵运之关系。"量其直置孤梗，是灵运之流也。"此语似可做两重理解。一是可以理解为二人在性格上有所相似。在前文中，作者也有谈到其他书法家的性格特征者。所谓"直置孤梗"之类，也就是独立不迁、耿直孤傲。众所周知，谢灵运因此而命运多舛，最后死于非命。二是可以理解为宗炳与谢灵运书法风格接近，且有自如率性的特点（所谓书如其人）。

在庾肩吾、李嗣真的两本书品中，宗炳与其同时代的宋文帝、谢灵运均处于同一层级，说明此三位的书法水准相当，且宗炳均位于谢灵运之前（在同一品级中，二书均未按年龄排序）。可见宗炳与谢灵运不仅书品书风接近，而且宗炳似乎略高一筹。谢灵运（385—433）是著名山水诗人，同时也是一位卓有成就的书法家，其书法在当时乃至往后的几百年间都享有很高的声誉。史载宋文帝对谢灵运的书法评价甚高："灵运诗、书，皆兼独绝，每文竟，手自写之，文帝称为'二宝'。"② 可见宗炳与灵运相当，被视为"最负盛名的书法家之一"（前引许理和语），当之无愧。

同样，谢灵运也师法"二王"。谢灵运母刘氏，王献之（子敬）之甥，故灵运能书，而"特多王法"。谢灵运堪称王献之书法艺术的真正传人，同样也达到乱真的效果。据载：谢常借秘书省工作之

---

① （梁）释慧皎撰，汤用彤校注：《高僧传》，中华书局1992年版，第157页。
② 《宋书》卷六七《谢灵运传》，中华书局2019年点校本修订本，第1907页。

便，造假乱真，偷梁换柱。王僧虔在其《论书》中曾对此记述："昔子敬上表多于中书杂事中，（谢灵运）皆自书窃易真本，相与不疑。元嘉初方就索还。"①

实际上，宋文帝、宗炳和谢灵运等刘宋时期的书法家，大都师法"小王"，"比世皆高尚子敬"。②《后书品》云："宋文帝有子敬风骨"。③张怀瓘《书断》云：宋文帝"善隶书，次及行、草，规模大令（献之），自谓不减于师"。④王献之之甥羊欣，"早随子敬，最得王体"。⑤薄绍之"宪章小王，风格秀异"。谢灵运"模宪小王，真草俱美"。⑥等等。

宗白华曾精辟地指出："晋人风神潇洒，不滞于物，这优美的自由的心灵找到一种最适宜表现他自己的艺术，这就是书法中的行草。行草艺术纯系一片神机，无法而有法，全在于下笔时点画自如，一点一拂皆有情趣，从头至尾，一气呵成，如天马行空，游行自在。……这种超妙的艺术，只有晋人萧散超脱的心灵，才能心手相应，登峰造极。"⑦

但"二王"流行也不是每一个阶段都是并驾齐驱、平分秋色，而是此起彼伏、各有所重。大体来说，东晋初期、中期和后期，主流书风分别是钟繇、"大王""小王"。东晋末年至宋、齐年间，"小王"最为流行，而后梁、陈年间，"大王"再度兴盛。⑧

---

① （唐）张彦远著，范祥雍点校：《法书要录》卷一，人民美术出版社2016年版，第20页。《全齐文》本有异。
② 《陶隐居（弘景）与梁武帝论书》之四，载（唐）张彦远著，范祥雍点校《法书要录》卷二，人民美术出版社2016年版，第52页。
③ （唐）张彦远著，范祥雍点校：《法书要录》卷三，人民美术出版社2016年版，第110页。
④ （唐）张彦远著，范祥雍点校：《法书要录》卷八，人民美术出版社2016年版，第279页。
⑤ 《书品》，载（唐）张彦远著，范祥雍点校《法书要录》卷二，人民美术出版社2016年版，第67页。
⑥ 《书断》，载（唐）张彦远著，范祥雍点校《法书要录》卷八，人民美术出版社2016年版，第280、281页。
⑦ 宗白华：《美学散步》，上海人民出版社1981年版，第212页。
⑧ 参见刘涛《中国书法史》（魏晋南北朝卷），江苏凤凰教育出版社2017年版，第206页；黄惇《秦汉魏晋南北朝书法史》，江苏凤凰美术出版社2008年版，第279页。

王羲之在书法上的贡献在于，他创造了不同于汉魏草、行、楷书的新的书体样式，这在我国书法史上带来了革命性的变化。"从而使书法艺术具有了'以形写神'的表达功能，……书法艺术的独立品格由此确立。"① 而这又与当时山水画、山水诗的独立形成是一致的，与当时顾恺之提出的人物画"以形写神"、宗炳本人提出的山水画"畅神"的美学追求也是完全一致的，这充分表明了魏晋时期是中国人美的自觉的时期。而王献之则在其父的基础之上将这种创造性的变革向前大大推进一步。献之"善隶、稿，骨势不及父，而媚趣过之"。② 与其父相比，"小王"书法的最大特点，有如李嗣真所说的"逸气过父"。[《后书品》（逸品五人）]。

　　正因为献之书法具有奇逸俊朗的神韵，南朝时人特别是宋齐书家争相模仿。宗炳也正是在这样一种文化背景下，师法"二王"，尤其追踪"小王"，"颇教康许"形成自己"放逸屈慢""直置孤梗"的独特风格。其"放逸"风格恐来自其师康昕书法的"绮鲜"之态，是对"小王"书法"奇逸""妙妍"特征的承继，也是时代精神在书法艺术上的反映。

　　概而言之，宗炳的书法既灵动飘逸（"放逸"），又严守法度（"屈慢"），模仿康（昕）和许（静）较多，而其耿直孤傲（所谓字如其人）的特点，又与谢灵运的书法十分相似。

　　欧阳修在论述南北朝书法时曾说："南朝诸帝笔法虽不同，大率意思不远，眇然都不复有豪气，但清婉若可侍耳。南朝士人气尚卑弱，字画工者率以纤劲清媚为佳。"③ 可见南朝书家，无论是士人还是帝王，其书法均呈清婉秀丽之态，宗炳书法不可避免地有其时代的烙印，但宗炳独立不迁、超凡绝俗的品格也会在其书法中有所反映。

---

　　① 刘涛：《中国书法史》（魏晋南北朝卷），江苏凤凰教育出版社2017年版，第206—207页。

　　② （唐）张彦远著，范祥雍点校：《法书要录》卷一，人民美术出版社2016年版，第15页。

　　③ 《宋欧阳修论南北朝书》，《佩文斋书画谱》卷十，景印《文渊阁四库全书》，上海古籍出版社2008年版，第819册，第317页；原文《宋文帝神道碑》，载《集古录》卷四，《钦定四库全书》（影印本）史部目录类，第14页。

二 新杂体书与瑞应图

历史上第一个记载宗炳书体的是梁庾元威，庾氏比宗炳仅晚几十年，他在其著名的《论书》中记载道：

"宋中庶宗炳出九体书，所谓缣素书、简奏书、笺表书、吊记书、行押（狎）书、槃书、稿书、半草书、全草书，此九法极真草书之次第焉。删舍之外，所存犹一百二十体。"①

可见，宗炳不仅兼善楷、行、草诸正体，而且还是著名的杂体书家。宗炳正体书法的品评已有前所述，这里可以看到宗炳还善写多种杂体书，由此可见当时杂体书十分兴盛，其种类达到120种之多。

所谓杂，是因为它种类繁多、体式庞杂。"杂体"，就是"变体"，是与"正体"区别而言的。而要讨论杂体书，首先要区别字体和书体。所谓字体，主要是篆、隶、楷、行、草这五种规范的汉字书写形式。而所谓书体，就是这五种字体不同时期、不同书家、不同风格的书写形式，如我们所说的王字、颜体、柳体、欧体等。而"杂体书"，是一类特殊的书体，这类书体与一般的、正常的书写形式有较大的区别，因此杂体书又称"花体字"。实际上，杂体现象在文学艺术中普遍存在，文章有"杂文"，诗歌有"杂体诗"，艺术有"杂技"，因此书法有"杂体书"也就不足为怪。

最早系统记录这些特殊书体之名的是南朝萧子良的《古今篆隶文体》，其中有"稿书、楷书、蓬书、悬针书、垂露书、飞白书、填书、奠书、鸟书、虎爪书、偃波书、鹤头书、象形篆、尚方大篆、凤鸟书、科斗（蝌蚪）书、虫书、龙虎书、仙人书、芝英书、十二时书、倒薤书、龟书、麒麟书、金错书、蚊脚书，凡数十种，皆出于六义八体之书，而因事生变者也。"② 南朝齐曾有《宋王愔文

---

① （唐）张彦远著，范祥雍点校：《法书要录》，人民美术出版社2016年版，第58、59页。

② （唐）徐坚：《初学记》卷二一《文字第三·叙事》，中华书局2004年版，第506页。

字志》集古书三十六种，但内容散佚；① 唐代书法家韦续又辑录为《五十六种书》。② 杂体书名目之多，让人眼花缭乱。

　　杂体书名目固然很多，但与同形异名、一书一名、随意命名等有着密切的关系。而且所谓的"杂体"与"正体"的界限也不清晰，往往是混杂在一起的。上面所说的 36 种、56 种、64 种，乃至 120 种，其间都有篆、隶、正、行、草五种基本字体。实际上述这些说法，是古往今来所有字体和书体的汇总，只不过杂体书占了绝大部分种类，以至于形成了一种喧宾夺主的格局。"这里将花体名称、笔法名称、书体名称、书体别称、书写材料名称、造字法六书名称以及各种与书法有关的称呼，统统囊括其中，成为古今'杂体'的大汇总。"③

　　杂体书的形成及命名方式，可谓五花八门、千奇百怪。最多的是与动物形象结合而成，如龙虎凤鹤之属，鱼虫蝌蚪之类。将这些动物的形态与具体的字体糅合在一起，形成某种特殊的书体；有的以植物命名，如某些奇花异草；有的以自然景象命名，如日书、月书、风书、云书、星隶。有的则是某种特殊的用途，如诏版所用的偃波书、鹤头书，如题于宫阙的填书，据称为"周媒氏作。魏韦诞用题宫阙，王庾、王隐皆好之"。④ 汉武帝用以题建章阙的复篆，据称为史籀所作；殳书，一种专用于刻在兵器或觚形物体上的书体；"尚书台召人用虎爪书，告下用偃波书，皆不可卒学，以防矫诈"。⑤

　　有的则是用某种特殊的笔法作书，如"一笔书"，历史上张芝、王羲之、王献之均能作一笔书。又如"飞白书"，出自汉朝大书法家蔡邕，因其观泥瓦工刷墙（一说扫帚扫地）的效果而有所启发，似枯笔写成，丝丝露白，故称飞白书；还有"反左书"，似如用左

---

① （唐）张彦远著，范祥雍点校：《法书要录》，人民美术出版社 2016 年版，第 24 页，张彦远云：未见此书，唯见其目。华东师范大学古籍整理研究所选校点：《历代书法论文选》，上海书画出版社 2018 年版，第 40 页，其排序和称谓略有不同。载《四库全书》子部八，上海古籍出版社 1987 年版，第 812 册，第 114 页。

② 详见韦续《五十六种书并序》，载华东师范大学古籍整理研究选编校点《历代书法论文选》，上海书画出版社 2018 年版，第 301 页。

③ 黄惇：《秦汉魏晋南北朝书法史》，江苏凤凰美术出版社 2008 年版，第 296 页。

④ 同上书，第 304 页。

⑤ （唐）徐坚：《初学记》卷二一《文字第三》，中华书局 2004 年版，第 506 页。

手将正体字反写而成，俗称"反字"；还有一些违背正常书写方式的点画和结构，或称异笔或讹笔书，也属杂体书类，如朝廷官印将所有笔画均变成横画和竖画，或将直画写成弯曲状，或增减笔画，甚至还有一些与点画无关的装饰。

从"齐末王融图古今杂体"看，杂体书有古今之别。先秦篆书时代的杂体是以篆书为骨架，东汉以来的隶书时代有了种种隶书的花体字，晋宋之际宗炳又旁及"真、草"，而且一种手法往往施于几种书体。[1] 庾元威《论书》所说的"宗炳出九体书"，即"缣素书、简奏书、笺表书、吊记书、行押（狎）书、槩书、稿书、半草书、全草书"。有因书写材料不同者，如缣素书。缣素，即一种白色的细绢，在细绢上作书与在纸上作书的风格颇有不同；有因其用途特殊者，如简奏书、笺表书、吊记书；有因其书体特殊者，如行狎书、椎戢书、稿书、半草书、全草书。

又如"稿书"是从用途上来说的，也就是作为草稿之用，草稿自然潦草，这是其接近草书的最主要的原因。史载"屈原属草稿"、"董仲舒稿书未上"，可证草书之先，因于起稿，稿书之名与草书同义。南朝宋王愔曾说，稿书者，若草非草，介于草行之际。张怀瓘不同意此说，认为："稿亦草也。因草呼稿，正如真正书写而又涂改，亦谓之草稿。"[2] 宗炳之前，善写稿者不乏其人。

再如"行狎书"，也就是"草行之际"而又偏向行书者。《王右军题卫夫人笔阵图后》曾说："唯有章草及章程行狎等，不用此势。"[3] 羊欣说："钟（繇）书有三体：一曰铭石之书，最妙者也。二曰章程书，传秘书教小学者也。三曰行狎书，相闻（即行书）者也。"王僧虔说得更明白："三曰行狎书，行书是也。"[4]

所谓宗炳"此九法极真草书之次第焉"，就是说，宗炳是在魏

---

[1] 刘涛：《中国书法史》（魏晋南北朝卷），江苏凤凰教育出版社2017年版，第274页。
[2] 张怀瓘：《书断》，载（唐）张彦远著，范祥雍点校《法书要录》，人民美术出版社2016年版，第239页。
[3] （唐）张彦远著，范祥雍点校：《法书要录》卷一，人民美术出版社2016年版，第8页。
[4] 同上书，第12、23页。

晋以来所形成的今体书法的基础之上，运用杂体书的手法，施于真、行、草各种字体。但无论是哪一种书体，宗炳肯定是创造出了不同的书写风格和特征，才被书家认定为"九种书体"。宗炳所创新的杂体书，显然大大丰富了杂体书的种类和表现方式，其字体、笔形、结构与以篆、隶为基础的杂体书大异其趣。

有学者并不认为杂体有"古今"之别，而认为杂体书出现于宋齐之际："宋齐以后，有些人写杂体书，由三十六种加到一百二十种……"①。这样看来，宗炳就是杂体书开创阶段的人物了。

至少宗炳是这种新潮杂体书的始作俑者，正是因为他的创新与推动，南朝书法家们对杂体书有了广泛关注和极大兴趣，南齐永明时期，王融、萧子良等加以发挥，到了萧梁时期，杂体书出现了"空前绝后的繁荣景象"。②至梁庾元威、孔敬通达到鼎盛，由此杂体书成为文人书家的时尚。书法史家认为："当时文人书家喜好杂体应是书史上一个值得重视的现象。"③而这一现象的产生，宗炳是一个关键性的开创性的人物。

魏晋南北朝时期是中国人发现美的时期，是中国人自觉追求美的时期。作为一种文字的书法，它为中国人追求美提供了一种重要的艺术形式，为中国人发挥艺术才能提供了重要舞台，同时也为中国人追求美展现了广阔前景，特别是以王羲之为代表的书法家创造了汉字书写方式今体之后，这种前景更加广阔。在这种今体的基础之上所创造的杂体，加上原有在篆隶字体基础之上所创造的杂体，二者结合、交织在一起，形成了书法美学发展的一个新的历史阶段。

宗炳对于杂体书的创新，以及由此所产生的百花盛开的景象，首先表现在对于书法自身艺术美的追求上。所谓书法自身艺术美，也就是书法的行笔、结体以及篇章所构成的美的意象。譬如《笔阵图》所云：横如千里阵云，竖如万岁枯藤，点如高峰坠石，撇如陆

---

① 唐兰：《中国文字学》，上海古籍出版社2008年版，第108页。

② 刘涛：《中国书法史》（魏晋南北朝卷），江苏凤凰教育出版社2017年版，第274页。

③ 黄惇：《秦汉魏晋南北朝书法史》，江苏凤凰美术出版社2008年版，第295、296页。

断犀象，戈笔如百钧弩发，背抛法如崩浪雷奔，钩弩势如弩筋节，等等。还有一些被后来称为杂体书的写法，早在《笔阵图》中也有表述，如："结构圆备如篆法；飘飏洒落如章草；凶险可畏如八分；窈窕出入如飞白；耿介特立如鹤头；郁拔纵横如古隶。然心存委曲，每为一字，各象其形，斯造妙矣。"①

而其中的"飞白"和"鹤头"，就是杂体书笔法。如唐张怀瓘评论蔡邕飞白为"得华艳飘荡之极"；② 而"鹤头"，有如大雁或白鹤之头，栩栩如生，传为王羲之《书论》云："凡作一字，或似篆籀，或如鹄头，或如散隶，或似八分，或如虫食木，或如流水态，或如壮士利剑，或似妇人纤丽。"③ 众人皆知，王羲之喜鹅。从王羲之的《兰亭序》（神龙本）中就可以看得十分清楚，其中的"山、少、惠、古"等字的竖画，"今"字的撇画，"咸"字的戈画，都是十分逼真的鹤头（鹅头）状。正是这些笔法、结体、篇章等方面的丰富多彩的变化，使书法的艺术美得到了淋漓尽致的体现。可见，杂体书的写法，就是以正体为基础，运用特殊的笔法甚至特殊的结构，衍生出各种变化，这些变化或以动物为原型，或以自然景物为元素，从而构造出书法艺术美的不同意象。

其次，宗炳对于杂体书的创新，表现为对书法的装饰美的探求上。"古代汉字书法，除了实用和纯艺术欣赏而外（或二者兼而有之），还具有一定的装饰功能，即以汉字书法为元素来美化一定的主体（如附着于器物上、石刻上或陈设于建筑物内等），使其具有装饰效果。正是由于这种装饰功能的需要，从而导致了书法在特定的环境下产生重笔画和形体的变化（如夸张、变形、附加、鸟虫形等）或书法艺术作品章法与幅式的创新。"④ 这种装饰美又与特定的

---

① 《晋卫夫人笔阵图》，载（唐）张彦远著，范祥雍点校《法书要录》，人民美术出版社2016年版，第6页。
② （唐）张彦远著，范祥雍点校：《法书要录》卷七，人民美术出版社2016年版，第238页。
③ （晋）王羲之：《书论四篇》，载（北宋）朱长文《墨池编》，浙江人民美术出版社2019年版，第54页。
④ 陈道义：《书法·装饰·道——古代汉字书法装饰之道》，文物出版社2009年版，第5页。

民俗趣味有关，而在南朝（南方）如此兴盛，又与楚人习俗有着非常密切的关系。楚人崇尚细腰秀颈，时兴偃蹇、连蜷的歌舞；楚国精巧复杂的铜器造型，优雅轻柔的图腾凤凰，楚字追求笔势圆转、形体修长、模拟虫鸟，这些都是宗炳的创新杂体乃至南朝大兴杂体的现实基础。此外，上层贵族也希望通过花草鸟虫的形象和流金错彩的文字进行装饰，从而表现自己的华美与尊贵，这又为书法装饰的发展提供了空间。杂体书作为一种特殊的书体，大多取自图画，或与绘画紧密地结合在一起。书法的文字书写性的背离，装饰图画性的强化是杂体书的共性所在，例如篆体书本是写的，但许多杂体篆都是画的。而庾元威所说的120种书，其中就有50种是用彩色的。诚如南唐书家、文字学家徐锴在其《说文系传》中所说，杂体"随事立制，同于图画，非文字之常"。①

实际上，书法作为一种装饰的元素，广泛地体现在中国人的生活之中。无论是楼堂馆所，还是器物用品，都存在这样的装饰。这种装饰，往往不必计较书法本身的规范与否，而是将其作为构造美的意象的元素，构成中国人特有的抽象美，只有中国人才能够真正理解这种装饰的美学意蕴。

史上多有人对杂体书存在看法，包括一些著名的书家，认为杂体书别出心裁、弄巧成拙、多此一举，以至于长期以来杂体书不能登大雅之堂。而对于杂体书的研究，仿佛是旁门左道，更是少有人问津。实际上，杂体书体现了中国人对书法艺术美和装饰美的一种追求，只不过这种追求已远远超过书法美原有的范畴。

历史上有些杂体也是得到官方承认的。庾元威《论书》所列杂体中除楷外，还有大篆、小篆，以及宗炳九体书中的行狎书，都是得到晋朝官方认可的。唐代的科举考试中，其"明书"一科就包括杂体书法。

很多杂体介于画与字之间，通常制作于屏风上供观赏之用。魏晋南北朝时期，由于书法处于非同寻常的变化与发展时期，加之人们对于装饰需求的日常多样，屏风书法日渐兴盛。一些杂体便用于

---

① 参见徐学标《从中国书法发展中"飞白书"的兴衰流变看杂体书的历史宿命》，《艺术百家》2012年第3期。

屏风制作，时人甚至把能以多体书屏作为一种本领加以炫耀。①宗炳又是当时著名的书屏大家，因而成为他人模仿的对象。

有学者指出："魏晋以来，道教兴盛，道士好画'符箓'，世间信仰瑞应图画，这是我们考察南朝杂体必须注意的一个社会背景。"②庾元威《论书》两处论及宗炳，除了论及其"九体书"之外，还特别谈到："宗炳又造画《瑞应图》，千古卓绝。……余经取其善草嘉禾、灵禽瑞兽、楼台器服可为玩对者，盈缩其形状，参详其动植，制一部焉，此乃青出于蓝。而实世中没有。复于屏风上作杂体篆二十四种，写凡百名。"③《瑞应图》是由图画和文字共同构成的一种典书，其中图是主体，描绘的是各种祥瑞物象，文字主要是对符瑞情状及其征兆意义的说明。此类书在我国上中古代颇为流行。《瑞应图》非善画之人不能作，故南朝时期，人们越来越重视瑞物图画的艺术效果，像当时的书画名家宗炳、顾野王等皆有相关作品问世。尤其是宗炳，庾元威《论书》又曰："杂体既资于画，所以附乎书末。"④可见作为著名杂体书家、画家的宗炳，所创作的《瑞应图》之所以"千古卓绝"，不仅在于画技超群，还在于有类于画（特别是动物杂体书）的杂体书的加持，即书画相资，相得益彰。

我国自古就有祈福求瑞的民俗，借用文字、图案、色彩，衍生出众多杂书体，构造出种种瑞应祥图。因此瑞应图的制作，既需要绝妙的绘画艺术，又要有高超的书写艺术，而宗炳正是当时两者兼而有之的书画大家，故能制作出千古卓绝的《瑞应图》。⑤

---

① 史忠平：《唐代屏风书法小考》，《中国书法》2015年第7期。
② 刘涛：《中国书法史》（魏晋南北朝卷），江苏凤凰教育出版社2017年版，第275页。
③ （唐）张彦远著，范祥雍点校：《法书要录》卷二，人民美术出版社2016年版，第60页。
④ 胡晓明：《图说精灵瑞物——论〈瑞应图〉》，《社会科学战线》2014年第11期。
⑤ 本节主要参考刘涛《中国书法史》（魏晋南北朝卷），江苏凤凰教育出版社2017年版，第9章第3节《南朝的杂体书法》；黄惇《秦汉魏晋南北朝书法史》，江苏凤凰美术出版社2008年版，第296—297页，"新潮杂体书"。

第二节 画迹:"意可师效"

宗炳所处的绘画时代,人物画盛行,山水画亦初露端倪。宗炳的绘画才能是多方面的,不仅作人物画、佛像画,更擅长山水画。《历代名画记》录其作品有《嵇中散》白画、《孔子弟子像》、《狮子击象图》、《颍川先贤图》、《永嘉邑屋图》、《周礼图》、《惠持师像》,"并传于代也,凡七本"。从画题看,除《永嘉邑屋图》可能为山水画,余皆人物画。据前引,宗炳也曾作《尚子平图》。另据载宗炳尚有《秋山图》,[①] 当为山水画。这些也仅仅记载了画题而已,至于画的内容和风格如何,则是另一方面的问题。至今,宗炳画无一传世,亦无仿品可见。

一 画品画风

对宗炳画进行正式品评的第一人是南朝齐谢赫(479—502),谢在其《画品》(一称《古画品录》)中将宗炳的画列为六品第一人,其评语为:"炳于六法,亡所遗善,然含毫命素,必有损益。迹非准的,意可师效。"(今本《古画品录》之评语略有不同:"炳明于六法,迄无适善,然含毫命素,必有损益。迹非准的,意足师效。")[②] 谢赫的意思大致是:宗炳对于"六法"的掌握,可说是毫无遗漏之处。但他如果挥毫作画,则有所过或不及,因此他的画迹还不能作为标准,但他的立意却值得仿效。

对于谢赫《画品》的品评,后世多有诟病。例如,对于顾恺之被列为第三品,陈姚最说,将顾"列为下品,尤所未安(实为不妥)"。唐李嗣真说:"谢评甚不当也。"[③] 唐张怀瓘说:"谢氏黜顾,

---

① (明)张丑:《清河书画舫》卷一上,《文渊阁四库全书》(中国基本古籍库),第 17 页。

② 分别见张彦远《历代名画记》和谢赫《古画品录》,载《四库全书》子部八《艺术类一·书画之属》,上海古籍出版社 2003 年版,第 812 册,第 328、6 页。校订见俞剑华《中国画论类编》上卷,人民美术出版社 2016 年版,第 366 页。

③ 俞剑华:《中国画论类编》上卷,人民美术出版社 2016 年版,第 394 页。

未为定鉴。"（谢氏贬低顾恺之，不能作为定论）① 而张彦远则将顾恺之列为"上品上"，已不言而喻。当然也有赞同谢赫品评的。俞剑华在谈到这个问题时曾说："在唐代以前，对于顾恺之、陆探微、张僧繇三大家之评鉴，各有抑扬，聚讼纷纭。"②

对于宗炳的评价，谢的品评也显得略为苛刻。其原因在于：一是谢赫评价的是人物画，山水画还处于初创时期，并没有进入谢的视野。清黄钺在其《二十四画品》中说"谢赫、姚最，并事书传，俱称《画品》。于时山水犹未分宗，止及像人肖物。"③ 徐复观也曾指出："谢赫对（宗炳、王微）两人的画评，皆系人物画，而未及山水画，因为谢赫在当时还不能了解此种新艺术作品的价值。"二是谢赫也可能注意到了山水画，但宗炳在画技上尚不成熟，这与当时山水画的客观实际也是大体吻合的。"宗炳、王微两氏，在艺术精神上，直接奠定了山水画的基础。但他两人的作品依然是以人物画为主，齐谢赫在《古画品录》中对他两人的批评，也是以人物画为对象，这说明他两人尚未能在作品上奠定山水画的基础。"④ 还有一种可能是，宗炳在山水画的技法上有自己独创之处，而不能为他人所接受。如果他在山水画的技法上没有独到之处，没有自己独立的思考，他怎么会在山水画理论上做出重大的突破。

谢赫对宗炳评价过低，或有谢赫自身的因素。谢赫本人善画，但主要是画宫廷人物画，其评画的理论基础与此密切相关。姚最在《续画品》中对谢评价道：

> 貌写人物，不俟对看。所须一览，便工操笔。点刷研精，意在切似。目想毫发，皆无遗失。丽服靓妆，随时变改。直眉曲鬓，与世事新。别体细微，多从赫始。遂使委巷逐末，皆类效颦。至于气韵精灵，未穷生动之致；笔路纤弱，不副壮雅

---

① 俞剑华：《中国画论类编》上卷，人民美术出版社2016年版，第402页。
② 同上书，第404页。
③ 同上书，第439页。
④ 徐复观：《中国艺术精神》，广西师范大学出版社2007年版，第183—184页。

之怀。①

由此可知,谢赫画风追求"研精"和"切似",也就是追求局部和形似,可谓"应物象形"有余,"气韵生动"不足,这种画风一定会影响他对绘画的评论。比如对顾骏之的品评,"精微谨细,有过往哲",对姚昙度的品评,"虽纤微长短,往往失之,而舆皂之中,莫与为匹";对蘧道愍、章继伯的品评,"人马分数,毫厘不失";② 等等。

此外,谢赫将自己的所谓"六法"作为其品评的标准,他认为"画有六法,罕能尽该,而自古及今,各善一节。"他根据画家掌握"六法"的不同情况,确立其品第的依据。除了陆探微、卫协"六法备该"而列为第一品之外,其他画家则根据其掌握六法中的某一条而确定品级。在张彦远看来,这种评定方法多有不妥。

谢赫对顾恺之和宗炳的评价过低,可能出于同样的原因。元人汤垕在评价顾恺之画时说:"顾恺之画如春蚕吐丝,初见甚平易,且形似时或有失。细视之,六法兼备,有不可以语言文字形容者。"③ 此句除春蚕吐丝外,与谢赫"炳于六法,亡所遗善,然含毫命素,必有损益,迹非准的,意可师效"之语何其相似乃尔!

第二位品评宗炳画的是唐人张彦远,在其《历代名画记》中,张对谢赫将宗炳列为六品及其评价,十分不认同。张彦远根据自己所确立的标准,将宗炳列为"中品中",他说,谢赫"既云'必有损益',又云'非准的';既云'六法亡所遗善',又云'可师效'。谢赫之评,固不足采也。且宗公高士也,飘然物外情,不可以俗画传其意旨"。④ 在评价王微时,张氏又说:"宗炳、王微皆拟迹巢由,放情林壑,与琴酒而俱适,纵烟霞而独往。各有《画序》,意远迹高,不知画者难可与论。"⑤ 张彦远还在书中将宗炳的《画山水序》

---

① 俞剑华:《中国画论类编》上卷,人民美术出版社2016年版,第370页。
② 同上书,第357、360、363页。
③ 俞剑华:《中国画论类编》上卷,人民美术出版社2016年版,第476页。
④ (唐)张彦远著,俞剑华注释:《历代名画记》,上海人民美术出版社1964年版,第131页。
⑤ 同上书,第133页。

全文载入，可见张氏对宗炳十分推崇。正是因为张彦远的这一善举，宗炳的《画山水序》得以流传至今。

也许正是因为宗炳多为山水画，且宗炳有自己独特的绘画理念和表现手法，尤其强调山水的神趣问题，并由此开辟有别于西方风景画的中国山水画种，所以才有"迹非准的"这样的情况出现。当时山水画尚处于初创时期，的确有可能存在"迹非准的"现象。而"迹非准的"即不追求形似，应该正是宗画的特质所在，是其佛学"神妙形粗"理论在绘画中的实践。但谢赫的整个评价是基于人物画，注重纤微、毫厘之处，因此这恐怕就是张彦远所说的"谢赫的评论不足以采纳"的根本原因所在。

唐朱景玄《唐朝名画录·序》云："夫画者以人物居先，禽兽次之，山水次之，楼殿屋木次之。……以人物禽兽，移生动质，变态不穷……故陆探微人物极其妙绝，至于山水草木，粗成而已。"① 张彦远在谈到早期山水画的特点时说道："群峰之势，若钿饰犀栉，或水不容泛，或人大于山。"② 也许正是宗炳看到了当时山水画的这种状况，因其与自己的审美理念相去甚远，才写出《画山水序》这样超前的奇文。其意远迹高，一般论俗画者不可理喻。正如美国著名美术史家高居翰（James Cahill）在谈到这个问题时所说的那样：当时"画家的技巧和想象力都不足以表现宗炳文中所描写的万物有灵世界——在那样的世界里，所有江河、山石都秉赋着精神实质，使人类心往神迷；更不能召引出道家所说的那种能够把宇宙融为一体的、伟大而普及（遍）的韵律感。此重任便有待后世来完成"。③

对于张彦远的《历代名画记》，后人给予充分的肯定。近代学者、著名书画史论家余绍宋撰写过一部《书画书录题解》，对前人的书画史论著作了较为系统的研究，其中对绝大部分著作都提出了这样或那样的批评意见，唯有对张彦远的《历代名画记》是个例

---

① 俞剑华：《中国画论类编》上卷，人民美术出版社2016年版，第22页。
② （唐）张彦远著，俞剑华注释：《历代名画记》，上海人民美术出版社1964年版，第26页。
③ ［美］高居翰著，李渝译：《图说中国绘画史》，生活·读书·新知三联书店2014年版，第23页。

外。他不仅列出此书的种种优点,更揭示了此书在中国古代绘画史上的重要地位,言辞之间,大有将其作为画坛之《史记》的意思。① 可见余氏赞同张氏对早期画家的品评,包括对宗炳的高度评价。如今已无法对宗炳画作进行过多的探讨,仅就几幅画作的有关内容和流传情况做一些考述。

二 关于"一笔画"

《佩文斋书画谱》载"宋武帝东征刘毅道庐山,隐士宗炳献一笔画一百事,帝赐以犀柄麈尾。"② 此记载来自北宋黄伯思《东观余论》,其《跋盘线图后》曰:

> 右盘线图,唐王叡叙而传之,以为唐诸王之遗迹。然予顷于吴中见刘季孙景文③家有此画一卷,古题云:'宋武帝东征刘毅,道庐山,隐士宗炳献一笔画一百事,帝赐以犀柄麈尾。'与此本大同小异,所画物像存者亦五十余种,匠意简古,笔势若出一手。然后知是画非唐人能为。王叡以为唐诸王画,误矣。政和五年春于东都清平坊手摹一通。黄某长睿父题。④

著名画家、书法家、书画鉴别与收藏家米芾曾在刘景文家中见到此画,将此画列入其《画史》目录中的《唐人无名氏画》,题为《摹宗少文一笔画》,并在画后记曰:"宗少文一笔画,唐人摹绢本,

---

① 余绍宋(1883—1949),浙江龙游县人,号越园、樾园,别署寒柯。余绍宋平生旨趣尽在金石书画、画学论著、方志编纂,为近代著名史学家、鉴赏家、书画家和法学家,传世著述有《书画书录题解》《画法要录》《画法要录二编》《中国画学源流之概观》。

② 《佩文斋书画谱》卷十一,景印《文渊阁四库全书》,台湾商务印书馆2008年影印本,第819册,第354页。

③ 刘景文(1033—1093),名季孙,能诗文,藏书万卷、画数百,善作事,广交游,与苏轼、米芾等文人雅士交往甚密。东坡有诗作《赠刘景文》《书刘景文所藏宗少文一笔画》等,米芾有信札《致景文隰米帖》等。

④ (宋)黄伯思:《跋盘线图后》,《东观余论》,《佩文斋书画谱》卷九十,景印《文渊阁四库全书》,台湾商务印书馆2008年影印本,第823册,第96页。

在刘季孙家，故苏太简物。"①

可见宗炳的一笔画一百图传于唐代，曾被认为系唐人所作或所摹。与米芾同时代的苏东坡也见过此画，米芾曾进行过鉴别，而东坡则题诗对宗炳画给予赞赏：

  宛转回纹锦，萦盈连理花。何须郭忠恕，匹素画缫车。②

在东坡看来，宗炳的一笔画犹如委蛇宛转的回纹锦绣绸缎一样，上面簇拥着并蒂开放的花朵，因此根本不用像郭忠恕这样的画家用缫车在白绢上制作了。③

对于这个问题，学界颇有争议。很多著名学者如俞剑华（《中国美术家人名辞典》）、潘天寿（《中国绘画史》）、阮璞（《画学丛证》）等认为，宗炳曾效陆探微作"一笔画"。书画史家谢巍则认为，宗炳不可能学陆探微作一笔画，并认为宗炳送一笔画与宋武帝之事存在。而学者张隽则认为，宗炳作"一笔画"属无中生有，所谓"宗炳作一笔画一百图，献武帝称旨"更属子虚乌有。④

下面试就这个问题做些讨论。

首先，所谓"宗炳一笔画乃学陆探微"，此说并不能成立。不错，陆探微是作过一笔画，张彦远曾有论："昔张芝学崔瑗、杜度草书之法，因而变之，以成今草书之体势，一笔而成，气脉通连，隔行不断。唯王子敬（献之）明其深旨，故行首之字往往继其前行，世上谓之一笔书。其后陆探微亦作一笔画，连绵不断，故知书画用笔同法。"⑤张彦远是在论述顾恺之、陆探微、张僧、张僧繇和吴道子的用笔之异的同时谈到一笔画问题的，并指出一笔画乃来自

---

① 苏易简（958—997），字太简，宋太宗太平兴国五年庚辰科状元，收藏家。
② （宋）苏轼撰，（宋）王十朋注《东坡诗集注》卷十二，《四部丛刊》景宋本（中国基本古籍库），第311页。
③ 郭忠恕（？—977），五代宋初画家，字恕先，一字国宝，洛阳（今属河南）人，精文字学，工篆隶八分，擅界画、舟车，且画风细腻逼真，亦能画山水。其存世作品仅为《雪霁江行图》，台北"故宫博物院"藏。
④ 张隽：《"一笔画"考辨》，《荣宝斋》2018年第12期。
⑤ （唐）张彦远著，俞剑华注释：《历代名画记》，上海人民美术出版社1964年版，第34页。

一笔书。陆探微"亦"作一笔画,意即陆并非一笔画第一人,更非一笔书第一人。在宗炳前,已有多位书家创一笔书。梁庾元威《论书》云:"张芝始作一笔飞白书,此于井册等字为妙。所以唯云一笔飞白书,则无所不通矣。"又云:"敬通又能一笔草书,一行一断,婉约流利,特出天性,顷来莫有继者。"① 而王献之《中秋帖》为著名的"一笔书",人称"一笔书之祖",乃得张芝"一笔书"真传。

实际上,王献之父王羲之乃是一笔书的探索者与创造者。所谓"一笔书",既可无笔不连,亦可笔断气连,既可迹断气势连,亦可形断意连,自始至终有一种气脉贯穿期间。王羲之草书《大道帖》:"大道久不下,知先未然耶。"前五字一笔联绵,次两字联缀,复次两字又勾连,最后一"耶"字以末笔竖画一贯直下,控制尺幅的空白。王献之一笔书代表作《中秋帖》与其父的《大道帖》何其相似乃尔!既然宗炳师法康昕,康昕师法王羲之,并与王献之善,因此宗炳应该对"一笔书"有所知晓。

宗炳善书法之杂体,又善草书,作一笔画乃顺理成章之事。梁庾元威《论书》两次谈到宗炳,一是其书法,二是其绘画。前引云:"宗炳又造画《瑞应图》,千古卓绝。"并说:"余经取其善草嘉禾、灵禽瑞兽、楼台器服可为玩对者,盈缩其形状,参详其动植,制一部焉。此乃青出于蓝,而实世中未有。复于屏风上作杂体篆二十四种,写凡百名,将恐一笔鄣子、凡百屏风。"为什么在谈书法时又说绘画呢?庾文最后作了交代:"杂体既资于画,所以附乎书末。"由此可见,此处道出了书画同源的另一种方式,即杂体(篆)、一笔书、一笔画已经密不可分。

其次,陆比宗小得多。陆探微,生卒不详,南朝宋国吴郡(今苏州一带)人。有关陆探微的生平活动资料非常少,《宋书》无传。《历代名画记》载:"陆探微,上品上,吴人也。宋明帝时常在侍从,丹青之妙,最推工者。"② 这是有关陆探微生平的唯一记载。据

---

① 孔敬通,梁大同中(535—546年)东宫学士。
② (唐)张彦远著,俞剑华注释:《历代名画记》,上海人民美术出版社1964年版,第126页。

谢巍先生考证，陆微绘画活动年代始于泰始元年（465年），止于永明八年（490年），大约出生于元嘉十四年（437年）至二十三年（446年）之间。

《南齐史·宗测传》载：宗测在庐山时，江州刺史子响"厚遣赠遗"，测执意不受，"子响不悦而退。侍中王秀之弥所钦慕，乃令陆探微画其形与己相对"。①而宗测至炳庐山旧宅，时在永时三年（485年）（详后）。

从上述记载来看，陆探微与宗炳之孙乃同时代人，宗炳不可能向陆探微学画。谢赫《画品》将陆探微列为第一品第一人，对其绘画赞誉至高："穷理尽性，事绝言象。包前孕后，古今独立。非复激扬所能称赞，但价重之极乎上上品之外，无他寄言，故屈标第一等。"②陆探微迄今已无真迹传世，自谢赫对陆探微作出至高无上的评价后，后人莫不顶礼膜拜，但他未必真是一笔画的首创者，后人有把桂冠戴在他头上的嫌疑。实际上，也有提出异议者。如《历代名画记》记载李嗣真对谢赫的不同意见："'亡地寄言，故居标第一。'（即'没有什么可说的，因此将陆列为历代画家第一人'）此言过当。"③

据中国画史学家谢巍考证：宗炳作一笔画时，陆探微尚未出生，因此宗炳"效仿陆探微作一笔画"，"可谓谬说之典型"，并进一步指出：一线画法，乃匠意简古之"盘线画法，宗炳并非效仿他人"。④清方熏《山静居论画山水》曰："陆探微见大令（王献之）联绵书悟其笔意，作一笔画。宗少文亦善为之。仆见黄鹤山人山水树石房屋一笔出之，气势贯串，有奇古疏落之致。未识宗、陆之笔，复作何等观。"⑤可见，宗与陆均善一笔画，并无师承关系，且宗排在陆之前。

---

① 《南齐书》卷五四《宗测传》，中华书局2019年点校本修订本，第1036页。
② 俞剑华：《中国画论类编》上卷，人民美术出版社2016年版，第356页。
③ （唐）张彦远著，俞剑华注释：《历代名画记》，上海人民美术出版社1964年版，第126页。
④ 本节有关谢巍引述，见谢巍《中国画学著作考录》，上海书画出版社1998年版，第20—22页。
⑤ 俞剑华：《中国画论类编》下卷，人民美术出版社2016年版，第915页。

张隽考察了历史上米芾、苏东坡、黄伯思有关的史料，① 认为，一是米、苏均未提及画上之古题，说明二人怀疑古题的真伪；二是从黄伯思的记述上看，古题是后人加上去的，因此画作可能是伪作；三是宋之前未见宗炳作一笔画的有关记载，因此宗炳作一笔画之事属子虚乌有。

本书认为，上述三位学者（米、苏、黄）都与宗炳画收藏者多有交往，目睹过"宗炳一笔画"，亦非人云亦云。米、苏不仅是书画家，还是鉴赏家，米氏正是在其书画鉴别鉴定类的著作中列入宗画的，而不是在其他著作中顺便提及。米氏是著名的书画鉴别家和收藏家，米氏所鉴别和鉴定的书画作品曾经过历史的检验。既然米氏认定宗炳"一笔画"乃唐人摹绢本，这表明米氏并未否定"宗炳作一笔画"之事实。

最后，看看宗炳赠予宋武帝一笔画的时间。宋武帝刘裕征讨刘毅为何时呢？武帝刘裕曾经南征北战、东伐西讨，被人称为"气吞万里如虎"，但与刘毅一直没有战事，桓玄为楚王后，刘裕聚众义谋，其中就有任职沛郡的刘毅。元兴三年（404 年），刘裕与何无忌等"托以游猎""收集义徒"一举攻入京城，刘毅及从弟刘藩即是刘裕同谋，并且是其得力干将。刘毅被推为"辅国将军""冠军将军"，率军追讨桓玄残部至江陵，后又被推为"抚军将军"成为仅次于刘裕的第二号人物。义熙六年（410 年）刘毅战事失利，声望大跌，请求移镇地方，官至卫将军、江州刺史、荆州刺史，但因极度不服在刘裕之下，便暗中扩充势力，并欲以荆州为本，伺机攻打建康，义熙八年（412 年）遭刘裕讨伐。

义熙八年（412 年）九月，刘裕"自表讨毅，又假黄钺，率诸军西征。"（史上并无刘裕"东征"刘毅之事，而是"西征"）"壬午，发自京师，遣参军王镇恶、龙骧将军蒯恩前袭江陵。十月，镇恶克江陵，毅及党与皆服诛。十一月乙卯，公至江陵。"次年二月，"帝至自江陵"。② 由此推测，刘裕应是在征刘毅途中经寻阳上庐山见宗炳，宗炳赠其一笔画，也就是义熙八年（412 年）十月至次年

---

① 张隽：《"一笔画"考辨》，《荣宝斋》2018 年第 12 期。
② 《宋书》卷二《武帝中》，中华书局 2019 年点校本修订本，第 30 页。

二月，是时宗炳39岁，陆探微尚未出生。

既然宗炳作一笔画乃情理之中的事，而宋武帝对宗炳甚为看重，曾多次征召而未应，那么顺道至庐山会见宗炳再次征召，宗炳借此机会表示谢意，也是有可能的。当时多有朝廷官员和地方要员亲访方外人士或隐逸之士，也有亲访庐山之举，如殷仲堪、桓玄等。至于史书没有记载的，我们可以用同样的事例来说明这个问题：宗炳的《画山水序》在史书中也没有记载，而是在晚唐的张彦远的《历代名画记》中录入而传世的。即使宗炳没有作过此"一笔画一百事"，即使此画系唐人仿作或宋人伪作（按张隽意），从文化艺术史的意义上说，这一"传说"无论真假，都表明了宗炳对中国绘画史乃至艺术史的贡献和影响。

三　关于《狮子击象图》

张彦远《历代名画记》著录《狮子击象图》（原文为"师子"）时，将其分列于宗炳、嵇康、王廙三人名下。究竟为谁所作，史上有不同说法。[①]

《狮子击象图》在唐前史籍中均未见，南齐谢赫《古画品录》、陈姚最《续画品》等均仅评其画，未录其画名。最早见录于初唐裴孝源《贞观公私画史》：

"《巢由洗耳图》、《狮子击象图》（云宗炳画），右二卷题云嵇康画，未详，隋朝官本（康画梁《太清目》中所不载）。

"《颍川先贤图》（得于杨素家）、《惠持师像》、《问礼图》、《永嘉屋邑图》（已上皆梁《太清目》中所有），右四卷宗炳画，隋朝官本。"

在王廙条下，仍有《狮子击象图》，其小注有：张彦远《名画记》又有《狮子击象图》[②]

梁《太清目》是一部梁代官库收藏图画的目录，裴氏著录图画

[①] 郑伟对此进行过专门考证，本节主要参考郑伟《嵇康狮子击象图献疑》，《西安交通大学学报》（社科版）2012年第3期。

[②] （唐）裴孝源：《贞观公私画史》，载《四库全书》子部八，上海古籍出版社2003年版，第812册，第22、24、27页。

时与之逐一核对，无论见载与否，均标注于文中。可见，《狮子击象图》裴氏此处存疑。

唐以后的画录如明徐映秋《玉芝堂谈荟》、清卞永誉《式古堂书画汇考》等，将《狮子击象图》分列嵇康、宗炳名下（未提王廙）。

但也有在二者之间作出取舍者，如宋代郭若虚《叙图画名意》即明确认为，"宋宗炳有《狮子击象图》"，因为此属"壮气"之画。明张丑《清河书画舫》与清孙岳颁《御定佩文斋书画谱》也将之归于宗炳名下，不属嵇康。明顾起元《说略》与清姚振宗补史《三国志·艺文志》则将之归于嵇康名下，不属宗炳。从裴孝源《贞观公私画史》的著录方式来看，《狮子击象图》的作者归属权存在争议。

郑伟认为《狮子击象图》应是宗炳作品，恐非嵇康之作。"狮子击象"作为一种异域景象传入中原，结缘于佛教在中土的流播。狮子形象大约在东晋时期进入文士绘画题材。宗炳本人曾写有《狮子击象图序》，交代了该图的绘事缘起，《狮子击象图》系宗炳之作的可能性较大。

从史籍看，没有嵇康与佛教接触的记载，其创作此类画作的机缘略有不足。而宗炳不仅是著名画家，同时也是虔诚的佛教信徒。六朝时期的画作多不题作者姓名，但是有些图画有题记文字，交代画作的本事或缘起，是为《图序》。而宗炳有《狮子击象图序》传世：

> 梁伯玉说，沙门释僧吉云：尝从天竺，欲向大秦，其间忽闻数十里外哮哮擸擸、惊天怖地。顷之，见百兽率走，跄地足绝，而四巨象俄焉而至，以鼻卷泥自厚涂数尺，数数喷鼻隅立。俄有狮子三头搏象，血若滥泉，巨树草偃。

《初学记》在引用宗炳的《图序》时，还引用了宗炳侄儿宗悫以狮子与象作战的记载：

> 宗悫随檀和之伐林邑，檀海汜山，经入象浦。林邑王范杨迈倾国来逆，限渠不得度，以具装被象，前后无际。悫以为外国有狮子，威伏百兽，乃制其形，与象相御，象果惊奔，贼众因此溃乱。悫乃与马军主马通厉渠直渡，步军因之，共奋击。杨迈迸走，大众一时奔散，遂克林邑。①

宗悫为南朝宋时名将，曾以振武将军之职随征林邑国，当时对方以众多大象来袭，宗悫则仿制狮子模样，对方大象因此被吓得溃乱，宗悫大胜。

从《图序》可知，宗炳从梁伯玉处辗转获知一则奇闻：僧人释僧吉从天竺向大秦进发的路上，目睹三只狮子搏杀四头巨象的惨烈景象。也许正是听了这样的故事，宗炳有所感触，于是制作《狮子击象图》。"狮子威服百兽"的观念与"狮子击象"图画主题具有潜通暗接之处，这从一个侧面印证了"狮子击象"与宗炳之间的某种关联。

"狮子击象"本是一则异域奇闻，自作图序的现象在东晋尚少，南朝时已为常见，宗炳的《狮子击象图序》与《画山水序》类似，其内容与绘画主题吻合，裴孝源《贞观公私画史》录入《狮子击象图》注明"宗炳画"，或许正是因为有宗炳《图序》佐证。

之所以有人将《狮子击象图》归于嵇康名下，可能有多方面的因素促成。嵇康本人博学多艺，时人颇为赞许。向秀有《思旧赋》云"嵇博综伎艺"，这对后世的附会可能起到了一定的作用。嵇康具有一种独立不迁的品格和一种反潮流的大无畏精神，他提出"非汤武而薄周孔""越名教而任自然"的主张，拒绝与其当权者司马氏合作，最终惨遭杀害，以一曲《广陵散》告别人寰，其"刚烈"之气与《狮子击象图》一类"壮气"之画颇为契合，这就更容易使人将"其人"与"其画"联想在一起。

此外，也许还有某种偶然因素。在张彦远《历代名画记》著录中，宗炳的画作《嵇中散》白画与《孔子弟子像》《狮子击象图》

---

① （唐）徐坚：《初学记》卷二九，中华书局2004年版，第697、698页。

等相连在一起，其中"白画"系名词，本是一种绘画手法，在流传过程中，有可能被误解为动词。如果是这样的话，那么后边的画作，有可能理解为嵇中散即嵇康（曾任中散大夫）所画。

四 关于《惠持师像》

宗炳生活的时代，佛事绘画颇为兴盛。其著名的作品有陆探微的灵台寺瑾统像，陆绥的立释迦像，顾宝光的天竺僧像，袁倩的维摩诘变相图以及宗炳《惠持师像》（原文为"象"）。

此"惠持"为何人？在宗炳的佛事交往中，尚未发现名曰惠持的法师，因此，此"惠持"似应为宗炳师父慧远法师之弟。宗炳追随慧远，多次去庐山寻法，与慧远之弟必有交往。而史籍中多有将"慧"作"惠"的，如《佛祖通载》卷第七："法师惠远以秦乱来归于晋。远出雁门贾氏，少为儒生，博极群书，尤邃《周易》《庄》《老》，尝与弟惠持造安法师席下。"卷十九："曰我东林远法师之弟惠持也，西游峨眉。"① 《敦煌变文集新书》卷六："说这惠远，家住雁门，兄弟二人，更无外族。兄名惠远，舍俗出家；弟名惠持，侍养于母。"②

唐人司空曙《送况上人还荆州因寄卫侍御象》："惠持游蜀久，策杖欲（一作忽）西还。共别此宵月，独归何处山。"③ 又有李咸用《寄修睦上人》："衣服田方无内客，一入庐云断消息。应为山中胜概偏，惠持惠远多踪迹。"④

这些诗文中的"惠持"均指"慧持"。慧持18岁出家，与兄共事道安法师，后一直跟随其兄，从襄阳初憩荆州上明，后至庐山。慧持为庐山十八高贤之一，"善文史，巧才制。""遍学众经，游刃三藏。""庐山徒属，莫匪英秀，往反三千，皆以持为称首。"庐山跟随慧远的弟子有三千之众，而以慧持最为优秀。想必宗炳对慧持极为尊重、仰慕，因此为他画像乃情理之中。而且慧持"形长八

---

① 《佛祖通载》卷第七，第88页，卷十九，第377页，大正藏本。
② 转引自张鸿勋《敦煌发现的话本一瞥》，《社会科学》1980年第4期。
③ 《全唐诗》卷二九三，中华书局1999年版，第3333页。
④ 《全唐诗》卷六四四，中华书局1999年版，第7438页。

尺，风神俊爽，常蹑革屣，衲衣半胫。"① 可知慧持体格雄伟，仪表堂堂，一派僧人装束，由此亦可知宗炳《惠持师像》的端倪。

《历代名画记》中载宗炳七幅画传世，除永嘉邑屋图，其他六幅均为人物画，说明从南北朝至唐朝相当长一个历史时期，人物画都占据主导地位，而且由于具有劝勉告诫的作用，为统治者所看重而流传于世。而山水画尚处于初创阶段，且为少数士人所雅玩，以致唐以前的山水画均未能保存下来。即使是现今尚存最早的山水画隋展之虔的《游春图》，也有学者认为是模仿之作或伪作。②

第三节 琴技："欲令众山皆响"

宗炳不仅是著名的书法家、画家，也是一位技艺高超、造诣深厚的琴师，自谓："抚琴动操，欲令众山皆响。"正如前引许理和所说，宗炳是一位著名的音乐家。《宋书》本传载："古有《金石弄》，为诸桓所重，桓氏亡，其声遂绝，惟炳传焉。太祖遣乐师杨观就炳受之。"宋代著名琴史专家朱长文在其《琴史》一书中，录魏晋南北朝琴人40余位，宗炳位居其最著名者之列。

所谓诸桓，就是当时显赫一时的谯国龙亢（今安徽怀远龙亢镇）桓氏家族。桓氏家族的势力兴盛始于桓彝（276—328年），在宗炳生活的年代，荆州（南郡）是桓氏家族的领地，桓彝之子桓温、桓豁、桓冲兄弟，孙辈桓玄、桓谦、桓修、桓伟、桓石民兄弟等曾先后任荆州刺史、南蛮校尉等职。桓温曾三次北伐，功高震主，意欲篡位；其庶子桓玄僭位建楚称帝，公元404年，桓玄因此被刘裕所追杀，桓氏家族从此退出历史舞台。桓氏家族颇爱艺术，"桓温尝请（献之）画扇"，③ "桓（温）大司马每请长康（顾恺

---

① （梁）释慧皎撰，汤用彤校注：《高僧传·慧持传》，中华书局1992年版，第229页。
② 徐沛君编著：《中国古代绘画一百幅》，人民美术出版社2016年版，第14页。
③ （梁）孙畅之：《述画记》，载俞剑华《中国画论类编》上卷，人民美术出版社2016年版，第352页。

之）与羊欣论书画，竟夕忘疲。""桓玄爱重图书（书画）""桓玄性贪好奇，天下法书名画，必使归己。"① 此类记载，史籍多有所见。

既然只有宗炳继承了这首曲子，那也说明宗炳曾与桓氏家族关系接近。虽然尚无直接证据表明宗炳与桓氏家族的交往，但有证据表明其交往的可能：桓玄在荆州时曾辟宗炳主簿、举秀才；宗氏为荆州第一文化世家、艺术世家，宗炳为当时著名的书画家、琴师，桓氏家族必定乐于交往；此外宗炳又常与时任安西长史（约402—403年，江陵在任）、南平太守的王敬弘相伴出游，而王氏之妻乃桓玄之姊。因此，宗炳是否通过这些渠道而得《金石弄》之真传也未可知。

那么，太祖是何时派琴师向宗炳请教的呢？据载太祖宋文帝424年继位后，采民风，观民俗，采取了一系列的政策，元嘉三年（426年）五月诏曰：

> 夫哲王宰世，广达四聪，犹巡岳省方，采风观政。……可遣大使巡行四方。其宰守称职之良，闾苹一介之善，详悉列奏，勿或有遗。若刑狱不恤，政治乖谬，伤民害教者，具以事闻。其高年、鳏寡、幼孤、六疾不能自存者，可与郡县优量赈给。博采舆诵，广纳嘉谋，务尽衔命之旨，俾若朕亲览焉。②

可见当时之"采风观政"，不仅察访善政、渎职者，还要访贫济苦、征询民意。又据载："元嘉初，大使陆子真观采风俗。三诣彧之，每称疾不见也。"彧之是宗炳的从父弟，"早孤，事兄恭谨，家贫好学，虽文义不逮炳，而真澹过之。"③ 彧之父母去世后，大约与宗炳生活在一起，至少居住在附近。当初朝廷派大使陆子真到民间采风时，曾三次造访宗家，彧之都避而不见，宗炳无疑是见到过

---

① （唐）张彦远著，俞剑华注释：《历代名画记》，上海人民美术出版社1964年版，第99、46、8页。
② 《宋书》卷五《文帝》，中华书局2019年点校本修订本，第81页。
③ 《宋书》卷九三《宗彧之传》，中华书局2019年点校本修订本，第2515页。

的。也许就是这个时候,朝廷得知宗炳独善《金石弄》,太祖即派琴师杨观"就炳授之",以元嘉三年计,宗炳52岁。

古时文人雅士都有鼓琴之好,两汉魏晋南北朝时期尤盛,《颜氏家训·杂艺》曰:古来名士、衣冠子弟,"不知琴者,号有所阙。"① 王粲有诗曰:"独夜不能寐,摄衣起抚琴。"(《荆蛮非我乡》)阮籍有诗曰:"夜中不能寐,起坐弹鸣琴。"(《咏怀诗》)谢灵运有诗曰:"安排徒空言,幽独赖鸣琴。"(《晚出西射堂》)陶渊明有诗曰:"弱龄在事外,委怀在琴书。"(《始作镇军参军经曲阿作》)② 可见琴与文人雅士是如此的不可分离。

而作为隐逸之士,更是以琴为友,与琴偕隐,琴甚至具有隐士的风范。仅以宗炳同时代的隐士而论,沈道虔"受琴于戴逵";而戴逵父子三人均善琴,"父没,所传之声,不忍复奏,各造新弄"。③ 陶潜虽"不解音声,而畜素琴一张,每有酒适,辄抚弄以寄其意"。④ 就连一个不太懂琴的陶渊明都备有无弦古琴一张,更何况他人。

文人雅士之所以与琴为友,首先在于琴的高雅,古人有所谓"琴德"之说。汉桓谭曾云:"八音广博,琴德最优。"⑤ 汉应劭也曾云:"雅琴者,乐之统也。"⑥ 可见,琴能够起到一种道德教化的作用,使人"修身理性","条畅和正,乐而不淫"。史载琴曲名有"畅""操""引""吟""弄""调"之称,"和乐而作者命之曰'畅',达则兼济天下之谓也;忧愁而作者命之曰'操',穷则独善其身之谓也。"⑦ 而"畅者,言其道之美畅,犹不敢自安,不骄不溢,好礼不以畅其意也。"⑧

---

① 王利器:《颜氏家训集解》,中华书局2014年版,第557页。
② 逯钦立辑校:《先秦汉魏晋南北朝诗》,中华书局1983年版,第366、496、1162、982页。
③ 《宋书》卷九三《戴颙传》,中华书局2019年点校本修订本,第2500页。
④ 《宋书》卷九三《陶潜传》,中华书局2019年点校本修订本,第2513页。
⑤ 朱谦之校辑:《新辑本桓谭新论》卷十六《琴道篇》,中华书局2009年版,第64页。
⑥ 王利器:《风俗通义校注》卷六《声音·琴》,中华书局1981年版,第293页。
⑦ (宋)朱长文著,林晨编著:《琴史》,中华书局2010年版,第2页。
⑧ 王利器:《风俗通义校注》卷六《声音·琴》,中华书局1981年版,第293页。

可见抚琴也有"畅"之说，这与宗炳的"畅神"似有某种内在的联系，不过这里的"畅神"，实乃"畅道"而已，而琴曲之"畅""操"，则是一种德行的两个方面，指琴人须保持着一种平和、中正的心态。其"畅"，即在得意之时也要有一种广济众生的心态，不可生骄奢淫逸之念；在不得志时，也要修身律己，追求品格的高洁。

而宗炳弄琴，其最为重要者恐怕主要与审美，特别是与感悟山水之美有关系。中国古时候就有所谓"移情"之说，当年琴人伯牙向其老师成连请教，说自己虽然弹琴三年，但琴的"神妙寂寞之情"未能得到。成连说，我亦如此，但是我的老师方子春能够做到，我们何不去请教他？于是二人一同来到东海蓬莱山，成连对伯牙说，你就在这里吧，我去找老师，说完登船而去，十日不返，伯牙心中悲伤，但见海涛汹涌，又闻群鸟悲鸣，乃仰天叹道：先生以"无"为师，是想转移我的感情吧？于是伯牙悟出弹琴的真谛。《荀子》有云："瓠巴鼓瑟而流鱼出听，伯牙鼓琴而六马仰秣。"[1] 古之瓠巴鼓瑟时，鱼都浮到水面听；伯牙弹琴时，马被琴声吸引，仰着头边嚼饲料边听。可见，琴瑟技艺达到高超的程度，必定会感动生灵，产生奇特的效果。这虽然是劝学，但是也表明了主客合一这样一种美学境界。

"移情"一词虽然最早在我国出现，但作为一种美学理念，却出现于19世纪的西方，里普斯、费肖尔父子，谷鲁斯等人将"移情"概念发展成西方现代美学中影响最大的流派之一。所谓"移情"，一方面是由我及物（里普斯），即主体的情感灌注于对象，使之成为表现主体的象征。本来没有生命和情感的自然景物，反映在主体的意识中，仿佛具有生命和情感。而另一方面强调由物及我（谷鲁斯所谓"内模仿说"），客体的姿态、品性在主体内心再现，主体感觉随之变化，或者主体把自己混同于艺术作品或客观对象，形成了一种审美幻觉。上述两种"移情"特征有时浑然一体，交错进行，难分彼此。朱光潜在谈到诗的移情问题时曾经说："云何尝

---

[1] （清）王先谦撰，沈啸寰、王星贤整理：《荀子集解·劝学篇》，中华书局2012年版，第10页。

能飞？泉何尝能跃？我们却常说云飞泉跃。山何尝能鸣，谷何尝能应？我们却常说山鸣谷应，诗文的妙处往往都从移情作用得来。"①移情现象既有拟人化的特征，也有"拟物化"的特征。其本质在于人的精神情感与外在物象之间产生一种相互作用、相互激荡的审美现象。

1600多年前，宗炳就对这种移情现象进行了形象的表述，他的"抚琴动操，欲令众山皆响"，正是这样一种感觉的意象。在其弹琴的过程中，以自身的情感（"欲"）唤起客体（"众山"）的呼应，达到一种主客交融、天人合一的审美境界。

实际上，古时很多著名琴曲，都有一种模仿山水的美学意蕴。众人皆知的伯牙与钟子期《高山流水》遇知音的传说就是如此。"伯牙方鼓琴，志在泰山，子期曰：'善哉乎鼓琴！巍巍乎若泰山。'志在流水，子期曰，'洋洋乎若流水。'"②这一方面表明朋友之间的"知音"之情，另一方面表明琴的韵律与山水之美有着内在的契合。

而名曲《阳春》，则取万物知春、阳光普照之意；《白雪》，则取雪竹青松、绝世高洁之意。更有琴家蔡邕，入青溪访鬼谷先生居所，根据其五条山谷的地形，作琴曲《蔡氏五弄》：《游春》《渌水》《幽居》《坐愁》《秋思》，以抒山水之情，发幽古之思。蔡氏还有两首曲子：《秋月照茅亭》《山中思友人》亦是如此，其《秋月照茅亭》："盖曲之趣也，天宇之一碧，万籁之咸寂，有孤月之明秋，影涵万象。当斯之时，良夜寂寥，迢迢未央，孤坐茅亭，抱琴于膝，鼓弦而歌，以诉心中之志。但见明月窥人，入于茅亭之内，使心与道融，意与弦合，不知琴之于手，手之于琴，皆神会也。"③琴韵与山水之美交相辉映、相得益彰的这样一种美学意蕴，蔡邕开其端倪，到南北朝宗炳时更是表现得淋漓尽致。这就是所谓："得之弦外之音，与山相

---

① 朱光潜：《诗论》，北京出版社2014年版，第57—58页。
② （宋）朱长文著，林晨编著：《琴史》，中华书局2010年版，第30页。
③ （明）朱权：《神奇秘谱》，载《琴曲集成》第1册，中华书局2010年版，第117页。

映发，而巍巍影现；与水相涵濡，而洋洋徜恍。"①

魏晋南北朝时期，文人雅士，远离国政，走向山林，把自己的主观情感投射到山水之中，同时也从山水之美那里获得了心灵的慰藉。于是山水画勃然而兴，而琴曲在此充当了一种特别的媒介，传达主体的心声。相信宗炳不仅有众多琴人面对真山实水时"月下鸣琴""桐阴抱琴""松间弄琴""临流抚琴"的逍遥自得的情感体验，更有面对虚拟山水、畅神得意的美学体验："于是闲居理气，拂觞鸣琴，披图幽对，坐究四荒，不违天励之藂，独应无人之野。"（《画山水序》）

宗炳是否自制新曲，不得而知，但面对所画的名山大川，他心中一定有蔡邕那种山水之思与感物之绪，以琴声呼应山川万物。琴声伴随着他的卧游，琴韵承载着他的情思，投射到山水之间，而山水则随着琴的韵律而回应，使琴人仿佛觉得众山为之回响。于是达到一种琴中有画、画中有琴的审美境界，琴人也达到一种体道悟道、"神之所畅"的美学享受，这恐怕就是宗炳抚琴观画的初心。

在古人看来，乐乃通道，而琴尤之。可见琴与画一样，在宗炳看来，都是体道悟道的媒介。《溪山琴况》云："故学道者，审音者也。于八音之中，以一音而调五声，惟琴为然。"② 宗炳的抚操弄琴、卧对山水的悟道形象，成为后世士大夫们模仿和追慕的人生行迹，此是后话。

自从刘宋时的杨观从宗炳处学得《金石弄》后，在古琴史上似乎再也不见《金石弄》踪影。直到700多年后的金代大定二十四年即南宋淳熙十一年（1184年）的石刻上，《金石弄》才再次出现：

  吾乡刘宜之，郡城之北，有庵一所，宽闲清靓，以馆四方云水之士，命僧烛律师主之。予因暇日与丹阳马真人尝游息其中，名之曰"三教堂"。一日焚香晏坐，有郧州道士王公抱琴而来，作《金石弄》。其声清越，远山与之俱应。真人作《归山操》以示众人，皆升仙妙语，无一点尘气，人敬爱之。噫！

---

① （明）徐上瀛著，徐樑编著：《溪山琴况》，中华书局2013年版，第22页。
② 同上书，第11页。

真人已羽化矣，斯文不可复得，命工刻之石，以传不朽耳。大定甲辰中元日，州学正范悙跋，男景仁书。①

此篇石刻说的是，某州学正范悙到一佛寺，与寺主僧烛律师、丹阳马真人、郿州王道士"三教"之友相会，其间，王道士弹奏《金石弄》一曲，"其声清越，远山与之俱应。"（此即宗炳之"欲令众山皆响"）而马真人则弹奏《归山操》，两首曲子同样都是一种"升仙得道"的绝世妙响。范学正于是感叹不已，撰写此文，令人刻之于石，以资铭记。

可见《金石弄》并未销声匿迹，而是在道人间传承。有学者认为，《金石弄》乃道教之曲，弹奏此曲系道教信仰中的一个环节。桓氏家族喜爱《金石弄》，表明桓氏家族信奉道教（并以桓玄名敬道、小字灵宝证之）。而宗炳喜爱《金石弄》，不仅表明宗炳信奉道教，而且演奏此曲是宗炳存思修炼的一种宗教实践过程。②

---

① 王宗昱：《金元全真教石刻新编》，北京大学出版社 2005 年版，第 2 页。
② 陈铮：《身份的认定——南朝画家与道教》，博士学位论文，南京艺术学院，2012 年。陈铮博士认为宗炳画论系信奉道教而非佛教所致，对此进行了详细的考证。拜读此文，偶得《金石弄》"下落"并引用，谨表谢意。但其将"卧游"解读为道教的"存思"，似可商榷，详见本书"卧游"专论。

第四章

庐山寻道

宗炳生活的年代，慧远是中国南方一代佛学宗师，遐迩闻名。慧远早年时，曾被师父派往江陵慰问前往建康途中遇疾的竺法汰。后来（379年，一说378年），道安教团为避开中原战乱而南下，慧远又带领几十名门徒杖锡荆州上明寺。而后，慧远托业庐山，宗炳也曾"下入庐山""依远而行。"

第一节　佛风熏陶

佛教于两汉传入，两晋大盛，宗炳自幼就受到佛风的熏陶。正如道安所云："佛之著教，真人发起，大行于外国，有自来矣。延及此土，当汉之末世，晋之盛德也。"[①] 佛教真正在中国社会大流行还是在东晋南北朝，不仅士大夫们信奉佛教，下层民众信佛者也大有人在，而且南北朝诸帝诸王亦多信佛教，佛教俨然成了国教。杜牧曾有诗曰："南朝四百八十寺，多少楼台烟雨中。"实际上，当时的佛教比诗人描写的更盛。据载，至南朝宗炳生活的刘宋时期，全国寺庙数为1913个，僧尼数为36000人。[②] 又载："东晋偏安一百四载，立寺乃一千七百六十有八，……自宋迄梁，代有增加，梁世

[①] （梁）释僧祐著，苏晋仁、萧錬子点校：《出三藏记集》卷第五《新集安公注经及杂经志录第四》，中华书局1995年版，第227页。
[②] 王仲荦：《魏晋南北朝史》，上海人民出版社2016年版，第790页。

合寺二千八百四十六。"① 可见当时佛教在中国，特别是在南方的发展状况。

东晋南朝时期的荆州，雄踞长江上游，扼控江左政局，又处南北对峙的前沿，经济交流频繁，文化事业昌盛。长期作为治所的江陵，又为南北交通要道，更是商旅云集、人文荟萃之地，许多高僧曾驻留于此，传经布道、结交名士，江陵成为与长安、建康并举的佛教重镇。

而在北朝，虽然有些曲折，佛教发展的势头也是如日中天。由于统治阶级的大力扶持，佛教得到了长足的发展。至北魏文成帝到宣武帝（452—515 年）时，佛教发展达到极盛。"至延昌中（513—515 年），天下州郡僧尼寺积有一万三千七百二十七所。"② 北魏都城洛阳，佛寺达 1367 座，甚至一些小小的里坊，也建置起十来所佛寺。《南史·郭祖深传》载："都下佛寺五百余所，穷极宏丽。僧尼十余万，资产丰沃。所在郡县，不可胜言。"③

晋末宋初，宗炳所处的江陵，佛寺如林，僧人如鲫。据《县志》载，东晋末年江陵已建有佛寺 11 座，其中著名者有长沙寺、竹林寺、辛寺（新寺）、上明寺（河东寺）、白马寺、承天寺。④ 此外还有枇杷寺（琵琶寺）、牧牛寺（牛牧寺）、头陀寺、陟屺寺、五层寺、四层寺、三层寺⑤、高悝寺、安养寺⑥、金枝寺⑦等。高世安、道安师徒、慧远师徒、西域卑摩罗叉、佛陀（驮）跋陀罗、昙摩耶舍等高僧先后来江陵驻锡传法，高僧法显和西域畺良耶舍移锡江陵译经、讲经并圆寂于江陵。因此略为考察当时江陵的主要佛寺和中

---

① （清）刘世珩：《南朝寺考》，光绪三十三年刻圣顗丛书本，载《四库未收书辑刊》，北京出版社 1997 年版，玖辑柒册，第 3 页。
② 《魏书》卷一一四《释老志》，中华书局 1974 年点校本，第 3042 页。
③ 《南史》卷七十《郭祖深传》，中华书局 1975 年点校本，第 1721 页。
④ 江陵县县志编纂委员会：《江陵县志》，湖北人民出版社 1990 年版，第 693 页。
⑤ 宋元嘉中，有僧曰："我有姊在江陵作尼，名慧绪，住三层寺。"（梁）释慧皎撰，汤用彤校注：《高僧传》，中华书局 1992 年版，第 393 页。
⑥ 宋京师东安寺释法恭，"初出家，止江陵安养寺。"（梁）释慧皎撰，汤用彤校注：《高僧传》，中华书局 1992 年版，第 466 页。
⑦ 景印《文渊阁四库全书》史部二九零地理类，清迈柱等监修，夏力恕等编纂《湖北通志》卷七八，第 42 页，古迹，江陵：金枝寺、白马寺均于汉建武中建；另有承天寺，在县西北，晋永和中建。

外高僧在江陵的传法行迹，有助于了解当时江陵的佛教文化氛围，从中可以捕捉宗炳终身事佛的些许信息。①

最为著名者为长沙寺：东晋永和二年（346年），长沙太守滕舍之（滕畯），于江陵舍宅为寺，请求道安派高僧为住持，昙翼于是杖锡南征，缔构寺宇，此即长沙。滕氏本江陵人氏，曾任长沙太守，故名其寺。长沙寺初在江陵城北，隋时移草市，草市在江陵城东数里，长沙寺于元代毁圮，在其旧址建起了岱岳庙。

长沙寺落成后，其声望日隆，佛事频繁，与道安一起立誓往生兜率的法遇从襄阳避寇东下，"止江陵长沙寺"，"讲说众经，受业者四百余人"。②宋元嘉元年（424年），罽宾僧昙摩密多（法秀）游止荆州，于长沙寺造立禅阁；③其后，甚为宋文帝推崇的释玄畅"迁憩荆州，止长沙寺"；④释法期跟随玄畅至江陵，"后卒于长沙寺"；⑤释昙光"随师止江陵长沙寺"，时值衡阳王义季镇荆州，力邀其为沙门领袖。⑥

东晋末年，长沙寺已达400余僧人，刘宋时期，则"千有余僧"，以至荆州刺史沈攸之欲沙汰僧尼。南朝末年达到极盛，有"殿宇大小千五百间"，"天下称最，东华第一"。宗炳入庐山之前，对长沙寺应有所听闻。

慧远南下驻锡的上明寺：《府志》《县志》载有河东、河西寺，或称东寺、西寺，并曰不知所在。实为上明寺。其时苻坚庶子苻丕，率军攻襄阳，桓冲退保上明，江陵全境出逃至上明避难。应桓冲请求，道安派弟子昙翼到上明建寺。⑦彼时大小官员、僧侣学士

---

① 江陵佛寺和高僧行迹参见《高僧传》，光绪《荆州府志》之《祠祀志》二《寺观》、《人物志》十五《流遇·方外》，乾隆《江陵县志》卷五六《释老》、五七《寺观》。《高僧传》注页码，《府志》《县志》不注。
② （梁）释慧皎撰，汤用彤校注：《高僧传》，中华书局1992年版，第201页。
③ 同上书，第121页。
④ 同上书，第314页。
⑤ 同上书，第419页。
⑥ 同上书，第513页。
⑦ 详见（北魏）郦道元著、陈桥驿校证《水经注校证》，中华书局2013年版，第761页；《宋书》，中华书局2019年点校本修订本，第1215页；（梁）释慧皎撰，汤用彤校注《高僧传》，中华书局1992年版，第198页。

悉尽迁于上明。《世说新语》有载：南阳刘驎之，隐于阳岐。其时苻坚兵临江陵，桓冲征刘为长史，"驎之闻命，便升舟"，至上明。①可见，上明是江陵人士避难之处。

桓冲，桓彝第五子，桓温之弟，孝武帝太元二年（377年）起任荆州刺史。东晋孝武帝太元三年（378年），苻坚命其子长乐公苻丕率步骑十七万围攻襄阳。围攻了一年，才把襄阳攻下。桓冲在襄阳失守前，把荆州治所从江陵移迁到长江之南的上明（今湖北松滋西北，现名"老城"）。太元六年（381年）冬，苻坚又派兵二万进犯东晋的竟陵（今湖北潜江东北），桓冲派兄子桓石虔率水陆军二万大破秦军，斩首七千级，生俘万人。次年九月，桓冲还派将军朱绰进攻苻秦占领下的襄阳，焚烧沔北田稻，夺取民户六百余户而还。太元八年（383年）五月，桓冲亲率大军十万，进攻襄阳。苻坚派其子苻叡率步骑五万援救襄阳，桓冲只得退还上明。因此，其建寺时间大体可知。

上明寺位于长江南岸之支流松滋河的南岸，此处长江主流及支流均由东西向转为南北向，故《府志》载："地在江曲之间，类蒲洲河曲，故有河东目也。"也就是说，地处江河转向之间，又处松滋河之东（故曰河东，非江东也）至于西寺，疑在松滋河西，但仍在江南。

东、西二寺均为翼法师所建，其所建时间略晚于长沙寺和四层寺，"建东寺安置长沙寺僧人，西寺安置四层寺僧人"。（《府志》）"群寇既荡，复还江陵，修复长沙寺。"即昙翼法师先造长沙寺，再造上明寺，而后又修复长沙寺。②

就是这个上明寺，成为慧永、慧远、慧持自襄阳南下传法之处，后又从此地移锡庐山。彼时有众多高僧到上明寺弘法修道，除昙翼外，还有道安的同学竺僧辅、弟子昙徽，以及释僧庄、成具律师等③。

---

① （南朝宋）刘义庆撰，（南朝梁）刘孝标注，余嘉锡笺疏：《世说新语笺疏·赏誉第八》，中华书局2011年版，第566页。

② （梁）释慧皎撰，汤用彤校注：《高僧传》，中华书局1992年版，第265页。

③ 同上书，第432页。

宗炳祖父曾任职宜都，与上明相距不远；而宗炳青少年时期居住在江陵以西，离上明寺也近在咫尺。无论是到宜都，还是到巫山，都必须经过上明寺一带。诸多因素表明，宗炳到庐山之前是有可能到过上明寺的。也许正是因为造访过上明寺或听闻慧远上明之行，宗炳才慕名而去庐山拜慧远为师。

与宗炳及其同门密切相关的竹林寺：历史上曾有多地建竹林寺，但江陵竹林寺在当时影响甚广。据载，南蛮校尉刘遵考[①]于江陵立竹林寺，请慧远派遣住持，慧远乃派弟子昙顺。昙顺少受业于鸠摩罗什，后至庐山师事慧远。昙顺德行高远，至竹林寺后，专心义学，使之成为荆州名寺。昙顺弟子僧慧"服膺以后，专心义学"，"风韵秀然，协道匡世，补益之功，有誉遐迩"，颇有慧远之风。僧慧"与高士南阳宗炳、刘虬等，并皆友善"。宗炳曾多次感叹："西夏法轮不绝者，其在慧公乎！"僧慧乃宋齐之际长江中上游一带佛法名师，齐初朝廷下诏命僧慧为荆州僧主，[②] 梁时竹林寺又有高僧道馨，其得意门生慧球，"训勖之功，有誉当世"，齐中兴元年（501年）敕为荆土僧主。[③]

宗炳与昙顺在庐山同奉慧远，昙顺既为竹林寺住持，且宗炳与其弟子僧慧友善，说明宗炳晚年经常到竹林寺，与昙顺师徒多有交结。僧慧不仅与宗炳交往甚密，而且深得宗炳信赖。

慧远另一弟子昙邕，后来也到荆州竹林寺，直至终老。释昙邕，从道安出家，安公去世后，乃投庐山事远公为师。内外经书，多所综涉，志尚弘法，不惮疲苦。远公去世后往荆州。[④] 由此判断，无论在庐山或在荆州，宗炳晚年与昙邕都可能有所交结，而竹林寺甚至可能是宗炳晚年庐山诸同学谈佛论道之地。

宗炳同郡所建的陟屺寺：在城东北三十里，"释僧慧（此僧慧非上述竹林寺之僧慧），姓刘，不知何许人，在荆州数十年。南阳

---

① （宋）志磐《佛祖统纪》作"刘遵孝"，《高僧传》作"刘遵"。
② （梁）释慧皎撰，汤用彤校注：《高僧传》，中华书局1992年版，第321页。
③ 同上书，第334页。
④ 同上书，第237页。

刘虬立陟屺寺，请以居之"。① 宗家既与刘家同郡且友善，此寺离宗家（位于荆州城东四五十里处）相距甚近，宗炳偶去陟屺寺也在情理之中。

众多名僧弘法的辛寺：一作新寺②。法显于隆安三年（399年）与诸同学自长安西行取经，后随商船循海至青州上岸回国，南下京都（建康）翻译带回的佛经，大约于永初元年（420年）到江陵，永初三年（422年）圆寂于辛寺。③ 法显在辛寺待了两三年之久，宗炳可能慕名拜见法显。

辛寺乃当时著名佛寺，除法显外，先后有众多高僧来此宣扬佛法。南阳人释昙斌，十岁出家，住江陵辛寺，事道祎为师。④ 竺法度师父昙摩耶舍，"南游江陵，止于新寺，大弘禅法，其有味靖（体味佛法的精深）之宾，披榛而至者，三百余人。凡士庶造（来）者，虽先无信心，见皆敬悦"。⑤ 可见其在江陵信众甚多，影响甚广。还有西域僧人卑摩罗叉，也曾"南适江陵，于辛寺夏坐（中国僧人于夏天静居寺院），开讲《十诵》"。据载，罗叉既通晓汉语，又善于接受，遂使无上经典得到广泛阐发，当时"析文求理者，其聚如林"，而明通戒条、达知禁律的僧众，亦为数甚多。⑥ 江左人氏释慧猷，"少出家，止江陵辛寺"。当时正值戒律卑摩罗叉在江陵弘扬律藏，"猷从之受业"。经过一段时间的精心研究和思索，慧猷透彻地掌握了《十诵律》，并连续讲解此律，荆州僧人无不以猷为宗师，慧猷后卒于江陵。冀州释昙鉴，"后游方宣化，达自荆州，止江陵辛寺"。⑦

宗炳《明佛论》曾说，姚略叔父为晋王时，在古人所说阿育王寺处见有光明，派人挖掘，果得佛遗骨于石函银匣之中，光亮照

---

① （梁）释慧皎撰，汤用彤校注：《高僧传》，中华书局1992年版，第392页。
② （梁）释僧祐著，苏晋仁、萧鍊子点校：《出三藏记集》卷十五，中华书局1995年版；《法苑珠林》《高僧传》《府志》《县志》作"新寺"。
③ （梁）释慧皎撰，汤用彤校注：《高僧传》，中华书局1992年版，第90页。
④ 同上书，第290页。
⑤ 同上书，第42页。
⑥ 同上书，第64页。
⑦ 同上书，第428、273页。

人，随即迎请至于灞上，让众比丘观看，并说这件法物"今见在辛寺"。可见，宗炳去辛寺时亲眼见过此物。

江陵还有枇杷寺（琵琶寺），宋高僧秦州陇西人释僧隐曾四处游学弘法，先至西凉州，"复西游巴蜀"，"顷之东下，止江陵琵琶寺，咨业于慧彻。""隐研访少时，备穷经律，禅慧之风，被于荆楚。"① 可见当时琵琶寺的慧彻及得意门生释僧隐，不仅在荆州驻锡，而且曾对荆州佛学的发展产生过相当大的影响。而释僧彻本是慧远在庐山时的得意门生，年仅二十四岁，慧远曾令其开堂讲《小品般若经》，听者向他发难，都难不倒他，而问难者都丧师败北。慧远说，第一次登座讲经便能如此，实在难得，由此慧远门人对僧彻都非常推崇佩服。"远亡后，南游荆州，止江陵城内五层寺，晚移琵琶寺。"史称："彻名重当时，道扇方外。"慧彻圆寂时，时任荆州刺史刘义宣为他建造坟墓。②

刘毅自杀之处与牧牛寺：《府志》《县志》均作牛牧寺，在城东二十里，晋建。刘毅为荆州刺史时，曾枉杀牛牧寺四道人。义熙八年（412年），王镇恶袭刘毅，毅夜投牛牧寺，不为僧人所纳，缢于树而死。

西域人佛驮跋陀罗（觉贤），应慧远之邀在庐山翻译佛经，停留一年多后乃去江陵。江陵僧俗民众，竞相前来礼奉觉贤。不久后，当时在江陵的刘裕返回京城，便请觉贤一起返归，将其安顿于道场寺。同为西域高僧的宋京师道林寺畺良耶舍，元嘉初年跨越沙漠不远万里来到京城，后来到江陵讲论道义，并卒于江陵。③ 先后从慧远、鸠摩罗什事佛的释慧观，也曾"南适荆州"，时任荆州刺史的司马休之对其甚为敬重，立高悝寺，"使夫荆、楚之民回邪归正者（即从不信佛教改为信奉佛教），十有其半"。后来刘裕讨伐司马休之时，在江陵见到慧观，又"倾心待接，依然若旧"。④ 当年到过江陵弘法的还有释昙鉴、释道海、北州释慧虔、东州释慧恭、淮

---

① （梁）释慧皎撰，汤用彤校注：《高僧传》，中华书局1992年版，第432页。
② 同上书，第278页。
③ 同上书，第72、128页。
④ 同上书，第264页。

南释昙泓、东辕山释道广、弘农释道光、①法智（史称其"声布荆郢，誉洽京吴"）②，等等。

江陵白马寺、头陀寺，均为东汉时建，地处赤岸，在县城东九十里。赤岸在历史上乃江陵三大名镇之一（即俞潭、赤岸、湖溪），汉末魏晋时期，中原士族纷纷南逃，在赤岸形成了一个移民安置地，后来逐渐发展成一个遐迩闻名的小集镇，佛寺也应运而生，人称"上有金枝、金果，下有弥勒、头陀"（《县志》）。金枝为江陵最早修建的佛寺，而头陀曾为江陵八大古刹之一。头陀寺与白马寺近在咫尺，钟声可闻，均位于三湖之南岸，北距宗家水路约二十公里，宗家人乘船敬佛可谓方便至极。

江陵鳞次栉比的佛寺，为僧俗信徒参悟佛道提供了绝好的环境，吸引南来北往的高僧大德来此译经说法，这使江陵成为名副其实的律学中心。这些佛寺和高僧的行迹，自然对宗炳产生了或多或少的影响。青少年时期的宗炳耳濡目染、潜移默化，走上禅佛之道，就是情理之中的事了。特别是慧远多次往来江陵讲经说法，名扬荆襄，可能是宗炳下入庐山的直接动因。而到了中晚年时期，众多名僧的到来，特别是其庐山同学（如前述昙顺、昙邕、慧观、慧持、道温等）先后到江陵传法，这为宗炳的佛学人生的延续提供了重要的活动场所和学术氛围。

需要强调的是，当时的佛教领袖，虽然长时间不在江陵，但他们仍然与江陵保持着密切的联系，关注江陵佛教社团的发展，仍然对江陵以及整个荆州的佛教发展有着直接的影响。道安、慧远除了本人曾在江陵作短暂传法之外，都曾派遣弟子到江陵或修建佛寺，或住持弘法，或讲说辩难。

据载，当时江陵长沙寺有一位僧人饮酒，且没有在傍晚上香，曾为道安弟子的法遇只是予以惩罚，而没有按道安制定的佛规将其遣走。身在长安的道安知道后用竹筒装了一根荆条，寄给法遇，法遇收到后大为愧疚，于是鸣鼓集众，行香伏地，命人杖击三下，且流泪自责。事后法遇还给庐山的慧远致信："吾人微暗短，不能率

---

① （梁）释慧皎撰，汤用彤校注：《高僧传》，中华书局1992年版，第273页。
② 同上书，第263页。

众，和上虽隔在异域，犹远垂忧念，吾罪深矣。"① 可见，"长安、庐山声气相通"。江陵和庐山两地的佛教社团联系密切，这也为宗炳及时了解庐山东林寺的佛事提供了便利。因此宗炳虽然身在异地，却能多次适时到庐山参与佛事活动，可知其与江陵佛教社团交往密切。

此外，魏晋南北朝时期，佛教与绘画有着非常密切的关系。一方面，佛教绘画盛行，很多僧人都能作画，宗炳本人也曾画过佛教人物；另一方面，很多画作被佛寺所珍藏，江陵佛寺就藏有很多名家画作，晋龙宽寺藏史道硕画，梁惠聚寺、梁延祚寺藏张僧繇画，梁长庆寺藏江僧宝画，梁光相寺藏丁光画，梁陟屺寺藏张善果画，等等。② 虽然这里记载的大多是宗炳之后的梁朝，但刘宋时期也大致如此。这些"士大夫画家不仅在寺庙中绘制壁画，也将佛教故事画到携带方便并可挂在书房的卷轴上"。③ 佛寺收藏名画，僧人绘制壁画，作为信奉佛教的宗炳居士，自然也耳闻目睹，这恐怕是促使宗炳绘画（包括佛像）的因素之一。

第二节　屡入庐山

《宋书》本传载，宗炳曾"下入庐山，就释慧远考寻文义"。宗炳是慧远的俗家弟子，史称宗居士。关于宗炳入庐山的史实，其说多端。一是宗炳何时初入庐山？二是宗炳究竟多少次去庐山？三是宗炳《明佛论》中所说的"余往憩五旬"，究竟是哪一次到庐山？其"五旬"为多久？试对宗炳可能入庐山的时间节点及行迹，略作考述。

第一次，大约为晋隆安三年（399年）至四年（400年），依远

---

① （梁）释慧皎撰，汤用彤校注：《高僧传》，中华书局1992年版，第201页。
② （唐）裴孝源：《贞观公私画史》，《四库全书》子部八，上海古籍出版社2003年版，第812册，第27页。
③ ［荷］许理和：《佛教征服中国——佛教在中国中古早期的传播与适应》，李四龙、裴勇等译，江苏人民出版社2017年版，第89页。

而行，参与石门游。

自慧远托业庐山，"既而谨律息心之士，绝尘清信之宾，并不期而至，望风遥集。彭城刘遗民、豫章雷次宗、雁门周续之、新蔡毕颖之、南阳宗炳、张莱民、张季硕等，并弃世遗荣，依远游止。"① 上述这些人并非同时而至，而是各有先后。那么宗炳何时始至庐山呢？

前述宗炳曾有画作《惠持师像》，其"惠持"应为慧持，即慧远法师之弟。宗炳既然能作慧持师像，那就很有可能见过慧持。何时见过慧持呢？

慧持自从与其兄慧远至庐山后，一直在此修法，"后闻成都地沃民丰，志在传化，兼欲观瞩峨嵋，振锡岷岫，乃以晋隆安三年（399年）辞远入蜀。远苦留不止，远叹曰：'人生爱聚，汝独乐离，如何？'持亦悲曰：'若滞情爱聚者，本不应出家，今既割欲求道，正以西方为期耳。'于是兄弟收泪，悯默而别。"② 慧持割舍兄弟之情，志在赴蜀弘法传道，普度众生。且慧持此去未返，于元兴三年（404年）卒于龙渊寺。据此推测，宗炳不可能在公元399年之后见到慧持法师。另据载：殷仲堪和桓玄曾分别于399年之前和399年至庐山亲访慧远，③ 此二人既然知晓宗炳、器重宗炳，或有可能邀宗炳一同上庐山。因此，隆安三年（399年）宗炳可能初到庐山，与慧远、慧持兄弟相处过一段时间，并绘有慧持法师像。

当然，慧持法师曾两度在荆州停留。一是当时随其兄慧远法师南下荆州至上明寺，当时宗炳尚年幼。④ 二是离开庐山去成都途经荆州时，刺史殷仲堪盛情接待，桓玄亦在场。二人苦欲留之，慧持无意停下，而是继续北行入蜀。此次慧持途经荆州，官人接待，估

---

① （晋）刘遗民：《庐山莲社西方发愿文》，载（梁）释慧皎撰，汤用彤校注《高僧传》，中华书局1992年版，第214页。
② （梁）释慧皎撰，汤用彤校注：《高僧传》，中华书局1992年版，第230页。
③ 见《高僧传·慧远传》第215、219页；许理和《佛教征服中国》第298页。
④ 关于慧远兄弟等南下荆州、止上明寺的时间，《高僧传·慧远传》定为前秦建元九年（373年），与史不合。汤用彤考订为晋孝武帝太元三年（378年），见汤用彤《汉魏两晋南北朝佛教史》，商务印书馆2015年版，第273页。

计宗炳很难有机会相见，甚至无从知晓。即使见面也属初次，时间短暂，不至贸然作画。因此极有可能的是，在慧持离开庐山之前，宗炳已到过庐山。

即使宗炳在慧持去成都经过荆州时，见过慧持而画其像（当然未见面也可以为其画像），宗炳在隆安四年（400年）也可能去过庐山，并参与了慧远率领的石门游。是年春，以"释法师"为首的三十余名佛教徒一起游览了庐山石门。慧远自太元六年（381年）[①]驻锡庐山后，曾两度考游石门，第一次就是隆安四年，众僧人有游庐山诗，慧远作《庐山诸道人游石门诗序》以记之，宗炳很有可能参与其中，《画山水序》中所说的"石门"很可能与此次游历有关，[②] 其画论思想及表述与此次石门游也密切相关。

第二次是晋元兴元年（402年），参与百二十三人建斋立誓。

元兴元年七月二十八日乙未，慧远集慧永（西林寺主持）、慧持、道生、刘遗民、宗炳、雷次宗等一百二十三人，于东林寺般若台无量寿佛像前建斋立誓，以立地成佛超升西方极乐净土为共同的理想。慧远把社团里的僧俗信徒召集到阿弥陀佛像前，一起发愿往生净土，佛经说这片净土是阿弥陀佛居住的西方极乐世界。[③] "这种集体发愿并不是一种誓愿（指菩萨表白要实践菩萨精神的发愿），而是参加者为彼此共勉往生西方净土所订立的一种严肃的盟约。"[④] 慧远令刘遗民作发愿文，在阿弥陀佛像前宣读。

愿文扼要阐述慧远社团缘会性空之理，三世报应之说：

[①] 关于慧远何时上庐山，有异说。曹虹：《慧远评传》，南京大学出版社2002年版，第91页；龚斌：《慧远法师传》，江西人民出版社2008年版，第225页；李勤合：《庐山慧远社团研究》，社会科学文献出版社2016年版，第242页，认定为381年；许理和认定为380年，见［荷］许理和《佛教征服中国——佛教在中国中古早期的传播与适应》，李四龙、裴勇等译，江苏人民出版社2017年版，第293页，今取381年。

[②] 如李泽厚、刘刚纪主编《中国美学史》（魏晋南北朝编），安徽文艺出版社1999年版，第488页。刘刚纪另著《中国美学史》则认为宗炳"不尽可能"参与此石门游，又说"不得而知"。刘著东方出版中心2021年版，第1062页。

[③] （梁）释慧皎撰，汤用彤校注：《高僧传》，中华书局1992年版，214页。

[④] ［荷］许理和：《佛教征服中国——佛教在中国中古早期的传播与适应》，李四龙、裴勇等译，江苏人民出版社2017年版，第306页。

第四章 庐山寻道 105

  惟斯一会之众，夫缘化之理既明，则三世之传显矣；迁感之数既符，则善恶之报必矣。推交臂之潜沦，悟无常之期切；审三报之相催，知险趣之难拔。此其同志诸贤，所以夕惕宵勤，仰思攸济者也。

  盖神者可以感涉，而不可以迹求。必感之有物，则幽路咫尺；苟求之无主，则眇茫何津？今幸以不谋，而佥心西境，叩篇开信，亮情天发，乃机象通于寝梦，欣欢百于子来。于是灵图表晖，影侔神造，功由理谐，事非人运。兹实天启其诚，冥运来萃者矣，可不克心重精，叠思以凝其虑哉！

因为人生有修短，得道有先后，如果其中有修道者"首登神界"，不能"独善"其身，而应该"兼全"同仁，"先进"须携带"后升"，精诚修持，共赴佛国，一个都不能少。这种虔诚和兼济的精神，充分体现了慧远法师启悟众贤共登法界的宗教热情和执着信仰。

  然其景绩参差，功德不一，虽晨祈云同，夕归攸隔，即我师友之眷，良可悲矣。是以慨焉。胥命整襟法堂，等施一心，亭怀幽极，誓兹同人，俱游绝域。其有惊出绝伦，首登神界，则无独善于云峤，忘兼全于幽谷。先进之与后升，勉思汇征之道。

  然后妙觐大仪，启心贞照。识以悟新，形由化革。藉芙蓉于中流，荫琼柯以咏言。飘云衣于八极，泛香风以穷年。体忘安而弥穆，心超乐以自怡，临三涂而缅谢，傲天宫而长辞。绍众灵以继轨，指太息以为期。究兹道也，岂不弘哉。①

这一愿文，不仅可以理解为刘遗民的思想，同时也是慧远佛学思想和修持理念的集中体现。建斋立誓所依据的经典是《无量寿

---

① 《刘遗民愿文》见（梁）释慧皎撰，汤用彤校注《高僧传》，中华书局 1992 年版，第 214—215 页；（梁）释僧祐著，苏晋仁、萧錬子点校《出三藏记集》慧远传，中华书局 1995 年版，第 567 页。二者略有不同，今引僧祐本。

经》与《般舟三昧经》（许理和不认为源于此经①）。《无量寿经》由西晋竺法护译，据说从前有个国王，出家为僧，修持成佛，名无量寿。他的国土在西方，名为"极乐"，或曰"净土"，而众生居住的处所则称为"秽土"。无量寿佛又称"阿弥陀佛"或"弥陀"，掌管极乐世界，摄受众生念佛往生彼国。因此只要"发菩提心，一向专念阿弥陀佛"，即可往生阿弥陀佛极乐世界。此乃远公及莲社诸贤共修的纲宗。

所谓净土，即诸佛刹土，无数无量，净土极乐世界就是清净无染的国土，是众生所向往的理想世界。中国净土法门主要涉及以下三种。

一是弥陀净土。即极乐净土也称西方净土、极乐世界、阿弥陀佛净土，是阿弥陀佛根据其过去生发愿建立的。"其佛国土，自然七宝，金、银、琉璃、珊瑚、琥珀、车璖、玛瑙，合成为地"，"七宝诸树，周满世界：金树、银树、琉璃树、颇梨树、珊瑚树……枝枝相准，叶叶相向"，"讲堂、精舍、宫殿、楼观，皆七宝庄严，自然化成"。这里一切皆由七宝建成，金碧辉煌，鸟语花香，平安祥和。②

二是弥勒净土。这是未来佛弥勒菩萨的住处。弥勒住兜率天以菩萨身份为世人说法，被认为是大乘佛教瑜伽行派的开创者。兜率天是欲界六天中的第四天，此天有内、外两院，外院属欲界天，为天众所居；内院就是即将成佛的菩萨居住的地方。后者就是弥勒净土，往生那里的众生将聆听弥勒菩萨教化说法。

三是净琉璃净土。也称东方净土、东方极乐世界，是药师佛居住的地方，那里所有的地面都是由琉璃铺就，药师佛本人的身体也像琉璃一样通明透彻，放大光明。"琉璃"有洁净无瑕、一尘不染之义。药师佛为菩萨时，曾发十二大愿，建此净土要与西方极乐世界相辉映，为众生解除疾苦，引导他们获得解脱。③

---

① ［荷］许理和：《佛教征服中国——佛教在中国中古早期的传播与适应》，李四龙、裴勇等译，江苏人民出版社2017年版，第308页。
② 《佛说无量寿经》卷上，《大正藏》No.0360，第12册，第270、271页。
③ 徐远和等主编：《东方哲学史》（中古卷），人民出版社2010年版，第576页。

这三种净土法门，影响较大的是前两种。中国最先流行的是弥勒净土，但与弥陀净土相比，后者在信仰义理上略胜一筹，有其明显优势。随着弥陀净土信仰兴起，弥勒信仰逐渐沉寂，到了隋唐之后渐趋衰落，弥陀净土信仰就成为中国净土思潮的主流。[1]

慧远社团所倡导的是西方极乐净土，是净土中最重要、最安乐的一个。之所以追求这样一种往生极乐世界，那是因为生死无常，时光易逝，只有皈依阿弥陀佛，修善劝德，超脱生死轮回的痛苦，往生极乐世界的庄严国土，灵魂才算最后得到解脱。慧远曾作有《念佛三昧诗集序》，阐述其修持理念，其文曰："夫称三昧者何，专思寂想之谓也。思专则志一不分，想寂则气虚神朗。"[2] 而所谓"三昧"，意为"定""正定"等，即排除一切杂念，心神专注，进入非常平静的状态。慧远念佛三昧的修持方法，就是心神专注，坐禅念佛，专思寂想在西方净土说法的阿弥陀佛。也就是观想佛像、观念佛的功德，以此达到"定中见佛""梦中现佛"。如果达到这个境界，那么修持者就一定能往生极乐世界。慧远师徒的这种修持方式，既给人一种向上的希望，又简单易行，因此具有广泛的民众性、可行性，十分契合俗家弟子的需要及其生活方式。

慧远的佛学思想及其修持理念，正是宗炳、刘遗民等俗家弟子追随慧远并参与立誓仪式的重要原因。据称，慧远本人圆寂前曾梦见无量寿佛，至于明夕，言气俱尽。西林寺慧永亦如此："遇疾绵笃，而专谨戒律……未尽少时，忽敛衣合掌，求屣欲起，如有所见，众咸惊问，答云佛来，言终而卒，春秋八十有三"。[3] 刘遗民修持半年时也达到了这样一种境界。

慧远带领弟子们建斋立誓之举，其实也是效仿师父道安的做法，道安曾齐集七个人，在弥勒像前集体发愿往生兜率天宫。但道安信奉的是弥勒净土，而慧远转而信奉阿弥陀佛，也就是弥陀

---

[1] 详见黄家章《印光思想、净土信仰与终极关怀》，社会科学文献出版社2013年版，第31页。

[2] （晋）慧远著，张景岗点校：《庐山慧远大师文集》，九州出版社2014年版，第30页。

[3] （梁）释慧皎撰，汤用彤校注：《高僧传》，中华书局1992年版，第232页。

净土。

建斋立誓，是净土信仰的一次重要的实践活动，是慧远庐山教团（白莲社）形成的标志，在中国净土教发展的历程中，具有源头的意义。"这在中国净土教发展史上仍是富于方向性意蕴的，且其自修自律的精神对弥补玄学时代伦理信念的失落，都值得高度评价。"①

大约就是这一次上庐山，坚定了宗炳终身修持佛道、研究佛理的决心，而且笃信观想念佛这种修持方式。他在《明佛论》中说道：如果信仰佛道的心灵虔诚，就能通过观想念佛见到佛的形象，听到佛的声音。（"夫志之笃也，则想之而见，告之斯闻矣。"②）还说，孔子可以与周公在梦中相见，武丁王也可以根据梦中的形象，求访到真实的贤人傅说。孔子与周公古今相隔，武丁王与傅说相距遥远，他们两两之间，都能够神奇地感应到对方。因此，只要洁净心灵，虔诚信仰，就一定能够感应西方极乐世界，目睹无量寿佛，达到功德圆满的境界。（"推周孔交梦，傅说形求实至，古今攸隔，傅岩遐阻，而玄对无碍。则可以信夫洁想西感，睹无量寿佛，越境百亿，超至无功。"③）在《答何承天书》中，宗炳也多次这样表述过："光明发由观照，邪见无缘瞻洒。""诚信之贤，独朗神照。"只有发自内心觉悟的人才能感见佛的神通和观照，而心存邪念的人是无法得到瞻仰和洗涤的。他坚信，如果有人因善缘而有来生，因过去的善业而有修行六度的诚心，他就能够独自感见佛的存在。（"若或有随缘来生，而六度之诚发自宿业，感见独朗，亦当屡有其人。"④）可见，宗炳对这种观想念佛的修持方式笃信不疑。

第三次是晋义熙元年（405年），与雷次宗一起听慧远讲《丧服经》。

---

① 曹虹：《慧远评传》，南京大学出版社2002年版，第163—164页。
② （梁）僧祐编撰，刘立夫、魏建中、胡勇译注：《弘明集》，中华书局2013年版，第144页。
③ 同上。
④ 同上书，第217、132页。

《高僧传·慧远传》有曰："远内通佛理，外善群书，夫预学徒，莫不依拟。时远讲《丧服经》，雷次宗、宗炳等，并执卷承旨。"①《丧服经》乃儒家经典《仪礼》中的第 11 篇，丧服经法由《丧服经》与《丧服传》两部分组成。庐山作为当时的学术中心，不仅限于佛教，而是形成了一种研讨佛教和中国本土文化学术氛围："于时师友渊源，务训弘道，外慕等夷，内怀悱发，于是洗气神明，玩心坟典，勉志勤躬，夜以继日。"②而慧远作为南方的佛教领袖，年轻时对儒、道皆有深入研究，因此对于众多门徒，慧远不仅传授佛理，而且也传授儒家经典和道家学说，譬如除《丧服经》外，"周续之与雷次宗同受慧远法师《诗义》"。③周续之精通《诗》《礼》，其后半生主要以儒生之身份出现；而雷次宗"笃志好学，尤明《三礼》、《毛诗》，隐退不交世务"。④后至京师，开馆授徒，讲授儒学要义《三礼》《毛诗》等。而《诗》《礼》等儒家经典为慧远所长，可见雷、周在庐山于儒学多有所获，宗炳自然也是如此。

那么宗炳和雷次宗是何时听慧远讲授《丧服经》的？《宋书·雷次宗传》载："暨于弱冠，遂托业庐山，逮事释和尚"。古人以男子二十为弱冠，雷次宗生于东晋太元十一年（386 年），至义熙元年（405 年）为弱冠之年，因此其托业庐山事奉慧远，大致在本年或稍后。其时宗炳应在庐山，年 31 岁。

《宋书》宗炳本传载："乃下入庐山，就释慧远考寻文义。兄臧为南平太守，逼也俱还，乃于江陵三湖立宅，闲居无事。"要确定文中所说"乃下入庐山"的时间，关键是看其兄何时任南平太守。宗臧何时任南平太守，史无明载。但宗炳"乃下入庐山"的时间范围是明确的，即与王敬弘同游（402—403 年）之后，至慧远去世即义熙十二年（416 年）之前。现试对这一时段的南平太守任职略作考证。

---

① （梁）释慧皎撰，汤用彤校注：《高僧传》，中华书局 1992 年版，第 221 页。
② 《宋书》卷九三《雷次宗传》，中华书局 2019 年点校本修订本，第 2517 页。
③ （唐）陆德明撰，黄焯汇校：《经典释文汇校》卷五，中华书局 2006 年版，第 119 页。
④ 《宋书》卷九三《雷次宗传》，中华书局 2019 年点校本修订本，第 2517 页。

元兴元年（402年），王敬弘在任。如前所引，是年正月桓玄之兄桓伟为安西将军、荆州刺史，王敬弘"转桓伟安西长史、南平太守。去官，居作唐县界。玄辅政及篡位，屡召不下"。① 元兴二年（403年），桓伟卒，王敬弘"去官"。是年三月桓玄进京，十二月篡位。可见，王敬弘为南平太守的时间当为元兴元年（402年），可能延续至次年（403年）桓玄篡位前。

元兴三年（404年），冯该在任。冯该，东晋将领，追随桓玄兄弟。是年，刘裕遣刘毅讨伐桓玄，玄挟安帝西窜。"玄入江陵城，南平太守冯该劝玄更战。"安帝入南郡府，玄拟入蜀，被射杀于江陵城西长江之中的枚回洲，次年（405年）冯该等余党被斩。② 可见，元兴三年（404年）至义熙元年（405年）前段，冯该为南平太守。

义熙元年（405年）至义熙五年（409年），无考。

义熙六年（410年），王镇之在任。王镇之，曾祖廙，祖耆之，父随之，兄弘之。"桓玄辅晋，以为大将军录军参军。""玄败，玄将苻宏寇乱郡境，镇之拒战弥年。"后"为征西道规司马、南平太守。徐道覆逼江陵，加镇之建威将军。"③ 卢循寇军逼近京邑时，道规"进号征西将军"，王镇之为道规司马，受命为南平太守。义熙六年十月，卢循大将徐道覆"率众三万寇江陵，荆州刺史道规又大破之"。④ 义熙八年（412年）道规转任豫州刺史（同年闰八月卒），⑤ 原豫州刺史刘毅为荆州刺史。可见，义熙六年（410年）起，王镇之任南平太守。

义熙十一年（415年），檀范之在任。是年正月，刘裕疑荆州刺史司马休之有异心，赐死休之子侄，自领荆州刺史，率众西进江陵讨之。休之上表自陈曰："……寻臣府张茂度狼狈东归，南平太守檀范之复以此月三日委郡叛逆，寻有审问，东军已上。"⑥ 可见，义

---

① 《宋书》卷六六《王敬弘传》，中华书局2019年点校本修订本，第1893页。
② 《魏书》卷九七《桓玄传》，中华书局1974年点校本，第2125页。
③ 《宋书》卷九二《王镇之传》，中华书局2019年点校本修订本，第2485页。
④ 《宋书》卷一《武帝上》，中华书局2019年点校本修订本，第22页。
⑤ 《宋书》卷五一《刘道规传》，中华书局2019年点校本修订本，第1606页。
⑥ 《宋书》卷二《武帝中》，中华书局2019年点校本修订本，第33—34页。

熙十一年（415）起，檀范之已任南平太守。

由上可知，从元兴元年（402年）到义熙十二年（416年）间，唯有义熙元年（405年）至义熙五年（409年）间无南平太守记载，炳兄宗臧当于这一时段为南平太守。考虑到宗炳曾与雷次宗等在庐山"并执卷承旨"，那么宗炳"下入庐山"，当为义熙元年（405年或稍后，炳31岁）。宗炳此次入庐山，主要是"就释慧远考寻文义"，估计其他几次入庐山可能主要是参加佛事活动，因此宗炳在《明佛论》中特地提到这一次。但此次时仅"五旬"，任南平太守的兄长便赶到庐山，逼与俱还，并于三湖为宗炳立宅。从此，宗炳的住所就是江陵三湖。在此之前，其住所应是江陵城西之高沙湖。

至于"五旬"的时间长度，有异说，主要有两种说法：一为五十天，一为五个月①。"旬"有多义，其一为"十天"，如上旬、中旬、下旬；其二为"十年"，如"七旬老人"；其三为"周""整"之义，如"旬岁"即一周年，或"一整年"；等等。《孟子》云："以万乘之国伐万乘之国，五旬而举之，人力不至于此。"②《吕氏春秋》中有"冬至后五旬七日，菖始生。菖者，百草之先生者也。"③ 此处，"五旬"均指五十天，宗炳所处时代及前代，"旬"并无特别含义。至于"十年"或"周""整"之义，在此不合。④

第四次是晋义熙八年（412年），共建佛影台，为其铭赞。

义熙八年五月，慧远大师如愿以偿在庐山营筑龛室，绘上佛影。这是慧远最后一次非常重要的佛教实践活动，宗炳参与了此次共建佛影活动，并为其铭赞。

早在追随道安时，慧远就听说天竺有佛影，乃佛昔日感化毒龙之影，在北天竺月氏国那竭呵城南青石中。遗憾的是，慧远不能亲

---

① 分别见：[荷] 许理和《佛教征服中国——佛教在中国中古早期的传播与适应》，江苏人民出版社2017年版，第18页；陈传席《六朝画论研究》，天津人民美术出版社2015年版，第151页。

② （清）焦循撰，沈文倬点校：《孟子正义（梁惠王下）》，中华书局2018年版，第233页。

③ 许维遹撰，梁运华整理：《吕氏春秋集释》（任地），中华书局2018年版，第689页。

④ 参见雍文昂《宗炳的隐居之地及其美学观念的融会》，《中国美学研究》2017年第1期。

自前往瞻仰,但是他对西域的逸闻奇事,总是抱有浓厚的兴趣。这样的机会终于来临,这就是南下庐山的佛驮跋陀罗,成为促使慧远制成佛影的关键人物。

佛驮跋陀罗,汉译觉贤,本天竺人,其祖父因商旅居于北天竺,因此觉贤正是在北天竺长大,得以亲见佛影。后又游历罽宾多年,故被人称为罽宾禅师。觉贤后辗转至长安,慧远闻其风操名声,派遣弟子昙邕邀其至庐山,请译经文。觉贤率领40多位门徒于义熙五年(409年)到达庐山,[①] 直至义熙八年(412年)离开庐山去荆州。

正是因为与觉贤相处两三年之久,慧远一定从觉贤那里对佛影了解得非常详细,这更坚定慧远制作佛影的信念,终于开凿石洞,绘成佛影,成为观佛念想的圣坛。慧远《佛影铭》(又名《万佛影铭》)云:"晋义熙八年(412年),岁在壬子,五月一日,共立此台。拟像本山,因迹以寄诚。"又云:"及在此山,值罽宾禅师、南国律学道士,与昔闻既同,并是其人游历所经,因其详问,乃多先征。"[②]

这里提及中外两位法师,法师之一罽宾禅师,大多数学者认为应是佛驮跋陀罗。还有一位南国律学道士,一些学者认为是法显和尚,他是中土第一位到西天取经的大师,游历30余国,取得大批梵文经典,法显在印度期间的确亲见佛影,并记载于其游记《高僧法显传》(《佛国记》):

> 那竭城南半由延,有石室,搏山西南向,佛留影此中,去十余步观之,如佛真形。金色相好,光明炳著。转近转微,仿佛如有。诸方国王,遣工画师模写,莫能及。彼国人传云,千佛尽当于此留影。[③]

[①] 曹虹:《慧远评传》,南京大学出版社2002年版,第300页。一说410年,见[荷]许理和《佛教征服中国——佛教在中国中古早期的传播与适应》,李四龙、裴勇等译,江苏人民出版社2017年版,第310页。

[②] (晋)慧远:《万佛铭记》,载(唐)释道宣《广弘明集》(宋思溪藏本)卷十五,国家图书馆出版社2018年版,第六册,第24页。

[③] (晋)释法显:《佛国记》,载《笔记小说大观》四编,台湾新兴书局1985年版,第1册,第246页。

但慧远在庐山是否也见过法显,并与他讨论过佛影之事呢?有学者认为:"以谢灵运应慧远之邀而写的同题之作相参照,无疑是指法显。"① 汤用彤认定:义熙九年(413年)之末或次年,"谢作铭并序成,法显曾亲礼佛影,于九年秋冬达建业。"② 谢灵运《佛影铭序》曰:"法显道人,至自祇洹,具说堡影,偏为灵奇。……庐山法师闻风而悦,于是随喜幽室,即考空岩。北枕峻岭,南映滮涧,摹拟遗量,寄托青彩。"③

佛影台建于412年,佛驮跋陀罗于412年十月之前离开庐山去荆州后,旋即随刘裕至建康。也就是说,佛影台在构筑及之前,法显和尚肯定未去庐山。而记载法显本人西天取经的经历《法显记》则写于414年。据载佛影筑成后的第二年即413年,慧远命弟子道秉东下,请正在建康的谢灵运作铭。灵运欣然命笔,立等而成,由道秉带回。同年九月,慧远本人也作同名文《佛影铭》。

所谓佛影,就是在选定的石壁上,开凿龛室,再以色彩绘制北天竺古仙人石室中的佛的影像。正是因为有了觉贤的具体描述和指导,慧远住持制作的佛影,终于在412年五月一日显露尊容:"色疑积空,望似轻雾,晖相炳暖,若隐而显"。于是,"传写京都,莫不嗟叹。"④ 佛影的制作完成,不仅是中国当时佛教界的重大事件,而且其本身奇异非常,以至遐迩僧俗,争相前来瞻仰。除慧远和谢灵运外,还有多位居士和社会贤达撰写铭文,以赞其妙。

庐山筑佛影台,"虽成由人匠,而功无所加。至于岁次星纪,赤奋若贞,于太阴之墟,九月三日,乃详验别记,铭之于石"。⑤"孟江州怀玉、王别驾乔之、张常侍野、殷晋安隐、毛黄门修之、

---

① 曹虹:《慧远评传》,南京大学出版社2002年版,第310页。
② 汤用彤:《汉魏两晋南北朝佛教史》,商务印书馆2015年版,第352页。许理和则认为其中的南国律士不可能是法显,见《佛教征服中国》,第345页第231注。
③ (晋)谢灵运:《佛法铭记》,载(唐)释道宣《广弘明集》(宋思溪藏本)卷十五,国家图书馆出版社2018年版,第六册,第32页。慧远和谢灵运之《佛影铭》均有异名。慧《铭》又名《万佛铭记》,谢《铭》又名《佛法铭记》。
④ (梁)释僧祐著,苏晋仁、萧鍊子点校:《出三藏记集》,中华书局1995年版,第566—567页。
⑤ (晋)慧远:《万佛铭记》,载(唐)释道宣《广弘明集》(宋思溪藏本)卷十五,国家图书馆出版社2018年版,第六册,第24页。

宗隐士炳、孟散骑、孟司马（二人名阙）、殷主簿蔚、范孝廉悦之、王参军穆夜等，咸赋铭赞。"① 佛教是一种像教，就是以佛的塑像、雕像、画像等进行传播教理的形象和作为信徒观想礼拜的对象。慧远在襄阳檀溪寺的期间，曾协助道安构建一座铜质佛像，十年前慧远又筑阿弥陀佛像，并带领信徒们在佛像前，建斋立誓，共期西方。慧远此次凿岩绘制佛影，追求一种奇异，表明他的佛学思想更上一个台阶，其主旨在于宣扬神道无方，强调佛徒所信仰的对象，不一定是一个有形的实体，也可以是无形的影像。正如其《佛影铭》开篇所写的那样：

廓矣大像，理玄无名。体神入化，落影离形。回晖层岩，凝映虚亭。在阴不昧，处暗愈明。

佛影的构筑，实际上就是慧远大乘法身观的体现。法身有间无间，或影或形，应物非物，动止无迹。这种佛影，不仅是信徒们观想修持的对象，而且给信徒们一种"仿佛镜神仪，依稀若真遇"的崇高感和神秘感，"迹以像真，理深其趣"。②

上引可知，宗炳不仅参加构筑佛影台的活动，而且赋铭以赞。宗炳对慧远大师的修持理念有着十分虔诚的信念，在《明佛论》中，宗炳为了论证佛祖仍然存在，他说：佛祖的影骨、齿发，诸多遗器和遗迹，仍在佛祖的本国天竺光耀至今，这也是佛道永存的明证啊。又说：如果佛的影、物都不是真实的存在，古往今来为何那么多人要使身体受苦、远离欲望呢？③可见宗炳笃信佛祖遗迹的存在，视同佛祖的真实存在，当然就意味着佛法的存在。

不仅宗炳本人继承了慧远的这一法身思想，其孙宗测也追随其祖，到庐山宗炳旧居修道。也许正是因为瞻仰东林寺佛影台并受其

---

① （宋）陈舜俞撰：《庐山记》《叙山北篇》第二，载慧远著，张景岗点校《庐山慧远大师文集》附录，九州出版社2014年版，第309页。

② （唐）释道宣：《广弘明集》（宋思溪藏本）卷十五，国家图书馆出版社2018年版，第六册，第24页。

③ （梁）僧祐编撰，刘立夫、魏建中、胡勇译注：《弘明集》，中华书局2013年版，第149页。

影响，后来在江陵故居永业寺也建起了佛影台，宗测自画佛影台于寺内。

也许有人认为宗炳也可能像谢灵运一样，在外地撰写铭赞。但宗炳与谢灵运不同，谢是"社会人士"，未入莲社，而宗炳是慧远的俗家弟子，而且是虔诚的弟子，制作佛影台这样重大的佛事，宗炳理应参加。即使不参加，另有一件史实也可佐证宗炳这一段时间在庐山："宋武帝东征刘毅道庐山，隐士宗炳献一笔画一百事，帝赐以犀柄麈尾。"① 关于此事，前述书画部分已有论述，时间在公元412年十月至次年二月。

综上所述，无论是参与构筑佛影台，还是赠予刘裕一笔画，412年至413年这段时间，宗炳应在庐山。

第五次是晋义熙十二年（416年），慧远圆寂，立碑铭德。

义熙十二年八月初，慧远八十三岁圆寂，"门徒号恸，若丧考妣，道俗奔赴，毂继肩随。远以凡夫之情难割，乃制七日展哀，遗命使露骸松下，既而弟子收葬。浔阳太守阮保（侃），于山西岭凿圹开隧，谢灵运为造碑文，铭其遗德，南阳宗炳又立碑寺门。"② 作为一位俗家弟子，宗炳为师父慧远在寺门立碑，一方面表达了宗炳对师父有着非同一般的敬重，另一方面也表明宗炳对其信仰的执着。寺门立碑与在墓前立碑是两件事，且有不同的含义。既然在寺门立碑，以致其哀，那宗炳应该亲临寺院。

为慧远立碑一事，还有另一个说法：宋僧志磐编纂的《佛祖统纪》中载有一篇谢灵运《庐山法师碑》："法师讳慧远，本姓贾，雁门楼烦人。弱而好学……景薄命尽，宗倾理湮。寒暑递易，悲欣皋壤。秋蓬四转，春鸿五响。孤松独秀，德音长往。节有推迁，情无遗想。元熙二年春二月朔，康乐公谢灵运撰。"③ 通过文中"秋蓬四

---

① 《文渊阁四库全书》第819册，载《佩文斋书画谱》卷十一，台湾商务印书馆影印2008年版，第354页。

② （梁）释慧皎撰，汤用彤校注：《高僧传》，中华书局1992年版，第221—222页。据汤用彤先生考，《高僧传》所据史料中，有宗炳《远法师碑》文，但史料中不见其踪。汤用彤：《理学·佛学·玄学》，北京大学出版社1991年版，第77页。

③ （宋）志磐撰，释道法校注：《佛祖统纪校注》卷二十七，上海古籍出版社2012年版，第567页。

转，春鸿五响"两句来看，慧远义熙十二年（416年）八月圆寂，谢灵运的碑文即写于元熙二年即永初元年（420年）春天，也就是说，过了四个秋天、五个春天。古人为逝者立碑，一般在满三年之后，第四年立碑是可以的。果真如此，宗炳此次至庐山的时间应为420年。但是，谢灵运的这篇《庐山法师碑》被认为是伪作。① 因此为慧远立碑的时间暂不考虑定在420年。

综上所考，宗炳可能入庐山的时间节点有五个，第一个节点尚无直接证据，其余四次均有一定的史料佐证。由于时代久远，史籍阙如，正如对魏晋南北朝佛教颇有研究的荷兰著名学者许理和所说的那样："我们也不清楚宗炳在庐山住过多久。"（或多少次）② 但宗炳屡入庐山，这应该是毋庸置疑的。

因为不是出家弟子，为了"考寻文义"，也为了起居方便，宗炳在庐山自建禅房。史载："东林寺侧有宗炳宅。""已而东迁其后，刘宋时其孙宗测亦自都下来居之。……其宅今不知处。"③ 宗测入住庐山旧宅，是在永明三年（485年）之后。是年，宗测被征召太子舍人不就，画《尚子平图》，交代家事，仅带《老》《庄》二书，离家而出，"子孙拜辞悲泣，测长啸不视，遂往庐山，止祖炳旧宅"。由此看来，既然宗测已有子孙，表明测已到晚年，了无牵挂，欲云游四海。④ 公元485年，宗炳已去世42年，其宅尚存，即使从慧远去世时（416年）算起，此宅也存在了70年，说明绝非"临时建筑"。如果宗炳当时在庐山仅仅待了50天，似没有必要，亦没有时间修筑自己的住宅，⑤ 而且还"东迁"一次。如前所述，大约

---

① 详见汤用彤《汉魏两晋南北朝佛教史》，商务印书馆2015年版，第十一章，第294页；李勤合《谢灵运庐山法师碑献疑》，《图书馆杂志》2011年第6期；陈志远《地方史志与净土教——谢灵运〈庐山法师碑〉的"杜撰"与"浮现"》，载武汉大学编《魏晋朝北朝隋唐史资料》第三十四集，武汉大学出版社2016年版。

② ［荷］许理和：《佛教征服中国——佛教在中国中古早期的传播与适应》，李四龙、裴勇等译，江苏人民出版社2017年版，第305页。

③ （明）桑乔：《庐山纪事十二卷》卷十一，载《丛书集成续编》，台北：新文丰出版公司1988年版，第219卷，第777页。

④ 《南齐书》卷五四《宗测传》，中华书局2019年点校本修订本，第1037页。

⑤ 雍文昂：《宗炳的隐居之地及其美学观念的融会》，《中国美学研究》2017年第1期。

就是402年参加建斋立誓时，坚定了宗炳跟随慧远修持佛道、研究佛理的决心，因此也决定在庐山修宅悟道。由此可见，宗炳在庐山总的停留时间应该不算短（或次数不算少）。至于所说的"五旬"，大约就是"就慧远寻求文义"，多次聆听其教诲的那一次。

不管怎么说，宗炳与慧远的接触是相当频繁的。宗炳在《明佛论》的最后说：远公"骤与余言于崖树涧壑之间，暖然乎有自言表而肃人者。凡若斯论，亦和尚据经之旨云尔"。[1] 可见，慧远与宗炳曾多次交谈，并且是在"崖树涧壑之间"且谈且行，慧远和尚的和蔼超然与谆谆话语，给宗炳留下深刻的印象。宗炳忠实继承了老和尚的佛学思想，并且有所发扬光大。

第三节　东林高贤

宗炳是白莲社的核心人物之一。慧远托业庐山，信徒有三千之众，入莲社者百二十三人，其中有"十八高贤"，宗炳在列：

> 尝谓诸教三昧，其名甚众，功高易进，念佛为先。既而谨律息心之士，绝尘清信之宾，不期而至者，慧永（同师安公，先居西林）、慧持（远师同母弟）、道生、昙顺（并罗什门弟）、僧睿、昙恒、道昞、昙诜、道敬（并远师门人）、佛驮耶舍（此云"觉明"，罽宾国人）、佛驮跋陀罗（此云"觉贤"，迦维卫国人）、名儒刘程之（号遗民）、张野、周续之、张诠、宗炳、雷次宗等，结社念佛，世号十八贤。[2]

---

[1] （梁）僧祐编撰，刘立夫、魏建中、胡勇译注：《弘明集》，中华书局2013年版，第165页。

[2] （宋）志磐撰，释道法校注：《佛祖统纪校注》卷二十七《慧远法师传》，上海古籍出版社2012年版。关于十八高贤，另有多种称谓：莲社十八贤、庐山十八贤等，《佛祖统纪》原作"莲社十八贤"，校注本从咸淳本改为"庐山十八贤"。其记载还可见（宋）陈舜俞《庐山记》，载《丛书集成续编》，台北：新文丰出版公司1988年版，第219卷；吴宗慈《庐山志》纲之六，目之二六，江西人民出版社1996年版。

关于十八高贤，有不同著述记载，诸本大同小异，其间有同人异名者，如惠睿或谓慧睿、僧睿，昙常或谓昙恒，佛驮跋陀罗或谓白衣，其基本构成是"六士十二僧"或"六老臞儒十二僧"。而《高僧传·慧远传》在提到其中的隐士时，除了宗炳等六位居士以外，还有新蔡毕颖之，但无论何种记述、何种版本，宗炳均在列。

十八高贤中的六位隐士，又被称为"大儒六人"：

> 真信之士百二十又三人，刘遗民辈十八高贤为之冠，共修净土，刘遗民著发愿文，其大儒六人：曰刘程之（即遗民）、雷次宗、周续之、宗炳、张诠、张野。①

而宗炳与刘程之（遗民）、雷次宗、周续之以及毕颖之，又被称为五贤：

> 晋彭城侯刘遗民，撰《五时教》，著《九想诗》；豫章太守雷次宗，精心慕法，造栖灵寺；临淮令周续之，服道日新；新蔡侯毕颖之，心期净域；南阳宗炳，加事恳苦。右五贤，谢职遗荣，策名神府，从远师游憩。意志隐沦，等布一心，俱履幽极。藉芙蓉于中流，荫琼柯以咏言。飘云气于八极，泛香风于百年。体忘安以弥穆，心超乐以自然。②

这里对五贤之修行、功德各有品评，宗炳"加事恳苦"，可见宗炳在庐山寻求义理的过程中，相当刻苦勤勉。

无论是"十八高贤""六儒""五贤"，其间都离不开刘程之（遗民）、雷次宗、周续之、宗炳四位居士，可见宗炳确属当时庐山东林寺的高贤。对于这样一些居士，正如许理和所指出的那样："他们生于良家富族，已经受过一般的传统教育，但由于某种原因

---

① （明）桑乔：《庐山纪事》卷十一，载《丛书集成续编》，台北：新文丰出版公司1988年版，第219卷，第765页。
② （唐）释法琳：《记刘遗民禅观事》，载慧远著，张景岗点校《庐山慧远大师文集》传记文献篇，九州出版社2014年版，第274页。与《大正藏》所载略有不同。

没有选择仕途而是成了一位'居士',一种新型的'隐士'即义学僧,虽说还与自己那个阶层的成员保持联系,但在他们中间宣扬这种能脱离红尘的教义。"①的确,这些"义学僧"多重"寻求义理",他们对于早期佛教在中国的传播以及佛教的中国化起到了极大的作用。宗炳与这几位居士,既是同道,也是同门,其相互交往应该是很多的,但史料记载十分有限。

刘遗民(352—410年),原名刘程之,字仲思,彭城聚里(约今江苏省徐州市铜山县)人。刘自幼精通儒家经典和老庄学说,曾为宜昌令,约在隆安五年(401年)转任柴桑令,上任仅一年,即决心隐居庐山。"程之既慕远公名德,欲白首同社,乃录寻阳柴桑,以为入山之资。岁满弃去,结庐西林,蔽以榛莽。"②对于刘遗民弃官事佛,慧远大师曾问他:"官禄巍巍,欲何不为?"程之曰:"君臣相疑,疣赘相窥。晋室无磐石之固,物情有累卵之危。吾何为哉?"③远闻其说,十分器重。时任太尉的刘裕以其志不可以力屈,以"遗民"旌奖其为名号。"是时闲退之士轻举而集者,若宗炳、张野、周续之、雷次宗之徒,咸在会焉。遗民与群贤游处,研精玄理,以此永日。"④在当时的庐山隐士中,刘年纪最长(生于352年,一说354年),比宗炳(生于375年)长23岁,比周续之(生于377年)长25岁,比雷次宗(生于386年)长34岁。也许正因为刘最长,慧远有《与隐士刘遗民等书》,勉励他们"简绝常务,专心空门"。⑤

刘母去世后,遗民去职入山,皈依佛门,受五戒而为居士,并于西林涧北别立禅坊。刘自幼精通儒家经典和老庄学说,对于佛教尤深研其理。史料中明确记载在东林寺旁别立禅房的只有刘遗民和

---

① [荷]许理和:《佛教征服中国——佛教在中国中古早期的传播与适应》,李四龙、裴勇等译,江苏人民出版社2017年版,第8页。
② (宋)陈舜俞:《庐山记·十八贤传》,载慧远著,张景岗点校本《庐山慧远大师文集·附录》,九州出版社2014年版,第8页。
③ (晋)慧远著,张景岗点校:《庐山慧远大师文集》远公轶事补录,九州出版社2014年版,第266页。
④ 《与隐士刘遗民等书》,载(唐)释道宣《广弘明集》(宋思溪藏本)卷二十七,国家图书馆出版社2018年版,第十册,第94页。
⑤ 同上。

宗炳，这样既便于参加寺院的活动，又区别于出家信徒的团体生活。其他奉事慧远的隐士，大概在东林寺周围，也有自己的住所，但史料未见记载。

由于深得慧远器重，百二十三人建斋立誓时，慧远特命刘撰写发愿文。刘不仅精修佛理，同时也是最积极的实践者，"具持禁戒""专念禅坐，始涉半年"就达到了"定中见佛，行路遇像"的境界。① 刘卒于慧远之前，慧远特撰《刘公传》以赞之。据《刘公传》：刘遗民在庐山一共待了十二年（而据《与隐士刘遗民等书》则为十五年），直至去世。其实，若401年任柴桑县令，一年后402年皈依佛门并参与建斋立誓，直到410年去世，也只有九年时间。这里有计算的起点问题，在弃官皈依佛门之前，刘可能就参与了慧远的一些佛事活动。② 由上可见，在刘去世之前，宗炳至少已两次下入庐山，宗炳与刘遗民在庐山应多有交集。

雷次宗是史籍中明确记载与宗炳有交集的一位居士："雷次宗，字仲伦，豫章南昌人也。少入庐山，事沙门释慧远，笃志好学，尤明《三礼》、《毛诗》，隐退不交世务。"与宗炳一样，雷次宗师事慧远也是专为学习经义而来，不仅求问佛学经义，而且也考寻儒、道之义。"（慧远）师尝讲《丧服经》（当是《礼记》《小记》《大记》《四制》等篇），雷次宗、宗炳等并执卷承旨。次宗后著《义疏》，首称雷氏，宗炳寄书责之曰：'昔与足下面受于释和上，今便称雷氏邪？'"③ 宗炳对雷氏署称感到不满，写信责难，既然基本思想来自师父慧远，雷就不应该以自己的名字署名。

雷次宗入庐山后，"于是洗气神明，玩心坟典，勉志勤躬，夜

---

① 《与隐士刘遗民等书》，载（唐）释道宣《广弘明集》（宋思溪藏本）卷二十七，国家图书馆出版社2018年版，第十册，第94页。

② 许理和认为，刘在庐山度过了余下的15年，并且认为如果刘确实死于公元410年的话，那么他肯定是在公元396年上庐山的。［荷］许理和《佛教征服中国——佛教在中国中古早期的传播与适应》，李四龙、裴勇等译，江苏人民出版社2017年版，第303页。若按《与隐士刘遗民等书》所说：刘于"晋太元中，除宜昌、柴桑令"。则刘上庐山不应晚于396年（397年已属隆安年间）。

③ （宋）志磐撰，释道法校注：《佛祖统纪校注》卷二十七，上海古籍出版社2012年版，第540页；（梁）释慧皎撰，汤用彤校注：《高僧传》，中华书局1992年版，第221页。

以继日"。元嘉十五年（438年），雷次宗至京师，开馆授徒，讲授儒学要义（《三礼》《毛诗》等），与丹阳尹何尚之玄学，太子率更令何承天史学，司徒参军谢元文学，并称四学。后又为皇太子诸王讲授《丧服经》，元嘉二十五年（448年）卒于钟山。[1]

周续之，字道祖，生于太元二年（377年），卒于景平元年（423年）。雁门广武（今山西代县）人，与慧远有同乡之谊。周的祖辈由雁门移居豫章建昌，周8岁时父母双亡，由兄长抚养，12岁起随豫章太守、经学名家范宁受业，居学数年，"通《五经》并《纬候》，名冠同门，号曰'颜子'。既而闲居读《老》《易》，入庐山事沙门释慧远"。周为慧远门下五贤之一，又与刘遗民、陶渊明被时人称为"寻阳三隐"。周续之品行高洁，不愿入仕，且终身不娶，布衣蔬食。[2]

周续之之所以被认为是庐山僧团中的重要一员，与他本人的学识以及在庐山僧团中所起的作用有非常密切的关系。周通《五经》，读《老》《易》，上庐山后还继续学习儒学，与雷次宗同受慧远法师《诗义》，宋高祖亦曾问续之《礼记》。

值得一提的是，在庐山事佛期间，周续之代表师父回应戴逵的质疑文章。大约太元十八年（393年），著名隐士戴逵写文章《释疑论》给慧远，对因果报应说表示怀疑。因果报应说是佛教的基本理论，也是慧远思想的重要组成部分。既然奉佛的戴逵也对此提出疑问，慧远认为有必要给予系统的回应。经与弟子研读戴文，决定由周续之先予作文答复。于是周续之作《难释疑论》。戴逵收到周续之文后，又作《释疑论答周居士难》，并撰《与慧远法师书》。于是慧远亲自撰写《三报论》并作书与戴逵。戴又致信慧远，称《三报论》"旨喻弘远。妙畅理宗，览省反复，欣悟兼怀"。并表示会登门拜访，聆听教诲。

周续之的生年有两种说法（卒年均为景平元年即423年）。一是根据《宋书》本传"诣豫章太守范宁"受业时年十二推定，周生于东晋孝武帝太元二年（377年），太元十八年即公元393年，周年

---

[1] 《宋书》卷九三《雷次宗传》，中华书局2019年点校本修订本，第2517页。
[2] 《宋书》卷九三《周续之传》，中华书局2019年点校本修订本，第2504页。

仅17岁，慧远是否会让周续之回复戴逵质疑。当然不排除周续之大器早成，从现存文献资料来看，戴逵和慧远都提到周续之回复一事，似无可怀疑。而另一说法云"景平元年卒，春秋六十七"，①由此推定其生年为晋升平元年（357年），至太元十八年（393年）周续之就是37岁，慧远委托其回复戴逵，似比较符合常理。

如前所引，周续之曾与宗炳同被征召而不就。高祖将北伐，江州刺史刘柳荐之高祖曰："窃见处士雁门周续之，清真贞素，思学钩深，弱冠独往，心无近事，性之所遣，荣华与饥寒俱落，情之所慕，岩泽与琴书共远。加以仁心内发，义怀外亮，留爱昆卉，诚著桃李。若升之宰府，必鼎味斯和；濯缨儒官，亦王猷遐缉。""俄而辟为太尉掾，不就。"②宗炳、周续之同时征召在高祖北伐之际（416年），时宗炳42岁，续之40岁。既然同为慧远得意门徒，又曾同时被征召，二人应多有交集。

对于所谓十八高贤，以及百二十三人立誓结社，其史料来源颇为含混，有些学者持异议。汤用彤先生认为此事或不存在，或人数乃虚拟。③比如慧持已于399年入蜀，不可能在所谓百二十三人之列。④但有些学者持肯定态度，如许理和认为：慧远和一百多位追随者在阿弥陀佛像前发愿，"这是一个确凿无疑的事实"。⑤有的则认为，即使不存在这么一件事情，或者人数不是那么准确，但它的象征意义也是不可否认的。"作为高贤群聚的一种象征，这一流传人口的结社故事是贴合东林寺当年富于凝聚力的气氛的。""从信仰史的意义上说，仍是有意味的，因为慧远结社念佛的'首唱'性既实在又重

---

① 《庐山十八贤》，载（宋）志磐撰，释道法校注《佛祖统纪校注》卷二七，上海古籍出版社2012年版，第560页。
② 《宋书》卷十三《周续之传》，中华书局2019年点校本修订本，第2505页。
③ 汤用彤：《汉魏两晋南北朝佛教史》，商务印书馆2015年版，第296页。
④ 汤先生推断宗炳不在此列："宗炳年六十三，卒于元嘉二十五年。在元兴元年仅十六岁，或可参与百二十三人之末，而决无高列于十八贤中之理。"汤用彤《汉魏两晋南北朝佛教史》，商务印书馆2015年版，第296页。当时汤先生所知宗炳生年有误，早有学者更正。宗炳生年应为375年，元兴元年（402年）28岁。
⑤ ［荷］许理和：《佛教征服中国——佛教在中国中古早期的传播与适应》，李四龙、裴勇等译，江苏人民出版社2017年版，第278页。

大。"个别人物是否存在，不影响这一事件的重大意义。①

历代关于十八高贤的记载不绝于史，有作文者、有赋诗者、有雕塑者，东林寺刻有十八高贤像供奉于寺，历代文人雅士游东林寺瞻仰雕像皆有记载。现东林寺十八高贤像嵌于祖师殿内壁，其中宗炳手持古琴，仪态虔诚，表情肃然。②庐山、东林寺、莲社群体或十八高贤，作为特别的文化形象、艺术意象，对后世的文人学士，特别是修道信徒、隐逸之士，产生了广泛而深刻的影响（详后），其间别有意味的是图说十八高贤。

北宋元丰三年（1080年）十二月二十五日，画家李公麟（字伯时，号龙眠居士）为其从兄李冲元（中元）绘制《莲社十八贤图》，次年正月二十六日，冲元撰《莲社图记》，其文云：

> 龙眠李伯时，为余作《莲社十八贤图》，追写当时事。
>
> 此图初为入路，与清流激湍，萦带曲折。逾石桥，溪回路转，石岩一，又缭而上石岩一。二岩之间，有方池，种白莲花。岩之傍，有石梯，度山迤逦而去，不知所穷。当图穷处，横为长云，蔽覆树腰、岩顶，其高深远近，盖莫得而见也。傍石池，有高崖悬泉，下潴为潭，支流贯池，下注大溪。激石而湍浪者，虎溪也。

此图第一个出场者即宗炳。岩石外二人相伴而行，有仙风道骨、超然世外之状。其登岭出半身者为宗炳居士，蹑石磴而下者乃昙顺法师。

图中共三十八人，另有动物、器用、草木不计其数。"人物洒落，泉石秀润。追千载于笔下，萃群贤于掌中。开图恍然，若与之接。挥麈而谈者，如欲悬河吐屑，肆辩而未停。默坐而听者，如欲屏息杜意，审谛而冥冥。沉思者，如欲钩深味远，叩玄关宅灵府，

---

① 曹虹：《慧远评传》，南京大学出版社2002年版，第140、166页。

② 宗炳像旁文曰："吴王涤心为亡父母敬造此象供养，民国二十三年甲戌冬日，吴曹标敬绘。"像下方有文曰："楚北余治民敬刊。"在通往石门涧的途中，有一处据称是慧远讲经台的小寺内，亦有同样的十八高贤像。

而游乎恍忽之庭。梵呗者，如欲转喉鼓舌，而有云雷之响，与海潮之声。行往来者，如御风而遐举。坐临水者，如骑鲸而将去。笑执手者，轩渠绝倒，达于衣冠。盖其心手相忘，笔与神会，而妙出意表，故能奴隶顾陆、童仆张吴（能使史上最著名的画家顾恺之、陆探微、张僧繇、吴道子都自愧不如），跨千载而独步。"①

李氏所作的《莲社十八贤图》，将东林寺高僧的行状描写得栩栩如生、淋漓尽致，充分展现了高僧们的风采，让观者如见其人，如闻其声，如临其境。自李公麟开其先河，绘制《莲社十八高贤图》就一直兴盛不衰，或临摹李本，或另构新图，其中不乏大家，如文征明、仇英、陈洪绶、石涛等均有作品传世，诸本中以北宋张激绘制的《白莲社图》时间最早，且绘本为最善。

张本《白莲社图》亦呈长卷，全卷构图疏密有致，起首为枯松怪石，清流湍急，蜿蜒而行，慧远法师和陆修静道士捉手而谈；昙顺与宗炳策杖而来，且行且语；山路曲折萦绕，岩洞幽深，竺道生坐台讲经，雷次宗、道敬、昙诜等围床静听；周续之、道昺、昙常于骑狮佛前赞诵，台下官人、居士观摩，僮仆忙于煮茶；佛陀耶舍和佛驮跋陀罗石上对坐；刘遗民、张诠、慧永、慧持、慧睿围坐石几展经观诵；后有石砌方池，白莲玉立；图末端，岸曲溪回，泉泄山幽，张野仰观悬泉，坐而濯足。全图绘有高僧名士19人（其间有陆修静道士，当然，这显然不符合史实。陆修静生于406年，远公逝世时，陆尚且只有10岁。二人不可能捉手相遇），僮仆十二人，画面设计错落有致，故事情节穿插呼应，非高手不足以为之。②

我们再次看到，在慧远弟子中，宗炳不仅排名最前，而且同样与昙顺法师在一起。这不仅暗示宗炳在莲社居士中名望最高，而且

---

① 李中元《莲社图记》，载（民国）吴宗慈编撰《庐山志》纲六目二六，江西人民出版社1996年版，第44页。此引慧远著，张景岗点校《庐山慧远大师文集》传记文献篇，九州出版社2014年版，第261页，与原文略有不同。

② 参见李宏禹《〈白莲社图〉卷的艺术特色》，（北宋）张激绘《白莲社图》，人民美术出版社2016年版。上海博物馆藏有一种南宋摹本佚名《莲社图》，湖北美术出版社2013年版，其故事情节比北宋张激本多两段，其一，陶渊明乘着蓝舆，由儿子和门生抬着回家；其二，谢灵运由童仆陪同骑马前行。据称此图最接近李公麟本。不过其绘制技法比张激本略逊一筹，而且多出两段情节的人物并不属于十八高贤之列。此摹本图中，宗炳和昙顺仍然在一起，但排在较后位置。

宗炳与昙顺法师

(北宋张激绘《白莲社图》局部,人民美术出版社2016年版)

表明宗炳与昙顺法师关系甚为接近。有的《莲社图》虽然将二人排在较后位置,但仍然前后相随,遂见其中深意。

宗炳与昙顺法师关系密切,二人在一起谈经论道,策杖而行,何也?

昙顺乃十八高贤之一,"黄龙人也,幼而出家,亲承罗什之训。旧疑宿滞,多所通达,议论精博。讲释群经,演赞大乘,了悟玄微,色空无着。什公尝叹曰:'昙顺实奇器矣!'入庐山,从远师同修西方净社。志道不群，利济为本。"①南蛮校尉刘遵考于江陵立竹林寺，请慧远遣僧人住持，慧远使昙顺前往。昙顺德行高远，至竹林寺后，传授义学，使之成为荆州名寺。竹林寺后有释僧慧、释道馨、释慧球等高僧，皆与昙顺之力密不可分。释僧慧系昙顺弟子，颇有祖师爷慧远之风。在慧远法师的出家弟子中，昙顺可能是仅次于慧持的人物。"自佛图澄、道安师、远法师、昙顺、僧睿，五世为国师云。"②

"释僧慧，姓皇甫，本安定朝那人。高士谧之苗裔（谧即皇甫谧），先人避难寓居襄阳，世为冠族。慧少出家，止荆州竹林寺，事昙顺为师。""慧伏膺以后，专心义学。""与高士南阳宗炳、刘虬等，并皆友善。炳每叹曰：'西夏法轮不绝者，其在慧公乎。'"③自昙顺主持荆州竹林寺后，当地的隐士宗炳、刘虬等不仅与昙顺，而且与其弟子僧慧亦交往甚密，宗炳对僧慧传法"西夏"（荆州）的功德评价极高。

由上述可见，宗炳与昙顺法师同为慧远高徒，二人的密切关系从庐山东林延续到荆州竹林，甚至及于昙顺在竹林寺的高徒，因而他们被画在一起"策杖而行且行且语"，并且仅次于慧远而排在第二，也自有其道理。

以慧远为核心、以十八高贤为代表的庐山佛教社团，对于推动佛教的中国化，推动中国学术文化的发展，起到了十分重要的作用。庐山不仅成为当时著名的佛教中心，同时也成为中国南方的学术中心，庐山社团也成为当时遐迩闻名的文化群体，成为千秋流传的人格典范，而庐山、东林、白莲社（教）等，也因此成为后来文人学士咏诗作文的永久题材。

孟浩然有诗曰："尝读远公传，永怀尘外踪。东林精舍近，日暮但闻钟。"④诗人到了浔阳，遥望庐山，更加思念和向往远公，但

---

① （宋）陈舜俞：《庐山记·十八贤传》，载慧远著，张景岗点校本《庐山慧远大师文集·附录》，九州出版社2014年版，第354页。
② 《十八高贤·慧远法师》，载（宋）志磐撰，释道法校注《佛祖统纪校注》卷二十七，上海古籍出版社2012年版，第541页。
③ （梁）释慧皎撰，汤用彤校注：《高僧传》，中华书局1992年版，第321页。
④ 《晚泊浔阳望庐山》，《全唐诗》卷一六〇，中华书局1999年版，第1648页。

远公早已作古，只能闻到暮色中东林精舍悠扬渺远的钟声。

刘长卿有诗曰："请近东林寺，穷年事远公。"诗人欲访云门寺灵一上人，将灵一上人比喻成远公，将其禅寺比喻成东林寺。①

唐齐己写过多首庐山、东林、白莲的诗，其《东林雨后望香炉峰》写道："二林多长老，谁忆上头禅。"②诗人在雨后的东林寺远眺香炉峰，不禁想起东、西二寺当时众多的高僧。

唐末五代人李中有一首《题庐山东寺远大师影堂》："远公遗迹在东林，往事名存动苦吟。杉桧已依灵塔老，烟霞空锁影堂深。入帘轻吹催香印，落石幽泉杂磬音。十八贤人消息断，莲池千载月沉沉。"③这集中地表现了后世文人学士对庐山佛教社团的景仰、崇敬和缅怀。

与当时北方佛教相比较，南方佛教相对思想化、思辨化，中国本土的玄学思想与印度佛教的大乘观念在这里得到密切的结合。庐山慧远社团又是中国早期士大夫佛教充分发展了的组织形态，一些士大夫虽然不是削发出家，但是由于时代的因素，他们纷纷走向山林，而像庐山这样的清静息心之地，就成为他们隐居的场所。因此隐居与事佛，就不期而遇地走在一起。这些信奉佛教的士大夫，出生于世家大族，受过良好的传统教育，由于某种原因没有选择仕途，而成为"居士"，实际上是一种义学僧。也正是由于这样一种特殊的历史条件和环境，宗炳不仅成为一位虔诚的信徒，而且成为一位著名的佛学思想家。

---

① （唐）刘长卿：《云门寺访灵一上人》，载《全唐诗》卷一四八，中华书局1999年版，第1514页。

② （唐）齐己：《东林雨后望香炉峰》，载《全唐诗》卷八四〇，中华书局1999年版，第9553页。

③ （唐）李中：《题庐山东寺远大师影堂》，载《全唐诗》卷七四七，中华书局1999年版，第8586页。

第五章

衡山护法

宗炳不仅是一位虔诚的佛教徒，而且是雄辩的护法卫士。宗炳生活的年代，是佛教文化进入中国后，与中国本土文化产生激烈冲突的时代。如果说，刘宋立国（公元420年）之前，宗炳主要是在庐山奉佛求法、探究义理的话；那么在此之后则主要是修行护法、弘道明教，而其典型的护法行为就发生在"结宇衡山"期间。

第一节　白黑之争

任何两种异质文化结合时，都有一个碰撞、适应、交融的过程，而佛教自进入中国与本土文化的碰撞过程，主要是在东汉魏晋南北朝，大约500年的时间内。一般认为，佛教自两汉之际传入中国，一是西汉哀帝元寿元年（公元前2年），博士弟子景庐受大月氏王使者伊存口授《浮屠经》；一是东汉明帝永平九年（66年，一说十年）明帝派人西行求法取经。当时的汉帝国是世界上与西方罗马帝国双雄并立的大国，其物质文明和精神文明高度发达。印度与中国相比较，不仅中国的政治、经济相当发达，而且中国的文化形态、文化体系也相当完备。

春秋战国时期兴起的儒家思想，在有汉一代的400年中成为中国统治阶级的主导意识形态。这种意识形态，注重人伦关系，注重现实世界，成为抑制宗教产生的强大的文化力量。因此，佛教进入中国必然与传统的儒家文化产生冲突，儒家文化会本能地抑制异域的佛教。与此同时，中国本土的宗教尚处于艰难的萌芽阶段，在先秦时期，中华大地产生的具有宗教性质的文化形式，主要是祖先崇拜、神仙方术、鬼神观念、卜筮占星等原始信仰。东汉中后期，这些原始的信仰，与道家思想、阴阳五行等因素结合起来，直到东汉末年才逐渐发展出中国本土的道教思想。

佛教初入东土，自然势单力薄，影响甚微。无论是当时来华的西域高僧，还是中土的信徒，都会有意将佛理与道家神仙说教以及儒家的道德说教糅合在一起，这既反映了当时人们对佛教的一知半解，也反映佛教力求在中土大地的生存之道。

初入中土的佛教，依附于辟谷养气神仙不死之术。而此辟谷养气神仙不死之术，乃后世天师道教之始基。传为东汉末年苍梧太守牟子博（一说牟融）所撰《理惑论》称佛教谓"佛道"，而在汉代最为流行的据称是最早翻译的佛学经典《四十二章》则称佛教为"释道"或"道法"。（此二书真伪颇有聚讼，如梁启超认为皆为伪书，而汤用彤先生不以为然）汉魏之际，儒学日渐式微，清谈之风盛行，玄理大行其道，而佛教译经渐多，"于是佛教乃脱离方士而独立"，"而为神仙方技枝属之汉代佛教，至魏晋之世遂进为玄理之大宗也"。[①] 随着中国思想史上从两汉经学到魏晋玄学的转变，佛学则相应出现从小乘毗昙禅数到大乘般若空宗的转变。

到了东晋南北朝时期，佛教的影响大为增强。统治阶级日益重视佛教，佛教领袖受到尊崇。无论是朝廷还是后宫，无论是帝王还是诸侯，也无论是世家大族，还是寒门学子，崇奉佛教之风十分盛行。在上层统治集团，佛教逐渐获得支持。帝王间不乏佞佛者，他们或直接支持佛教的发展，包括建寺塔、造佛像、组织法会、敕为寺主或僧主，甚至延僧至郡、准许僧人参政，给予免税、免役等特权。更有甚者，帝王本人舍身入寺，与众为奴。当时的统治者之所以支持佛教，有的是虔诚的信徒，有的是利用佛教的影响以弥补世俗政治之不足。除帝王外，王子也颇多信佛，或与僧侣交往甚频，或崇其德业，或从受五戒，或奉为门师，或立寺建殿。

世家大族子弟或士大夫们，对佛教也趋之若鹜，如王导、庾亮、

[①] 汤用彤：《汉魏两晋南北朝佛教史》，商务印书馆2015年版，第101页。

戴逵、孙绰、王羲之、顾恺之、谢灵运等，"或宰辅之冠盖，或人伦之羽仪，或置情天人之际，或抗迹烟霞之表。并禀志归依，厝心崇信"。① 这些士人与名僧交往密切，或向高僧问学，或执弟子礼，成为当时风尚，而且多有佛教著述。士大夫信奉佛教为当时佛法昌明的主因之一，"而佛理谈玄，二方同趣，则又文人学士崇奉之由"。②

佛教的进入，对中土的政治、经济、文化以及社会心理，产生了巨大的冲击，从而使中国社会产生了一系列新的矛盾，诸如朝廷与教团、名教与佛教、世俗地主与僧侣地主、僧侣与农民之间的矛盾。在政治上，佛教社团日益发展壮大，具有一定的社会号召力和影响力，这对朝廷的统治产生了冲击，甚至与朝廷分庭抗礼，被认为是"无益于时政，有损于治道"；③ 在经济上，佛教则逐渐形成了寺院经济，僧侣们不仅免去税赋、接受捐赠，而且占有大量的土地和人力资源，这就与世俗经济产生了冲突，形成了一种与民争利的格局。而在文化和社会心理上，佛教的教义、仪轨、制度与中国固有的文化传统相冲突，特别是与占主导意识形态地位的儒家政治伦理以及思维方式相矛盾。

这些冲突与矛盾，有的是通过极端的方式包括武力冲突、行政强制手段来解决，这在当时的北方，表现得比较突出，拆除寺庙，驱赶甚至杀戮僧人，形成所谓的"法难"。而在南方，虽然也有局部的这些行为，但大多是通过学术辩论来解决。而这种辩论，不仅有学者之间的辩论，而且有统治者与学者之间的辩论。统治者与学者之间的辩论主要在于，佛教是否可以弥补中国世俗政治之不足，通俗地说，佛教对中国社会是否有用？对中国统治者是否有用？而学者之间的辩论的焦点主要在于，佛教的基本理论是否站得住脚？佛教是否是对中国传统文化的否定？而从义理方面看，当时佛教与中国本土文化之争的焦点涉及佛教的核心理论，即形神关系、因果

---

① （梁）释慧皎撰，汤用彤校注：《高僧传》，中华书局1992年版，第261页。
② 汤用彤：《汉魏两晋南北朝佛教史》，商务印书馆2015年版，第335页。
③ （梁）僧祐编撰，刘立夫、魏建中、胡勇译注：《弘明集》，中华书局2013年版，第381页。

报应等问题。

宋文帝元嘉十年（433年）前后①，沙门慧琳撰写了一篇《白黑论》（又名《均圣论》《均善论》），文章以问答体行文，讨论佛学与儒家之异同，借白学先生（代表儒家）之问，对黑学先生（代表佛教）进行了攻击，意在抑佛扬儒。所谓"均圣"，即认为儒、道、释三者之创始人都是圣人；而"均善"，即认为儒、道、释三教各有所长，并行而不悖。慧琳身为僧人，而认为儒道释"均善"，当是佛徒中的"异端"，因此遭到佛徒们的围攻。

慧琳者，秦郡秦县（今江苏六合）人，本姓刘，师从道渊，住建业冶城寺。史载慧琳有才章，擅属文，通佛道，善《六经》《庄》《老》，其为人诙谐，但性格傲慢，常以自夸。慧琳著《白黑论》，虽为众僧所排摈，赖文帝见论赏之，免除断头之罪。慧琳"以才学为太祖（文帝）所赏爱，每召见，常升独榻，（颜）延之甚疾焉"。②朝廷的大事都要请慧琳参与讨论，因此其门庭若市，四方赠送贿赂不断，权倾一时，时号"黑衣宰相"。慧琳身为僧侣，却著书非佛，虽然与宋文帝在佛性问题上看法不尽相同，但文帝对于佛教义理的争论并没有狭隘的门户之见，而是采取较为宽和的态度，因而营造了一种较为自由的学术氛围。

慧琳写成《白黑论》之后不久，衡阳太守何承天将其送给了宗炳。何承天本人亦很赞同《白黑论》的观点，宗炳却极力反对慧琳的这种议论，因此何、宗二人进行了辩论，二者的辩论现存于他们之间来往的五篇书信之中。在辩论的过程中，为了系统阐述自己的观点，宗炳特地写了长篇论文《明佛论》，送给何承天。何承天还另作《达性论》《报应问》二文，进一步阐述自己观点，贬斥佛教。而时任永嘉太守（434年出任）的颜延之又特撰《释〈达性论〉》等二文，批驳何承天。

这一场多人之间的白黑论之争，成为当时佛教与儒家之间的大论战，引起了极大的社会反响，也引起了朝廷的关注，宋文帝对宗炳十分欣赏，并给予了很高的评价。史载：

---

① 据汤用彤《汉魏两晋南北朝佛教史》，商务印书馆2015年版，第339页。
② 《宋书》卷七三《颜延之传》，中华书局2019年点校本修订本，第2801页。

有沙门慧琳，假服僧次而毁其法，著《白黑论》。衡阳太守何承天，与琳比狎，雅相击扬，著《达性论》，并拘滞一方，诋呵释教。永嘉太守颜延之、太子中舍人宗炳，信法者也。检驳二论，各万余言。琳等始亦往还，未底绩乃止。炳因著《明佛论》以广其宗，帝善之。谓侍中何尚之曰："吾少不读经，比复无暇，三世因果，未辨致怀，而复不敢立异者，正以前达及卿辈时秀，率皆敬信故也。……颜延年之折《达性》，宗少文之难《白黑》，论明佛法汪汪尤为名理，并足开奖人意。若使率土之滨，皆纯此化，则吾坐致太平，夫复何事！"①

　　文帝认为宗炳的《明佛论》和颜延年的《释达性论》，将佛家理论阐述得很明白，能够启发人们的思维。并对何尚之说，我过去不读佛经，近来又没有空闲，对于佛理未甚明白，但也没有崇信其他宗教，就是因为你们这些优秀的人物敬信佛教的缘故。若一定要探求人精神灵性的奥妙，怎么能不以佛教经典为指南呢？这说明了宗炳在当时佛坛的知名程度，同时也说明宗炳的佛教理论对社会产生了很大的影响，连宋文帝都被宗炳的佛学理论所折服。文帝甚至认为，若能使全国都崇信佛法，那么朕就可以坐享太平，无为而治了。

　　按《宋书·何承天传》，元嘉七年至十六年间（430—439 年），何为衡阳太守。而据汤用彤考：何为衡阳太守系殷景仁为仆射时，殷除仆射在元嘉九年。也就是说，元嘉九年至十六年间（432—439 年），何为衡阳太守。② 又按何尚之《答宋文皇帝赞扬佛教事》可知，何、宗之辩当在元嘉十二年（435 年）或稍前，此即宗炳作二《答何书》和《明佛论》时段。③

---

　　① （南朝宋）何尚之：《答宋文皇帝赞扬佛教事》，载（梁）僧祐编撰，刘立夫、魏建中、胡勇译注《弘明集》，中华书局 2013 年版，第 714 页。
　　② 汤用彤：《汉魏两晋南北朝佛教史》，商务印书馆 2015 年版，第 339 页。
　　③ 许理和考订为 433 年，［荷］许理和：《佛教征服中国——佛教在中国中古早期的传播与适应》，李四龙、裴勇等译，江苏人民出版社 2017 年版，第 305 页。任继愈主编：《中国佛教史》考订为 435 年，第三册，中国社会科学出版社 1988 年版，第 98、817 页。今取任说。

既然这场白黑论之争发生于何承天担任衡阳太守时期,而宗炳曾"结宇衡山",古代交通不便,如果宗炳不在衡山,而居江陵三湖的话,这种来往反复多次的辩论就很难进行。① 从何承天和宗炳通信中,似乎可以看出他们相距并不太远。

何承天给宗炳的第一封信开头便说:最近收到冶城道人慧琳的一封信,说您勤于学习西方佛法,慧琳作《白黑论》在朝廷和佛界引起了很大的风波,以至于受到众僧排挤,但得到文帝的宽容。位于建业的慧琳,之所以给位于衡阳的何承天写信并将文章寄来,希望能够听听宗炳的意见,那么宗炳应该是在衡山。如果宗炳居住在江陵的话,慧琳不至于将文章和信一起寄给何承天,并请何转交宗炳。

宗炳在回复何的第一封信中,针对慧琳《白黑论》的观点进行了一一驳斥:

其一,白学先生云:"幽冥之理,固不极于人事矣。周、孔疑而不辨,释迦辨而不实。"② 白学先生(即慧琳本人观点)认为,佛家的因果报应学说,与人间之事相去甚远,所以周公、孔子觉得不确定而不加辨析,而佛教理论虽然擅长辨析,却往往没有事实根据。

宗炳反驳道:人世之外的事情,真的是空空如也,还是确实存在着神明。如果是空空如也,为什么周孔老庄都说有神呢?如果确实有神灵存在,为什么说佛家的学说就是虚幻的东西呢?宗炳又说,由于主观经验的局限,人们往往只看到眼前的东西,经验之外的东西难以体会。因此对未来的事情难以作出预测,这就常常导致错误的结果。正如下棋一样,高手看得很远,而初学者就只看到眼前一两步,这就是初手往往失败的原因所在。因此,怎么能说佛祖所说的有关天地之外、冥冥之中的事理,就是虚幻之言呢?宗炳还利用古时天人感应这样一类的现象,说明在我们经验之外,还存在着我们可以感知的某种东西。既然如此,作为至明、至精、至妙之

---

① 张松辉:《十世纪前的湖南宗教》,湖南人民出版社2004年版,第192页。
② 宗炳引文与《白黑论》原文略有不同,其义无异。原文见《宋书》卷九七《天竺迦毗黎传》,中华书局2019年点校本修订本,第2621—2623页。以下略出处。

神灵，为什么就不能感应七宝佛土之事呢？①

其二，白学先生云："今析豪空树，无伤（原文缺'伤'字，据宗炳文补）垂荫之茂。离材虚室，不损轮奂之美。……贝锦以繁采发辉，和羹以盐梅致旨……"在佛教的缘会之理看来树木是"空"的，但是它的浓郁茂密仍然存在；高楼大厦是"空"的，但它的美轮美奂并未改变。琳琅满目的衣锦，酸甜苦辣的食品，都是真实的存在，怎么能说是一切皆空呢？佛教把道理说得玄而又玄，但事实并非如此。

宗炳反驳说：这实际上是错误地理解了佛教性空的理论，佛教说的"本无"，并没有否认这些现象和事物。只是认为，呈现在人们面前的事物和现象，并非世界的本来面目（"假有"），从众缘和合的角度看，它们没有自性（"本无"），且又处于千变万化之中，因此很快就会变"空"的。今日繁花似锦，明日就要凋谢消失。这正如《庄子》惠施所说："日方中方睨，物方生方死。"② 不明事理的人，只会看到事物的现象，没有认识到事物的本质。而圣贤则恰恰相反，比如孔子的学生颜回，在他心里，有若无，实若虚。

其三，白学先生云："舟壑火传之谈，坚白唐肆之论。盖盈于中国矣，非理之奥，故不举以为教本耳。子固以遗情遗累，虚心为道，而据事剖析者，更由指掌之间乎？"白学先生说，佛教中所说的"世事无常"，有如"沧海桑田"的观点，其实在中国很早就出现了，并没有什么深奥之处，普通百姓都知道，所以儒家也没有以此作为教化之本。

宗炳反驳说：所谓世事是在人们不知不觉中悄悄变化的，佛教是从当下念不执着的角度去理解的。如果确实能够明白这个道理，那么就会体悟到物我永远是空虚自性的，难道这种思想还不精深吗？中土人士悟空者甚少，所以才未能以此作为教化的根本，怎么能说国人都已熟知而无视此理呢？

其四，白学先生云："今效神光无径寸之明，验灵变罔纤介之

---

① 慧琳、宗炳文义今译参校刘立夫、魏建中、胡勇译注《弘明集》，中华书局2013年版，第188—197页。

② （清）郭庆藩撰，王孝鱼点校：《庄子集释》，中华书局2018年版，第375页。

实。……徒称无量之寿，孰见期颐之叟？"诸如此类，皆谓"于事不符"。白学先生认为，佛教所说的神光、灵变，没有事实根据，无法得到验证；佛教又宣称无量之寿，我们却连百岁老人都未看到。佛教论空，本意是引导人们慈悲为怀，但是可能适得其反，反而诱导人们去期望来生的福报。

宗炳反驳说：所谓神光、灵变及无量之寿，只在虔诚信仰佛教，日后生于佛土，才能亲见。如果为邪见所蔽，认为佛法荒诞不经，那就与佛法有天壤之别，怎么能亲睹这些真切的事实呢？

其五，白学先生云："要天堂以就善，曷若服义而蹈道，惧地狱以敕身，孰与从理而端心。礼拜以求免罪，不由祗肃之意，施一以徼百倍，弗乘无怪之情。美泥洹之乐，生耽逸之虑，赞法身之妙，肇好奇之心，近欲未弭，逮利又兴……永开利竞之俗。"白先生认为，以上天堂来劝导行善，哪里比得上服从道义而循道呢？以下地狱来约束众生，哪里比得上通过服从道理来端正人心呢？佛教徒的礼拜，也不是恭敬严肃的；佛教引导众生追求的是来生的幸福，而众生祈求的是现实的功利。佛教徒的施舍，实际是想获得百倍的回报；打着涅槃的旗号，实为贪图享受。

宗炳反驳说：心不生贪欲，乃是十善之根本，自然可免遭下地狱而可升入天堂。这不就是服从义理而履行正道、使人心端正吗？佛教徒的内心充满着虔诚，怎么能说他们对佛祖不是恭敬严肃的呢？佛教徒因为懂得诸法无常的道理，不会为情欲所困。出家人连世俗最注重的儿女之情都能够舍弃，怎么能说他们是为获利百倍而施舍呢？佛教所说的涅槃是以无乐为乐，而法身则以无身为身。佛徒诚心修佛的动机是获无利之利，根本不存在所谓世俗的利欲之争。

其六，白学先生云："道在无欲，而以有欲要之，北行求郢，西征索越，方长迷于幽都，永谬滞于昧谷。""俯仰之间，非利不动，利之所荡，共有极哉！"在白学先生看来，佛教徒修道，本应追求无欲，但却是追求利益。这正如要想到楚国的郢都，却向北而行，要到东边的越国，却向西而去。这是背道而驰，只会离目的地越来越远。你们这些佛教徒，没有利益就不会行动，追求利益已经到了无以复加的地步。

宗炳对此说法非常愤慨："何诬佛之深哉！"（这是对佛教极大的侮辱！）佛教认为人生的所有苦恼都是由贪欲所致。如果说，诚心修佛之人有什么欲望的话，就是为了追求无为无欲之乐，怎么能说是与修道背道而驰呢？如果我们能够逐渐消除世俗的欲望和贪念，我们就一定能修道成功，正如我们向西行走一定会到达楚国郢都一样。同时我们也不能因为佛教徒中有少数不法之徒营私牟利，而归罪于佛教本身吧。难道我们能因为王莽窃《六经》以篡夺帝位、秦始皇为朝觐以修建阿房宫，而怪罪先王的礼教吗？

其七，白学先生云："宜废其显晦之迹，存其所要之旨。……示来生者，蔽亏于道、释不得已。"佛教应该摒弃那些或明或隐的糟粕，而留存其根本的旨意。至于转世轮回因果报应之说，根本就站不住脚，佛教乃是不得已而说的。

宗炳反问道：这里所说的佛教的根本旨意是什么？佛教的根本旨意就是要众生弃恶从善、顺遂其性。如果不相信来生报应的人，自然是谈不上弃恶从善、顺遂其性的。宗炳在此明确地否定了身死神灭的观点。

慧琳对佛家空无之义并无深究，汤用彤指出："《白黑论》首辩佛家空无之义，止言及人生无常之虚幻，而未了本性空寂之深意。"其"辞句虽丽，意旨全乖"。因此，汤先生认为，作为佛教徒的慧琳，"究为长于制作之文士，而非妙测幽微之哲人"。[①] 虽然有何承天的助力，在义理方面终显单薄。

而宗炳"精于义理"，对《白黑论》以及何承天的主要观点一一反驳，言辞犀利，有理有据。宗炳还觉得一封信无法把问题说清楚，于是告诉何承天，已撰写《明佛论》一文，准备抄写完毕之后，再另行送去。何承天收到宗炳的回信之后，撰写了第二封信名曰《释均善难》，针对宗炳信中的观点，进行了系统的反驳，这些问题仍然是佛教与孔老孰高孰低，佛教的万物皆空、轮回报应，佛教徒的有欲无欲等问题，其核心的问题仍然是形神关系问题。

[①] 汤用彤：《汉魏两晋南北朝佛教史》，商务印书馆2015年版，第338、339页。

何承天似乎有待不及，想早一点看到宗炳的《明佛论》，在其第二封信结尾处云："前已遣取《明佛论》，迟寻至，冀或朗然于心。"也就是说，在何承天的第二封信送出之前，就已派人前去取宗炳的文章，希望很快看到您的大作，明白您所说的道理。

接到何承天的第二封信后，宗炳又写了一封回信《答何衡阳难〈释白黑论〉》进行辩论。考虑到已完成《明佛论》的写作，在第二封回信中，宗炳简要而精辟地阐述了自己的观点。

综观整个讨论的过程，宗炳与何承天之间，如果不是相距较近，不可能用这样的方式进行表达，也不可能这样频繁地来往。因此元嘉九年（432年）至十二年（435年）间，宗炳极可能卜居衡山，[①]与衡阳太守何承天就佛法问题进行了辩论，并由此系统地阐明了他的佛学思想。

宗炳在第二封回信中写道："老将死，以此续其尽耳。此书至，便倚索答，殊不容悉。"可见当时已近晚年，大概这一次护法辩论之后不久，宗炳就回到江陵老家了。以元嘉十二年（435年）计，宗炳61岁，对古人而言，暮年将至。

宗炳在与何承天、慧琳的论战过程中，虽然撰写《明佛论》，系统地论述了自己的佛学观点，对慧琳和何承天的贬佛观点进行了驳斥，但其两封回信，也包含着丰富的内容，文章与信函相互补充，更加完整地体现了宗炳在形神关系以及有关问题上的基本思想。

这场白黑论之争，揭开了南北朝形神之争的序幕，它是中国历史上第一次有关佛教的理论性大辩论，在中国佛教发展史特别是佛教中国化的历史上具有承上启下的意义。辩论双方涉及多重关系，宗炳对阵慧琳（虽然二人并不相识）和何承天，何承天又对阵宗炳和颜延之，还有评判者宋文帝。其中宗炳是坚定的佛教信徒，是白方的"主要发言人"，而慧琳虽然身为沙门，但并不是坚定的信仰者——这也许是宗炳最不能接受的，因此宗炳不得不对其《白黑论》加以批判。何承天是慧琳的支持者，因此宗炳又不得不对何承

[①] 参见张松辉《十世纪前的湖南宗教》，湖南人民出版社2004年版，第204页；周建刚《中国佛教史考论》，中国社会科学出版社2019年版，第67页。

天的观点进行批驳。颜延之也是笃信佛教的,他对何承天所写的文章,也进行了批驳。而宋文帝并非佛教坚定的信仰者和积极的拥护者,实际上对慧琳其人其论非常赏识。在这场白黑之争的问题上,宋文帝采取了一种折中的立场,他对佛教的接受态度,主要是基于佛教也有助于治世安邦这样的功能。作为宋文帝的侍中何承天,也并非激烈的反佛者,只是反对佛教过分的发展,他在宋文帝的面前并未对佛法有任何恶评。因此,对于何承天的表现,宋文帝也甚为满意。[①]

其实当时辩论最核心的问题,并非佛教与儒家非此即彼的问题,而是孰高孰下的问题。慧琳认为中土圣贤的言论,已经是至高无上,无须引进异域的佛教理论。《白黑论》开宗明义写道:"有白学先生,以为中国圣人,经纶百世,其德弘矣,智周万变,天人之理尽矣,道无隐旨,教罔遗筌,聪叡迪哲,何负于殊论哉!"虽然也提出"六度与五教并行,信顺与慈悲齐立",主张存儒佛,均圣、均善,殊途而同归,但其基调是从儒家视域出发,非议佛家的神不灭论和轮回报应说的。何承天对慧琳的观点加以附和阐发。而宗炳则坚持认为,中土的儒道虽然与佛教在本质上是一致的,但是佛教所涉领域既深且广,佛教的理论与儒、道相较,更胜一筹。在宗炳看来,中土人士应该对外来文化持开放的态度,不可故步自封,夜郎自大。这在当时,是十分难能可贵的思想。

由此可见,这场辩论不单纯是一个信仰问题,更主要的是一个文化的开放与守旧之间的思想斗争问题。历史已经表明,佛教进入中国后,对中国文化产生了深刻的影响,而佛教早期进入中国的辩论中,宗炳的辩论,义理之深刻,论据之充分,语言之精湛,在佛教史上也是少见的。[②] 正如有学者对这场辩论所总结的那样:"尽管……颜延之和宗炳都选择了一种出世的隐逸生活……,但在理论

---

① 参见季羡林、汤一介主编,张雪松著《中华佛教史》(汉魏两晋南北朝佛教史卷),山西教育出版社 2014 年版,第 10 章第 195 页起,"关于刘宋文帝时佛教社会作用的辩论"。

② 杨遇青:《皈依佛教的精神超越之旅——宗炳的佛学活动及其对晋宋之际佛学思想的诠释》,《佛学研究》2007 年第 3 期。

探索上则……表现为积极入世的担当精神。""我们从中可以发现佛、儒两家在当时达到的理论高度。更重要的是,这场争论预示着整个六朝儒学发展的新方向。""从历史发展的进程看,颜延之、宗炳代表的思想倾向无疑是正确的。"① 这场辩论不仅对佛教的中国化进程,而且对儒家文化的发展都产生了重大的影响。

魏晋佛教以般若为宗,与庄老玄学异曲同工。这一时期,在中国思想文化领域,主要表现为儒佛之争。而从南朝开始,随着佛教的长驱直入与道教的长足发展,佛、道两教矛盾渐趋激化,佛、道之争开始占据主导地位。宗炳的《明佛论》可以说是前一个时期即儒佛之争的代表性护法论著,而周颙的《三宗论》可以说是后一个阶段即释道论衡的代表性护法论著。魏晋南北朝时期的佛教文章中,"尤为(以)宗炳的《明佛论》、周颙的《三宗论》最为世所称道。"②

宗炳与何承天的佛学义理辩论,是通过来往书信的方式进行的,而来往的书信也是自问自答的方式陈述,这在当时是中国弘法护教的通行模式,源自早期的士大夫清谈。魏晋南北朝时期,儒家学说式微,玄学之风盛行,整个社会呈现出一种学术自由的文化氛围。谈玄论道,也就是所谓清谈,成为当时的一种风尚,甚至"成为上层士大夫的一种精致和十分特殊的消遣方式"。(许理和)从当初的玄学清谈,到后来以辩论护法,经历了一个相当长的发展时期。

开始是清谈。所谓"清谈",就是清雅言堂,相对于俗事之谈而言,因此也被称为"清言"。这些清谈名士经常在一起聚会,类似于西方的所谓沙龙,人们不谈国事,不言民生,专谈三玄。"清谈"重要的不在于输赢,而在于探求真理,感悟玄义,它不仅是魏晋南北朝时期重要的学术活动,同时也是一种审美体验。当时的文人雅士,喜欢通过交谈和讨论,悟出玄理。因此清谈玄理,极大激发参与者的思辨能力,唤起了士人追求真理的热情,营造了社会崇

---

① 乐胜奎:《六朝刘宋儒学探析——以颜延之、宗炳思想为例》,《武汉大学学报》(人文科学版)2009年第6期。
② 盛源、袁济喜:《华夏审美风尚史》第4卷《六朝清音》,北京师范大学出版社2016年版,第327页。

尚智慧的风气。正是这样的社交学术活动，极大地促进了中国学术文化的发展，也推动了中国文学艺术的发展。

除了公开场合沙龙式的清谈，在家庭或友人之间也经常进行这样的辩论。宗炳就曾应刘宋开国元勋张邵①之约请，与其子张敷经常进行这样的讨论，"邵使（敷）与南阳高士宗少文谈《系》《象》，往复数番，少文每欲屈，握麈尾叹曰：'吾道东矣。'于是名价日重。"②

张邵与宗炳为同辈人，且在荆州任职多年，定与宗炳多有交往，仰慕宗炳的学识人品。身居高位的张邵慕名让其子与宗炳谈玄论道，足见宗炳是当时颇有名望的高逸之士。而后来张敷学有长进，在辩论中多次让宗炳叫屈。"吾道东矣"的感叹，表明宗炳因为"后继有人"而感到欣慰。

清谈辩论时，名士们手中往往执有一种"麈尾"，宗炳也是如此。"麈尾"是魏晋清谈家经常用来拂秽清暑、显示身份的一种道具，正如诸葛亮总是手执一把羽扇一样。这种麈尾上部为狭长椭圆状，下部靠柄处则为平直状，形如现代的羽扇。麈尾不仅仅是一种道具，有时候还可以作为辩论时的辅助工具，可以用"麈尾扣案"的方式表现清谈者底气十足的风度、气派，也可以用来掩饰清谈者内心的慌乱和底气不足。有的士人在去世时，甚至还要求其麈尾陪葬。

受这种清谈辩论之风的影响，魏晋南北朝时期，佛学界也出现了这样一种辩论方式。历史上有名的慧远与道恒的佛教辩论，发生在当时的佛教中心江陵，也就是宗炳居住的地方。这次辩论由当时所谓六家七宗之一的"本无家"竺法汰组织，法汰是道安师从佛图澄时的同学，"石氏之乱"（349 年）以后，一直与道安相伴辗转北方。迫于形势险恶，同时也考虑到大法流布，同门和弟子都表示愿

---

① 张邵（？—440 年），字茂宗，吴郡吴县（今江苏苏州）人。刘宋开国功臣，宋武帝刘裕心腹谋士。曾任刘裕太尉参军、湘州刺史。曾随刘义隆（宋文帝）出镇荆州，宋文帝即位后，参与平定荆州刺史谢晦之战。元嘉五年，转征虏将军，领宁蛮校尉、雍州刺史。江夏王刘义恭镇江陵，任抚军长史、持节、南蛮校尉。后为吴兴太守。

② 《宋书》卷四六《张劭传》，中华书局 2019 年点校本修订本，第 1515 页。

意听从道安调遣,道安安排法汰率徒属四十余人前往东晋首都建康,东下扬州弘法,法汰在辞别道安而未抵建康之前,因患病而停留于荆州附近的扬口,即扬水汇于沔水(汉水)之处,被时任荆州刺史桓温邀至治所江陵,在得知法汰患病消息后,道安又派慧远赴江陵问疾。

在滞留江陵期间,法汰组织了一场有关般若学的辩论。辩论的主题是所谓"心无义",当时驻锡江陵的释道恒主张"心无义",由于受到当时主政荆州的桓温的支持,因而"心无义"在荆州甚为流行。竺法汰敏锐地觉察到"心无义"与佛教的原旨有冲突,对弟子说:"此是邪说,应须破之。"于是召集江陵名僧,命弟子昙壹首先向道恒发难。道恒既有才学又善辩,昙壹虽尽力攻难,而道恒不肯受屈。于是慧远上阵,演绎了一场佛教史上著名的辩论:

"慧远就席,设难数番,关责锋起。恒自觉义途差异,神色微动,麈尾扣案,未即有答。远曰:'不疾而速,杼轴何为?'座者皆笑矣,心无之义于此而息。"① 慧远也因此在荆州佛教界名声大振。

正是在这样一个盛行清谈、时兴辩论的时代,出现了一种当时极为流行的文体,即许多以玄学、佛理为主题的文章,以对话或辩论的形式出现。这一方面表现了当时宽松自由的学术氛围,同时也是佛教进入中国的初期,与中国本土文化产生冲突的学术上的时代印记。

从宗炳生活的晋宋时期开始,几乎所有的佛教弘法和护教文章,都是以通信辩论或公开辩论的方式,戴逵作《达性论》,慧远乃作《三报论》;慧琳作《白黑论》,宗炳乃作《明佛论》;何承天作《达性论》,颜延之乃作《释达性论》,如此等等。即使是这些通信辩论或公开辩论的文章,也往往是自设主客对话形式,通过一正一反或一难一驳的方式交替出现,阐述自己的思想和观点。这种辩论式的文体,往往以"难""释""答""疑""驳"等词命名,即有诘难、解释、回答、质疑、批驳之义。如《难袒服论》《释〈三破论〉》《答颜永嘉》《重答颜永嘉》《与王公朝贵书并六十二人答》《疑〈夷夏论〉谘顾道士》《驳顾道士〈夷夏论〉》,如此等等。宗

---

① (梁)释慧皎撰,汤用彤校注:《高僧传》,中华书局1992年版,第192页。

炳的佛学思想，就是以这样一种形式阐述的。与何承天的辩驳，尽管以通信的方式来往，但每封信也是问答形式。系统论述自己观点的《明佛论》，同样采取这样一种诘难与对答的方式进行阐述。

作为魏晋南朝时期的一篇佛学论文，《明佛论》长达11000多字，这在当时可谓鸿篇巨制，绝无仅有。而且其语言之精致，论辩之精巧，逻辑之严密，被誉为佛教史上"一篇十分重要的文章""早期士大夫佛教最有价值的材料之一。"[1] 有学者认为："在思想上，宗炳是当时著名的佛教理论家"。[2] 可见史上所载宗炳"精于言理""尤精玄言"[3] 一语绝非褒奖之辞。正是这篇《明佛论》，奠定了宗炳在中国佛教史上的地位。下面我们试从几个方面具体讨论宗炳的佛学思想。

第二节　三教殊同论

释、儒、道三家的关系，决定着佛教在中土能否真正立足、发展、壮大，涉及佛教的生死存亡。在佛教进入中土的早期阶段即魏晋南北朝时期，三教之关系就一直是人们讨论的焦点。三教往往各执一词，以定其高下，明其先后。佛教正是在这样一种错综复杂的关系之中，极力争取自己的一席之地。

为了解决这个问题，中土的一些佛学家们，极力寻找三教之间的共同之处。东汉三国时期的康僧会被认为是一个较早调和儒佛、援儒入佛的佛学思想家。他的名言是："儒典之格言，即佛教之明训。"[4] 佛学家孙绰虽然认为儒、佛有很大的差别，但他居然声称：

---

[1] ［荷］许理和：《佛教征服中国——佛教在中国中古早期的传播与适应》，李四龙、裴勇等译，江苏人民出版社2017年版，第18、305页。

[2] 李泽厚、刘纪刚主编：《中国美学史》，安徽文艺出版社1999年版，第473页。

[3] 《宋书·宗炳传》，中华书局2019年点校本修订本，第2503页；（宋）陈舜俞：《庐山记·十八贤传》《南阳宗炳》，载慧远著、张景岗点校本《庐山慧远大师文集·附录》，九州出版社2014年版，第347页。

[4] （梁）释慧皎撰，汤用彤校注：《高僧传》卷一《康僧会传》，中华书局1992年版，第17页。

"周孔即佛，佛即周孔，盖外内名之耳。"① 慧远曾说："常以为道法之与名教，如来之与尧孔，发致虽殊，潜相影响；出处诚异，终期必同。详而辩之，指归可见。"慧远还说，释迦牟尼与尧舜周孔的出发点是相同的，这一点是不用怀疑的。天地之道，在于体现宇宙万物的运动变化，而帝王之德，在于顺从于这种运动变化。因此慧远声称："内外之道，可合而明。"② 在慧远看来，无论是释儒，甚或是佛道，尽管其路径不同，但是其出发点和归宿点，都是相同的。这个基本立场"实际上成了以后中国佛教主流所遵循的思想纲领。此后所谓孔释的'殊途同归'，所谓儒释道的'三教一源'，都可以追溯到慧远的这些说法上。"③

慧远对于中国本土文化，包括儒、道二教，都是很精通的。慧远曾一度发愿隐居，就范宣子共契嘉遁，并以《孝经》的"立身行道，扬名于后世，孝之终也"回应桓玄的责难。慧远"内通佛理，外善群书"，"博综六经，尤善《老》、《庄》"，重视用儒道典籍来会通佛理。慧远不排除儒家文化，比如他临终嘱咐，圆寂之后，停尸七天，让弟子们吊唁，这也是考虑到中国的"国情"。当然慧远的儒家信仰，并不是那么坚定，早年听道安讲说之后，开始对儒道文化产生怀疑和抱怨，认为儒学："六合之外，存而不论。""六合之内，论而不辩。"（本传）甚至认为："名教是应变之虚谈。"④ "儒、道九流，皆糠粃耳。"（本传）因此在他的整个佛学理论中，对儒家学说和道家学说，还是持有一定的保守态度。或者说，为了坚持其佛学信仰，慧远宁可牺牲儒、道二教。到了晚年，慧远虽然推崇佛法乃"独绝之教，不变之宗"，但也明确指出："内外之道，可合而明。"虽然要求弟子"专心空门""作来生之计"。但是又

---

① （梁）僧祐编撰，刘立夫、魏建中、胡勇译注：《弘明集》，中华书局2013年版，第176页。
② 《沙门不敬王者论》，载（梁）僧祐编撰，刘立夫、魏建中、胡勇译注《弘明集》，中华书局2013年版，第323页。
③ 任继愈主编：《中国佛教史》第二卷，中国社会科学出版社1985年版，第640页。
④ 《与隐士刘遗民等书》，载（唐）释道宣《广弘明集》（宋思溪藏本）卷二十七，国家图书馆出版社2018年版，第十册，第94页。

说："苟会之有宗，则百家同致。"① 正是因为慧远融合内外之道，为佛教立足于中国本土、为佛教的中国化开辟了道路。

在宗炳之前，佛学家们虽然提出过三教（特别是佛教与儒家）殊途同归的思想，但是他们均失之简略，未能"详而辩之"，而仅仅局限于佛家和儒家共通的世俗目标。在宗炳看来，佛教不仅早入中土，而且与中国本土的儒、道两家并行不悖，相得益彰，殊途同归。就是在这样一种护法思想的指导下，宗炳分析了儒、释、道三教相互之间的关系，展示了佛教高远、深厚、精细、缜密的理论。

宗炳不仅继承师父的思想，而且做出了创造性的贡献。宗炳明确提出释、儒、道三教都是从体"道"出发，而止于"善"，从而奠定了三教殊途同归的逻辑基点。"宗炳的哲学思想，会通儒、道、佛，而又以佛为统帅。"② 他将三教有机地融合一起，实现了理论上的突破。

何谓"道"？宗炳一是假借儒家之言以释道："一阴一阳之谓道。"一是假借道家之言而释道："谓至无为道。""夫常无者道也。"但在宗炳看来，儒家崇尚的是人道（道德论），道家追求的是天道（宇宙论），佛家奉行的则是神道（心性论）。换言之，道有不同的层面，神道高于儒家的人道，妙于道家的天道。儒、道两家追求的"道"，都只是局限于生命存亡，局限于尘世俗事，儒家倡导治国安邦之道，道家追求静心寡欲之道。唯有佛才能"以神法道"，这种大道只能用神（精神）来把握，只有"尊其（佛）道，信其教，悟无常，空色有，慈心整化……"，③ 才能达到至上至善、天下归仁的大道。

佛家对"道"或"神"的理解与道家对"道"的理解十分接近。佛家的"道"，"神"乃至"法身"，都具有本体论的意义，都是探究世界万物的本源。因此在宗炳看来："凡称'无为而无不为'

---

① 《与隐士刘遗民等书》，载（唐）释道宣《广弘明集》（宋思溪藏本）卷二十七，国家图书馆出版社2018年版，第十册，第94页。
② 祁志祥：《中国美学通史》第1卷，人民出版社2008年版，第295页。
③ （梁）僧祐编撰，刘立夫、魏建中、胡勇译注：《弘明集》，中华书局2013年版，第164页。

者（老子），与夫'法身无形，普入一切'者（佛教），岂不同致哉！"① 宗炳对世界本原的理解之所以与道家如此相似或相近，其原因主要在于：一是为了在中土站稳脚跟，借助于道家的表述，甚至是吸收了道家的一些基本思想，其佛教理论呈现出一定程度的道家趋向，当然这也说明佛家和道家在某种程度上，具有相通性，佛家的"道""神"与道家的"道"，佛教的"性空"与道家的"虚无"，佛教的"涅槃""寂灭"与道家的"无为"，佛教的"禅念"与道家的"致虚极，守静笃"等，都具有相当程度的类似性。佛教与道家、玄学因此意趣相投、一拍即合。在思维方式上都非常重视直觉体验，在人生境界上追求自我解脱，这就使得佛教更能够为主张淡泊无为、皈依自然的玄学家们所接受，也更能为受到这种浩荡玄风熏陶的文士们接受。

与此同时，宗炳也注重融合儒家的思想，强调佛教的世俗价值，有助于治国安邦。宗炳作为一个笃信佛教的士大夫隐士，一方面，为佛教进入中土寻找理论和现实的理由；另一方面，也更懂得如何用中土相近的思想和语言来表达和传播佛教的思想，争取中土人士对佛教的接受。正因为如此，宗炳认为，三教不仅在出发点上具有共同性——道，在目标上也具有一致性，这就是"善"："孔、老、如来，虽三训殊路，而习善共辙也。"②

儒家提倡仁义道德，其目的是善；道家提倡无为无欲，其目的也是善；佛教更是如此，主张扬善弃恶，渐习修持，最终升入天堂。因此主旨只有一个，只不过侧重点各有不同，可以说是殊途同归。其实在说到三教的关系时，魏晋南北朝时期，佛教在弘法和护法的过程当中，有意无意地借鉴和吸收了道家和儒家的思想。

宗炳对待三教的态度，并非是等量齐观，而是认为各有所长、各有侧重："教化之发，各指所应。世蕲乎乱，洙泗所弘，应治道也。纯风弥凋，二篇（《道德经》分上、下二篇）乃作，

---

① （梁）僧祐编撰，刘立夫、魏建中、胡勇译注：《弘明集》，中华书局2013年版，第121页。
② 同上。

以息动也。"① 不同的学说,其针对性是不同的,所面对的世况是不同的。乱世之时,儒家大力倡导治世之道,以应治理乱世之需;淳朴的民风日益凋敝,于是有老子所作的《道德经》,以止息世人的强作妄为。

"儒以弘仁,道(家)在抑动,皆已抚教得崖,莫匪尔极矣。虽慈良、无为,与佛说通流,而法身、泥洹无与尽言,故弗明耳。"②,儒家的主旨是倡导仁义道德,道家的主旨是主张无为无欲。在这方面,两家的学说都达到了极致。但儒、道二家都有未尽之理,都没有像佛教那样对人的修持净心、自我完善,从而达到超凡脱俗、泥洹升华进行彻底、澄明的讨论。

宗炳又说:"依周、孔以养民,味佛法以养神。"③ 可见一个治世,一个养心。还说:"若使外率礼乐,内修无生,澄神于泥洹之境,以亿劫为当年,岂不诚弘哉!"④ 如果外遵法度,再内修佛法,澄明精神而达到自由无碍的境界,以亿万年为一年,这才是真正的弘道。以儒家为主流的意识形态、礼乐法统,是对人们行为一种外在的约束。佛教所主张的无生无欲、息心虚静,则是内在的修持。二者结合起来,就能达到弘道治迹的目的。

在论述佛教何时进入中土问题时,宗炳曾经说过,因为中土文化所关注的是"治迹",也就是治理社会、教化民众,而对于养心的学说,是不怎么在意的,中国更早的《三坟》《五典》这类论道典籍,也早已遗失。所以以往关于养心的学说,在《五经》里边是不可能见到的,即使有记载或者有这方面的典籍,也可能在焚书坑儒时被烧掉了。

正因为上述所论,宗炳认为儒、道、释三教并非处在同一个层次,而是有粗细之分、高下之别、广狭之异。儒、道二家的学说,与佛学比较起来,视野近于狭窄。《尚书》号称所及尽是远古之事,

---

① (梁)僧祐编撰,刘立夫、魏建中、胡勇译注:《弘明集》,中华书局2013年版,第121页。
② 同上。
③ 同上书,第164页。
④ 同上书,第217页。

实际上最远不过唐、虞；《春秋》所述只是王、霸之迹，《礼》《乐》所言不过恭俭庄敬之心、广博易良之德，《诗》《易》所言大抵温柔敦厚之教、洁静精微之化。因此，《五经》的编纂，就是针对那些最浅显的局限于世俗追求而起作用的。而佛教却截然不同，"其道浩若沧海，小无不津，大无不通"。① 正如登蒙山而小鲁国，登泰山而小天下一样。登上泰山，不仅鲁国很小，而且整个中土世界也只是一个很狭小的地方而已。

从宗炳的论述可以看出，第一，儒家的经典著作《五经》，其局限之一是着眼于世俗（"未能事人，焉能事鬼？"）；第二，着眼于此生此世（"未知生，焉知死？"②）。佛教则与此不同，一是超越世俗之外（"六合之外"），二是超越此生此世，达到无生之境即涅槃之境。佛教给我们展现的是一个无穷无尽的世界："焕三千日月以列照，丽万二千天下以贞观。"两相比较，"乃知周、孔所述，于蛮触之域，应求治之粗感，且宁乏于一生之内耳"。③ 周孔所论不仅视域狭小，而且教化粗浅。早期的牟子曾以朴素、生动的语言表达了佛祖高于中国传统圣人的思想："四师（尧舜周孔）虽圣，比之于佛，犹白鹿之与麒麟，燕鸟之与凤凰也。"④ 也就是说，在宗炳看来，三教相较，佛教高于儒、道，精于儒、道，宏于儒、道。

宗炳正是在慧远等人思想的基础上，深化和发展了三教殊途同归这一基本立场。宗炳认为，三教虽然有相同和相似点，但是其根本区别是显而易见的。东汉时期牟子的《理惑论》，虽然最早提出"三教调和论"，但他对中土文化似贬低过多，对佛教与儒道两家的区别，其论述也失之粗俗。因此在推进佛教的中国化问题上，宗炳的理论比牟子更睿智、更深刻，比慧远更坚定，也更系统。宗炳认为，从深广度来看，佛教包含了儒、道两家的内容，因此也就高于儒、道，精于儒、道，超越儒、道。"彼佛经也，包《五典》之德，深加远大之

---

① （梁）僧祐编撰，刘立夫、魏建中、胡勇译注：《弘明集》，中华书局2013年版，第151页。
② 程树德撰，程俊英、蒋见元点校：《论语集释》，中华书局2018年版，第981页。
③ （梁）僧祐编撰，刘立夫、魏建中、胡勇译注：《弘明集》，中华书局2013年版，第96页。
④ 同上书，第20页。

实;含老、庄之虚,而重增皆空之尽。高言实理,肃焉感种,其映如日,其清如风,非圣谁说乎?"① 三者殊途同归的出发点都是对道的体悟,对善的追求,而其最基础、最深广的义理则是佛教。

在慧琳看来,中国古代圣贤,穷尽天下之理。言下之意,当然也就不需要外来的佛教。宗炳通过自己的论述,从根本上否定了慧琳的这一基本观点。从宗炳的护法辩论,我们明显看出宗炳具有一种文化的开放主义。而以慧琳为代表的中国士人,有一种唯我独尊、鄙视四夷的文化优越感,以为像天竺这样的荒莽之地,还能有什么高深的学问。在宗炳看来,这是鼠目寸光、心胸狭隘和文化保守主义,仿佛是在有云层的地下行走,看不到天上的太阳和月亮一样。宗炳在其《明佛论》的正式开篇就这样感叹道:

> 今自抚踵至顶,以去陵虚,心往而勿已,则四方上下皆无穷也。生不独造,必传所资。仰追所传,则无始也。弈世相生而不已,则亦无竟也。是身也,既日用无垠之实:亲由无始而来,又将传于无竟而去矣。然则无量无边之旷,无始无终之久,人固相与陵之以自敷者也。是以居赤县于八极曾不疑焉。今积三千日月,罗万二千天下,恒沙阅国界,飞尘纪积劫。普冥化之所容,俱眇末其未央,何独安我而疑彼哉?②

仰望苍天,俯瞰大地,四方上下,无所穷尽,既无开始,也无尽头。我们来自这无穷的世界,又将回归到这无边的世界中去。在这无始无终、无边无际的世界里,每个人都处在特定的时空中。对于中国人来说,认为自己所居住的赤县神州就是世界的中心,而且从来不曾怀疑。其实对于这个大千世界来说,我们所居住的地方只不过是世界之一隅。为什么我们对自己所生活的弹丸之地就深信不疑?而对于中国之外的大千世界就采取怀疑的态度呢?

无论是从佛教何时进入中土这个问题来看,还是从儒、道、佛

---

① (梁)僧祐编撰,刘立夫、魏建中、胡勇译注:《弘明集》,中华书局2013年版,第92页。
② 同上书,第94页。

三教的关系来看,宗炳之所以这样坚定不移地护法,不仅在于他对佛教虔诚的信仰,而且在于他有一种开放的文化胸襟。外面的世界很精彩,我们为什么要拒绝呢?正是有了像他这样一批坚定的护法者,佛教才逐渐进入中国,在中国站稳脚跟,发展壮大,而成为中国三大文化支柱之一;才有盛唐时期佛教的兴盛以及儒、道、佛三家竞相发展的局面;才有宋明时期熔儒、道、佛于一炉的程朱理学,由此中国文化进入一个崭新的历史时期。

《明佛论》全篇都贯穿文化开放主义的思想:即不要对自己已有的文化沾沾自喜、故步自封,不要排斥、怀疑外来的文化,而是要了解、学习和吸收,尤其是像佛教这样的外来文化,具有高深的理论、精致的体系,所探讨的问题是我们从来没有关注过的领域。这不仅有利于我们的治世教化,而且能够弥补中国人对精神领域的忽视。正如荷兰著名学者许理和在其书中所指出的那样:

> 佛教无疑拓展了有教养的信徒的心灵空间,这些人准确地理解了被责难为"怪诞的"那些概念,并在一定程度上成功地把中国人的思想从对社会哲学的偏嗜中解放出来。佛教向他们展示了一个令人惊异的宇宙,它在难以想象的时间长河中变动不居,向他们展示了智慧卓越、大慈大悲、纯属超人的圣人形象,这种形象超出了中国传说里所有的圣贤,……佛教激发了丰富的想象,拓展了广阔的视野。在早期佛教作者的护教文章里,率先展现了中国思想史上的这个崭新时代。[①]

许理和正是引用了宗炳《明佛论》中的大量文字,来说明他的这个观点的。

中国人特别是中国的统治者非常关心的治世教化问题,宗炳也没有完全否认其作用,他建议统治者兼收并蓄、各显其能:"今依周、孔以养民,味佛法以养神,则生为明后,殁为明神,而常王矣。如来岂欺我哉!……盖尊其道,信其教,悟无常,空色有,慈

[①] [荷]许理和:《佛教征服中国——佛教在中国中古早期的传播与适应》,李四龙、裴勇等译,江苏人民出版社2017年版,第386页。

心整化，不以尊豪轻绝物命，不使不肖窃假非服，岂非道之以德，齐之以礼，天下归仁之盛乎！"① 宗炳在《明佛论》甚至还谈到"孝"的问题：笃信三世报应、积善弃恶，就是最大的孝，也是最高的仁。既然佛教与儒教并行不悖，都有利于统治者教化民众，当然也就得到了统治者（如宋文帝）的赞赏。

可见，宗炳并不是一个不食人间烟火的佛教信徒，而是一个以佛学作为安身立命、儒道佛兼修的思想家。宗炳试图以佛教为主导、融合儒道佛三教，探求以新的出世思想和新的入世思想相结合的中国文化发展的新方向、新路径。

史载"炳博学"，② 三教九流，无所不涉。在《明佛论》的论述中，他注重通过中国本土文化中已有的思想和语言来论证佛教义理。③ 宗炳的儒学造诣在其《明佛论》中可见一斑："《书》称知远，不出唐虞；《春秋》属辞，尽于王业；《礼》《乐》之良敬，《诗》《易》之温洁。"④ 即使是宗炳佛学的核心概念"神"，也借用儒家经典《周易》的表述："神也者，妙万物而为言矣。"除了借用儒道两家的思想外，文中还涉及先秦以及秦汉时期其他经典著作和论述（包括名家和法家），用以论证他的观点。宗炳认为，即使是名家和法家等辅佐治世教化的学说，它们也要研究天地运行的大道啊。"虽复名法佐世之家，亦何独无分于大道？"⑤ 博采佛家之外各家学说进行论证，并没有改变宗炳的佛教信念，反而促使他的佛学思想更清晰、更缜密。

---

① （梁）僧祐编撰，刘立夫、魏建中、胡勇译注：《弘明集》，中华书局2013年版，第164页。

② （宋）陈舜俞：《庐山记》十八贤传篇第五《南阳宗炳》，载慧远著，张景岗点校本《庐山慧远大师文集·附录》，九州出版社2014年版，第347页。

③ 粗略统计，宗炳《明佛论》所征引文献（按次数多寡）涉《庄子》27处，佛经25处，《史记》22处，《周易》16处，《论语》15处，《老子》11处，《尚书》10处，《礼记》8处，《诗经》8处，《孟子》8处，《左传》7处，《山海经》6处，《汉书》5处，《周礼》2处，《论衡》2处，《淮南子》2处，《后汉书》《烈女传》《楚辞》《列仙》《春秋》《国语》《尔雅》《孝经》《韩非子》《三国志》《晋书》《文选》各1处，等等。参考刘立夫《弘道与明教》附录《〈弘明集〉用典考注》，中国社会科学出版社2004年版。

④ （梁）僧祐编撰，刘立夫、魏建中、胡勇译注：《弘明集》，中华书局2013年版，第96页。

⑤ 同上书，第153页。

早期中国士大夫为何要采取这样一种径路论述佛教呢？牟子曾经这样说过："道为智者设，辩为达者通，书为晓者传，事为见者明。吾以予知其意，故引其事。"[1] 宗炳就是如此，文中引用《五经》《老》《庄》，甚至列举一些人人皆知的典故，就是为了能够知晓通达的目的。佛教理论思辨性、抽象性非常强，如果仅仅是以佛论佛，未免给人一种古奥艰深的感觉，拒人于千里之外，其说服力会大打折扣。

中土士人有一种天生的文化优越感和文化中心主义，宗炳并没有因此对本土文化采取一概否定的态度，而是肯定本土文化所做出的各种探求，承认本土文化特别是儒、道二家在治世教化（周孔）、探讨天地大道（老庄）等方面所做出的贡献。同时指出，与佛教文化相比，中国本土文化存在固有的局限和不足，如此辩说也就更为合情合理，更能为对手所接受。

第三节 神不灭论

形与神之关系，形灭神不灭，这是中国文化史上长期讨论生死观的一个关键问题。与其他动物相比，人类有一种自我生死意识，或者称为生死观。一方面，古代儒者认为，人死灯灭。未知生，焉知死。未知人事，焉知鬼神。敬鬼神而远之，不语"怪、力、乱、神"。在解释生命现象时，道家则往往用放之四海而皆准的精气说，庄子《知北游》曰："人之生，气之聚也。聚则为生，散则为死。"[2] 东汉桓谭曾著文批判神不灭之说："精神居形体，犹火之然烛矣。""烛无，火亦不能独行于虚空，又不能后然其烬。"[3] 东汉王充系统阐述了精气论，并解释了气与人之生死的问题："人之所以生者，精气也，死而精气灭。""形须气而成，气须形而知。天下无独燃之

---

[1] （梁）僧祐编撰，刘立夫、魏建中、胡勇译注：《弘明集》，中华书局2013年版，第53页。

[2] （清）郭庆藩撰，王孝鱼点校：《庄子集释》，中华书局2018年版，第735页。

[3] （梁）僧祐编撰，刘立夫、魏建中、胡勇译注：《弘明集》，中华书局2013年版，第307页。

火,世间安得有无体独知之精。"① 在他们看来,人之死如烛完火灭,形尽气散,精神不复存在,这是一种自然主义的生命观。

另一方面,中国自上古时又有祖先崇拜、鬼神崇拜,并与自然崇拜、图腾崇拜和社稷崇拜融合在一起。"祖先崇拜表达了古人对自身及宗族生命源头的虔敬,同时也寄托着他们的生存渴望。他们相信,在祖先神的庇佑下,宗族及其每一个成员的生命都将获得保障与延续。"② 宗族的始祖或宗族历史上的英雄人物往往被称为祖神,普通的先辈或较近世代而无配享祭祀资格的祖先则称之为"鬼"。因此祖先崇拜和鬼神崇拜结合在一起,祭祀祖先其实也就是祭祀鬼神,以求得宗族的生存和繁衍。古人的这种鬼神观念有其理论上的解释,如用精气说来解释,《周易》称:"精气为物,游魂为变,是故知鬼神之情状。"③《礼记》曰:"人死曰鬼。"④

关于形神关系,形灭神存,神灵不灭,则是佛教的一个最基本的理论。佛教的理论大厦是建立在灵魂不死的基础之上的,而这与中土固有的自然主义生命观是有所不同。因此,借助中国已有的万物有灵、祖先崇拜、鬼神崇拜、羽化升仙一类原始宗教信仰和巫术方技,不失为一种路径选择。但是中国固有文化对"六合之外"的事情,一直都是"存而不论""论而不辩","佛教把理论的触角伸向幽冥难测的层面,这对受儒道文化熏染的知识人士来说,是容易引起抵触的"。⑤ 要维护佛教的地位,论证佛教的正当性,佛教要在中国站稳脚跟,就必须解答神不灭的问题。因此,当时围绕这一问题的争论最为激烈,而宗炳正是这一旷日持久争论的主角之一。

中土佛教最早提出神不灭论问题的,是牟子的《理惑论》,他以种子与果实之关系来比喻身(形)神之关系:"神固不灭矣,但身自朽烂耳。身譬如五谷之根叶,魂神如五谷之种实。根叶生必当

---

① (东汉)王充著,黄晖校:《论衡校释·论死》,中华书局2018年版,第1015、1020页。
② 卿希泰主编:《中国道教思想史》第一卷,人民出版社2009年版,第48页。
③ 余敦康解读:《周易·系辞上》,国家图书馆出版社2017年版,第515页。
④ 孙希旦:《礼记集解·祭法》,中华书局1989年版,下册,第1197页。
⑤ 曹虹:《慧远评传》,南京大学出版社2002年版,第173页。

死，种实岂有终亡，得道身灭耳。"① 牟子的比喻相当朴实，但也有着明显的弊端，"魂神"即"果实"，仍然是一个具体物，是一个形而下的物象，它与"身"（即"根和叶"）对应"果实"，实际上还是处于一种对应的状态，属于一种封闭、相对的状态。因此，牟子的神不灭论尚未建立起具有说服力的理论基础。

而到东晋末年，面对桓玄提出的沙门应敬进王者的问题，面对桓玄沙汰的威胁，作为南方佛教领袖慧远，撰写了著名的《沙门不敬王者论》，其中专门论述"形尽神不灭"问题。"夫神者何耶？精极而为灵者也。精极则非卦象之所图，故圣人以妙物而为言，虽有上智，犹不能定其体状，穷其幽致。"② 这就是《周易》中所说的："神也者，妙万物而为言者也。"神、精、灵、妙，大有异曲同工之处。又如《老子》所说的"道"：无形无状，幽微莫测，依稀仿佛，难以言表。在慧远看来，"神"是绝对不变的，它不为情识所感，又能圆应无方，超然于变化着的世俗世界，是承担转向彼岸世界的主体，以涅槃至乐为其至极目标。

慧远所谓的"神"，是以西方净土信仰为其基础的。西方净土世界是"神界"，要达到"神界"，即是"太息"，亦谓"涅槃"。"涅槃"就是摆脱了生死烦恼、轮回报应的终极境界。慧远所谓的"神"，开启了他本人后期的"法身"思想。

形神关系，在慧远看来，"夫神形虽殊，相与而化；内外诚异，浑为一体"。③ 万物系因缘之所感，变化之所生。地水火风"四大"一旦凝结成为人身（形），就作为神识（知识、智慧、精神等）的宅所。神形虽然有所差异，但又相应而变；神形虽然确有不同，但神为本，形神一化，浑然一体。慧远用传统的薪火之喻来说明形尽神不灭之关系："火之传于薪，犹神之传于形；火之传异薪，犹神之传异形。"④ 在这种传递的过程中，火是恒久的存在，形则是变动

---

① （梁）僧祐编撰，刘立夫、魏建中、胡勇译注：《弘明集》，中华书局2013年版，第30页。
② 同上书，第327页。
③ 同上书，第348页。
④ 同上书，第331页。

不居。慧远神不灭思想的提出，标志着他开始摆脱般若学的理论框架，从涅槃学的角度讨论凡夫成佛的问题。他的神不灭思想，对于中土佛学从般若学向涅槃学的转化，以及对于中国佛学其后的发展产生了很大的影响。

历史地看，慧远的神不灭理论，仅仅是一个开端，他在世时没有对其进行系统的阐述。学者认为："对神不灭进行比较系统化理论论证的，首推晋宋之际的宗炳。"① 宗炳"在形神问题上继承和深化了慧远的看法。比如，他根据形残神不毁、形病神不困的生理现象推导出精神不灭的结论"。② 宗炳对神不灭进行了更深入和更系统的论述，对于推动佛教在中土站稳脚跟，推动佛教的中国化进程，在理论上做出了重要的贡献。

宗炳论"神不灭"，从道入手。《明佛论》开篇便曰："夫道之至妙，固风化宜尊；而世多诞佛，咸以我躬不阅，遑恤于后。"③ 说的是那个至妙之道，本应该为世人所尊重，但时下却遭到一些人的诋毁。究其原因，多是以为佛教所说之事，不能耳闻目睹，而且对死后之事感到恐惧和忧虑。因此，宗炳的《明佛论》，又名《神不灭论》。

宗炳指出，三教有异也有同，其"同"归结为"道"，而在具体论述"神"的问题时，他又说："今称一阴一阳之谓道，阴阳不测之谓神。"这里就是由"道"入"神"，"自道而降，便入精神"。④ 那么宗炳所说的"神"又是什么呢？《明佛论》言及"神"共有137处（此外表达"神"之含义的语汇还有法识、魂气等），其中两处具有定义的性质。

其一："一阴一阳之谓道，阴阳不测之谓神。"⑤ 阴阳对立及其

---

① 季羡林、汤一介主编，张雪松著：《中华佛教史》（汉魏两晋南北朝佛教史卷），山西教育出版社2014年版，第213页。

② 卿希泰主编：《中国道教思想史》第一卷，人民出版社2009年版，第555页。

③ （梁）僧祐编撰，刘立夫、魏建中、胡勇译注：《弘明集》，中华书局2013年版，第91页。

④ 同上书，第98页。

⑤ 余敦康解读：《周易·系辞上传》，国家图书馆出版社2017年版，第518、519页；《弘明集》，第98页。

变化统一，是事物发展的规律。阴、阳两种要素构成了世界的基本规律，而阴阳变化莫测，微妙难识，就称之为神。

其二："神也者，妙万物而为言者也。"① 自然界往往有神妙而其不见端倪，无以名状，奥妙莫测，所以谓之神。

两个"定义"源自儒家经典《周易》，二者本来都是指事理玄妙、神奇，表面上看，宗炳将事理之"神"与灵魂之"神"混在一起，具有一种"万物有灵"的色彩（"妙万物而为言"）。阴阳大化，妙不可测，是宇宙普遍规律。生命现象是如此，非生命现象也是如此。宗炳曾以"五岳四渎"说明这个问题，他说：我们是否可以认为山水就没有灵魂呢？否。积土成山，积水成河，山河得道故而有神灵。倘若山岳崩陷，河流枯竭，其神灵也不会跟着一起消亡。可见神并没有因形而生，而是与形结合却又不随形质的消亡而消亡。（实际上，这种万物有灵的思想也就是宗炳山水之神的理论基础）对人来说，也是如此。"神非形作，合而不灭，人亦然矣。"② 宗炳将三教之同归结为"道"，而在具体论述"神"的问题时，宗炳又说："唯佛则以神法道。"这里就是由"道"入"神"，"自道而降，便入精神。"③ 佛之"以神法道"，意味着道常无，神亦常无。而神作为"精极而为灵"者，无生无灭，其本身即是道。

宗炳的神不灭论体现在以下几个层面。

首先是形神异源。"神本至虚"，它不是实体，是"无物"，即无相，因此神乃"性空"；但神又是真实的存在，"虚明之本，终始常住，不可凋矣"。④ 因此神乃"妙有"。而形则是暂时的、无常态的，是臭腐之躯。形由神所生，世间万物由精神的感应所生。

慧远以神不灭为理论依据，认为不灭之神是成佛的根据："不以情累其生，则生可灭；不以生累其神，则神可冥。冥神绝境，故

---

① 余敦康解读：《周易·说卦传》，国家图书馆出版社2017年版，第596页；《弘明集》，第100页。
② （梁）僧祐编撰，刘立夫、魏建中、胡勇译注：《弘明集》，中华书局2013年版，第100页。
③ 同上书，第98页。
④ 同上书，第112页。

谓之泥洹。泥洹之名，岂虚构也哉？"① 成佛就是"冥神"的过程，冥神就是寂灭，寂灭就是泥洹，而泥洹乃非虚。慧远当时仅仅是一种理论的推演，宗炳则在慧远的基础上系统地论证了神不灭与人可成佛的关系问题，"拓宽了晋宋佛学的问题视域，使得涅槃、法身的'妙有'进入了佛教义学讨论的中心"，对涅槃学的发展有非常重要的作用。"因此，在般若学向涅槃学的转向中，宗炳是一个至关重要的人物。"②

慧远曾以父子遗传之喻论证神形异源，以证明形尽神不灭。宗炳同样用此例再次论证，继承并发展了当初慧远的思想。宗炳认为，人的身体可以遗传，而精神却不能遗传。在现实生活中，父亲聪明，儿子可能很愚蠢；父亲的品德高尚，儿子可能品格卑贱。"今虽舜生于瞽，舜之神也，必非瞽之所生。则商均之神，又非舜之所育。"③ 双目失明的瞽叟生下舜帝，但舜帝的精神却不是盲父所遗传的。同样，舜帝的儿子商均的精神，也不是舜帝所遗传的。孟子在讨论性善与不善的问题时，曾讨论过类似的问题："是故以尧为君而有象，以瞽瞍为父而有舜，以纣为兄之子且以为君而有微子启、王子比干。"④ 象乃舜之亲弟，据传与其父共同谋害舜；微子、比干都是殷时贤人，系暴君纣的叔父。其结果微子去国，比干遇害。为什么会如此呢？

宗炳在其《明佛论》也举了同样的例子，然后进行了更为具体的解释。在他看来，父子的智愚不同，这是因为："群生之神，其极虽齐，而随缘迁流，成粗妙之识，而与本不灭矣。"⑤ 众生之神，本来都是同样的，但因其因缘（业缘、境缘、业因）不同，所获得的"识"就有粗妙之分。而"识"在人出生之前就已先天确定，因

---

① 《沙门不敬王者论之三》，载（梁）僧祐编撰，刘立夫、魏建中、胡勇译注《弘明集》，中华书局2013年版，第320页。
② 张敬川：《宗炳的神不灭论思想》，《宜春学院学报》2015年第4期。
③ （梁）僧祐编撰，刘立夫、魏建中、胡勇译注：《弘明集》，中华书局2013年版，第98页。
④ （清）焦循撰，沈文倬点校：《孟子正义·告子上》，中华书局2018年版，第804页。
⑤ （梁）僧祐编撰，刘立夫、魏建中、胡勇译注：《弘明集》，中华书局2013年版，第98页。

而父子之间就可能有圣愚之别。由此可知，形神不同源。人的身体可以遗传，且有生有死，而其神识存在于身体出生之前，也不会在肉体死亡后消亡，而是随缘而化。

宗炳还借用镜子与灰尘的关系来说明神与识的关系；作为本体的神，若澄明洁净，则类似明镜；若为尘埃所污，就影响其照映；若仅有少许尘埃，镜子的照映，还是比较清晰的；而若尘埃堆积较多，镜子则只能微显映照。但无论上面堆积了多少灰尘，镜子映照的功能并未消失。人之精神也是如此："伪有累神，成精粗之识。识附于神，故虽死不灭。"① 由于业因不同，所形成的"识"有精粗之别，即使身体消亡精神也不会消亡。神与识的这种"非对称性"关系，就是宗炳所说的缘会之理，这种缘会之理又成为因果报应说的根据所在。

在宗炳看来，生命又源于性情的感应。人的精气又由情志欲望构合而成。"夫生之起也，皆由情兆。今男女构精，万物化生者，皆精由情构矣。"② 也就是说，情为生命之本，神为情之根。正因为如此，神不仅为"识"所缠绕，还受制于"情"的干扰。如果这样，神就会失去无生的本性，就要脱胎投生，经过下一个轮回，遭受下一轮的苦痛，直至涅槃。尽管如此，神作为业报的本体，却是始终不变的。人的识，可以澄清不灭的精神本体，秉持道家日损之学，摒弃贪、嗔、痴、慢、疑等情欲的侵蚀，最终能不受身体的限制，达到无生的境界，也就是佛教所谓的"法身"境界：

> 识能澄不灭之本，禀日损之学，损之又损，必至无为，无欲欲情，唯神独照，则无当于生矣。无生则无身，无身而有神，法身之谓也。③

由此可见，宗炳考察了形和神之间的两个中介因素，即"识"

---

① （梁）僧祐编撰，刘立夫、魏建中、胡勇译注：《弘明集》，中华书局2013年版，第113页。
② 同上书，第106页。
③ 同上。

与"情",由此形成"神—识—情—形"这样一种复合关系,构建了形神关系非常丰富的内涵。

其次,形神偶合。神内在于个体生命(或事物),秉承于个体生命(或事物),但它又不是个体生命(或事物)的本源,形是有限的,神是无限的;任何事物(包括生命),都是有始有终的,而神则是无始无终、无生无灭的。因此生命体存在则形神相合,生命体消亡则形神分离。"神与宇宙俱来,成败天地而不灭。"宇宙是无始无终的,因此神也无始无终。"神不可灭也,则所灭者身也。"① 身(形)只不过是神所寄寓的一个实体而已。"若鉴以佛法,则厥身非我,盖一憩逆旅耳,精神乃我身也,廓长存而无已。"②如果以佛法来观照,就会明白我的身体并非属于我自己,而只是供我精神暂时栖寄的寓所而已,精神才是身体的主宰,才是寂然长存、永无终止的。这就是佛教"万法皆空、万法无常,而神灵永恒、神灵不灭"思想的形象表述。

这里触及人生的有限与无限的关系问题。这个问题早在先秦时期就引起了先哲们的关注。《庄子·知北游》中说:"人生天地之间,若白驹之过郄(隙),忽然而已。"③魏晋南北朝时期,社会剧烈变化,人生前途莫卜,人的生命犹如朝露,这个问题显得更为迫切与严峻。在当时的哲学和文学艺术作品中,就已经明显透露出这样的信息,《古诗十九首》诗云:"人生天地间,忽如远行客。"(《青青陵上柏》)"人生寄一世,奄忽若飙尘。"(《今日良宴会》)"人生忽如寄,寿无金石固。"(《驱车上东门》)再如《玉台新咏》中:"人生譬朝露,居世多屯蹇。"(秦嘉《赠妇诗》三首之一)"人生一世间,忽若暮春草。"(徐幹《室思》之二)"日月不恒处,人生忽若寓。"(曹植《浮萍篇》)等等。④

---

① (梁)僧祐编撰,刘立夫、魏建中、胡勇译注:《弘明集》,中华书局2013年版,第137页。
② 同上书,第156页。
③ (清)郭庆藩撰,王孝鱼点校:《庄子集释》,中华书局2018年版,第747页。
④ 《青青陵上柏》、《今日良宴会》、《驱车上东门》、秦嘉《赠妇诗》三首之一、徐幹《室思》之二、曹植《浮萍篇》,分别引自《古诗十九首·玉台新咏》,中华书局2016年版,第5、7、22、67、77、117页。

慧远在其《答桓玄劝罢道书》①中也曾经引用《庄子》讨论"形"之短暂与"神"之永恒的关系问题。这个问题之所以成为当时艺术与哲学普遍关注的焦点，表明人们对个人的生存价值更为关注，对天地自然与人的关系的思考，变得更加丰富深沉。宗炳在慧远的基础之上，对这个问题给予了更加精致的回答。他人诗文中的宇宙的无限与永恒，在宗炳那里，就变成了"神"的无限与永恒。

其三，形粗神妙。在宗炳看来，精神总是高于形体的。"今神妙形粗，而相与为用。"②又说："今人形至粗，人神实妙。以形从神，岂得齐终？"③形神虽然"质地"不同，但是它们相互作用，既然是"质地"不同，神就不会随形而消亡。

在讨论形神关系问题时，最常用的比喻就是"薪与火"之关系。关于薪火的比喻最早可能出自《庄子·养生主》篇："指穷于为薪，火传也，不知其尽也。"④说的是，烛薪的燃烧是有限的，而火的传续却是没有穷尽的。对于庄子这句话，一般认为，个体生命虽然结束，而宇宙大化却周流不息；也有人认为是说形骸有尽而精神不灭。总而言之，庄子的话表达了个体的形虽有尽头，而内在的魂灵却是没有尽头的。如果这样理解，庄子的薪火之喻当是"形有尽而神不灭"的最初表述。慧远用这个例子表达了"形尽神不灭"的基本理念：

> 火之传于薪，犹神之传于形；火之传异薪，犹神之传异形。前薪非后薪，则知指穷之术妙；前形非后形，则悟情数之感深。惑者见形朽于一生，便以谓神情俱丧，犹睹火穷于一木，谓终期都尽耳。⑤

---

① （梁）僧祐编撰，刘立夫、魏建中、胡勇译注：《弘明集》，中华书局2013年版，第781页。
② 同上书，第116页。
③ 《宗居士炳答何承天书〈难白黑论〉》，载（梁）僧祐编撰，刘立夫、魏建中、胡勇译注《弘明集》，中华书局2013年版，第189页。
④ （清）郭庆藩撰，王孝鱼点校：《庄子集释·养生主》，中华书局2018年版，第137页。
⑤ 《沙门不敬王者论·形尽神不灭五》，载（梁）僧祐编撰，刘立夫、魏建中、胡勇译注《弘明集》，中华书局2013年版，第331页。

东汉著名学者桓谭在其所著《新论·形神》中，阐述了其形神关系论，认为"精神居形体，犹火之然（燃）烛矣"，烛完即火灭，形体死亡，精神则不复存在。① 与宗炳同时而略早的郑鲜之，又以薪火关系，批驳了桓谭的观点。郑说："夫火因薪则有火，无薪则无火，薪虽所以生火，而非火之本；火本自在，因薪为用耳。"他还说，当燃烧的木柴浸泡于水中时，火就灭了，而再把木柴拿出来，火又可以燃烧。因此，火为本，薪为用也。火与薪各有其源，火并不依赖于薪。由此郑鲜之认为：薪乃火所寄，非其本也。"神形相资，亦犹此矣。"② 在何承天给宗炳的信中，何又提出这一问题："薪弊火微，薪尽火灭，虽有其妙，岂能独存？"用以否定神不灭的理论。

宗炳针锋相对地指出，火是因为木材的燃烧而产生，而人的精神并没有因为形体而产生。"火者薪之所生，神非形之所作。意有精粗，感而得形随之。"人的"意"（"识"）有精粗，感通而得到形的随附。一个人的精神境界达到极致，就能超越形体而独立存在，没有形体而精神长存就是法身常住。世间万物都是精神的感应所生，最高的终极的感应者就是佛："神道之感，即佛之感也。""则佛为万感之宗焉！"③ 宗炳也就在慧远"以感为体"基础之上，进一步发展了精神感应的理论。

根据现实生活中形残神不毁、形病神不困的生命现象，宗炳进一步论证了形神之关系。"若使形生则神生，形死则神死，则宜形残神毁，形病神困。"④ 他说：事实上并非如此，有的人身体虚弱，病入膏肓，但是精神平静、意志清醒。由此可见，主体的精神，并不因为身体的变化而产生相应的变化，更不会因为身体的消亡而随之消亡。宗炳提出的"形粗与神妙"即形神分殊论取代了之前的"薪火论"，其论述别开新意，使神不灭论有了坚实的理论支撑，这

---

① （梁）僧祐编撰，刘立夫、魏建中、胡勇译注：《弘明集》，中华书局2013年版，第307页。
② 同上书，第300页。
③ 同上书，第214、142、156页。
④ 同上书，第100页。

是对慧远神不灭论的重要补充和发展。

宗炳的神不灭思想，不仅涉及形神关系的问题，更重要的是涉及哲学的基本问题，即"物质与精神"的关系问题。这个问题在道家哲学中已露出端倪，李泽厚指出：《老子》的哲学强调任何有限的、可以感知的事物都非真实的存在，而"道"是世界的总规律，是最高的真理，也是最真实的存在。规律、真理、存在，某种意义上论，三者在老子那里是三位一体不可区分的。① 同样在宗炳的佛学理论中，"道""神""佛性"是三位一体不可区分的。道家的"得一而灵"，在宗炳这里，就成了"得佛而灵"。这里的"一"与"佛"，也就是"道"。这也是宗炳的佛教理论从"道"开始的缘故所在。

有学者认为，"如果以往的'神灭'和'神不灭'的论争，都是指肉体和灵魂的关系；而宗炳的《明佛论》，则扩展及精神与物质（自然事物）的关系。这其实可以视为哲学上形神之争的一个重大转折，具有里程碑式的价值。"② 的确，如果对宗炳的"神"的理解仅限于灵魂的话，显然并不周全，因为除了借用《周易》中的两句表述作为神的定义外，宗炳对神的特质、特征作了更充分、更深刻的论述。

宗炳所说的神，具有"精神""灵魂""佛性""法身"诸义，具有通天达地、无所不及的特点："夫精神四达，并流无极，上际于天，下盘于地。"这与庄子笔下的那种逍遥、自由的"神"别无二致，表明宗炳与庄子一样，具有一种追求精神绝对自由的指向。宗炳所说的"形"，并不仅仅指身体，而是万事万物，所谓"万法皆空""万法无常"。

有鉴于此，宗炳明确表示："人是精神物，但使归信灵极，粗禀教戒。纵复微薄，亦足为感，感则弥升。"③ 人是具有精气、灵性的动物，即使再粗鄙，一旦皈依佛祖，接受佛法，也能够感应到佛

---

① 李泽厚：《中国古代思想史论》，人民出版社1986年版，第94页。
② 张晶：《宗炳与谢灵运：从佛学到山水美学》，《江西社会科学》2016年第7期。
③ （梁）僧祐编撰，刘立夫、魏建中、胡勇译注：《弘明集》，中华书局2013年版，第218页。

的教化而不断提升,最后达到佛教修持的最高境界。在宗炳看来,形由其神所主导,物质由精神所生,是精神的外在表现。宗炳的形神关系论实际上就是他的物质与精神关系论,也是其因果报应论的基石。

第四节　因果报应论

因为有"情识"对"神"的困扰或羁绊,"神"就会失去其无生的本性。而要摆脱这种困扰或羁绊,就要摆脱原来业报的主体,进入生死轮回之中,以期达到涅槃的境界。这既是形尽神不灭的真谛所在,也是因果报应的根源所在。

中国上古时期就有善恶报应说,"积善之家,必有余庆,积不善之家,必有余殃。"① 但是这种善恶报应说存在一些理论上的缺陷。其一,现实生活中,有些人做好人却得不到好报,有些人作恶却能够享受荣华富贵,这些无法解释的现象,导致人们怀疑有所谓真正的善恶报应。其二,中土原有的善恶报应论,把报应归结为"天道",所谓遭"天打雷劈";或者归结为"宿命",所谓"死生有命,富贵在天"。

印度佛教的业报说则由业感因缘、三世报应、五道轮回、地狱天堂等说教糅合在一起。"业"的意思是造作,泛指众生有意识的一切活动,分为身、语、意三业。业与报并称,"业"就是原因、缘由,"报"就是结果、回报。因此业报就是业因之报应。业报理论认为:众生所遭受的苦乐境遇,都是其自身所造的业所感召的报应结果,也就是所谓自作自受。而业报通"三世"(前世、今世、来世),人非一死百了,还要还清业债,经"五道轮回",五道是指地狱、饿鬼、畜生、人、天,前三道称"三恶道"。如果今世作恶,死后就要在三恶道中轮回受苦;如果为善,就可以不入三恶道,而转生为人、天。进而可以超脱轮回,以至达到最高的涅槃境界。与

---

① 余敦康解读:《周易·坤·文言》,国家图书馆出版社2017年版,第76页。

中土的善恶报应说相比，佛教的业报说，在理论上更为精致、圆满，也更加超验，但一些佛教经典对人们在五道轮回当中，所受的苦痛描写得形象逼真，骇人听闻。

无论是中土的还是佛教的报应说，都有超乎于经验之外的说辞，人们无法仅以现实经验来对应理解。特别是佛教的业报说，描述了人死后下地狱的十分恐怖的情景，引起中土人士的怀疑。桓玄和戴逵就曾先后致信慧远质疑，慧远则先后作《明报应论》和《三报论》，阐述其因果报应思想。慧远将佛教经典《阿毗昙心经》关于三报说与中国本土的善恶论结合在一起，认为有人怀疑报应，根本原因在于只是以此生此世为限，以现世作现报，未能知晓佛教所说的累世轮回这样一种因果报应关系。他认为，佛教的报应分为"现报、生报、来报"，"现报者，善恶始于此身，即此身受。生报者，来生便受。后报者，或经二生、三生、百生、千生，然后乃受。受之无主，必由于心"。[①] 因此报应有先后之分，迟速之别。报应的主宰者也不是中土所认为的天道、天命，而是作业者的"心"，是自作自受，乃自然之天理。

慧远指出：现实社会中可能出现所谓"积善而殃集，凶邪而致庆"以及"祯祥遇祸，妖孽见福"的现象，使人感到困惑，以至于有人说："积善之无庆，积恶之无殃。感神明而悲所遇，慨天殃之于善人。"[②] 上天为什么那么不公平？慧远认为，这是他们前世行为所得的报应，而今世作业还没有到报应的时候，也就是所谓"不是不报，时候未到"。

作为中土佛学家，牟子早已论述因果报应问题："阴施出于不意，阳报皎如白日。"况且倾其家财，广施善意，"其功德巍巍如嵩泰，悠悠如江海矣。怀善者应之以祚，挟恶者报之以殃。未有种稻而得麦，施祸而获福者也。"[③] 牟子只是简单地陈述了这个基本道理。慧远则是把印度佛教业报说和中国善恶报应说结合起来的一个

---

① （梁）僧祐编撰，刘立夫、魏建中、胡勇译注：《弘明集》，中华书局2013年版，第355页。
② 同上书，第357、358页。
③ 同上书，第39页。

开创性人物,他的报应说,特别是其三报论①,比中土以往的善恶报应说更为丰富、更加圆融。但关于三报论的问题,慧远还曾经说过:"将推而极之,则义深数广,不可详究。"②可见慧远并没有对三报问题进行详细、系统的讨论,而宗炳则承担了这一使命。

宗炳在慧远的基础之上,进一步丰富和发展了佛教的因果报应论,使之更为精致,更加合理,更能自洽。宗炳的因果报应论,是建立在事物普遍联系的基础之上的。他认为世界万事万物,都是相互联系的,每一个具体事物的出现,都是建立在一定的条件之上的:"生不独造,必传所资。"③每一个事物的出现都有其原因所在,每一件事物也都有其结果。"物无妄然,要当有故而然矣。"④他以史书所载的一些怪异事件为例,诸如白虹贯日、太白入昴、寒谷生黍、崩城陨霜之类,不是没有原因的,"皆发自人情"。有形质就必有光影,有声音就必有回响,当然有情志就必有报应。上属这些事件并不令人感到奇怪。("夫形无无影,声无无响,亦情无无报矣,岂直贯日陨霜之类哉?"⑤)虽然这种推导有着天人感应的色彩,但他的出发点是,有因必有果,有果必有因,宇宙间这种因果现象普遍存在。

针对慧琳和何承天对因果报应论的怀疑,宗炳说道:"夫辰月变则律吕动,晦望交而蚌蛤应;分至启闭,而燕、鹰、龙、蛇飒焉出没者。皆先之以冥化,而后发于物类也。凡厥群有,同见陶于冥化矣,何数事之独然,而万化之不尽然哉?"⑥日月星辰的运行,必然会带来节律的变化;有些动物如燕子、老鹰和龙蛇,行动迅速,那是因为它们通过长期的进化才形成这样的习性。世界万物之所以如此,都是经过自然界长期的陶冶、进化所形成的。

---

① 慧远的三报说直接继承了《阿毗昙心论》的思想,后者提出的是"四报论",但二者并不矛盾。

② (梁)僧祐编撰,刘立夫、魏建中、胡勇译注:《弘明集》,中华书局2013年版,第357页。

③ 同上书,第94页。

④ 同上书,第146页。

⑤ 同上书,第110页。

⑥ 同上书,第105页。

宗炳认为，任何事物的变化都是有其前因后果的，而且这种因果关系并不是"线性的"一对一的关系，而是"非线性"和"非对称性"的复杂关系。这种因果论是建立在条件论的基础之上的，因果是必然关系，是确定的。条件是偶然关系，也就是因缘关系，即具有机遇性质的关系，是不确定的。必然性加上偶然性，确定性加上不确定性，这就构成了宗炳的因果报应学说。

宗炳的因果报应说，又与他的"神"论有着十分密切的关系，在他看来，神是一个运动的永恒的主体，生灵万物作为神的秉承者，有什么业因，必然会有相应的报应，这就是他所说的缘会之理。精神为了追求最高的涅槃境界，生命会经过多次的生死轮回，因此可能会出现因缘幽远、经历亿万劫才能报应的现象："宿缘绵邈，亿劫乃报。"人们看到的往往是当下事物前后之间的关系，有时并非直接的因果对应关系。世俗凡人，一般局限于一生一世之内，而拓展开来，从三世五道轮回来看，其因果关系就不难理解了。有的人前世作恶，今生获报。更有的人可能是今生作恶，来世（也可能是一世、二世、十世乃至百世）才得到报应。如前所引："群生之神，其极虽齐，而随缘迁流，成粗妙之识，而与本不灭矣。"众生的神明，虽然在极致处都是一样的，但是，由于各自所受到的外界影响和发展变化，其具体的认识就有高下之别、精粗之分。既然各人有不同的际遇、有不同的经历，后来才会有不同的结果、不同的报应。按佛经的记载，释迦牟尼在成佛之前，就历经无数量劫，虽然禀受身体形质，但也遍历五道轮回，这就是以前的宿命因缘所导致的结果（"精神受形，周遍五道，成坏天地，不可称数也"）。[①]

三世报应说，是建立在轮回的基础之上的。佛教进入中土之前，儒家和道家只讲今生，不求来世，只有此生此世，现作现报，没有所谓轮回的观点。佛教与儒家和道家不同，重今生，更重来世，强调因果报应，劝善戒恶。因果报应与神的本性直接相关，"况精神作哉，得焉则清升无穷，失矣则永坠无极。""是以清心洁情，必妙

---

① （梁）僧祐编撰，刘立夫、魏建中、胡勇译注：《弘明集》，中华书局2013年版，第98页。

生于英丽之境。浊情滓行,永悖于三途之域。"① 如果我们的心灵洁净,定会产生雄奇绝妙的境界;而如果情思和行为污浊,那就会永久堕入地狱,转而成为畜生、饿鬼之类。

现实生活中,好人有时得不到好报,而一些品行恶劣的人却能享荣华富贵。司马迁在《史记》中就曾指出并感叹:伯夷、叔齐善为却得恶报,孔子独赞颜渊好学,而颜渊却早夭;楚国的商臣是成王的太子,后弑成王而立,并得其寿。其子庄王,不仅没有得到报应,反而问鼎中原,成就霸业。现实生活中的这些事例,有的人觉得不可理解,似乎不符合因果报应说。② 对于这样一类的现象,宗炳认为:"虽形有存亡,而精神必应,与见世而报,夫何异哉?但因缘有先后,故对至有迟速,犹一生祸福之早晚者耳。"③ 尽管一个人的身体不复存在,但是,因为精神不灭,毕竟会有所报应,这与现实的报应没有什么区别。每个人的因缘有先后,报应也会有迟速,好比一生中的祸福报应,有早也有晚一样。

事物之间的因果关系,有的比较直接,有的比较间接。宗炳说:"夫幽显一也,衅遘于幽,而丑发于显,既无怪矣;行凶于显,而受毒于幽,又何怪乎?"④ 幽显,就是阴间和阳间,有的人可能在阴间犯事,在阳间受到惩罚,对此人们可能觉得很正常;但有的人在活着的时候作了恶,死了之后在阴间受罪,对此人们为何感到奇怪和怀疑呢?"幽显"也可以理解为直接(显)和间接(幽),不管是什么因果关系,都会得到相应的报应,跑得了初一,跑不了十五。

有人曾经提出疑问:历史上秦将白起、西楚霸王项羽坑杀降卒60万人。⑤ 这60万降卒为何同时被杀呢?难道他们都有同样的罪

---

① (梁)僧祐编撰,刘立夫、魏建中、胡勇译注:《弘明集》,中华书局2013年版,第91、110页。
② 《史记》卷六一《伯夷列传第一》,中华书局1999年点校本,第2122、2124页。
③ (梁)僧祐编撰,刘立夫、魏建中、胡勇译注:《弘明集》,中华书局2013年版,第151、152页。
④ 同上书,第105页。
⑤ 秦昭王四十七年(前260年)白起坑杀赵国降卒40万人;西楚霸王元年(前206年)项羽坑杀降卒20万人。见《史记》卷七三《白起传》、卷七《项羽本纪》,中华书局1959年点校本,第2335、310页。

过、都应该得到同样的报应吗？宗炳说，这些人可能并不是罪大恶极，但是至少杀过生吧。要知道，世间万物各有各自的秉性，就是那些鸡、豕、犬、羊，也是天地所赐予的生命，而人常以杀生为食，既然这60万人都曾杀食群生，"故受害之日，固亦可同"。①

宗炳还以事例进一步地论述，报应的对象是不分贵贱和贫富的："贤否殊，贵贱异，其致报一也。报之所加，不论豪贱，将相、晋王不二矣。"即使是很低贱的鱼类比如肫鱼，其生命也是由天道所禀赋。古人要求打猎捕鱼时不可赶尽杀绝，对猎取对象网开一面，对一切众生一视同仁，"去杀为众戒之首"。②降卒们既曾有杀生之恶，又无贵贱之别，因此60万人同时被坑杀，就不足为怪了。宗炳在这里所秉持的是佛陀所主张的众生一律平等，一切众生都应获得尊重的理念，这种大慈大悲的最广泛的博爱理念正是佛教因果报应的思想基础。他还进一步指出，这些人"若在往生能闻于道，敬修法戒，则必不坠长平而受坑马服矣"。③这些人虽然已经得到这样的报应，如果他们今后能够崇信奉佛法、苦心修持，来生就不会再遭杀恶报了。这既是一种信仰，也是一种解释，还是对一切被冤死者的亲友们的一种安慰。宗炳通过这样一种慈悲无限、众生平等的理念，回答了所谓60万人被坑杀的问题。宗炳的这一回答，让何承天感到十分意外。

在因果报应论的争论中，何承天虽然以经验科学的立场来否定因果报应，但宗炳却以无法验证的三报论来反驳，报应就是报应，有因必有果，不是不报，时辰未到。何承天无言以答，"好像不是坚持报应的一方有问题，倒是反对报应的一方坐井观天。"④从中我们可以看到宗炳既有虔诚的佛学信仰，又具有睿智的辩论才能。

由于慧远三报论的提出和宗炳对此的系统阐释，在晋宋时期

---

① （梁）僧祐编撰，刘立夫、魏建中、胡勇译注：《弘明集》，中华书局2013年版，第137页。
② 同上书，第138、139页。
③ 同上书，第142页。
④ 刘立夫：《弘道与明教》，中国社会科学出版社2004年版，第86页。

有关因果报应的争论中，坚持报应的佛教一方往往"理直气壮"，而反对报应的一方不仅不能彻底击败对手，往往还显得理穷辞尽。原因就在于，反对一方没有触动报应论的理论基础——神不灭论。因果报应说虽然具有某种神秘色彩，但是对于促进人们弃恶从善，对于统治阶级进行社会治理，对于世道人心的善化，具有积极的意义，也正因此，宗炳的论述受到当时宋文帝的褒奖。

第五节 渐悟论

在宗炳看来，佛教有三大基本原理，即神之不灭，缘会之理，积习而圣，《明佛论》就是基于这三大原理而展开论述的。有神灵不灭，有缘会之理，就有因果报应，而因果报应说的最终目标，是劝勉人们积善成德。圣道虽远，积学能至；累尽鉴生，方应渐悟。

魏晋南北朝曾经有过长时间的顿渐之争，晋末宋初尤甚。顿渐之说，是佛教关于证悟成佛的步骤和方法。所谓顿悟，即不需要按次第长期修习，而是突生心念顿然领悟佛法真谛，直见真心，达到佛道最高境界；而渐悟，就是渐次修行，待到心明累尽，方能达到彼岸，修成正果。

晋宋之际，主顿悟者首推道生，其反对者甚多。而谢灵运对其顿义甚为服膺，乃著《辩宗论》为其辩护。此时的主渐悟者则首推慧观，观著《渐悟论》与道生辩难。在主渐悟的支道林看来，神悟迟速，莫不缘分。支道林坚持修行悟道，"为学日损"。宗炳主张"积习而圣"，就是渐行以至成佛。"积习"就是积累善行，就是渐修、渐悟。[①] 到了隋唐时期，对顿渐的理解，又与晋宋时期不尽相同，此是后话。

慧远认为："人之难悟，其日固久。是以佛教本其所由，而训必有渐；知久习不可顿废，故先示之以罪福；罪福不可都忘，故使权其轻重；轻重权于罪福，则验善恶以宅心；善恶滞于私恋，则推

---

① "宗炳亦同时人，并执渐悟。"见汤用彤《理学，佛学·玄学》，北京大学出版社1991年版，第113页。

我以通物。"也就是说，众生迷惑很久，很难在短时间内启发开悟，其习染不可能在一瞬间全部根除。因此佛教只能逐渐训导，用善恶之事来责问心灵，用罪罚福赏来警示心灵，使心灵逐渐返回根本。慧远还说："夫善恶之兴，由其有渐，渐以之极，则有九品之论，……"[①] 每一个修行者，都需要经过积累功德、渐次进阶，最后达到涅槃的境界。同样在渐修问题上，慧远也没有过多的阐述，宗炳在此基础上做了充分的论证。

实际上，当时的义僧们已经开始知晓和接受《大般泥洹经》的基本思想"一切众生，皆有佛性。皆有佛性，学得成佛"。[②] 慧远就有人可成佛的思想，道生正是受慧远的影响，将自己的法性思想强化为佛性，认为众生之所以可以渐修成佛，那是因为众生皆有佛性。

何谓佛性？佛性是指众生都具有觉悟的心性，也就是具有成佛的本性。因此，只要潜心修持、积善弃恶，就具有成佛的必然性，就能到达彼岸世界。在宗炳看来，"佛性"可通过"识"来体现。"则向者神之所含知尧之识，必当少有所用矣。又加千岁而勿已，亦可以其欲都澄，遂精其神如尧者也。""今以不灭之神，含知尧之识，幽显于万世之中，苦以创恶，乐以诱善，加有日月之宗，垂光助照，何缘不虚己钻仰，一变至道乎？"[③] 上述两处言及的"含知尧之识"，均指人可具有与尧帝一样的存善去恶的心识与认知。这种心识与认知，就是觉悟或反省的能力（"识能澄不灭之本"），有了这样一种能力并发挥其作用，再经长期不懈的修炼，可以摒弃其贪欲，灵魂就像圣人一样澄明清净，达到人生的最高境界："是以始自凡夫，终则如来，虽一生尚粗，苟有识向，万劫不没，必习以清升。"[④] 有些凡夫俗子，可能有些粗鄙，但因为有佛性，通过长期的

[①] （梁）僧祐编撰，刘立夫、魏建中、胡勇译注：《弘明集》，中华书局2013年版，第353、357页。

[②] （梁）释僧祐著，苏晋仁、萧鍊子点校：《出三藏记集》，中华书局1995年版，第235页。

[③] （梁）僧祐编撰，刘立夫、魏建中、胡勇译注：《弘明集》，中华书局2013年版，第104、105页。

[④] （梁）僧祐编撰，刘立夫、魏建中、胡勇译注：《弘明集》，中华书局2013年版，第214页。

修炼和积累，也可成佛。

在宗炳文中，"识"有精粗之别，精妙之"识"，代表着人的一种积极的、向上的、向善的意识和能力；粗糙之"识"则相反，会成为神的一种束缚和累赘。"伪有累神，成精粗之识。识附于神，故虽死不灭。渐之以空，必将习渐至尽，而穷本神矣，泥洹之谓也。"① 逐渐以空理体悟，让过去的习染逐渐消除殆尽，而与本神合一，这就达到最高的涅槃境界了。

正因为如此，宗炳明确表示："人可作佛，其亦明矣。"成佛，就是精神不断摆脱粗糙之"识"的习染的过程，同时又是摆脱贪欲之"情"的困扰的一个过程："诚自剪绝，则日损所情，实渐于道"，② 推动着神识走向澄明空灵的境界。这个境界就是成佛的境界，宗炳也称之为"无生""无身""法身""泥洹"，有时以抽象的"至""道""极""冥极"称之，有时也以圣人"尧舜""汤武"代之。

宗炳不主张顿悟，因为觉悟的过程不是一蹴而就的，而是渐次阶进的："无生不可顿体，而引以生之善恶同。善报而弥升，则朗然之尽可阶焉。"③ "无生"这种境界，不是一次可以彻底达到的，而是要经过长期的修炼，渐次提高，最后达到最高境界，是由量的积累达到质的改变与跃升，这就是所谓的"渐悟"，宗炳多称其为"渐修""徐成""积习"。所谓"清升无已，径将作佛。"④ "自恐往劫之桀、纣，皆可徐成将来之汤、武。""稍灭其恶，渐修其善""积习而圣"。⑤

依据佛法教义，宗炳说这个渐修的过程可能有"千岁"之久，还有可能是"万世""亿劫"之更久。在谈到周、孔治国之成败、七十二个弟子多有短寿的问题时，宗炳说："若使外率礼乐，内修无生，澄神于泥洹之境，以亿劫为当年，岂不诚弘哉！"仅仅弘扬

---

① （梁）僧祐编撰，刘立夫、魏建中、胡勇译注：《弘明集》，中华书局2013年版，第113页。
② 同上书，第105、145页。
③ 同上书，第151页。
④ 同上书，第162页。
⑤ 同上书，第105、104、98页。

儒家学说是不够的，必须内外兼修，外遵礼乐法度，内修佛法教义，澄明神识，达到无欲无为的最高境界，以亿万年为一年，这才是真正的弘道。无论是"千岁""万世"，还是"亿劫"，对囿于常识的凡夫来说，可能无法理解。但从佛教的观点来看，生命不止一次，而是无数次，形亡而神存。所谓涅槃，既是死亡，更是新生。"精神无灭，冥运而已。"① 肉体可以死亡，生命并没有结束。灵魂永恒不灭，只是在悄然运行。经过无数次的生命轮回，修炼提升，最终到达佛国的彼岸。

虽然成佛是一个长时期的渐进过程，但并不意味着遥遥无期。宗炳举例说：即使是无法生殖的蜾蠃，也会捕获螟蛉的幼虫，将其哺育长大，以此传宗接代。更何况是人，修习佛法者有神灵昭示使之明理，在宝积佛的荫泽之下，升起须弥灯王的法座，接受佛法的启示，遵守佛教的戒律，即使再愚钝浅薄，也能够感应到佛的教诲而不断地提升，成佛怎么会遥遥无期呢？（"况在神明理，荫宝积之盖，升灯王之座，何为无期？"）② 因此只要我们虔诚修佛，苦心持戒，人皆可以成佛。即使过去造有类似桀、纣那样的罪业，只要一心向道，也可通过逐步修炼而成就汤、武一样的功德。

为什么要修炼呢？佛陀初转法轮时，特以"四谛"说明生死流转以及解脱之道，以激发众生持戒修道的决心。"四谛"，又称"四圣谛"，即苦、集、灭、道谛，是四条绝对正确的真理。"四谛"揭示了人生的痛苦真谛，痛苦产生的原因，摆脱痛苦的理想和目标，以及摆脱痛苦的正确途径。"四谛"说可以说是佛教整个思想的理论基础，佛教所有的重要思想都与"四谛"有关，都是为了从某一方面为其论证，宗炳的佛学思想也是如此："夫人之生也，与忧俱生。"③ 人的一生，三灾八难，五劳七伤，"一切皆苦"。

---

① （梁）僧祐编撰，刘立夫、魏建中、胡勇译注：《弘明集》，中华书局2013年版，第217页。
② 《宗居士炳答何承天书难白黑论》，载（梁）僧祐编撰，刘立夫、魏建中、胡勇译注《弘明集》，中华书局2013年版，第214页。
③ （梁）僧祐编撰，刘立夫、魏建中、胡勇译注：《弘明集》，中华书局2013年版，第162页。

佛教有所谓二苦、三苦、四苦、五苦、八苦乃至一百一十种苦等无量诸苦。而"四谛"的根基就是"苦谛"。要摆脱人生的苦难，也就是要摆脱人的各种贪欲，摆脱身体对神灵的束缚、困扰，那就要静心节欲，积善抑恶。"夫自古所以丕显治道者，将存其生也。而苦由生来，昧者不知矣。"① 一个人即使无比的儒雅高贵，或者是统治万千臣民的君主，世间的一切对于他来说，都是镜花水月之象；家人的严酷冷峻也罢，妻儿的欢颜笑语也罢，都只是迷离恍惚之气，生命短暂，光阴易逝。"神既无灭，求灭不得，复当乘罪受身。"神既然不能消灭，还得再次禀受身体轮回遭罪。"故诸佛悟之以苦，导以无生。"② 所以真正明智的人，只要虔诚信奉佛法，诚心戒持，以助精神超越。"生蒙灵援，死则清升。清升无已，径将作佛。"③ 这就是宗炳所信仰与描绘的一条摆脱苦痛、通往极乐世界的道路。

何谓"生蒙灵援，死则清升"？按宗炳的说法：人生穷极恶事苦毒难堪，如果不信修佛法，一生都不能消除这些苦毒。凡是精修佛法的人，在临死时都是神意安定的。在危急紧迫的时候，只要一心念观世音名号，没有不蒙受救济的。

《明佛论》中有一段话，集中地表达了宗炳佛学理论中人从"生"到"死"以至"无生"的整个过程：

> 夫生之起也，皆由情兆。今男女构精，万物化生者，皆精由情构矣。情构于己，而则百众神受身大似，知情为生本矣。至若五帝三后，虽超情穷神，然无理不顺，苟昔缘所会，亦必循俯入精化，相与顺生，而敷万族矣。况今以情贯神，一身死坏，安得不复受一身，生死无量乎？识能澄不灭之本，禀日损之学，损之又损，必至无为，无欲欲情，唯神独照，则无当于生矣。无生则无身，无身而有神，法身之谓也。④

---

① （梁）僧祐编撰，刘立夫、魏建中、胡勇译注：《弘明集》，中华书局2013年版，第151页。
② 同上书，第162、151页。
③ 同上书，第162页。
④ 同上书，第106页。

生命皆由性情感应所致，阴阳和合，万物化生。而人的精气，都是由情志构合而成。于是众生的神灵，得以有所禀受之形质，情志乃生命之根本。即使是三皇五帝，也要遵循教化之道，顺应生化之德。今天人们用情志来裹挟精神，一个身体死亡腐朽，精神就会再次寄宿一个身体，以至生死轮回而不可计量。人的灵识可以澄清不灭的精神本体，如果秉持道家的"日损之学"，日复一日，终能将贪爱情欲消除殆尽，以至于无欲无为，唯有神灵独照，这就达到了"无生"的境界。到了无生的境界，就可以不受身体的限制，而只有精神的存在，这就是佛教所谓的"法身"。

这里所说的"日损之学"，来自老子的"为道日损"。"为道"，就是指修炼、修行。"日损"，是每天要有所放弃，或者"放下"。"为道日损"就是修行者要想修得圆满、修成正果，得道、升仙或成佛，就要逐渐减损欲情，日复一日，损之又损，返璞归真，遁入空寂，最后就能"练而可尽""超至无功""遂至冥极"①，《庄子》曰："指不至，至不绝"（事不能达到事物的实际，即便达到了也不能穷尽）。② 宗炳坚持渐修的理念，与他崇尚道家恐怕有着密切的关系。

而所谓"法身"，又称为"无生"或"涅槃"。涅槃就是寂灭。佛典又称信徒的死亡为"圆寂"，也就是"诸德圆满、诸恶寂灭"。既然死亡是一种超脱，平生修行积德，向死而生就意味着到了极乐世界，因此如果老人死于天年，那当然就是一种喜事。中国人早有办白喜事的传统，尤其是宗炳所处的荆楚大地，老人去世后在家停尸数日举行法事，或请和尚念经，或请道士开路，还有草台戏班或邻里乡亲，且歌且舞，数日不绝，名曰"鼓盆歌"或"唱丧歌""打丧鼓"，有时直系亲属甚至也参与其间。这与庄子妻死鼓盆而歌的行为有着十分密切的渊源关系。③

或许是宗炳家族世居荆楚大地的缘故，也或许宗炳信奉道家和佛教的缘故，"（妻）罗氏没，炳哀之过甚，既而辍哭寻理，悲情顿

---

① （梁）僧祐编撰，刘立夫、魏建中、胡勇译注：《弘明集》，中华书局2013年版，第116、144、119页。
② （清）郭庆藩撰，王孝鱼点校：《庄子集释》，中华书局2018年版，第1107页。
③ 庄子，宋国人，实乃楚庄王之庶系后裔。

释。谓沙门释慧坚曰：死生不分，未易可达，三复至教，方能遣哀。"① 妻子去世，宗炳自然十分悲痛，但是后来自觉地停止哭泣，用佛理自遣，悲哀情绪顿时释解，他对前来吊丧的慧坚和尚说，生与死的区别不容易明白，再三思考佛理，才能排遣心中的悲哀。正是因为明了佛理，宗炳对妻子之死，最终能平静对待。

皇皇佛典，无非"生死"二字。宗炳的佛学思想也是如此：生乃痛苦，死乃解脱。生，是生命的开始；死，并不意味着生命的结束，而是获得新生。不要因为生的痛苦而感到无助，也不要因为死的痛苦而感到恐惧，此中有解脱之道，这就是奉行佛法，潜心修持。佛教既是生命哲学，也是死亡哲学，不仅有助于世俗之人正确认识生命、正确对待死亡，而且有助于临终关怀。

慧远和宗炳等人所倡导的净土信仰，给众生提供了一个美妙的往生世界。同时给众生提供了一种可行的修行方式，潜心修持，观想念佛，渐次超脱。而这可能也是宗炳笃信佛教，参与建斋立誓向往西方极乐世界的根本原因所在。宗炳所论证的"人可成佛""积习而圣"的理念，又为众生提供了一种可以企及的前景。因此，慧远和宗炳的理论对于佛教初入时的中国化、大众化，起到了奠基性的作用，慧远开其端绪，宗炳则发扬光大。

第六节　心本体论

宗炳的佛学思想是建立在其心本体论的基础之上的，其《明佛论》开门见山、言简意赅地亮出自己的哲学观点：

"须弥之大，佛国之伟，精神不灭，人可成佛，心作万有，诸法皆空；宿缘绵邈，亿劫乃报。"② 宗炳还引用经文云："一切诸法，从意生形。""心为法本，心作天堂，心作地狱。"心为万事万物之本，心念造作万有，心既可以引导人超脱、涅槃而入天堂，也可以

---

① 《宋书》卷九三《宗炳传》，中华书局2019年点校本修订本，第2503页。
② （梁）僧祐编撰，刘立夫、魏建中、胡勇译注：《弘明集》，中华书局2013年版，第91页。

导致人下地狱，变成畜生、饿鬼，坠入苦界。宗炳列举史籍中所记载的一些奇异现象，如白虹贯日、太白入昴、寒谷生黍、崩城陨霜之类，认为这些都是人的心灵与外物感应所致。"夫《洪范》庶征休咎之应，皆由心来。"①

心是什么？在宗炳看来，心是与物色发生交涉感应的主体，是一切休咎祸福的根本原因。心与神是什么关系呢？神内在于个体生命之中，"随缘迁流，成粗细之识"，识即意识，众生的识因神而生。神乃心所依，心以神为缘："夫众心禀圣以成识，其犹众目会日以为见。"②宗炳以眼睛借阳光才能看到事物为例说，心也就因为借助于神才有识见。识是心的一种功能，或者说是"心之用"，是心观照感应动能的实现。"心"在个体上表现为识的不同，在特质上有粗妙之别，在功能上有高下之分。神本清净无欲，情欲之生在于心与物接，即心因外界环境而生出情欲，从而使心与神相背离。"夫圣神玄照，而无思营之识者，由心与物绝，唯神而已。……今以悟空息心，心用止而情识歇，则神明全矣。"③圣人的精神能够洞察世事，映照万物，而又没有世俗之见识，那是因为他们的心灵与外物隔绝，唯有精神存在而已。即使是像颜渊这样的卑微小子，他终日追慕圣人，即使一贫如洗也不改其乐。但是今天的人们可不是这样，他们的心灵与外物交织在一起，而不能专注于精神（"今心与物交，不一于神"）。只有以对佛理的觉悟来排除俗念，从而使情识消歇，人的神明才不会有缺失。

简言之，心具有本体本源的性质。心是至上的，心生情，情相缘成识，识生感而成形。由此可见，心由情与识共同作用，而心与神是二而一的关系，心与佛性、法身在本质上是一致的。在宗炳看来，心神有这样一些特征：

其一，心神是真实的、长存不灭的。人的形体（身体）是虚幻的、短暂的，是有生有灭的。然而，"若鉴以佛法，则厥身非

---

① （梁）僧祐编撰，刘立夫、魏建中、胡勇译注：《弘明集》，中华书局2013年版，第110页。
② 同上书，第116页。
③ 同上书，第112、113页。

我，盖一憩逆旅耳。精神乃我身也，廓长存而无已"。① 群生虽然是一种可以感知的存在，但是，它却是因缘和合的结果，是即生即灭的，所谓万法无常。因此我的身体并非我本身，只是供我心神休憩的宿体而已。精神才是我身体的主宰，它廓然长存，无始无终。精神虽然看不见摸不着，所谓神本至虚，但它却是一种"有"。

其二，心神是自由的。"今自抚踵至顶，以去陵虚，心往而勿已，则四方上下皆无穷也。"② 宗炳展现的既是佛教的一种无限的心灵空间，又是庄子的逍遥无穷的精神自由。"夫精神四达，并流无极，上际于天，下盘于地。"宗炳更是借用了《庄子·刻意》篇的表述，"圣之穷机，贤之研微"。③ 且能化育万物，不可为象，至广大、至精微，精神作用所到之处，都是不疾而速，不行而至，遨游天宇，逍遥自在。

其三，心神具有主导性。它主宰形体，主宰众生，主宰万物，主宰社会。"群生皆以精神为主，故于玄极之灵，咸有理以感。"社会要达到最佳的治理，则是效法自然之道，而天下大乱必定是因为凌驾于自然天理之上，无论是治还是乱，其中关键都在于人的心神的作为。"夫至治则天，大乱滔天，其要心神之为也。"④

其四，心神是人之成佛的推动力。人的"心""情"不同，就会有不同的结局："是以清心洁情，必妙生于英丽之境；浊情滓行，永悖于三途之域。"或上天堂或下地狱，其主导在于人的"心""情"如何。情、识方面的贪欲是精神的累患，而心则是消除这种累患的主动力量。这就是要修炼，"况精神作哉，得焉则清升无穷，失矣则永坠无极。"⑤ 通过修炼，摒弃累患，摆脱轮回，追求理想人格和最高境界，谓之"习而可尽"。

心与神，虽然本质上是一致的，但不意味着是等同的。在一定的情况下，心与神，又是有所区别的。按照传统哲学分类来说，在

---

① （梁）僧祐编撰，刘立夫、魏建中、胡勇译注：《弘明集》，中华书局2013年版，第156页。
② 同上书，第94页。
③ 同上书，第101页。
④ 同上书，第156、103页。
⑤ 同上书，第110、92页。

宗炳那里,"神"兼有主观与客观之义。它既是生灵的主宰,又是客观存在。形体有生死轮回,神却是无生无灭的,是在冥冥之中运行的。心则属于主观的范畴,它体现出人的主观性、能动性,它造作万物、感应万物,它主导着凡夫的行为,也决定着凡夫的业果。心与神又不可能截然分开,因为它们在本质上是一致的。

宗炳因此勾勒出一个完整的心本体论的理论体系,这可以说是宗炳笃信佛教的根本原因所在,也是宗炳认为佛教高于中土文化的地方所在。宗炳借用庄子的话说:"悲夫,中国君子,明于礼义而暗于知人心。"中国人注重伦理道德,缺乏对精神、对心灵的重视。在宗炳看来,儒家文化"治之粗感""专在治迹","何其笃于为始形,而略于为终神哉?"①儒家文化重在关注治理社会,重在人的生命开始及形体,而忽视人的精神和死亡。

儒家文化的仁义礼智、修齐治平的社会伦理学说,为中国人建立了一条通往道德境界和建立理想人格的理论体系。儒家文化非常注重心性问题,其伦理学说的理论基础就是心性问题,强调人的修身、诚意、正心。但是儒家的这种心性论,重在人的性命和德行,而非作为本体意义上的精神和心灵。

孔子在对宰我问"三年之丧"时曾有这样的回答:"夫君子之居丧,食旨不甘,闻乐不乐,居处不安,故不为也。"②可见孔子"把'礼'以及'仪'从外在的规范约束解说成人心的内在要求"。"这样一种现实的伦理——心理模式,正是仁学思想和儒学文化的关键所在。"③

曾子注重人的心理、意识对人的行为的影响,曾子曰:"吾日三省吾身,为人谋而不忠乎?与朋友交而不信乎?传不习乎?"④又曰:"喜怒哀乐之未发谓之中;发而皆中节谓之和。中也者,天

---

① (梁)僧祐编撰,刘立夫、魏建中、胡勇译注:《弘明集》,中华书局2013年版,第91、96页。
② 程树德撰,程俊英、蒋见元点校:《论语集释·阳货》,中华书局2018年版,第1592页。
③ 李泽厚:《中国古代思想史论》,人民出版社1986年版,第20—21页。
④ 程树德撰,程俊英、蒋见元点校:《论语集释·学而》,中华书局2018年版,第24页。

下之大本也；和也者，天下之达道也。致中和，天地位焉，万物育焉。"① 这也就是说，适当地控制人的情感，就叫中和。而"中和"则是天下最重要、最普遍的法则。如果能够达到中和的境界，则天地交泰万物和谐。可见，人的情感、意志与世间万物有着内在的同一性。这里已经具有某种"心作万有"的意味。

孟子也注重研究人的本性问题，对心性问题多有阐述。孟子认为：人具有良知良能，也就是具有天赋的辨别是非善恶的智慧和能力。"尽其心者，知其性也，知其性，则知天矣。"② 竭力保持自己善良的本心、修养和本性。人要适应自然、顺应天命，其根本之处是发挥人的主观能动作用（"心"）。

如果说心性原则在孔子仁学体系当中，是属于第二因素的话，那么到了孟子那里，就成了他的整个理论结构的基础和起点。统治者如果有"不忍人之心"，就能够统一天下。而人皆有仁、义、礼、智这四种内在的道德素质即"四端"，这"四端"都根之于心。而孟子的"万物皆备于我"，③ 则已经具有心本体论的色彩。

从本质上看，孔孟的心性学说是一种伦理学说。孔孟之"心"，归根到底就是仁爱之心。"君子所以异于人者，以其存心也。君子以仁存心，以礼存心。"④ 在孔孟那里，所谓"心"，本质上是伦理之心，也就是具有先验性质的道德意识。

先秦思想家对"心"的认识功能也进行了一些探索，如孟子有言："心之官则思。"⑤ 管子说："心也者，智之舍也。"⑥ 荀子认为，耳、目、鼻、口、形（身），是人的五种感官，谓之"天官"。而"心居中虚以治五官，夫是之谓天君。"⑦ 也就是说，"心"位于胸

---

① （汉）郑氏注，（唐）孔颖达疏：《礼记正义》卷第五十二，《中庸第三十一》，载（清）阮元校刻《十三经注疏》，中华书局2009年版，第3527页。
② （清）焦循撰，沈文倬点校：《孟子正义·尽心上》，中华书局2018年版，第943页。
③ 同上书，第949页。
④ （清）焦循撰，沈文倬点校：《孟子正义·离娄下》，中华书局2018年版，第641页。
⑤ （清）焦循撰，沈文倬点校《孟子正义·告子上》，中华书局2018年版，第852页。
⑥ 黎翔凤注：《管子校注·心术上》，中华书局2018年版，第851页。
⑦ （清）王先谦撰，沈啸寰、王星贤整理：《荀子集解·天论篇》，中华书局2012年版，第303页。

腔中空的地方，是主宰五种感觉器官的器官，所以把它叫作身体的天然主宰者。又说："人何以知道？曰：心。"① 可见，"心"可以认识事物的规律，如此等等。

尽管先秦哲学家们对心性有不同层面的探索，但从总体看，其"伦理学的探讨压倒了本体论或认识论的研究。"② 同样是注重修身养性，或者是基于性善论（孟子），或者是基于性恶论（荀子），前者（孟子）注重主观意识的内心修养，后者则注重客观现实的人为改造。总之，在宗炳之前，中国哲学（主要是儒家学说）的重大缺憾是，对人的精神问题、心灵问题缺乏从本体论的角度、从形而上的层面给予关注和探究。而佛教文化的传入，在很大程度上弥补了这一缺陷。

而道家学说，则从另外一个角度，研究了人的精神——心性问题。如果说老子的学说是宇宙论加上政治学的话，那么庄子的学说则主要是一种追求精神自由超脱的形而上学和人格本体论学说。庄子关心的不是政治（老子）问题、伦理（孔孟）问题，而是个体存在的身心问题。老子通过对道的论证和展开，形成了他的宇宙本体论，庄子则通过道的论证和展开，形成了他的人格本体论。庄子反对"人为物役"，要求"不物于物"，主张"心斋""坐忘"，追求心灵的自由逍遥。庄子的自由，实际上是摆脱了肉体束缚、物欲困扰的精神自由、心灵自由。最后达到一种"天地与我并生，万物与我为一"的境界。这种境界就是庄子所说的"御六气之变以游无穷"的"至人""真人""神人"的理想人格境界。这些都与佛教通过修炼成佛达到涅槃境界，有异曲同工之处。

这种人格本体论学说正是魏晋时期庄学大行其道的缘故所在，所谓玄学，本质上是庄学。玄学注重对人格的本体构建，因此注重对形神即身心关系的探究，追求心灵的超脱，追求精神的自由。玄学上承庄子的人格本体论，下接佛学的心性学说。为宗炳的心本体论提供了思想资料。但是无论是庄子还是玄学，都同样对心性问题

---

① （清）王先谦撰，沈啸寰、王星贤整理：《荀子集解·解蔽篇》，中华书局2012年版，第383页。
② 李泽厚：《中国古代思想史论》，人民出版社1986年版，第32页。

缺乏本体论的研究。

宗炳注重对心本体论的研究,首次明确提出"人是精神物"的著名论断,这在中国哲学发展史上具有十分重要的意义。有学者指出:"佛教哲学的对象并非鬼神系统,它以人的精神'解脱'为终极目的,所以关注的是个体的精神生活。"[1] 宗炳正是如此,这与他的净土信仰有着密切的关系。早期净土思想的经典,对心本体论有系统的论述:"我所念即见,心作佛,心自见,心是佛心,佛心是我身。"[2] "是心作佛,是心是佛"[3] "心为法本,心尊心使。"[4] "一切皆心作,一切皆因心。"[5] "心如工画师,能画诸世间"[6],可见,心乃万物根本,三界都是心所造作。佛经的心本体论在于为人的弃恶从善提供理论基础,因此佛经强调,人具有向善的本觉("心性本觉"),这种心性本觉,也就是所谓佛性("真心"),是这样一种本觉、真心,作为人们成佛的根据。佛教心性本觉的理念,与中国本土文化中注重人的先验道德意识的理念不谋而合。佛教更强调,人的行为可以由心来支配,而不受外界的影响。只有专注于内心的追求、修持,才能解除和摆脱外界的影响。因此,人生解脱的目的只有靠心来实现,也只可以靠心来实现。

张岱年先生曾经这样说过:"佛教传入中国以后,佛教徒宣扬了'心作万有,诸法皆空'的观点。"[7] 张先生所说的佛教徒正是宗炳(见张注)。宗炳作为净土思想信徒,正是在继承净土经典思想以及师父慧远思想的基础之上,结合中国儒家伦理心性论和道家的人格本体论,建立了以"心作万有"为核心的心本体论学说。宗炳认为,人之所以可成佛,在于人皆有佛性或"真心",此心便是神识,便是人的真正的"精神"。它是宇宙万物的本体、本源,也是

---

[1] 潘桂明:《〈中国佛教史考论〉序》,见周建刚《中国佛教史考论》,中国社会科学出版社2019年版,序第4页。
[2] 《般若三昧经》,《大正藏》第13册,第899页。
[3] 《观无量寿佛经》,《大正藏》第12册,第343页。
[4] 《增一阿含经》卷五十一,《大正藏》第2册,第827页。
[5] 《正法念处经》卷十五,《大正藏》第17册,第90页。
[6] 唐译《大方广佛华严经》卷十九,《大正藏》第10册,第102页。
[7] 张岱年:《中国古典哲学的几个特点》,《北京大学学报》1957年第8期。

成佛的最终根据。有学者指出：南北朝时期，佛教"借助神不灭的讨论，进一步整合其思想，将其对世界观的关注进一步集中于心性问题，既顺应了业已展开的佛性讨论，又肇始了唯识思潮。"① 宗炳是这一场大讨论的肇始者，他不仅将"心"提高到本体论的高度，而且建立起系统的心本体论，这在中国心性论发展史上，具有承上启下的意义。

宗炳的心本体论思想，首先在笃信佛教的梁武帝那里得到呼应和发扬。当时范缜著《神灭论》，认为形体消亡时，心神亦随之消失；心神既然已经无存，也就没有成佛之说，从而掀起了新一轮的神灭神不灭之辩。梁武帝坚持慧远和宗炳的神不灭的思想，著《立神明成佛义记》，对范文予以驳斥。梁武帝认为，肉体虽然消亡，但精神不灭唯因心神不灭，始可成佛。"神明以不断为精，精神必归妙果。"梁武帝还认为："夫心为用本，本一而用殊，殊用自有兴废，一本之性不移。"又说："以其用本不断，故成佛之理皎然。"② 心乃各种现象之根本，现象千差万别，而本体只有一个。现象有生有灭，而心识却不会消亡，因此众生成佛则是不言而喻的。梁武帝将神不灭论作为心识问题来探讨，强调心神具有无明与神明之二面，其思想也源于宗炳思想。在宗炳看来，众生之神因其因缘不同，所获得的"识"有粗妙之别，也就是无明与神明之别，但其精妙之识，可以澄清不灭的精神本体，摒弃情欲、累患的侵蚀，最终达到无生的境界，也就是修成佛果。因此神明是人的身体的主宰，这里充分肯定了人的精神的主观能动性。从宗少文到梁武帝，从"心作万有"，到"心为用本"，其心本体论的思想可谓一脉相承。正如汤用彤先生所指出的那样：宗炳《明佛论》其旨"在明神性常住而随缘迁流，若能渐修，可以成佛。武帝所证，亦不出此"。③

---

① 季羡林、汤一介主编，张雪松著：《中华佛教史》（汉魏两晋南北朝佛教史卷），山西教育出版社2014年版，第212页。
② （梁）僧祐编撰，刘立夫、魏建中、胡勇译注：《弘明集》，中华书局2013年版，第585、588、589页。
③ 汤用彤：《汉魏两晋南北朝佛教史》，商务印书馆2015年版，第576页。

梁武帝之后,《大乘起信论》在中土大地问世①,其中的思想与宗炳的佛论异曲同工。《大乘起信论》认为世界万有是宇宙的心的生起和显现,同时提出一心二门说。一心就是宇宙之心,乃天地之本。它是世间乃至出世间、物质和精神的一切现象的本质,是众生成佛的主体和依据。一心又分为二门:心真如门、心生灭门。真如就是真心,它是非生非灭、非染非净、真实如常的;而心生灭门,则是因为真如之心受到"无明"的影响,而出现生、住、异、灭四相。"心真如门显示心的本体、绝对、无差别的一面,心生灭门则是显示心变现生灭现象、相对、有差别的一面。虽然一切现象随染净的因缘条件而生起,但是真如本体仍然恒静不动。反过来说,虽然真如湛然不动,但是一切现象仍然生灭不已。"②心外的一切现象,一切境界,由妄心(无明)而起,又由净心(真如)而灭,"从染入净",最后返归真如,显现真如的本来面目,证得涅槃。这实际上就是由真心(佛性)所主导的修持成佛的整个过程和理论根据。

宗炳生活的年代,是般若学向涅槃学转变的时期,当时佛教面临的问题是如何成佛的根据问题,这也是宗炳护法思想的根本点。正如有学者所指出的那样:"南朝神不灭理论,不仅仅是为了论证因果轮回,而是涉及佛性等当时诸多佛教重要问题,是一种具有较高思辨性的哲学理论。"③而宗炳不仅是南朝神不灭理论的重要开拓者,更是神不灭理论的缜密而系统的论证者。相比之下,他的对手何承天等人,其理论未免显得单薄,更缺乏思辨的深度。即使是后期的范缜,虽然其《神灭论》在历史上影响很大,但实际上范的理论,"除了非常大胆的'神灭论'结论外,其思维方式和水准,在思想史上很难说有独特的创新。"④

净土心性论思想的传入,加上像慧远、宗炳这样一些信仰坚定、

---

① 《大乘起信论》究竟是印度佛经,还是中土人士所撰,史上多有争讼。详见梁真谛译,高振农校释《大乘起信论》校释者序言,中华书局2016年版。

② 参考方立天《佛教哲学》,长春出版社2006年版,第146页;吕澂《〈大乘起信论〉考证》,《中国哲学史论》,山西人民出版社1981年版。

③ 季羡林、汤一介主编,张雪松著:《中华佛教史》(汉魏两晋南北朝佛教史卷),山西教育出版社2014年版,第213页。

④ 同上书,第212页。

思想深刻、精于言理的护法者的弘扬与阐发，特别是梁代《大乘起信论》"一心二门说""真如缘起论"的问世，形成了中国佛教心本体论的思想源头，对中国哲学关于心性论的研究，对增强中国文化的思辨性，产生了深刻的影响。唐代许多佛教宗派，无论是天台宗、华严宗，还是净土宗、密宗以及禅宗，都或多或少受到净土心性论思想的影响和渗透。天台宗提出独具特色的性具实相说，强调一切众生在一念之中存在一切现象，或者说一切现象都是众生的心中本来具有的。其创始人智顗提出"一念三千"，言谓众生一念（心）动处，便有三千世相。华严宗提出法界缘起论，认为世间和出世间的一切现象，都有如来藏自性清净心生起。华严宗大师澄观提出："总该万有，即是一心；然心融万有，便成四种法界。"强调"以心为本"，万物一心，所谓："三界虚妄，但是心作。十二缘分，是皆依心。"① 华严宗兼禅宗大师宗密提出"知为心性"的观念，认为一心是众生的本源，万有的本体。认为心的活动能呈现大小相融的微妙境界，一多相即、大小相融的微妙境界，如一夜之梦，飞行百年；一尺之镜，见千里影；一毛孔中，能容三千世界，所谓"一即一切，一切即一。"而禅宗则更加注重精神的领悟，主张直指人心，"见性成佛"，构造了不少诸如"如来拈花，迦叶微笑"之类的心领神会的美妙传说。六祖慧能提出自心顿现论，认为世间万事万物都在真如本性即自心之中，所谓"一切万法，尽在自心中"。因此自性（自心），既是宇宙的本体、世界的本源，又是众生的本性、成佛的根据。② 禅宗"见性成佛"的理论基础是自性清净"的心性学说，最能代表"自性清净"之义的莫过于慧能应神秀的"无相偈"，其偈曰："菩提本无树，明镜亦非台。本来无一物，何处惹尘埃？"③

在中国佛教发展史上，作为佛学思想家的宗炳，其心本体论思

---

① 《大方广佛华严经》卷二十五，《大正藏》第9册，第465页。
② 参考方立天：《佛教哲学》，长春出版社2006年版，第162—165页。
③ 慧能应对神秀的所谓禅偈有三种说法，唐代敦煌本《坛经》有两种，另有流行的宗宝本《坛经》版，今取后者。李泽厚认为，"本来无一物，何处惹尘埃"显然比"佛性常清静，何处惹尘埃"更为彻底和明畅。见李泽厚《中国古代思想史论》，人民出版社1986年版，第199页注。

想应该是一个不可忽视的因素。宗炳的心本体论也可以概括成为"一心""二门"。其"一心"即"佛法""佛性",所谓"心为法本""心作万有"。其"二门"即神又具有两重含义:"精之神"与"悖之神"。"尧无理不照,无欲不尽,其神精也,桀无恶不肆,其神悖也。"①"精"之"神",能尽欲而清升,"悖"之"神",则作恶而堕落。而"识"又含于神,"然群生之神,其极虽齐,而随缘迁流,成粗妙之识,而与本不灭矣。""伪有累神,成精粗之识。识附于神,故虽死不灭。"②

由此可见,"神"会受到两个方面的干扰而形成"粗妙之识",这样"识"就有两个方面的功能,精妙之识能澄不灭之本,走向清净,而粗鄙之识则致神沦落,而神又受"情欲"所累。这样神、识、情三者就形成一种复杂的关系。因此,"今以悟空息心,心用止而情识歇,则神明全矣。"简言之,宗炳的一心即佛性,二门即识之"粗""妙",从而导致神之"精""悖"。

虽然宗炳的理论与《大乘起信论》相比显得单薄,但从历史的进程看,《大乘起信论》无论是作为佛教经典的译本,还是为中土人士所撰,其问世都比宗炳《明佛论》要晚很多。③

众所周知,南朝佛学思想以心性论为主线,而宗炳生活在晋宋之交,他的思想在南朝佛学思想的发展上,具有一定的先导性。南北朝后期以及隋唐时期的佛学思想,由于大量佛经的翻译和传播,特别是《大乘起信论》的传播,才形成了历史上我们所知道的面目。虽然暂时没有证据表明《大乘起信论》(如果系中土人士所撰)与慧远和宗炳的佛学思想有多少直接的关系,但至少我们可以用一句罗什因慧远著《法性论》而感叹的话:"边国人未有经,便暗与理合,岂不妙哉!"④ 因此,有学者指出,宗炳的《明佛论》"是在中国文化土壤上对于外来佛性论做出发挥的,体现了中国人性论思

---

① (梁)僧祐编撰,刘立夫、魏建中、胡勇译注:《弘明集》,中华书局2013年版,第103页。
② 同上书,第98、113页。
③ 详见梁真谛译,高振农校释《大乘起信论》校释者序言,中华书局2016年版。
④ (梁)释慧皎撰,汤用彤校注:《高僧传·慧远传》,中华书局1992年版,第218页。

想的新发展"。①

宗炳的心本体论，不仅在促进印度佛教中国化的过程当中起到了重要的作用，同时也给儒家学说的精细化、思辨性带来了重大的影响。在南北朝时期的神灭神不灭的争辩中，儒家学者往往以经验、感性的东西作为辩论武器，而宗炳等护法卫士则以逻辑性、思辨性强的理论作为辩论武器。儒家往往是以实取胜，而佛家往往是以虚为营。李泽厚曾说："自南朝到韩愈，儒学反佛多从社会效用、现实利害立论，进行外在的批判，真能入室操戈，吸收改造释道哲理，进行内在批判的，则要等到宋明理学了。"②

正是因为吸收并改造了晋宋以降所形成的佛教心性论思想以及中国古代的儒家心性论，才有宋明理学特别是陆王心学的出现。宋明理学大致经过了三个阶段，张载主气，程朱主理，陆王主心。宋明理学发展到朱熹阶段，其内在的矛盾突出，就是支离虚妄，其致命弱点是"求物理于吾心之外""析心与理而为二"。（王阳明语）为了解决这一矛盾，陆王心学应运而生，陆九渊以"心即理"命题作为其学术思想的核心，建构其学术思想体系，提出著名的"宇宙便是吾心，吾心便是宇宙"的论点。③从而开启明代心学之先河。而其弟子、江门心学的代表人物陈献章认为，心具万理，事物在我，心理合一。他说："会此则天地我立，万化我出，而宇宙在我矣。"④陈献章被誉为明代心学之领航者，而心学之集大成者王阳明则提出两大著名的立言宗旨：——"心即理"与"知行合一"。王阳明说："心外无物，心外无事，心外无理。心外无义，心外无善。"⑤"心"是王学的核心命题和基本范畴，是世界万物的绝对主体。它是所谓"无善无恶心之体"，这种无善无恶、超越善恶的心，就是至善。而王阳明的心之本体就是良知本体，心即至善，

---

① 孙昌武：《中国佛教文化史》第 2 册，中华书局 2010 年版，第 999 页。
② 李泽厚：《中国古代思想史论》，人民出版社 1986 年版，第 221 页。
③ （宋）陆九渊：《杂说》，载《陆九渊集》卷二十二，中华书局 1980 年版，第 273 页。
④ （明）陈献章：《与林郡博（七）》，载《陈献章集》卷二，中华书局 1987 年版，第 217 页。
⑤ （明）王阳明：《与王纯甫二》，《王文成公全书》卷四，清末线装本，第 16 页。

心有良知。王阳明有"致良知"的名言,所谓"致",就是行。致良知,就是努力的践行、扩展自己的良知。既然知就是行,行就是知,这就是所谓"知行合一",由此王阳明建立起了一套完整的、系统的心本体论学说。据说阳明先生临终前对弟子说:"吾去矣。"弟子问"有何遗言?"阳明展颜一笑,留下八字遗言:"此心光明,亦复何言。"在阳明看来,良知本体犹如一轮明月永照心间:

> 去年中秋阴复晴,今年中秋阴复阴。
> 百年好景不多遇,况乃白发相侵寻!
> 吾心自有光明月,千古团圆永无缺。
> 山河大地拥清辉,赏心何必中秋节!①

陆王心学的建立,在历史上具有十分重要的意义。一方面,他们自称是孟子心学的回归。而另一方面,这一学说正是因为吸收了包括宗炳在内的佛学家建立起来的心本体论学说。儒、释、道三家,各有其特色。儒家治世,释家治心、道家治生。正是佛家的心性学说,给陆王心学提供了丰富的思想资料。试看陆九渊的"收拾精神,自作主宰",王阳明的"身之主宰便是心",与宗炳的"群生皆以精神为主";陈献章的"天地我立,万化我出",王阳明的"心外无物,心外无事,心外无理",与宗炳的"心作万有";"良知人人皆有","人人皆可成圣贤"与宗炳的"人人皆有佛性","人可成佛"(桀纣皆可成汤武);如此等等。要么有异曲同工之处,要么何其相似乃尔,甚至连措辞也搬照宗炳等辈的佛学用语。心学与佛学一样都是一条引导人们内省修身、走向精神超越的心性之学。实际上王阳明曾有过笃志佛学的历史,阳明心学甚至被称为"阳明禅"。

不仅如此,佛学的思辨性、逻辑性、形上性,也改变了中国哲学的表达方式和理论色彩。宗炳正是对佛教的心本体学说进行系统阐发和创新的早期学者,宗炳的发扬光大,突出了个体的精神存

---

① (明)王阳明:《外集二·居越诗三十四首·中秋》,载《王阳明全集》卷20,上海古籍出版社1992年版,第793页。

在，突出了精神的本体作用。"宗炳继慧远之后，大大地强调了精神超越于物质实在（'形'）的能动性、崇高性、永恒性。"宗炳"强调精神的至高无上的地位"，这"具有重要的理论意义"。①

综上所述，"《明佛论》几乎覆盖了晋宋之间所有关于形神之争的论题，在理论上它将慧远的神不灭思想发挥到了极致"，② 对后世产生了深远的影响。宗炳佛学中的形神关系思想，构成了他的画论中形神关系的基调，特别是他对人的主体意识的高扬，对精神的能动性、主动性的重视，影响甚至决定了他的绘画美学思想，这是后面我们要着重讨论的。

---

① 李泽厚、刘纪刚主编：《中国美学史》（魏晋南北朝编），安徽文艺出版社1999年版，第475—476页。
② 刘立夫：《弘道与明教》，中国社会科学出版社2004年版，第115页。

第六章

山水画论鼻祖

如果说，谁是历史上第一个山水画家，是无法确认的话；那么，谁是第一个山水画论家，这个问题是完全可以确定的。这就是宗炳以及他的《画山水序》。《画山水序》是中国历史上，也是世界历史上第一篇独立意义、完整意义的山水画论。《画山水序》的问世，标志着山水画作为一门最具有中国哲学、中国精神的艺术，登上了中国艺术的舞台，登上了世界艺术的舞台。

第一节 山水画的独立宣言

任何事物的发生都是一个渐进的过程。山水画何时产生？这是一个十分难以回答的问题。据载，战国之前就有绘制山水之举。如杜预注《左传》称"禹之世，图画山川奇异"；[①] 王逸注《楚辞·天问》说："楚有先王之庙及公卿祠堂，图画天地山川，神灵琦玮僪佹。"[②] 但这很难说是严格意义上的山水画。汉魏时期，具有山水因素的画作开始出现："孙权尝叹魏蜀未平，思得善画者，图山川地形，夫人乃进所写江湖九州山岳之势。夫人又于方帛之上，绣作

[①] （晋）杜预注，（唐）孔颖达疏：《春秋左传正义》，北京大学出版社1994年版，第602页。

[②] （东汉）王逸：《楚辞章句》卷三，景印《文渊阁四库全书》（集部），台湾商务印书馆2008年版，第1062册，第25页。

五岳列国地形，时人号为针绝。"①诸葛亮曾制作《夷图》赠送南方少数民族，其图包括天地、日月、君长、城府以及牛马羊等。②汉魏时期的壁画或地画，多有山水因素或山水成分如日月山水、四渎五岳之类。

但是，这些所谓山水之举，实际上是某种地形图的绘制，就像旧时方志所绘地形图一样，亦即王微所说的："案城域，辩（辨）方州，标镇阜，划浸流。"仅具实用价值，而无艺术可言。即使是真正的画作中出现了山水，也仅仅是作为人物画的背景，并非独立的山水画或以山水为主体的画作。

真正意义的山水画，始于东晋。时人戴逵有《吴中溪山邑居图》等，"画古人山水极妙。"其子戴勃有《九州名山图》《风云水月图》等，据称勃"山水胜顾（恺之）"。③顾恺之有《庐山会图》（有学者称此为真正意义上的第一幅山水画）、《雪霁望五老峰图》、《荡舟图》、绢六幅图《山水》等。顾氏曾经有言："凡画，人最难，次山水。"④可见绘画山水已经成为当时一些画家的普遍行为。

山水画的诞生，有着深刻的历史背景。自魏晋开始，由于政统混乱、战乱频仍，庄老之学大行其道，士大夫们对世俗失去兴趣，他们远离政治，亲近自然，登山临水，栖丘饮谷，以期追求一种玄远、虚静的生活情调，寻求一种超然、解脱的心灵境界。于是隐逸文化大行其道，游历山水成为时风之举。于是个体的意识得到觉醒，主体的精神得以自由，人们也逐渐从玄学的桎梏中解脱出来，真正发现了山水之美、自然之美，与自然相关的艺术得到极大发展，山水诗、山水画几乎同时出现。山水不仅成为士大夫寄托情思的对象，而且也成为隐士阶层修持悟道的广阔舞台。随着山水画的诞生，山水画论也应运而生。

---

① （唐）张彦远著，俞剑华注释：《历代名画记》，上海人民美术出版社1964年版，第90页。

② （晋）常璩：《华阳国志》卷四，载景印《文渊阁四库全书》（史部），台湾商务印书馆2008年版，第463册，第170页。

③ （唐）张彦远著，俞剑华注释：《历代名画记》，上海人民美术出版社1964年版，第123、124页。

④ 同上书，第102页。

宗炳正是这样一个历史时期士大夫的典型代表，他隐逸不仕，终身奉佛，好山水，爱远游，加之有着良好的家学教养，在诗书画领域都做出过卓越的贡献。宗炳的绘画领域十分广阔，不仅擅人物、佛像，更重要的是，宗炳是当时的山水画大家。在饱览南方大好河山的基础之上，宗炳将所游历的名山大川，图之于壁，坐卧向之，成为中国绘画史上的千古佳话。

而宗炳对于中国山水画、中国画，乃至中国艺术的最大贡献，在于他的画论《画山水序》，这是中国历史上第一篇真正意义的山水画论。但长期以来学术界存在两种观点，否认或淡化了宗炳作为山水画鼻祖的历史贡献。

一种观点认为：宗炳之前的顾恺之《画云台山记》是历史上第一篇山水画论。众所周知，顾恺之不仅善画人物，亦善画山水。其《画云台山记》确实谈到画山水的有关问题，但这不是它的主旨所在。

顾恺之的《画云台山记》，与宗炳的《画山水序》有两个根本的不同点。其一，顾文是一幅具体的画作设计稿，而宗文是绘画一般问题的论述稿，从二者的标题即可看出。顾文是论事，宗文是论理。据研究，《画云台山记》所画是葛洪《神仙传》中张道陵七试赵升的故事，有人考证过此云台山的位置（国内云台山有多处），更有好事者曾根据这个设计稿画出具体的画作。其二，顾文虽然涉及山水问题，但主要是一篇人物故事画设计稿，其间只谈到具体的山水如何构图和赋色，当然不排除某些论述对于山水画创作有一定的普遍意义；而宗文则是直接、正面、系统论述游历山水、绘画山水和欣赏山水画的基本理论问题。

有学者认为：与宗炳《画山水序》和王微《叙画》这两篇典型山水画论相比，顾恺之的《画云台山记》虽然缺少明确观点，没有理论思想，也未作出明确画法规律总结，但是"深入探究这篇画论，竟然蕴藏着许多山水画理论元素。……似乎隐约能感受到山水画原理信息，后世山水画理论与实践成果，在多个层面上都能与之联系起来，更有许多山水画章法、笔法、墨法，以及其他创作规律，可以在《画云台山记》中找到其原始意识"。由此作者认为：

"《画云台山记》作为中国第一篇山水画论应当可以成立。"并将其与《画山水序》和《叙画》并列为中国山水画论的母体,后世的画论都为其子孙体系。① 不错,《画云台山记》是提出了山水画论的某些元素,但是如果将其作为"第一篇山水画论",这就大大降低了宗炳的历史地位和作用。对于这个问题,一些学者明确表示:"宗炳的《画山水序》是中国历史上最早讨论山水画的一篇文章。"② 顾恺之的《画云台山记》,实际上就是"道家人物故事化的一篇文字设计稿,真正的首篇山水画理论,当推宗炳《画山水序》"。③ "《画山水序》方是中国最早、当然也是全世界最早的山水画论。"④ "是我国最早的体系比较完整的山水(的)画论。"⑤

俞剑华先生《中国画论类编》将《画云台山记》列为山水画论第一篇,这样排列可能会产生一定的暗示作用,但俞先生在其按语中并未评价,而在接下来的宗炳《画山水序》的按语中,则认为宗炳乃"山水画写生之方法"和"透视学"之发明者,而且引用余绍宋语对宗炳作为山水画论开山之祖的地位加以肯定。在其《中国画论选读》中,俞先生明确指出:"历代对于山水画理论的著作,是十分繁复的,然而能彻底阐发山水画原理的,不得不以宗炳这一篇为最早最好的。"⑥ 可见,"最早""最好"是学界对宗炳《画山水序》的基本评价。

另有一种观点则认为:宗炳的《画山水序》与王微的《叙画》是最早的两篇山水画论。徐复观先生虽然在标题上明示:"最早的山水画论——宗炳的《画山水序》",但其文中却如此表述:"中国真正的山水画论,不能不推同卒于宋元嘉二十年(443年)的宗炳与王微了。""以其与宗炳同死于一年而加以推测,《叙画》实出现

---

① 详见徐步《中国山水画论研究》,中国社会科学出版社2016年版,第1—20页。
② 李泽厚、刘纲纪:《中国美学史》(魏晋南北朝编),安徽文艺出版社1999年版,第471页。
③ 邓乔彬:《中国绘画思想史》,安徽师范大学出版社2013年版,第157页。
④ 陈传席:《中国山水画史》,天津人民美术出版社2001年修订版,第9页。
⑤ 伍蠡甫:《谈艺录中国画论研究欧洲文论简史》,复旦大学出版社2017年版,第163页。
⑥ 俞剑华注释:《中国画论选读》,江苏美术出版社2007年版,第65页。

于与宗炳的《画山水序》大约相同之时间，正系同样思想背景下之产物。"① 徐先生此论的基点是王微与宗炳同年去世，那么二人作画论的时间也就几乎是同时了。而更多的学者则是宗、王画论相提并论，不做时间区分，也没有时间先后的论证，这种观点给人的印象是模棱两可、似是而非的。

史载：王微（415—443，一说 415—453），字景玄，琅邪临沂（今山东临沂）人，少好学，无不通览，善属文，能书画，兼解音律、医方、阴阳术数。历任司徒祭酒、主簿、功曹记室参军、太子中舍人等。② 王微论画是在给颜延之的信中谈到的，全文不长，援引如下：

> 辱颜光禄书。
>
> 以图画非止艺行，成当与《易》象同体。而工篆隶者，自以书巧为高。欲其并辩藻绘，核其攸同。
>
> 夫言绘画者，竟求容势而已。且古人之作画也，非以案城域、辩方州、标镇阜、划浸流。本乎形者融灵，而动者变心。止灵亡见，故所托不动。目有所极，故所见不周。
>
> 于是乎，以一管之笔，拟太虚之体；以判躯之状，画寸眸之明。曲以为嵩高，趣以为方丈。以㐲之画，齐乎太华。枉之点，表夫隆准。眉额颊辅，若晏笑兮；孤岩郁秀，若吐云兮。横变纵化，故动生焉，前矩后方，（则形）出焉。然后，宫观舟车，器以类聚；犬马禽鱼，物以状分。此画之致也。
>
> 望秋云，神飞扬；临春风，思浩荡。虽有金石之乐，珪璋之琛，岂能仿佛之哉！披图按牒，效异《山海》。绿林扬风，白水激涧。呜呼，岂独运诸指掌，亦以明神降之。此画之情也。③

---

① 徐复观：《中国艺术精神》，广西师范大学出版社 2007 年版，第 174、180 页。
② 《宋书》卷六二《王微传》，中华书局 2019 年点校本修订本，第 1821 页。
③ 王微《叙画》最早见张彦远《历代名画记》，今参校陈传席点校文本。见陈传席《六朝画论研究》，天津人民美术出版社 2015 年版，第 177 页。

首先，宗炳和王微虽然是同一个时代的人，但两人年龄差距还是很大的。宗炳出生于375年，比王整整大40岁。就两篇论著的发表时间来看，是有先后的。据陈传席先生考证，宗文写作的时间下限为439年（65岁），而王文的写作时间极有可能是453年，最早也不会早于443年（即宗炳逝世之年，假设王去世于443年）。王文比宗文最少晚3年问世，最多可能晚15年。① 古时交通、通信即使不发达，但文人、画家彼此之间的文章，三年之内还是能够看到的，15年就更不用说了。

稍微比对一下宗文和王文，我们就会发现，王文显然是受到宗文的影响和启发。二人的一些思想和表述，有的何其相似，有的异曲同工！陈传席先生"甚至怀疑王微对宗炳的某些说法表示不满，有些地方又嫌宗炳说得不清楚。"② 下面我们试对宗文与王文做些对比研究：

宗炳："山水质有而趣灵。"

王微："本乎形者融灵，而动变者心也。"

二者思想基本相同，均指山水不仅具有外在的"形"（质有），而且具有内在的灵趣。

宗炳："神本亡端，栖形感类，理入影迹。"

王微："灵亡所见，故所托不动。"

二者思想基本相同，且用语相似（"神本亡端""灵亡所见"）。山水之神（灵），是无形无状的，看不见摸不着，但是其所依托的"形"是可以感知的，通过人的心灵就可以感知山水之神灵。

宗炳："瞳子之小，迫目以寸，则其形莫睹。"

王微："目有所极，故所见不周。"

二者意思完全相同，均指人的视力所见是有限的。

宗炳："迥以数里，则可围于寸眸。……则昆、阆之形，可围于方寸之内。"

王微："以一管之笔，拟太虚之体；以判躯之状，画寸眸之明。"

---

① 陈传席：《中国绘画美学史》，人民美术出版社2012年版，第60—62页。
② 以下宗王画论对比，参见陈传席《中国绘画美学史》，人民美术出版社2012年版，第62页。

二者意思基本相同，且有相同用语（"寸眸"）。即有限的山水画面，可以表现无限的山水世界。

宗炳："则嵩、华之秀，玄牝之灵，皆可得之于一图矣"。

王微："曲以为嵩高，趣以为方丈。以叐之画，齐乎太华；枉之点，表夫隆准。"

二者意思基本相同，且有相同用语（"嵩华"）。既要表现嵩华的外在的雄奇和秀美，又要表现其内在的灵动和神韵。王微仅对画法多了一些描述。

宗炳："徒患类之不巧，不以制小而累其似，此自然之势。""诚能妙写，亦诚尽矣。"

王微："横变纵化，故动生焉；前矩后方，（则形）出焉。"

二者意思基本相同。画得要"巧""妙"，通过复杂的艺术构思，使山水的灵"动"之"势"跃然纸上。

宗炳："披图幽对，坐究四荒，不违天励之藂，独应无人之野。"

王微："披图按牒，效异《山海》。"

二者意思比较接近，且用语相同（"披图"）都是谈对山水画的欣赏。在宗炳看来，鉴赏者在虚静的状态下欣赏山水画，捕捉山水作品所表现的玄远、幽深的神韵和情调。在王微看来，欣赏山水画，给人的享受是与观看《山海经》式的图经大异其趣的。这里宗炳的思想更为丰富一些。

宗炳："万趣融其神思。""畅神而已，神之所畅，孰有先焉？"

王微："望秋云，神飞扬；临春风，思浩荡。"

二者意思相同。王微的表述本质上与宗炳同义，人们在游历山水、绘画山水以及欣赏山水画时的美感体验，或者说是山水画的社会功能。"望秋云，神飞扬；临春风，思浩荡"，亦如宗炳的"万趣融其神思"。实际上，王微此话亦非自己首创，乃源于《楚辞》："登昆仑兮四望，心飞扬兮浩荡。"[①]

总的来看，王微画论在论理层面上尚未超过宗炳画论的高度，在逻辑框架上也基本在宗炳的视域之内。也许正因为这些因素，著

[①] 林家骊译注：《楚辞·河伯》，中华书局2010年版，第68页。

名书画史家、近代学者余绍宋在其《书画书录解题》中仅仅选用并高度评价宗炳《画山水序》，而没有选用王微之《叙画》。当然，王论在宗论的基础之上，也有所发明，有所创新，在一定程度上弥补了宗论的不足之处，二者形成一种互补关系，对后世产生了重要的影响。同时由于宗、王二人之后，中国绘画史上相当长一个时期没有严格意义上的山水画论（传为梁元帝所撰的《山水松石格》，其真实性长期为人所质疑）。所以宗、王二论，在山水画论史上"遥遥领先"，后继乏人，这恐怕也是人们把宗、王二论并提的原因之一。

上述两种倾向，无论是视顾恺之《画云台山记》为第一篇画论，还是将宗炳《画山水序》与王微《叙画》相提并论，都在一定程度上降低了宗炳在中国山水画史上、中国绘画史上，乃至中国艺术史上的影响和地位，也就不能正确认识和理解宗炳画论思想的意义所在。

宗炳《画山水序》问世的重大历史意义在于，它是山水画的独立宣言。《画山水序》的问世，标志着山水画以一种独立的面貌正式走上历史舞台。《画山水序》蕴含着山水画的"初心"与"使命"，只有深刻理解《画山水序》的思想和理念，我们才能真正把握山水画的精神特质及其审美方法，真正把握山水画在中国绘画中、中国艺术中乃至中国文化中的作用和地位，真正把握山水画在中国人特别是中国文人（士人）精神生活中的作用和地位。

既然我们无法确定谁是历史上第一个真正的山水画家，既然《画山水序》是山水画诞生的标志性文献，我们也可以说，宗炳不仅是山水画论鼻祖，也是山水画鼻祖。明学者兼山水画家王绂曾说过："若夫山水为画，则自宗炳始也。"[①] 近代学者余绍宋明确指出："山水画实以少文开其绪端，其先仅为人物之背景而已。此篇（《画山水序》）虽寥寥数百言，而发挥要义至堪宝贵，卧游之趣，所由

---

① （传）王绂：《书画传习录·论画》，载俞剑华《中国画论类编》上卷，人民美术出版社2016年版，第99页。

独有千古也。"①

有学者认为，王微在《叙画》中将山水画与地形图区别开来，由此，山水画作为一门独立的画科而诞生。笔者认为，这从根本上否认了宗炳《画山水序》的历史价值，即便我们对宗炳的贡献讨论得再多。这里涉及两个问题，一是怎样判断一门艺术的诞生？一是王微做出了什么独立的贡献？而两个问题又是交织在一起的。

判断一门艺术是否独立？那就是判断这门艺术的基本标准和审美理念是否形成。宗炳的《画山水序》首次对这些问题进行了高度概括的回答。

就精神特质而言，宗炳首次将"道"引入山水画艺术，游历山水、绘画山水、观摩山水画，都是一个体道悟道的过程，其最高境界是"澄怀观道"，由此山水画因其最具有中国哲学精神而在中国艺术乃至世界艺术中独树一帜。②

就审美对象而言，宗炳首次提出"山水质有而趣灵"，山水之美来自山水之灵（神），山水画既要表现山水外在的秀美（嵩华之秀），又要表现山水内在的灵趣（玄牝之灵）。

就审美心态而言，宗炳提出的"澄怀味象"，不仅成为中国山水画的审美命题，而且成为所有中国艺术的审美命题，为后人所遵循。

就审美实践而言，宗炳主张走向自然，首次提出写生的思想："身所盘桓，目所绸缪，以形写形，以色貌色。"解决了山水画的艺术源泉问题。

就创作方法而言，宗炳主张"巧类"和"妙写"："类之成巧，则目亦同应，心亦俱会。""诚能妙写，亦诚尽矣。"因此，山水画绝不是客观地、自然主义地模仿山水、再现山水，而是主观地、能动地、抽象地表现山水，主体的思想、意识、情感参与其间。

就表现技法而言，宗炳首次提出近大远小透视法"去之稍阔，则其见弥小"，首次提出表达咫尺千里的以大观小的理念和方法，

---

① 余绍宋著，江兴佑点校：《书画书录解题》，西泠印社2012年版，第111页。
② 参见陈传席《中国山水画史》，天津人民美术出版社2001年修订版，第9页；《六朝画论研究》，天津人民美术出版社2015年版，第130页。

"竖画三寸，当千仞之高；横墨数尺，体百里之迥"。

就艺术价值而言，宗炳首次提出山水画艺术价值在于"畅神"，即主体的精神得到愉悦，"神之所畅，孰有先焉？"如此等等。

王微将山水画与地形图区别开来，认为山水画不是实用性的绘图行为，对于人们从直观的角度、经验的层面判定山水画的特质是有积极意义的。但由此认定王微宣告了山水画科的独立，甚至认为他是山水画的开山始祖，这种观点是有待商榷的。王微对山水画与地形图的这种区分和界定，只是肯定了宗炳所提出的山水画的精神价值，而宗炳则是从哲学美学的高度阐述了山水画的精神价值。

宗炳的画论思想涉及山水画艺术的本体论、创作论、欣赏论和价值论，其间包含一些重要的审美命题如"含道应物""澄怀味象（澄怀观道）""山水质有而趣灵""山水以形媚道""身所绸缪、目所绸缪""以形写形，以色貌色""自然之势""类之成巧""诚能妙写""应目会心""万趣融其神思""畅神""卧游"等。正是这些思想、理念和命题的提出，使山水画作为一门独特的艺术而横空出世！

宗炳的画论，其语言高度概括和抽象，文辞古奥、义理艰深，富有浓郁的玄学和佛学色彩。也许正因为如此，《画山水序》长期以来没有得到人们的充分解读，只是从近代开始，才引起书画史家的重视。

宗炳在《画山水序》结尾处有一句话别有深意："神之所畅，孰有先焉？"一般我们把这句话理解为："山水画使我们的精神感到愉快，还有什么比这更好的呢？"实际上我们也可以理解为："山水画使我们精神感到愉快，以前有过这样的艺术吗？"

正如美学家叶朗所指出的那样："在中国美学史上，宗炳第一次充分地肯定了山水画的艺术地位和美学价值，……将之提到与自然山水完全同等的高度，初步显示了南朝艺术美学的高度自信，是魏晋六朝美学自觉的深刻反映。"[①]

宗炳的画论，不仅对于山水画具有奠基的作用，而且也为中国

[①] 叶朗主编：《中国美学通史》（魏晋南北朝卷），江苏人民出版社2014年版，第364页。

画开辟了一个新的历史时期，为中国绘画艺术提供了基本的美学遵循。"宗炳的《画山水序》，在中国绘画艺术的一般特征——重视精神性和理性上，是最早奠定基础的、确定方向的，它是中国山水画艺术的起点和基础。""是中国山水画乃至整个中国画的最重要文献"，"在绘画史上实际影响最大。"①《画山水序》的问世，意味着中国绘画从"比德"经过"传神"而进入"体道"的历史阶段，这一历史阶段一直延续至今。而这种"体道"的艺术理念又提升、融合并引领了"比德"和"传神"的艺术理念，"吾道一以贯之"，从而成为中国艺术区别于其他艺术的根本所在。正因为如此，宗炳的《画山水序》不仅"包含着对自然美的认识，同时又具有不限于自然美问题的普遍意义"。②

宗炳的《山水画序》，开中国山水画论之先河。它既是中国山水画论的开山之作，也是中国山水画论的经典之作。作为开山之作，前无古人；作为经典之作，后无来者。《画山水序》是山水画论的母体，正如中国的六经是中国文化的母体一样。其后的画论，在某种程度上都是宗炳山水画论的拓展与深化，即所谓"六经注我，我注六经"。从理论层次看，如果说，宗炳画论解决的是山水画的"道"与"理"，王微解决的是山水画的"情"与"志"，谢赫提出的是绘画（某种程度上包括山水画）的基本法则（"六法"）的话，③那么以后的画论所涉及的基本上都是山水画的技法问题，包括笔法、墨法、着色、布局等等。虽然基本法则和技法都很重要，但这些毕竟是"形而下"的问题，而宗炳解决的是"形而上"的问题（当然宗炳不是完全没有涉及技法问题，比如《画山水序》中的"竖划三寸，当千仞之高，……"，以及"巧类""妙写"云云，以及另外一篇画论《狮子击象图序》）。

有学者认为："可以毫不夸大地说，中国画论史上除了荆浩和石涛，在哲学思辨的深度上，在阐论问题的透彻上，没有谁能超过

---

① 陈传席：《中国山水画史》，天津人民出版社2001年修订版，第11、8、9页。
② 李泽厚、刘纲纪：《中国美学史》（魏晋南北朝编），安徽文艺出版社1999年版，第471页。
③ 陈传席：《中国绘画美学史》，人民美术出版社2012年第2版，第91页。

宗炳的。"① 而荆浩晚于宗炳500多年，石涛更是晚生1200多年。尽管他们在山水画论上有新的建树，但宗炳画论仍然是他们的思想渊源。荆浩的画论，"直承宗炳、王微"。② 且不说山水画的基本特质一直遵循着的宗炳的道论（尽管一度有所偏离），有时则是在继承宗炳理论的基础上有所发明和创新（如荆浩和郭熙父子）。而到了明末清初之际，山水画界出现了"返祖"现象，重新回到宗炳的轨道，"直入宗炳的'澄怀观道'和'以形媚道'之堂奥"。彼时的很多画家，有的绘画思想与宗炳十分接近，"把宗炳的思想发展到一个新的境地"，有的表述则"完全是宗炳绘画思想的翻版"。③

宗炳的《画山水序》，是中国绘画史、艺术史上影响最大的一篇文献。它的美学思想、美学理念和美学命题，是中国山水绘画史上乃至中国艺术史上永恒不衰、常说常新的话题。从某种程度上说，一部中国山水画论史，就是宗炳《画山水序》的注释和阐发史。因此，如果要论山水画的"初心"，就必须回到宗炳的《画山水序》。

第二节 "含道应物"与"澄怀味象"

《画山水序》开篇曰：

> 圣人含道应（一作映）物，贤者澄怀味象（一作像）。至于山水质有而趣灵，是以轩辕、尧、孔、广成、大隗、许由、孤竹之流，必有崆峒、具茨、藐姑、箕、首、大、蒙之游焉。又称仁智之乐焉。夫圣人以神法道，而贤者通；山水以形媚道，而仁者乐。不亦几乎？④

---

① 余立蒙：《宗炳在中国画论史上的崇高地位》，《美术》1987年第7期。
② 徐复观：《中国艺术精神》，广西师范大学出版社2007年版，第205页。
③ 陈传席：《中国山水画史》，天津人民美术出版社2001年修订版，第456—457页。
④ 《画山水序》有多个版本，此处"应物""味象"取明刊本《王氏画苑》本（清严可均辑《全宋文》本同）。全文见附录，以下引用不另行注释。

这一段是宗炳《画山水序》的总纲,讨论了山水画的三个基本问题:一是山水画的审美主体,二是山水画的审美客体,三是主客之间的审美关系。

山水审美(包括游览山水、绘制山水、欣赏山水画的整个艺术活动,以下简称"山水审美")是主体与客体山水之间形成了一种审美关系(而不是认知关系或道德关系)。这里的主体,就是审美主体。主体是人,但并不等于一般的人。只有具备了主体意识的人,才算是主体。所谓主体,在康德看来,主体就是"自我",就是能够按照自己的自由意志,独立自主作出决定并诉诸行动的人。而审美主体,又不等于认知主体。认知主体与客体的关系,是研究者与被研究者的关系,其结果是得出所谓"真伪"判断。而审美主体与客体的关系,是审美者与被审美者之间的关系,其结果是得出所谓"美丑"判断。(当然还有道德主体问题)要想成为山水审美主体,在宗炳看来,应该具备两个方面的前提。一是"含道应物",二是"澄怀味象"("澄怀观道")。简言之,一是"含道",二是"澄怀"。

"圣人含道应物,贤者澄怀味象。"这里涉及四个重要概念(道、物、味、象)和两个重要命题("含道应物""澄怀味象")。宗炳实际上开门见山地提出了山水审美过程中主体地位的确立。这里圣、贤代表主体,物、象代表客体,由此形成山水审美的基本关系。"圣人含道应物,贤者澄怀味象"又是一个复合句,两个分句为互文关系,互为照应,互为发明。全句的意思是,圣贤之人[①]将对道的体验,应对或投射到客观事物,并以一种虚静纯真的心态去品味物象。

"道",是把握宗炳思想的一条主线。宗炳论佛,从道开始:"夫道之至妙,固风化宜尊;而世多诞佛,咸以我躬不阅,遑恤于后。"(《明佛论》)宗炳论画,也是从道开始("圣人含道应

[①] 关于此处的圣、贤,有两种解释:大多解释为圣、贤是两个不同层次的主体;而另外一种解释认为,"圣人含道应物,贤者澄怀味象"是互文关系,二者统一,乃是审美意象的心态。因此圣贤并非两个不同的层级,而是同一类主体。朱志荣:《中国审美理论》,北京大学出版社2005年版,第168页。今取朱说。

物"）。可见宗炳之道，一以贯之。我国古代儒、道、佛诸家皆言"道"，宗炳三教皆精，尤重释、老。宗炳之道，虽然来自儒家经典的表述："一阴一阳谓之道。"但其实质则是统领儒、道而又侧重于老庄的佛学之"道"。而其画论之道则释、老兼而有之。①《老子》曰：道是万事万物的本原、根本，是隐藏于万物之中的规律。"有物混成，先天地生……可以为天下母……吾不知其名，强字之曰道。"②道乃无形无状，恍兮惚兮，无以名状。"唯圣人能通其道。"③

而"应物"二字，最初出现于战国时代，《庄子》云："思虑恂达，耳目聪明，其用心不劳，其应物无方。"④在庄子看来，"应物"是圣人的本领，圣人思想通达，其用心不劳苦，其应接万物，无所不可。《庄子》又言："以天为宗，以德为本，以道为门，兆于变化，谓之圣人。"⑤可见含道持德、应变随物是圣人的本领。而据《史记·太史公自序》："与时迁移，应物变化，立俗施事，无所不宜。"⑥"应物"在这里包含着人对相应的客观事物所采取的应答、应和、应付和适应的态度。

"应物"也是佛教的一种常用表述，具有浓郁的佛禅意味："法身无象，应物以形。"（僧肇）佛之道无处不在，大千世界的人伦现实乃至一花一草，都是佛道、佛性的显现。"圣人资灵妙以应物，体冥寂以通神，借微言以津道，托形象以传真。"⑦圣人（这里指佛陀）凭其灵妙的变化，来承应世俗的各种祈求，通过体悟寂灭以达

---

① 关于宗炳的画论，究竟是建立在什么哲学基础之上，有不同的看法，一说集儒、释、道于一身；一说以道家学说为主导；一说以佛学为主导。李泽厚、刘纲纪认为，"宗炳所说的'道'，则是统领儒、道、玄的佛学之'道'"，见李泽厚、刘纲纪主编《中国美学史》（魏晋南北朝编），安徽文艺出版社1999年版，第486页；"宗炳的《画山水序》处处都与他的佛学思想分不开。"第492页。今取李刘说。
② 朱谦之撰：《老子校释》第二十五章，中华书局2018年版，第104—106页。
③ 方韬译注：《山海经》，中华书局2011年版，第220页。
④ （清）郭庆藩撰，王孝鱼点校：《庄子集释·知北游》，中华书局2018年版，第743页。
⑤ （清）郭庆藩撰，王孝鱼点校：《庄子集释·天下》，中华书局2018年版，第1069页。
⑥ 《史记·太史公自序》，中华书局1959年点校本，第3289页。
⑦ （梁）释慧皎撰，汤用彤校注：《高僧传》，中华书局1992年版，第343页。

于神灵莫测,借用微妙的言说为众生指引通向佛道的路径,托身于形象以传达真谛。在宗炳看来,"道"内含于圣人(佛陀)的生命体内,投射到对象,其目的是让人能够品味出"道",达到教化和悟道的目的。对于画家来说,"应物"就是以审美主体的心态观照万物;同时又以创作主体的身份刻画对象。于是"圣人含道应物",按宗炳的佛学思想,可以理解为,佛即是道的化身,它投射到大千世界,世界万物就显示出佛性的光辉。

用"味象"的方式来感悟道,也就是"味道"。"圣贤"在中国古代虽是特指,而"物"就是客观事物,当然包括自然山水和经过人加工之后的山水图画,在这里是审美的对"象"。而"象",又有具象和抽象之别。"具象"即具体的真实的客观对象如自然山水,而"抽象"就是经过主体加工之后的某种形象或符号等,如经过人加工的山水(山水画)。也就是说,宗炳的"象"既包含现实山水之象,又包括画中山水之象。现实山水之象,即大自然呈现的一种象貌,所谓万象更新,气象万千;画中山水之象,即山水画本身所呈现的一种象貌。画者,象也。艺术的手段就是"立象":"张、吴之妙,笔才一二,象已应焉。"[①] 宗炳自己也写到"画象布色"。现实山水之象,画中山水之象,都是主体品味的对象。而道则隐含在这两种象之中。由于宗炳将《老子》中尚有些模模糊糊的"象"具体化了,"体道"成为"味象",于是,这一哲学的思辨过程,就审美化了。

"道"本是客观世界的规律,本是隐藏于客观世界("物")之中,但主体的审美过程并不是处于一种盲目的状态,而是通过自己的审美感知去把握。这种审美感知又基于主体业已把握的"道"。用这种审美观("道")去应对万物,或者投射到对象上去。自然山水,经过人的转化,显现在纸上或者绢上,就成为一种"象"。而无论是具体的客观对象,还是画面上抽象的对象,都是主体的审美对象,主体通过"品味",感受到对象的美。而所谓"味",就是主体的审美活动过程或审美感知过程。

---

① (唐)张彦远著,俞剑华注释:《历代名画记》,上海人民美术出版社1964年版,第36页。

"味",作为一个表达审美过程的概念,具有浓郁的中国特色。中国是一个农耕文化十分发达的国家,先民很早就形成了成熟的饮食文化,这种饮食文化早已辐射到非饮食文化领域。人们经常说的"吃力""吃亏""吃不准""吃闭门羹""一口吃不成一个胖子",以及现代商业活动当中所说的"套餐""菜单"等与饮食没有关系的行为和物事,都用饮食文化的词汇来表达。因此饮食文化中的味觉,也颇受重视,到了魏晋时期,"味"成为中国美学中的一个重要范畴,衍生出"滋味""趣味""品味"等概念。在宗炳的佛论中,就多次出现过"味"的表述。例如:"今依周、孔以养民,味佛法以养神";"自颜(子)以下,则各随深浅,而味其虚矣"。[①]这里的"味",都是"品味""体味",具有浓郁的美学意味。

"味"是味"象",而不是味"形"。形,可凭感官感知;而"象"既有可以感知的外在的、实体的成分,又有不能感知的内在的、虚灵的成分,这就需要用心(精神、意识、情感等)去"品味"。魏晋以来,"品"和"味"成为新的审美方式,诸如早期的人物品藻,后期的诗品、画品、书品等。而味象的审美心态,不仅作画如此,作诗也是如此。司空图提出"味诗之象","余以为辨于味而后可以言诗也。"[②],可见,"味象"论适用于一切艺术。

宗炳还提出一个与"澄怀味象"含义基本相同的重要命题,即"澄怀观道"。前者出现于《画山水序》;而后者出现于《宋书·宗炳传》,其文曰:宗炳自言"老疾俱至,名山恐难遍睹,唯当澄怀观道,卧以游之"。这两个命题异曲同工,其内涵基本一致,"味象"与"观道"可以互训,前者是指通过品味对象而悟道,后者是指通过观想对象而悟道。"观"与"味"都是一个审美的动态过程,二者与对象有着直接的关系。为什么要味象,因为道在象中。为什么要观道?因为通过观想,能够领悟到道的真谛。道虽然无形无状,至大无外,至小无内,具有理性抽象的一面,但是道又是通过

[①] (梁)僧祐编撰,刘立夫、魏建中、胡勇译注《弘明集》,中华书局2013年版,第164、190页。

[②] (唐)司空图:《与李生论诗书》,(清)董浩辑《全唐文》卷八七〇,清嘉庆内府刻本。

感性的形式，以经验的方式存在，它具有感性的一面，表现为事物的象（具象与抽象）。因此，宗炳关于审美活动中主客体的基本关系和审美心态，就可以表述为：圣贤者将对道的体验，应对或投射到客观事物，并以一种虚静纯真的心态去品味和观照物象，从而领悟到物象之道。在山水画艺术中，这种"道"就是山水之道、自然之道、宇宙之道。

而"观"，就是观照，是中国人特有的审美方式。"观"并不简单等同于看、望、瞧等视觉行为，也不简单地等同于察、觉、识等心灵的、认知的行为。"观"既有感官层面的含义，更有心理层面的含义，而且二者是紧密融合在一起的。"观"在中国文化语义中，是一种仰视俯察、游目远近、由此及彼、由表及里的一种多视角的洞察事物、把握事物本质的直观感悟活动。

古人有"观民风""观世风"之说，又有"听其言，观其行"之说。《易经》云："圣人设卦观象，系辞焉而明吉凶。……是故君子居则观其象而玩其辞，动则观其变而玩其占。"这里的"观"，就是君子通过自己观察和判断卦象来确定自己的行为，因此无往而不胜。《易经》并设有"观"卦，其卦辞曰："观我生进退。"即观察我自己的行为，就可知进退之可否。"观我生，君子无咎。"即观看天下生民（观民风），就可以使君子不犯错误。① 由此可知，"观"不仅是要观察事物表面的现象，还要透过现象看本质，看事物的发展趋势。

"观"，是魏晋时期品评人物的一种主要方式，它不仅包括对人物外表的品评，还包括对人物的神韵、气质、风采的品评。这种品评在当时多被称为"目"。如"世目李元礼：'谡谡如劲松下风。'""公孙度目邴原：'所谓云中白鹤，非燕雀之网所能罗也。'""王戎目山巨源：'如璞玉浑金，人皆钦其宝，莫知名其器。'"②

"观"，又具有很浓的佛教色彩。佛教认为借助智慧，通过凝神，观想特定对象比如佛的庄严相好，可以获得对佛性的悟解，甚

---

① 余敦康解读：《周易》，国家图书馆出版社2017年版，第512、119页。
② （南朝宋）刘义庆，（南朝梁）刘孝标注，余嘉锡笺疏：《世说新语笺疏》（赏誉第八），中华书局2011年版，第519、521、527页。

至可使十方诸佛出现于眼前。宗炳信仰佛教，因此"观"的观念，对宗炳影响甚深。佛教是一种"像教"，常借雕塑、绘画等形象来传播。《观佛三昧海经》载有观佛修持的具体方式，而所谓观像念佛，就是慧远所倡导的一种念佛修行方式。信徒修持时，大都是观像念佛，观像体味（从这个角度看，也可称为"澄怀味像"），以感受佛相的庄严，体悟佛法的博大。通过"观"，能够达到"悟"，佛教里面的"悟"分为两种：一是顿悟，豁然开朗、茅塞顿开；二是渐悟，面壁十年图破壁。所以，"观"的过程，不仅仅是目睹的过程，还有心的感受、领悟的过程，也就是得"道"的过程。在宗炳看来，"观道"实际上就是"观佛"。因为万事万物（诸法实相）都是佛的显现，眼前的一山一水，一草一木，都有佛法隐含其中。观想天地万象，就能够领悟山水之神、宇宙之道。

道，是宇宙灵魂，是生命源泉，是美的本质之所在，然而，这个"道"既不是孤悬无着的实体，也不是不可感悟的虚体。它作为审美客体的本质所在，就表现于那"于空寂处见流行，于流行处见空寂"的审美时空中。虚实一源，体用不二，道体虚而落实于诸法万相，美的本质就呈现于这大千世界。（宗白华）"观道"，就是用审美的眼光、感受，深深领悟客体具象中的灵魂和生命，造就一个审美客体。

无论是"味象"，还是"观道"，都需要主体具备一定审美心理状态，这就是"澄怀"。只有"澄怀"才能"味象"，才能"观道"。"澄怀"即澄清胸怀，心无杂念，其本义源于道家思想，老子有"致虚极，守静笃""虚"就是空旷，"静"就是寂寥。老子还有"涤除玄览"[1]，也就是排除一切杂念，让心灵虚空，才能以更明了的目光去观察大千世界。庄子有"坐忘"，"堕肢体，黜聪明，离形去知，同于大通，此谓坐忘"。"坐忘"是逍遥游的一种表现，罢黜聪明才智，追求精神的自由。庄子还有"心斋"，"虚者，心斋也"。[2]"心斋"，就是中止心的一切认知、感受和意志活动。"故养

---

[1] 朱谦之撰：《老子校释》第十六章、第十章，中华书局2018年版，第67、41页。
[2] （清）郭庆藩撰，王孝鱼点校：《庄子集释·人间世》，中华书局2018年版，第4页。

志者忘形，养形者忘利，致道者忘心矣。"① 庄子还借老子之口说："汝齐戒，疏瀹而心，澡雪而精神，掊击而知！夫道窅然难言哉！将为汝言其崖略。"② 可见，"道"艰深玄妙，要"致道"，就要"忘心"，就必须通导心灵，洗涤精神，去除智识。

  宗炳的"澄怀"理念，更多的是受到佛教特别是净土信仰的影响，"澄思五门，游心三观。"③ 慧远观想念佛，乃修定坐禅之法。在静默的观照中遗忘外在世界与自我，精神超越形体自由翱翔，达到一种玄妙的境界。其《念佛三昧诗集序》云："夫称三昧者何？专思寂想之谓也。思专则志一不分，想寂则气虚神朗。气虚则智恬其照，神朗则无幽不彻。斯二乃是自然之玄符，会一而致用也。"④ 可见，内心清净会产生一种气虚明朗的精神状态，这才能够领悟到佛道的真谛。这是一种宗教的心态，而审美的心态更超越于宗教的心态。宗教修持者主要是一种谦冲、虔敬的心态，而审美主体则主要是一种亲和、相适的心态。⑤

  宗炳极为重视这样一种澄明的心理状态，因为这是修持的根本和前提，更是审美的根本和前提。在其《明佛论》中，宗炳所用"澄"字共有6处（另有1处系人名），如"识能澄不灭之本"，"言有微远之情，事有澄肃之美"，"若使回身中荒，升岳遐览，妙观天宇澄肃之旷，日月照洞之奇"，"清水激浊，澄石必明"，"昔远和尚澄业庐山"。每一处"澄"字，都隐含佛教所倡导的清心寡欲、心无杂念、虚怀若谷的体道悟道心态，透露出宗炳本人崇尚佛法、静心向佛的虔诚信仰。此外，还在多处表达"澄"的意思："今以悟空息心，心用止而情识歇，则神明全矣。""清心洁情，必妙生于英丽之境，浊情滓行，永悖于三途之域。"在宗炳看来，只有以此

---

 ① （清）郭庆藩撰，王孝鱼点校：《庄子集释·让王》，中华书局2018年版，第978页。

 ② （清）郭庆藩撰，王孝鱼点校：《庄子集释·知北游》，中华书局2018年版，第742页。

 ③ （梁）释慧皎撰，汤用彤校注：《高僧传》，中华书局1992年版，第312页。

 ④ （晋）慧远著，张景岗点校：《庐山慧远大师文集》，九州出版社2014年版，第30页。

 ⑤ 朱志荣：《中国审美理论》，北京大学出版社2005年版，第41页。

清净之心，才能观照万物，证契诸法实相，才能解脱累患、进入涅槃的境界。在艺术创作中，只有澄明胸怀，才能进行审美观照，进入物我交融、自由自在的审美化境。而在《答何衡阳难〈释白黑论〉》中，宗炳的表述与"澄怀观道"何其相似："故遂能澄照观法，法照俱空，而至于道。"[1] 可见，在宗炳看来，佛教悟道与艺术悟道的本质和途径都是相同的。

宗炳极为重视这样一种澄明的心理状态，是因为这是真隐士必须具备的一种人格状态。是真隐士，乃守道不仕，修身清节，不交世利，安然山林。宗炳本人就是这样一位终生不仕的真隐士，不受朝廷赍赠，而是躬亲耕稼，真正具有一种"澄怀"的处世心态，以"澄怀"之心对待万事万物，因此他能自然而然地提出这样一种"澄怀"的审美理念。

"澄怀"的本质是"万虑洗然，深入空寂"，就是精神无碍、自由自在、无欲无求、忘物去我。因为只有这样，才能以静观动、以虚知实。因此，所谓"澄怀"就不仅仅是瞬间的静坐、禅定，而是人生持久的一种状态。一个艺术家，不仅应该在艺术创作、艺术欣赏时处于这样一种"澄怀"状态；而且其整个人生都要处于这样的一种状态。即不应该把艺术当作一种世俗工具，不要以功利主义心态去从事艺术，不要把艺术和艺术家本人当作一种待价而沽的商品。这样我们才能够真正把握艺术的真谛，在艺术上有自己的创造和发明。因此我们又可以说，"澄怀"不仅仅是一种心理状态，也是一种人格状态。

推而广之，"澄怀"不仅仅是审美必需的心理状态，也是认知必需的心理状态。无论是艺术家，还是学者，都不能以功利主义的思想去从事艺术和学术。先秦时期强调"君子风范"，"汝为君子儒，不为小人儒"，"君子喻于义，小人喻于利"，"君子谋道不谋食"，"忧道不忧贫"。这些都是先秦儒家对士人提出的人格要求。以朱熹为代表的宋明理学，提出学者要有"圣贤气象""圣贤风范"或"圣贤气度"。程颐强调"学者须要理会得圣贤气象"，也就是

---

[1] （梁）僧祐编撰，刘立夫、魏建中、胡勇译注：《弘明集》，中华书局2013年版，第210页。

说，学问之人应该把圣贤确立为做人的目标，应该重视精神境界的超越，追求一种完美理想的学术品格。

认知和审美的对象都是"道"，所谓"文以载道"，所谓"非艺也，道也。"因此，如果我们的学者、艺术家，瞻前顾后、左顾右盼，为物所役，为利所累，终日奔走于繁华闹市，斤斤计较于蝇头小利，这是绝对谈不上艺术和学术的，是绝对谈不上悟道、体道、弘道的。宗炳提出的"澄怀味象"（"澄怀观道"）"对后世美学的发展影响尤其深远"，① 被后世的画家和画论家、美学家奉为艺术审美的最高准则和最高境界。郭若虚在论宋人画时十分看重此意，他说：宋澥"善画山水林石，凝神遐想，与物冥通"。郭氏还直接引用宗炳原话品评燕肃："尤擅画山水寒林，澄怀味象，应会感神。"② 而明李日华在论画时则说："必须胸中廓然无一物，然后烟云秀色，与天地生生之气，自然凑泊笔下，幻出奇诡。"③ 只有心中澄净，山川的秀色以及天地的内在生气，才能在自己的笔下浑然一体，呈现出神奇的景致。董其昌说："读万卷书，行万里路，胸中脱去尘浊，自然丘壑内营，立成鄄鄂（形状），随手写出，皆为山水传神矣。"④ 在董其昌看来，仅仅是读万卷书、行万里路还不够，必须脱去尘世浊气，心中一片澄明虚静，才能在心中自然形成山水的形象，并且观照山水的神韵。

实际上，"澄怀"已经成为从事艺术必备的审美心理前提和心理状态。作画如此："必须静坐凝神。"⑤ "凡落笔之日，必明窗净几，焚香左右，精笔妙墨，盥手涤砚，如见大宾，必神闲意定，然后为之。"⑥ "凡画山水必先置绢素于明净之室，伺神闲意定，然后

---

① 叶朗主编：《中国美学通史》（魏晋南北朝卷），江苏人民出版社2014年版，第364页。
② （宋）郭若虚：《图画见闻志》卷三，中华书局1985年版，第56、60页。
③ 周积寅：《中国画论辑要》，江苏美术出版社1985年版，第391页。
④ 《画禅室论画》，载俞剑华《中国画论类编》上卷，人民美术出版社2016年版，第726页。
⑤ 明代唐志契在谈到山水画时特地辟有"存想"一节，其开篇即言此。《绘事微言明》，载俞剑华《中国画论类编》下卷，人民美术出版社2016年版，第734页。
⑥ （宋）郭熙、郭思：《林泉高致》，载俞剑华《中国画论类编》上卷，人民美术出版社2016年版，第634页。

入思。"① 作书如此:"夫欲书者,先干研墨,凝神静思……然后作字。"② 鼓琴如此:"身须端直,且神鲜意闲,视专思静。"③ 不仅艺术如此,文学也如此。"是以陶钧文思,贵在虚静,疏瀹五脏,澡雪精神。"④ 清代况周颐生动地描述了作词时所需的环境与心态:"人静帘垂,镫昏香直,窗外芙蓉残叶飒飒作秋声,与砌虫相和答。据梧冥坐,湛怀息机。每一念超,辄设理想排遣之。乃至万缘俱寂,吾心忽莹然闭朗如满月,肌骨清凉,不知斯世何世也。"⑤ 可见作文、作书与作画一样,都需要庄子所说的"用志不分,乃凝于神"⑥ 的专注精神,也就是宗炳所说的"澄怀味象"这样一种审美心态。

宗炳提出"澄怀味象"("澄怀观道")的美学命题,在历史上具有划时代的意义。近当代诸多书画史家、美学家对其给予了高度的评价。美学家宗白华指出:"中国自六朝以来,艺术的理想境界却是'澄怀观道',在拈花微笑里领悟色相中微妙至深的禅境。"⑦ 哲学家任继愈主编的《佛教大辞典》指出:宗炳"在佛学思想基础上提出的'澄怀味象''应目会心''应会感神''神超理得'的画论思想,在中国美学史上有着深远的影响。特别是'从意生形''心为法本''清心洁情,必妙生于英丽之境'的说法,已明显包容(含)了后世的'艺术意境'的思想。"⑧ 美学家叶朗认为,宗炳提出的"澄怀味象"("澄怀观道")的命题,是对老子美学的重大发展。他把老子美学中"象""味""道""涤除玄鉴"范畴和命题融

---

① (元)饶自然:《绘宗十二忌》,载俞剑华《中国画论类编》下卷,人民美术出版社2016年版,第691页。
② (晋)王羲之:《题卫夫人笔阵图后》,载(唐)张彦远著,范祥雍点校《法书要录》,人民美术出版社2016年版,第8页。
③ (元)吴澄:《琴言十则》,中华书局2013年版,第429页。
④ 《文心雕龙》成书于501—502年,比《画山水序》(成书约439年)晚了60年,应该说,前者受到了后者的影响。王志彬译注本,中华书局2012年版,第320页。
⑤ (清)况周颐、王国维著,王幼安校订:《蕙风词话·人间词话》,人民文学出版社1984年版,第9页。
⑥ (清)郭庆藩撰,王孝鱼点校:《庄子集释·达生》,中华书局2018年版,第643页。
⑦ 宗白华:《中国艺术境界之诞生》,载宗白华《美学散步》,上海人民出版社1981年版,第76页。
⑧ 任继愈主编:《佛教大辞典》,江苏古籍出版社2002年版,第862页。

化为一个新的美学命题；对审美关系作了高度概括。这在美学史上是一个飞跃。① 宗炳的"澄怀观道"（"澄怀味象"）命题，凝聚和发展道、佛思想之精华，开辟了中国美学思想的新境界，具有哲学认识论的重大意义。无论是从事艺术还是从事学术，其目的都是得"道"，而其心理前提则是"澄怀"，"象"（"像"）既可以是一个审美对象，也可以是一个认识对象。而"观"（"味"）既是一个审美过程，也是一个认识过程。

第三节 "山水质有而趣灵"

如果说，"圣人含道应物，贤者澄怀味象"，这两个命题主要解决的是主客体及其审美关系问题，那么"山水质有而趣灵""山水以形媚道"这两个命题则主要讨论客体的形神关系问题。

"山川之美，古来共谈。"山水是自然界中最大的物象，先民对山水的认识，首先还仅仅是与人类生存直接相关的形质层面。先民早就认识到山水是生长万物的本原和根基，山乃"草木生之，禽兽居之，宝藏兴焉"。水乃"鼋鼍、蛟龙、鱼鳖生焉，货财殖焉"。② 随着人类实践活动的发展，先民们又逐渐认识到，山水囊括万汇、包罗万象，各种天象、气象，诸如日月星辰、风云雨雪，皆与山川密切相关。"积土成山，风雨生焉；积水成渊，蛟龙生焉。"③ 山水是万物之本原，万类之始基，但这些都只是着眼于山水与人类物质生活之间的关系。

山水与人类情感、精神上的关系，在《诗经》和《楚辞》中已经开始出现。如《诗经》有曰："淇水漫漫，桧楫松舟。"④ "河水

---

① 叶朗：《中国美学史大纲》，上海人民出版社1985年版，第207页。
② （汉）郑玄注，（唐）孔颖达疏：《礼记正义》卷五二《中庸》第三一，（清）阮元校刻《十三经注疏》，中华书局2009年版，第3545页。
③ （清）王先谦撰，沈啸寰、王星贤整理：《荀子集解·劝学篇》，中华书局2012年版，第7页。
④ 袁行霈主编，李山解读：《诗经·卫风·竹竿》，国家图书馆出版社2017年版，第104页。

洋洋，北流活活。"① 又如《楚辞》有曰："山峻高而蔽日兮，下幽晦以多雨。"（《涉江》）"袅袅兮秋风，洞庭波兮木叶下。"（《湘夫人》）② 尤其是在《楚辞》中，作者以浪漫主义的手法，多次描写登山临水以慰心怀的境况。但是《诗经》和《楚辞》对于山水的描写，都只是零星的诗句，没有独立的篇章。这种描写只是作为情绪的陪衬，而不是专为歌咏自然，因此也就没有独立的山水美学意识。

儒家认为，山水所蕴含的精神主要在于符合人的某种美德，也就是所谓"比德意识"。据传，子贡曾问孔子："君子之所以见大水必观焉者是何？"孔子曰："夫水，大遍与诸生而无为也，似德。其流也埤下，裾拘必循其理，似义。其洸洸乎不淈尽，似道。若有决行之，其应佚若声响，其赴百仞之谷不惧，似勇。主量必平，似法。盈不求概，似正。淖约微达，似察。以出以入，以就鲜絜，似善化。其万折也必东，似志。"③ 在孔子看来，水有多重意义的德性：德、义、道、勇、法、正、察、善、志。而这些德性就是君子应该具备的，因此君子之所以应该"观水"，那就是要向"水"学习其德性。

"山"的德性也是如此。据传，子张曾问："仁者何乐乎山也？"孔子曰："夫山者，……草木生焉，禽兽蕃焉，财用殖焉，生财用而无私，为四方皆伐焉，每无私予焉。出云雨以通乎天地之间，阴阳和合，雨露之泽，万物以成，百姓以飨；此仁之乐于山者也。"④ 可见在孔子看来，"山"的德性也是多重的，仁者应该向"山"学习。

道家的自然观中有山水美学观的思想因素或萌芽。《庄子》中的很多篇章，以审美的态度对待自然、对待山水，为后人认识山水之美提供了丰富的思想资源。庄子已经感受到："心无天游，则六凿相攘。大林丘山之善于人也，亦神者不胜。"⑤ "山林与，皋壤与，

---

① 袁行霈主编，李山解读：《诗经·卫风·硕人》，国家图书馆出版社2017年版，第98页。
② 林家骊译注：《楚辞》，中华书局2010年版，第50、117页。
③ （清）王先谦撰，沈啸寰、王星贤整理：《荀子集解·宥坐篇》，中华书局2012年版，第506—507页。
④ （清）陈士柯撰：《韩诗外传疏证》卷三第45页，清嘉靖二十三年刻本。
⑤ （清）郭庆藩撰，王孝鱼点校：《庄子集释·外物》，中华书局2018年版，第940页。

使我欣欣然而乐焉。"① 由此看来，在孔子、庄子那里，自然山水已经成为一种具有生命意识、人格价值和审美情趣的客观对象。

自汉代始，中国士大夫的山水意识得到进一步的发展，人们到自然山水中去寻求心灵的自由和美感的享受。魏晋时期，由于社会的长期动荡不安，人们逐渐远离政治，走向自然，登山临水，隐居山林。这时出现了自然的拟人化和人的拟自然化的思想意识。《世说新语·言语篇》载："会心处不必在远。翳然林水，便自有濠、濮间想也。觉鸟兽禽鱼，自来亲人。"②

宗炳正是在这样的社会和文化背景下，发现了山水之神。在宗炳看来，"山水质有而趣灵""山水以形媚道"。这里也同样是两个分句，虽然在不同的地方出现，但是二者的精神实质是相同的，所表征的都是自然山水形、神两方面的特征。"质有"为其外，为其"形"，"趣灵"为其内、为其"神"（道）。山水是有形的，神（道）是无形的，无形之神必托于有形之山水。客观对象山水不仅仅是可以通过感官感知的有形有质的物象，而且具有内在的灵趣和精神（道）。

宗炳说："圣人以神法道，而贤者通；山水以形媚道，以仁者乐，不亦几乎。"他认为，圣人能"法道"，山水能受道、"媚道"，皆为"神"之功。但前者是主观之神（精神），圣人通过他的精神效法或依归于自然之道，而贤者由此通达自然之道。后者是客观之神（神韵），也就是说，外在的物象包括山水总是以千姿百态的方式体现其道甚至取悦于道，因此山水有其灵趣和神韵，这就是山水之神、山水之灵，也就是山水之美的根源所在。"山水质有而趣灵""山水以形媚道"的命题集中地体现了宗炳的山水美本体论。山水之美，美在何处？美在山水之神，而其神来自道。这样宗炳就把山水之美提高到了形而上的高度，而这是中国绘画史上具有革命意义的一步。

---

① （清）郭庆藩撰，王孝鱼点校：《庄子集释·知北游》，中华书局 2018 年版，第 766 页。

② （南朝宋）刘义庆，（南朝梁）刘孝标注，余嘉锡笺疏：《世说新语笺疏·言语第二》，中华书局 2011 年版，第 107 页。

在宗炳之前，顾恺之提出了人物画的传神。而山水是自然景物，何神之有？或者说，山水画如何能达到传神的境界？宗炳在这里迈出了划时代的一步。他提出的"山水质有而趣灵"，"山水以形媚道"，与其所信奉的佛教有着非常密切的关系。印度佛教认为，佛法隐含于大自然的一山一水一草一木之中。佛教的冥想静观，是要在自然中体验到一种宗教的快乐，慧远在带领诸弟子石门游后就表达了这样一种宗教的快乐："乃悟幽人之玄览，达恒物之大情，其为神趣，岂山水而已哉！"①

而道家也认为，道无所不在，不可或缺。庄子在回答东郭子问道时说：道"在蝼蚁""在稊稗""在瓦甓""在屎溺"。因此受道家影响的中国化的佛教自然观认为，以自然作为主观沉思、体道悟道的对象、依据和意象来源。因此世界万物都是道（佛）的一种表现。这在某种程度上，就具有万物有灵论的色彩。宗炳在《明佛论》中说："夫五岳四渎谓无灵也，则未可断矣。若许其神，则岳唯积土之多，渎唯积水而已矣。得一之灵，何生水土之粗哉？而感托岩流，肃成一体，设使山崩川竭，必不与水土俱亡矣。"② 在宗炳看来，万物的神灵都来自道，积土成山，积水成河，山河自此也就有了其运行的基本规律，于是山川就有了神灵，这就是所谓"得一而灵"，而且其神灵并不会随着山岳崩陷、河流枯竭而消失，山川既成，必有灵焉。

魏晋以来，关于山水具有灵性的说法时有所载，后魏孝文帝《祭泰岳文》曰："造化氤氲，是生二仪。玄黄既辟，山川以离。四流含灵，五岳苞祇。"③ 此处"四流"即四渎，而"祇"即神祇。五岳四渎（泛指山水）皆有灵性，而所谓灵性，也就是具有育成万物的神功大化。"灵"又常与"神"并举，慧远在论述其神不灭论时说："夫神者何耶？精极而为灵者也。"④ 在赞美庐山之美时又说：

---

① 《庐山诸道人游石门诗序》，载慧远著，张景岗点校《庐山慧远大师文集》，九州出版社2014年版，第32页。
② （梁）僧祐编撰，刘立夫、魏建中、胡勇译注：《弘明集》，中华书局2013年版，第100页。
③ （唐）徐坚：《初学记》卷五《地部上》，中华书局2004年版，第96页。
④ （晋）慧远：《沙门不敬王者论》，载（梁）僧祐编撰，刘立夫、魏建中、胡勇译注《弘明集》，中华书局2013年版，第327页。

"其为神丽,亦已备矣","开阖之际,状有灵焉,而不可测也"①今人评价道:"宗炳的这一观点('山水质有而趣灵'),是对魏晋以来山水品赏中审美观念的总结。"②

山水之神(灵)的实质就是"道",而"道"的具体表现就是德,这种"德"与前述孔子所说的山水之"德"并无二致,即人们所认识到的水之道(德)如"上善若水""水滴石穿、以柔克刚""草木生焉,禽兽蕃焉"等等。

正因为"山水质有而趣灵","轩辕、尧孔、广成、大隗、许由、孤竹之流,必有崆峒、具茨、藐姑、箕、首、大、蒙之游焉"。此处所列人名均为古之圣贤,这也是对前面"圣人""贤者"用语的回应,而所列山名均为圣贤所游历或隐居之名山。

此处"尧孔"二字何解?有学者疑"孔"为"舜"之误。③本书认为非误也。宗炳时代的文士们多称"尧舜周孔",但也不乏"尧孔"的称谓。如慧远在其《沙门不敬王者论》中两次用到"尧孔":"道法之于名教,如来之于尧孔,发致虽殊,潜相影响;出处诚异,终期则同。""释迦与尧孔,发致不殊,断可知矣。"④宗炳师弟周续之在其《难释疑论》中也有同样表述:"但微明之道,理隔常域。尧、孔拯其粗,宜有未尽。"⑤东晋孙绰在其《老子赞》中也说道:"李老无为而无不为,道一尧孔,迹又灵奇。"⑥可见在宗炳之时,"尧孔"连称,已成惯例,还有"尧孔之学"的说法⑦,"尧孔"既指儒家正统之学,又指儒家圣人,系"尧舜周孔"之简

---

① 《庐山诸道人游石门诗序》,载慧远著,张景岗点校《庐山慧远大师文集》,九州出版社2014年版,第32页。

② 盛源、袁济喜:《华夏审美风尚史》第4卷《六朝清音》,北京师范大学出版社2016年版,第246页。

③ 陈传席:《六朝画论研究》(修订版),天津人民美术出版社2015年第2版,第140页。

④ (晋)慧远:《沙门不敬王者论》之四《体道不兼应》,载(梁)僧祐编撰,刘立夫、魏建中、胡勇译注《弘明集》,中华书局2013年版,第323页。

⑤ (晋)慧远著,张景岗点校:《庐山慧远大师文集》,九州出版社2014年版,第161页。

⑥ (唐)徐坚:《初学记》卷二三,中华书局2004年版,第549页。

⑦ (晋)孙盛:《老子疑问反讯》,载(唐)释道宣《广弘明集》(宋思溪藏本)卷五第二册《辩惑篇第二之一》,国家图书馆出版社2018年版,第77页。

称。而在《画山水序》中，两字一组，具有节奏感，故此。

此外对"尧孔"的理解，也与后面对"大蒙"的理解有关，"大蒙"亦可作"太蒙"。此处"大蒙"非一处山名，乃"大"与"蒙"二山，实指孔子曾登临的泰山和蒙山。古时"大"与"太"相通，也作"泰"，经史"太"字俱作"大"，如大极、大初、大素、大庙、大学及官名大师、大宰之类。"太"又作"泰"，如泰卦、泰坛、泰誓、泰春（夏、秋、冬）之类。

孔子登东山而小鲁，登泰山而小天下。东山，古称东蒙，今称蒙山，位于沂蒙山区腹地，山东第二高峰。宗炳在《明佛论》中两次谈到这个问题，其中一次直接用"太蒙"："昔仲尼修《五经》于鲁，以化天下，及其眇邈太蒙之颠，而天下与鲁俱小。"[①] 当时孔子在鲁国编纂《五经》，目的是要教化天下，然而等他登上高耸入云的蒙山和泰山之巅时，鲁国乃至天下在他眼里就不足为道了。

因此古时圣贤在游历名山的过程中，不仅观赏到了山水的物象（"质有"），而且体会到了山水的灵趣，感悟到了山水所透露的自然之道，这才有所谓"仁智之乐"。宗炳《画山水序》开篇出现"仁智之乐"，一方面表明其并不绝对排斥儒家所倡导的山水意识，而且为自己的山水"畅神"说提出了一个理论的起点（不是基础），从这个起点出发，宗炳的山水审美观达到了一个前所未有的高度（"畅神"）。

"山水以形媚道"，生动地表达了山水的外在形质与其内在的灵趣之间的关系。一个"媚"字，使山水之神赋予了拟人的色彩，又给山水之美增添了灵动的意蕴。"媚"既有主动讨好之意，又有形态多样之义。宗炳在《明佛论》中还有类似的表达："夫物之媚于朝露之身者，类无清遐之实矣。"[②] 山水以其多彩多姿的形象，显示着大自然的本质和规律，因此人们登山临水，感受到的是山水所表现的自然之道，是山水的神韵和灵趣。这就是"仁智之乐"的根本原因所在。

[①] （梁）僧祐编撰，刘立夫、魏建中、胡勇译注：《弘明集》，中华书局2013年版，第154页。

[②] 同上书，第153页。

与宗炳同时代的山水诗人谢灵运在其诗中也经常使用"媚"字，如"白云抱幽石，绿筱媚清涟"（《过始宁墅》），"潜虬媚幽姿，飞鸿响远音"（《登池上楼》），"乱流趋正绝，孤屿媚中川"（《登江中孤屿》），"江山共开旷，云日相映媚"（《初往新安至桐庐口》），①灵运正是要通过这些"媚"景去挖掘其中所包含的"道""理"。

宗炳在山水画发展史上的功绩在于，他真正发现了山水之美。这种美就是宗炳所说的山水之神（灵），这种美源于自然之道、宇宙之道。这种美可以陶冶人的性情，开阔人的胸襟，畅快人的神志，铸造人的灵魂。宗炳的画论为山水之美奠定了本体论哲学基础，也为山水画的创作提供了广阔的天地。"山水之神（灵）"决定了山水画的神韵、气韵或气质，因此山水画就不是一个简单的模仿自然问题，不是简单地再现真山实水，而是表现作者对山水之神（灵）、对天地之道的感悟，这种感悟又必须体现在山水画的物象上，这成为后世画家终身追求的目标，也是评价山水绘画的要旨所在。

山水画家兼诗人王维在其《山水论》（传）中说："树不可繁，要见山之秀丽；山不可乱，须显树之精神。——能如此者，可谓名手之画山水也。"②唐末五代的荆浩明确将气韵推之于山水（松石）："山水之象，气势相生。""画如飞龙蟠虬，狂生枝叶者，非松之气韵也。"③ "树之精神" "松之气韵"何也？乃山水之灵（神）。王维尤其是荆浩，上承宗炳"山水质有而趣灵"的理念，下启宋代"物之有神"的思想，使宗炳的山水之神论得以一脉相传。

宋人邓椿指出："世徒知人之有神，而不知物之有神。"④邓椿

---

① 逯钦立辑校：《先秦汉魏晋南北朝诗》宋诗卷一，中华书局1983年版，第1160、1161、1162、1179页。

② （传）王维：《山水论》，载俞剑华《中国画论类编》上卷，人民美术出版社2016年版，第597页。

③ （五代）荆浩：《笔法记》，载俞剑华《中国画论类编》上卷，人民美术出版社2016年版，第607页。

④ 《画继杂说》，载俞剑华《中国画论类编》上卷，人民美术出版社2016年版，第75页。

等人的山水绘画理论，使宗炳山水之神论得以发扬光大，为宋人"尚意""尚趣""重神轻形"提供了理论基础。苏轼作为文人画家的代表，特别强调神似，而非拘泥于形似。而明高濂表示："士林中能作隶家画品，全在用神气生动为法，不求物趣，以得天趣为高。"① 直到明人董其昌，仍然十分重视"山水传神"。清恽格也说："虽离方遁圆，而极妍尽态，故荡以孤弦，和以太羹，憩于阆风之上，泳于沃寥之野。斯可以想其神趣也。"② 这里的"天趣""神趣"，其实都是宗炳"趣灵"的不同表达。

在宗炳之前的顾恺之看来，山水"无生动之可拟，无气韵之可侔"（唐张彦远语），宗炳提出的山水美学本体论，实现了从人物画传神到山水画传神的演进。于是，山水画要把握山水的神韵，画出山水的内在之美，就成为我国山水画乃至中国绘画的传统。

第四节 "以形写形，以色貌色"

《画山水序》可能缘于宗炳的一幅画作，序中写道：

> 余眷恋庐、衡，契阔荆、巫，不知老之将至。愧不能凝气怡身，伤跕石门之流，于是画象布色，构兹云岭。

宗炳一生"好山水，爱远游"，先后多次游历庐、衡、荆、巫等名山大川，后来老病俱至，回到江陵老家，将所游历之景，图之于壁，坐卧向之，以度残年。也许是在画了某一幅画作之后，突然思如泉涌，对山水画颇有所悟，于是写下这篇千古奇文。

现从多重角度看，序中的"画象布色，构兹云岭"是有所指的，很可能是庐山石门之景，宗炳很可能参与了东晋隆安四年

---

① （明）高濂：《燕闲清赏笺》，《遵生八笺》明万历刻本（中国基本古籍库），第334页。

② （清）恽格：《瓯香馆画跋》，（清）秦祖永辑《画学心印》卷五，清光绪朱墨套印本（中国基本古籍库），第78页。

(400年)春,以慧远法师为首的三十余名佛教徒石门之游。那次石门之游后,众僧曾作诗以寄怀,而慧远则撰《诸道人游石门诗序》描绘仙人得道成佛的各种传说,渲染庐山神灵缥缈的气氛,记叙佛教徒们游历石门胜景的愉悦之情。

这次石门壮游类于石崇等人的金谷之聚和王羲之等人的兰亭诗会,慧远之序记述这次登山情状曰:"因咏山水,遂杖锡而游。……斯日也,众情奔悦,瞩览无厌。"其中提到了对山水的感应:"翔禽拂翮,鸣猿厉响。归云回驾,想羽人之来仪。哀声相和,若玄音之有寄。虽仿佛犹闻,而神之以畅;虽乐不期欢,而欣以永日。"又曰:"俄而太阳告夕,所存已往,乃悟幽人之玄览,达恒物之大情,其为神趣,岂山水而已哉!"①师徒们"因咏山水"而游,因游山水而"神之以畅",最后归结为因山水而领会其中之"神趣"。宗炳"畅神"的山水审美观受其影响,是显而易见的。

《画山水序》与慧远的《石门序》在审美情趣上十分接近,宗炳在《画山水序》提到庐山,接着又讲到其石门,也是一种呼应关系。如前所述,宗炳至衡山,不一定要经过湖南石门,下长江、入洞庭、溯湘江而上更为方便。这里可以理解为宗炳遗憾自己年老体衰,不能像那次的佛教徒们一样凝气怡身,再做石门之游了!而只能闲居在家,将所睹名山,皆图之于壁,作卧游之乐。作兹云岭图(石门图),感慨良多,因此而作《画山水序》。这样看来,宗炳《画山水序》之中的石门,就不令人费解了。(详见前文《好山水,爱远游》)

于是宗炳自问自答,以证明"兹云岭"与石门原景在本质上没有区别:

> 夫理绝于中古之上者,可意求于千载之下。旨微于言象之外者,可心取于书策之内。况乎身所盘桓,目所绸缪。以形写形,以色貌色也。

---

① (晋)慧远著,张景岗点校:《庐山慧远大师文集》,九州出版社2014年版,第31页。

这里宗炳首先回应了魏晋时期所谓的言意之辨的问题。言意之辨是中国一个古老的美学话题。子曰："书不尽言，言不尽意。""圣人立象以尽意，设卦以尽情伪，系辞焉以尽其言。"① 这里提出了两个重要命题："言不尽意"与"立象以尽意"。

而《老子》《庄子》也提出了言和意的关系问题，《老子》认为言不足以达意，即不能完全表达圣人对"道"的感悟。《庄子》认为语言有其局限性，不能完全表达主体的情感和意向。《庄子》又从"言不尽意"出发，进一步提出"得意忘言"。正因为语言有其局限性，所以不能停留在语言阶段，应该进入领悟其"意"的阶段，一旦把握了"意"，就达到了审美的最高境界。

魏晋时期，"言意之辨"又进入一个新的时期，王弼对"言象意"之关系进行了深入的讨论，他明确提出："尽意莫若象，尽象莫若言。言生于象，故可寻言以观象；象生于意，故可寻象以观意。意以象尽，象以言著。"② 言—象—意这三者是一个由表及里、依次递进的关系。

从文字艺术来说，即以言表意；从绘画艺术而言，则以象表意。而绘画艺术中的象与《周易》中的象（卦象）虽然不尽相同，但都是"意"的表征。如果一定要说绘画艺术也有"言"的话，那就是艺术作品的"形"与"色"，因此宗炳这里才有"以形写形、以色貌色"之说。

在宗炳看来，既然上古时代的理（道），千年之后的我们仍然可以获得；既然言象之外微妙的旨（道），我们都可以从书中知晓，更何况我曾经亲身盘桓、反复观览，并且以其形而绘其形，以其色而布其色，构成我的"云岭图"之"象"，那我就能真正表达山水之"道"，真正表达圣人之"道"（圣人"含道应物"）。宗炳这一段话的主旨是，山水画能够表现"道"，以及山水画何以表现"道"。一方面，我们通过实地观察山水，并以自然本来的形和色为基础，构造山水的意象；另一方面，我们则通过研究圣人之道，领

---

① 余敦康解读：《周易·系辞上》，国家图书馆出版社2017年版，第547页。
② （魏）王弼、（晋）韩康伯注，（唐）孔颖达疏：《周易注疏》，上海古籍出版社1989年版，第311页。

悟山水之道，将其贯穿于山水的意象之中。

宗炳在这里对山水画的创作，提出了一个带有根本性的问题，这就是写生，也就是观摩真山实水。

为什么要写生？这不仅涉及山水画的创作问题，而且涉及山水画的形神关系问题。山水画要传神，首先必须要有形。形之不在，神何存焉？宗炳论述山水画，首先强调山水画要能够表现山水的形貌。没有生动的形貌，就不可能表现生动的神韵。这是因为山水乃自然之物，其形态各异，而大自然鬼斧神工，非闭门造车者可以构制。亲身游历山水，实地模山范水，为山水画创作积累素材，这是山水画家的基本功，书法史上尚有张颠见公孙大娘舞剑、怀素夜闻嘉陵江水声而笔势益健。山水画乃图写自然，离开了自然，则如无源之水，无本之木。山水绘画史上有著名的荆、关写太行，李成写齐鲁，范宽写关陕，二米写金陵、镇江，李澄叟写峡江，黄公望写春山，王履写华山……我们甚至可以想见，在长期的游历过程中，宗炳一定是积累了很多的山水写生素材。

宗炳重视山水画创作的感观经验，似与楚赋文化有着密切的关系。《楚辞》多用视觉词汇，"凡目之一切动状为大视、审视、小视、斜视、直视、略视、详视、偏视、俊视、忽视、再三视、怒目金刚之视、含情脉脉之视、闪闪而视、朦胧而视、反复而视，文中皆详书"。[1]

这种重视视觉经验的传统，在晋宋时期得到了传承。时人书写山水时，"眇目""目散""目玩""寓目""运目""肆目""仰盼""睨""眺""望"等主动观看的词语频频出现。山水诗中对景物的描写就是来自作者的视觉感观，比如谢灵运的诗文就十分注重视觉动词的应用，如"昔闻汾水游，今见尘外镳。……张组眺倒景，列筵瞩归潮。"（《从游京口北固应诏诗》）"倾耳聆波澜，举目眺岖崟。"（《登池上楼》）"俯濯石下潭，仰看条上猿。早闻夕飚急，晚见朝日暾。"（《石门新营所住四面高山回溪石濑茂林

---

[1] 姜亮夫：《屈子思想简述》，载《楚辞学论文集》，上海古籍出版社1984年版，第243—245页。

修竹》）等等。①

山水诗文是自传式的文学，山水画虽然不一定是自传式的作品，但也来自对大自然的感观接触。宗炳《画山水序》全文只有400多字，而与"视"有关的词汇达九处（包括观、目、见、睹），出现频率最高，"目所绸缪"，"迫目以寸"，"其形莫睹"，"其见弥小"，"观画图者"，"应目会心"，"目亦同应"，以及"瞳子""寸眸"等，这充分表明宗炳甚为重视视觉感观在山水画创作中的作用和地位。

宗炳提出的"身所盘桓，目所绸缪，以形写形，以色貌色"的写生实践，不仅是山水画技术路线的起点，而且是保持山水画艺术生生不息的不易之论，成为山水画史上不可须臾背离的一条基本原则，也是后来山水画论的一条红线，对山水画发展产生了根本的影响。

比宗炳小40岁的王微提出："盘纡纠纷，或记心目，故兼山水之爱，一往迹求。"② 这与宗炳的"身所盘桓，目所绸缪"一脉相承。而唐张璪更是以其"外师造化，中得心源"的创作格言为人所重。王维在《山水诀》（传）中写道："肇自然之性，成造化之功。"③ 就连不会画画的杜甫在评论曹霸画马时，也知道先要"观貌"。唐末五代荆浩提出了很多新的绘画理论，在山水画史上有非常重要的意义，但是以自然为师仍然是荆浩理论的基本前提。其画论著作《笔法记》以自己隐居太行洪谷为引子，借某老叟之口，阐述自己的绘画理论。其开篇即云自己上临绝顶，下探巨流，目睹古松，"因惊其异，遍而赏之。明日携笔复就写之，凡数万本，方如其真。"他特别强调"写云林山水，须明物象之源"，以得其"真"与"实"。④ 这充分体现了宗炳实践第一的思想。

---

① 逯钦立辑校：《先秦汉魏晋南北朝诗》宋诗卷二，中华书局1983年版，第1158、1161、1166页。

② 《宋书》卷六十二《王微传》，中华书局2019年点校本修订本，第1826页。

③ （传）王维：《山水诀》，载俞剑华《中国画论类编》上卷，人民美术出版社2016年版，第592页。

④ （五代）荆浩：《笔记法》，载俞剑华《中国画论类编》上卷，人民美术出版社2016年版，第605页。

宋代是中国山水画的鼎盛时期，也是山水画理论全面成熟的时期。宋人重"意"重"理"重"法"，但画家们也自觉不自觉遵守着写生第一的思想。传为李澄叟成于宋宁宗嘉定十四年（1221年）的《画山水诀》，记述了作者自江陵至夔门的游历和所观赏到的景色。① 北宋董逌提出，主体与客体相对而久之则在心中形成艺术表象："积好在心，久则化之，凝念不释，殆与物忘，则磊落奇特，蟠于胸中，不得遁而藏也。"他又说："平生不妄落笔，登临探索，遇物兴怀，胸中磊落，自成丘壑。"② 可见山水画的创作，首先必须亲临自然，观摩山水，由此而有感悟，物我两忘，胸中丘壑则呼之欲出。郭熙更是高度肯定走向自然对于山水画的重要意义："欲夺其造化，则莫神于好，莫精于勤，莫大于饱游饫看，历历罗列于胸中，而目不见绢素，手不知笔墨，磊磊落落，杳杳漠漠，莫非吾画。"③ "饱游饫看"四字成为一个山水画家毕生追求的实践目标。

从元代开始，中国画坛的仿古、师古之风越来越浓，很多作品拘泥古人，因循守旧，食古不化，缺乏创意，这是历史走下坡路在文学艺术上的表现。众所周知，元代以后中国的学术文化也是乏善可陈，走上了考据复古的道路。正如有学者所指出的那样："元、明、清主流绘画，一代不如一代。'明四家'不如'元四家'，'清四家'（四王）不如'明四家'。"④ 在这种情况下，宗炳的走向自然、师法造化的写生路线，当然不被主流画坛所重视。

即使如此，还是有画家念念不忘宗炳的写生技术路线。宋末元初著名画家赵孟頫尽管十分崇尚"古意"，但他仍然宣称："久知图画非儿戏，到处云山是吾师。"（《题苍林叠岫图其一》）元代大家黄公望隐居虞山，每每"遇云姿树态"，总是"临勒不舍"。"终日

---

① （传）李澄叟：《画山水诀》，载俞剑华《中国画论类编》上卷，人民美术出版社2016年版，第623页。
② （宋）董逌：《广川画跋论山水画》，载俞剑华《中国画论类编》下卷，人民美术出版社2016年版，第656、657页。
③ （宋）郭熙、郭思：《林泉高致》，载俞剑华《中国画论类编》上卷，人民美术出版社2016年版，第636页。
④ 陈传席：《中国绘画美学史》，人民美术出版社2012年第2版，第328页。

只在荒山乱石丛木深筱中坐，意态忽忽，人不测其为何。又每往泖中通海处看急流轰浪，虽风雨骤至，水怪悲诧而不顾。"①

明代是我国画坛临摹之风最盛时期，仿古人、学图式，艺术源泉枯竭。但依然有画家和学者推崇师法自然，这在当时是十分难能可贵的。王履虽然颇学古人（南宋马、夏一派），但他不满足于此，"常以不得逼真为恨"。年届五旬时，王履毅然登临华山，饱览奇峰，历经半年，"以纸笔自随，遇胜则貌"（宗炳的"以色貌色"），后创作《华山图》40幅，成为山水画史上少有的巨作。更重要的是他继宗炳、张璪、荆浩等人之后，再次明确系统地提出"外师造化"，强调"法在华山"。②

明唐志契说，凡学画山水者必须看真山水，这样可摆脱时人窠臼，摆脱俗气。他还说："画山水而不亲临极高极深，徒模仿旧人栈道瀑布，终是模糊丘壑，未可便得佳境。""画不但法古，当法自然。"③

明代著名书法家、所谓"南北画宗"论的提出者董其昌倡导："读万卷书，行万里路。"他曾多次北上京师、南游武夷，身所盘桓、目所绸缪于江南山水之间。他说："画家以古人为师，已是上乘，进此当以天地为师。"④ 实际上，在山水绘画史上，"师古人与师天地"是两条不同的审美路线，虽然这两条审美路线并不是非此即彼的。师古人，但是不能拘泥于古人；走向自然，师法造化，才是山水绘画的不二法门。中国书法也讲究师古人，甚至追求"笔笔有出处"；写诗也讲究师古人，甚至主张"无一字无来处"。在极端的情况下，有些山水画家也是如此，照抄古人的"图式"。但是书法与绘画还有所不同，绘画的对象是自然（山水树石），而书法的对象是线条，虽然观摩自然可以为书法创作获得灵感，但毕竟是辅

---

① 俞剑华：《中国画论类编》下卷，人民美术出版社2016年版，第756页。
② （明）王履：《畸翁画叙》，载俞剑华《中国画论类编》下卷，人民美术出版社2016年版，第703页。
③ （明）唐志契：《绘事微言》，载俞剑华《中国画论类编》下卷，人民美术出版社2016年版，第733、735页。
④ （明）董其昌：《画禅室随笔》卷二，《钦定四库全书》（影印本）子部杂家类，第5页。

助性的。而师法自然对于绘画来说，则是根本性的。不管怎么说，董其昌毕竟是一个尊重自然、向往自然的大画家："不行万里路，不读万卷书，欲作画祖，其可得乎？"①

明末清初，宗炳的师法自然的绘画思想在当时的逸民画家中大行其道，师造化被看作山水绘画创作的根本和源泉，尤其是当时的三大和尚，意趣相投，游历黄山，师法自然，在画坛史上，别开生面。其一是新安画派代表人物弘仁和尚渐江，"家在黄山白岳之间"（印文），到晚年"岁必游黄山"。他曾说："敢言天地是吾师。"（弘仁《画偈》）苦瓜和尚石涛也曾多次游历黄山："黄山是我师，我是黄山友。"（《黄山图》跋）并大声疾呼："搜尽奇峰打草稿。"还有一位石溪和尚髡残，也游历黄山一年多。他曾写道："论画精髓者，必多览书史，登山穷源，方能造意……"（《秋山草堂图》跋）清初的这些遗民画家，再一次把宗炳所提出的写生的创作实践，提升到山水画艺术的基础地位。

清承明之余绪，模仿之风犹存，但是仍有画家坚持师法自然。唐岱指出："欲到神品者。莫如多游多见，而逸品者亦须多游。寓目最多，用笔反少。"② 盛大士强调："诗画均有江山之助，若局促里门，纵迹不出百里外，天下名山大川之奇胜，未经寓目，胸襟何由而开拓？"③ 郑绩也指出："学写山石，必多游大山，搜寻生石，按形求法，触目会心，庶识古人立法不苟。"④ 这明显是借用宗炳的文字，强调写生方法的重要："按形求法"即"以形写形"之义，而"触目会心"亦即"应目会心"。清代哲学家王夫之在谈到写诗时曾说："身之所历，目之所见，是铁门限。"⑤ 可见，师法自然，

---

① （明）董其昌：《画禅室随笔》卷二，《钦定四库全书》（影印本）子部杂家类，第19页。

② （清）唐岱：《绘事发微》，载俞剑华《中国画论类编》下卷，人民美术出版社2016年版，第862页。

③ （清）盛大士：《论画山水》，载俞剑华《中国画论类编》下卷，人民美术出版社2016年版，第943页。

④ 《梦幻居画学简明》，载俞剑华《中国画论类编》下卷，人民美术出版社2016年版，第946页。

⑤ 《夕堂永日绪论内篇》，载王夫之著，戴鸿森笺注《姜斋诗话》卷二，人民文学出版社1981年版，第55页。

对于山水诗和山水画,同样是必须遵守的基本前提。

到了近现代时期,我国山水画家继承和弘扬宗炳提出的写生思想,他们迈出画室,走向自然,临山观水,探险访幽,都昭示着宗炳的写生思想得到了发扬光大,为山水画的发展奠定了坚实的实践基础。

宗炳所提出的写生思想,在中国山水画发展史上,是一条千古不易的红线,即使是特殊的历史时期,也是余音缭绕,缕缕不绝。实际上,在我国山水绘画史上,一些卓有成就的画家,要么长期隐居山林,要么广游名山大川。总之,他们都有着深厚虔诚的山水情结,这是他们成为大画家的根本原因之一。

第五节 "方寸之内"与"自然之势"

宗炳的山水画论,除了为中国山水画乃至中国画奠定其哲学基础以外,还对山水画的技法原理做出了巨大贡献,这就是山水画的空间处理原理——而这正是山水画技法上的第一个关键问题。

山水画与人物画不同,人物画以及花鸟画等,基本上都是近而观之,其对象比较单纯。而山水画则不同,远山近水,重重叠叠,加上树石、舟桥、人物、屋宇等,具有复杂的大小、高低、远近关系。如果不能处理好这些关系,就不能称其为画作。在山水画的萌芽时期,这方面的问题也的确存在。宗炳显然早就注意到,并作出了自己的解答:

> 且夫昆仑山之大,瞳子之小,迫目以寸,则其形莫睹,迥以数里,则可围于寸眸。诚由去之稍阔,则其见弥小。今张绡素以远暎,则昆、阆之形,可围于方寸之内。

"张绡素以远暎",所见景象远山近水,尽收眼底。这本是15世纪文艺复兴时期意大利画家们所做的伟大"创举",其实早在此1000多年前,一个东方的画家就已经发现了这个远小近大的基本原理，就是所谓焦点透视法。

西方画家的透视法，仅仅停留于此。14、15世纪的画家们，都是遵循焦点正中透视法，即将视点与视线集合于画面的正中，后期的画家们有些调整，构造所谓斜视的透视法，即将视点改为中轴之左右上下，甚至画面之外，（当然到了近现代，西方的画坛出现了很多所谓的现代派乃至后现代派，其表现方式光怪陆离，不可理喻，则另当别论）但是这种调整都改变不了西方绘画的发展主线。西方传统的风景画追求所谓"逼真"的空间构造，"如镜中影、水中月，其幻愈真，则其真愈幻。逼真的假象往往令人更感为可怖的空幻。"① 之所以如此，是因为西方哲学强调模仿自然，再现自然，讲究对称、平衡、协调等。西方的建筑、雕塑及绘画艺术，都与古希腊哲学有着非常密切的关系。

众所周知，宗炳所发现的远小近大的原理，只是所有绘制的最基本的透视方法，绘制中需要处理的最基本的比例关系、远近关系。后来王维（传）提出的"丈山尺树，寸马分人。远人无目，远树无枝。远山无石，……远水无波……"② 就属于同一类问题。宗炳发现的远小近大原理，解决了当时中国山水画的一个最基本的技法问题，这是中西方绘画共同面临的问题。因此宗炳对此的贡献并不逊于其同时提出的散点透视原理，即中国山水画特有的空间处理法则。

美学家宗白华明确指出，宗炳与王微"同时是中国山水画理论的建设者。尤其是对透视法的阐发及中国空间意识的特点透露了千古的秘蕴。这两位山水画的创始人早就决定了中国山水画在世界画坛的特殊路线"。③ 他认为，宗炳的"身所盘桓，目所绸缪"是中国山水画空间处理技巧的基本前提，它不同于西方焦点透视法，而是采取数层视点以构成节奏化的空间。盘桓者，徘徊、逗留、周旋之谓也。绸缪者，紧密缠缚、连绵不断之谓也。从这里可以看出宗炳

---

① 宗白华：《美学散步》，上海人民出版社1981年版，第142页。
② （传）王维：《山水论》，载俞剑华《中国画论类编》上卷，人民美术出版社2016年版，第596页。
③ 宗白华：《美学散步》，上海人民出版社1981年版，第143页。

所说的观察山川景物之法,即反反复复地观览,从不同角度观览,持续不断地观览,然后再描绘对象的形色。"画家以流盼的眼光绸缪于身所盘桓的形形色色。所看的不是一个透视的焦点,所采的不是一个固定的立场,所画出来的是具有音乐的节奏与和谐的境界。"[1] 宗炳提出的"身所盘桓,目所绸缪"开其先河,王微的"以一管之笔,拟太虚之体"紧随其后,散点透视的空间处理方法,得到进一步确认和强化。这就是宗炳给后人留存的"千古秘蕴",也成为中国后世山水画家所遵循的基本原则。

所谓透视,就是观察,就是观览。宗炳非常重视"观"在游历山水、创作山水画中的作用。"观"既体现一种感官的经验,不身临其境,无所谓观、睹;同时又存在不同的透视方法,宗炳的画论里包含"以大观小""移远就近"这些基本的美学理念,而这又是山水画创作实践活动所必须遵循的原理。如前所述,"观"也是宗炳佛教信仰的一种根本的体验方式,观象(像)而体道,"观"本身就包含从各个角度、各个侧面、各个层次去品味对象。

在《画山水序》中,宗炳有一段经典论述:

> 竖划三寸,当千仞之高;横墨数尺,体百里之迥。是以观画图者,徒患类之不巧,不以制小而累其似,此自然之势。如是,则嵩华之秀,玄牝之灵,皆可得之于一图矣。

这里我们仿佛看到了一种类似书法笔画的抽象表征意义:"竖如万岁枯藤,横如千里阵云。"书法小宇宙,宇宙大书法。实际上,山水画就是一种类似于书法的中国艺术,以抽象的笔法,表现山水意向。在山水画中:竖可表千仞万仞之高;横可表百里千里之遥,"不以制小而累其似"。一幅山水,一个世界。山水画中,我们对景物的表现,不是西方人所追求的所谓"逼真"或"科学之真",而是体现中国人的空间意识、宇宙意识,也就是一种具有中国哲学意

---

[1] 宗白华:《美学散步》,上海人民出版社1981年版,第98页。

味的"艺术之真""美学之真",这是一种真正的自然之真、自然之美。宋代科学家沈括曾概括了这么一种透视方法,他称之为"以大观小":"大多山水之法,盖以大观小,如人观假山耳。"[1]正如庄子笔下的鲲鹏,背负青天朝下看:崇山峻岭,如绵绵沙丘;大江大河,如涓涓细流。毛泽东的诗句"五岭逶迤腾细浪,乌蒙磅礴走泥丸",就是这种"以大观小"的山水画笔法。

宗炳在阐述山水画空间处理原则时,十分强调"远观"的问题:"张绡素以远暎","迥以数里""去之稍阔"。这涉及山水画的一个根本问题,并由此开启山水画"三远"理论之先声。

宗炳之后对"远"进行系统研究的是宋朝大画家郭熙,他说:"山水大物也,人之看者须远而观之,方见得一障山川之形势气象。"郭氏提出了著名的"三远"之说:"山有三远:自山下而仰山巅谓之高远;自山前而窥山后谓之深远;自近山而望远山谓之平远。"他还提出由近推远法,"每远每异";四周环视法,"每看每异";四时观察法,春夏秋冬各不相同;如此等等。[2]郭熙的三远法及其有关论述,是对宗炳所提出的空间设计原理(散点透视法、多焦点透视法)的继承和发展,并使国人对山水画创作、欣赏和品评,有了更加坚实的理论基础。

郭熙之后,又有韩拙的三远说:"有近岸广水旷阔遥山者,谓之阔远。有烟雾溟漠,野水隔而仿佛不见者,谓之迷远。景物至绝而微芒(茫)缥缈者,谓之幽远。"[3]郭氏三远侧重于观景之法,而韩氏三远则侧重于观景之感,更有道家那种无限、幽深、缥缈、虚灵的意境。郭氏侧重于山景(当然水也隐含其间),韩氏则山水兼论。韩氏"三远"说对于把握山水画的境界,提供了一种新的视角。郭、韩二者互为补充,相得益彰。

韩拙之后,又有黄公望的"三远"说:"从下相连不断谓之平

---

[1] (宋)沈括:《论画山水》,载俞剑华《中国画论类编》上卷,人民美术出版社2016年版,第625页。
[2] 俞剑华:《中国画论类编》上卷,人民美术出版社2016年版,第632—639页。
[3] (宋)韩拙:《山水纯全集》,载卢辅圣《中国书画全书》,上海书画出版社1993年版,第2册,第355页。

远；从近隔开相对谓之阔远；从山外远景谓之高远。"① 与郭氏三远相比，黄氏除将"深远"改为"阔远"外，更着眼于境界的辽阔与幽远，这与黄氏一生大部分时间云游江南山水特别是其晚年隐居富春江一带的环境密切相关，同时又体现了黄氏本人的画风。黄公望之后，清代画家华琳、费汉源也都提出过"三远"说。

其实，无论是谁的"三远"说，最核心的问题是宗炳所表达的一个"远"的理念，而最基本的视角、最具有哲学意味的还是"平远"，极目远望，似可以看到宇宙的无限深处，给人一种无穷的遐想、无尽的幽思。因此，中国画家和画论家都非常强调平远之说和平远之作。也因为如此，郭熙于三远之中最重平远，而韩拙所说的三远，实际上亦属郭氏"平远"之义。

宗炳所开辟的山水画的这种空间意识，来自老庄之学。《庄子》曰："乘云气，御飞龙，而游乎四海之外。"②"远"就是脱离于当下，"远"就是超越于世俗，"远"就是让精神获得自由，游心于虚旷放达之场。这就是魏晋时期士大夫们所追求的生活意境，而宗炳用以赋予山水画的意义。"宗炳在山水中所要求的灵，是超世俗的精神，这即是远。"通过"远"我们感受到大自然的幽深与玄妙，感受到宇宙的无限。这正是中国山水画的意味所在。③

山水画幅不论多大，对于大自然来说，对于浩渺的宇宙来说，也只是方寸大小而已。如何在这方寸之内的有限空间表现无限的客观世界，乃是山水画的根本问题，宗炳对这个问题做出了最初的也是最经典的回答，这就是方寸之小与山川之大的辩证关系问题，这正是宗炳当时所面临的基本问题。宗炳的空间处理原理为中国山水画不仅开辟了"咫尺千里"的意境，而且为这种意境的形成提出了现实可行的技术路线（隐含着笔法和墨法）。正是因为宗炳解决了山水在创作中何以入画的问题，"独立性的山水画，至此而始成立"。④

---

① （元）黄公望：《写山水诀》，载俞剑华《中国画论类编》下卷，人民美术出版社2016年版，第696页。
② （清）郭庆藩撰，王孝鱼点校：《庄子集释·逍遥游》，中华书局2018年版，第131页。
③ 徐复观：《中国艺术精神》，广西师范大学出版社2007年版，第263页。
④ 同上书，第177页。

中国画家的视线是流动的、转折的、徘徊的、多元的，这就是中国人看山水、看自然的视角。或居高临下，鳞次栉比；或极目远眺，苍茫悠远。上仰下俯，左顾右盼，周而复始，流连忘返。因此中国山水画所呈现的空间是一种带有动力学性质的、具有音乐节奏和诗学韵律的递次推出的宇宙空间，而这"正是宗炳所说的'目所绸缪，身所盘桓'的境界"，① 它与西方人的透视法所形成的焦点空间、二维画面且有几何特征的空间大异其趣。古人常用"俯仰"二字来表达一种空间意识：《周易》有"仰以观于天文，俯以察于地理，是故知幽明之故"。② 《孟子》有"仰不愧于天，俯不怍于人"。③ 张衡有"仰飞纤缴，俯钓长流"。④ 嵇康有"俯仰自得，游心太玄"。⑤ 王羲之有"仰观宇宙之大，俯察品类之盛"。⑥ 慧远有"徘徊崇岭，流目四瞩"。⑦ 谢灵运有"俯视乔木杪，仰聆大壑淙"。⑧ 宗炳自己也有"仰升数百仞，俯览眇千里"（《登白鸟山》）的诗句。

这里的"仰俯"就是一种流动的、徘徊的、曲折的透视行为。俯仰天地，观察万物，绝不局限于一点，绝不偏执于一端，乃是中国人的空间意识、宇宙意识。可谓"至大无外，至小无内"⑨ "万物皆备于我"。这种胸襟被宗炳纳入山水画的审美意识之中，自此，"咫尺千里"就成为中国山水画所追求的特有意境，也成为人们评价画家、画作的一个最基本的标志。

---

① 宗白华：《论〈世说新语〉和晋人的美》，载宗白华《美学散步》，上海人民出版社1981年版，第109页。
② 余敦康解读：《周易·系辞上》，国家图书馆出版社2017年版，第515页。
③ （清）焦循撰，沈文倬点校：《孟子正义》，中华书局2018年版，第793页。
④ （汉）张衡：《归田赋》，（梁）萧统编，（唐）李善注《文选》卷十五，第354页，胡刻本（中国基本古籍库）。
⑤ （魏）嵇康：《四言赠兄秀才入军诗》（十八章之一），载逯钦立辑校《先秦汉魏晋南北朝诗》，中华书局1983年版，第483页。
⑥ 《晋书》卷八〇《王羲之传》，中华书局1974年点校本，第1359页。
⑦ （晋）慧远著，张景岗点校：《庐山慧远大师文集》，九州出版社2014年版，第32页。
⑧ （晋）谢灵运：《于南山往北山经湖中瞻眺》，载逯钦立辑校《先秦汉魏晋南北朝诗》，中华书局1983年版，第1172页。
⑨ （清）郭庆藩撰，王孝鱼点校：《庄子集释·天下》，中华书局2018年版，第1104页。

萧贲画作"咫尺之内，而瞻万里之遥；方寸之中，乃辩（辨）千寻之峻"。① 展子虔"尤善楼阁人马，亦长远近山川，咫尺千里"。② 朱景玄说："挥纤毫之笔，则万类由心；展方寸之能，而千里在掌。"③ 传为王维所作《山水诀》中说："肇自然之性，成造化之功。或咫尺之图，写千里之景。"（不同版本表述略异）④ 石涛说："所以八极之表，九土之变，五岳之尊，四海之广，放之无外，收之无内。"⑤ "千岩万壑，纵目一览。"⑥ 布颜图说："存于有迹之内，而求于无迹之先。无迹者鸿蒙也，有迹者大地也。"⑦ 笪重光在其画论中写道："聚林屋于盈寸之间，招峰峦于千里之外。"⑧ 这些说法在本质上都是宗炳所提出的山水画空间意识的不同表述。

中国哲学具有一种囊括宇宙的"大"的意识，孔子有"唯天为大"⑨，老子有"天大地大"⑩，庄子有"夫天地者，古之所大也"⑪，秦汉大一统帝国的建立，更加扩展了人们的视野，助长了人们这种"大"的观念。于是无论是中国的哲学还是美学，都表现出这样一种大的意识："席卷天下，包举宇内，囊括四海之意，并吞八荒

---

① （梁）姚最：《续画品录》，载俞剑华《中国画论类编》上卷，人民美术出版社2016年版，第371页。
② （唐）彦悰：《后画录》，载俞剑华《中国画论类编》上卷，人民美术出版社2016年版，第381页。
③ （唐）朱景玄：《唐朝名画录序》，载俞剑华《中国画论类编》上卷，人民美术出版社2016年版，第22页。
④ （传）王维：《山水诀》，载俞剑华《中国画论类编》上卷，人民美术出版社2016年版，第592页。
⑤ （明）释道济：《苦瓜和尚画语录》，载俞剑华《中国画论类编》上卷，人民美术出版社2016年版，第158页。
⑥ （明）释道济：《石涛论画》，载俞剑华《中国画论类编》上卷，人民美术出版社2016年版，第163页。
⑦ （清）布颜图：《画学心法问答·问布置之法》，载俞剑华《中国画论类编》上卷，人民美术出版社2016年版，第194页。
⑧ （清）笪重光：《画筌》，载俞剑华《中国画论类编》下卷，人民美术出版社2016年版，第808页。
⑨ 程树德撰，程俊英、蒋见元点校：《论语集释·泰伯》，中华书局2018年版，第708页。
⑩ 朱谦之撰：《老子校释》第二十五章，中华书局2018年版，第107页。
⑪ （清）郭庆藩撰，王孝鱼点校：《庄子集释·天道》，中华书局2018年版，第483页。

之心。"① 因此秦汉以降,无论是建筑还是文学艺术,都呈现出一种宏大的规模和视界。

正因为如此,中国山水画作多有以宏大空间命名者,如《千里江山图》《千里潇湘图》《富春山居图》《长江万里图》《江山如此多娇》《长江三峡图》等。而西方的风景画则与此截然相反,多有标明时间、地点,甚至某年某月某日某时画于某地。

宗炳特别强调以有限表达无限:"不以制小而累其势,此自然之势也。""势"作为美学范畴,在顾恺之的画论中已经初步提及,诸如"置趣布势""奔胜大势""情势""形势""重势""降势"等,但顾恺之的这些用语多为对象局部之势,或者主要用于人物画之中。而宗炳的用语"自然之势"则具有更普遍的哲学意义和美学意义,如能体现这种自然之势,"则嵩华之秀、玄牝之灵,皆可得之于一图矣"。可见这"自然之势",不仅包括客观物象形态形貌的秀丽、秀美,更主要的是指客观物象所蕴含的气势、格局和神韵。

宗炳提出"势"的美学范畴后,后世画家多有阐发。前引宋人郭熙说:"山水大物也,人之看者须远而观之,方见得一障山川之形势气象。"② 明人唐志契说:"盖山水所难在咫尺之间,有千里万里之势。"③ 清人唐岱说:"胸中具上下千古之思,腕下具纵横万里之势。"④

"势"与"趣"密不可分,《宣和画谱》在品评展子虔画说:"江山远近之势尤工,故咫尺有千里趣。"⑤ 可见,有势则有趣,趣寓于势之中。宋人刘道醇在品评李成的画作时说:"成之命笔,惟意所到,宗师造化,自创景物,皆合其妙。耽于山水者观成所画,

---

① (汉) 贾谊:《过秦论》(上),《新书》卷第一,《四部丛刊》景明正德本(中国基本古籍库)。
② (宋) 郭熙、郭思:《林泉高致》,载俞剑华《中国画论类编》上卷,人民美术出版社2016年版,第632页。
③ (明) 唐志契:《绘事微言》,载俞剑华《中国画论类编》下卷,人民美术出版社2016年版,第733页。
④ (清) 唐岱:《绘事发微》,载俞剑华《中国画论类编》下卷,人民美术出版社2016年版,第861页。
⑤ 俞剑华标点注释《宣和画谱》卷第一,人民美术出版社2017年版,第33页。

然后知咫尺之间，夺千里之趣，非神而何？"①山水画的"势"又与其"意境"有着十分密切的关系。所谓"势"，乃是山水画之意境的精髓和核心所在，没有"势"，也就谈不上所谓"意"。方寸之内，尽管容不下千里之遥，但是如果没有体现出"自然之势"，那就与一幅地形图无异。"千里之趣""自然之势"，不是客观物象的写实之作，而是能描绘出万水千山的气势、情趣和神韵的画作，因此被视为神品。

遗憾的是，人们对宗炳画论中"势"的意义，似乎关注得不够。在宗炳的画论中，只有山川的外在秀丽和内在神韵"巧"（巧类）"妙"（妙写）融于一图之中，这才称之为"势"，才称之为"自然之势"。这就是中国山水画讲究远的原因之所在。

也许正是受到宗炳画论的影响，中国的山水诗文也具有与山水画同样的手法和追求。钟嵘《诗品》中说：写诗"言在耳目之类，情寄八荒之表"。②刘勰《文心雕龙》中谈到文学创作时说："思接千载""视通万里"；"流连万象之际，沉吟视听之区"。③刘勰所说作文中的"以少总多"，实际上也就是绘画中的"以小见大"。因此，无论是中国的文学还是中国的艺术，都有一种以有限表现无限的艺术手法和审美意识。

第六节 "应会感神，神超理得"

宗炳的贡献不仅仅在于强调山水画创作的感性经验，即"以形写形，以色貌色""身所盘桓，目所绸缪"，更重要的是他注重主体的精神因素、情感因素对绘画创作的影响。从本质上看，宗炳不仅是"写生论"（"外师造化"）的提出者，同时也是"心源论"

---

① （宋）刘道醇：《宋朝名画评》，载俞剑华《中国画论类编》上卷，人民美术出版社2016年版，第412页。

② （齐）钟嵘著，周振甫译注：《诗品译注》，中华书局2017年版，第41页。

③ （梁）刘勰著，王志彬译注：《文心雕龙》，中华书局2012年版，第320、520页。

("中得心源"——张璪语）的提出者，而且其画论的核心甚至就是"心源论"。

宗炳开篇即言"含道应物""澄怀味象"，其基本思想就是，主体以自己所把握的"道"，投射到对象上去，并以澄怀的心胸品味对象，这里已经表明了主体的精神、意识、情感在绘画过程当中的主导作用。宗炳的画论以其"含道应物""澄怀味象"思想为主线，以"心""意""旨""类巧""妙写"为节点，以"应会感神，神超理得"为旨归，形成了一篇系统的"心源论"的山水画论。后人所提出的"明神降之""中得心源""意在笔先"这样的思想，都是对宗炳的"心源论"思想的承继与弘扬，是宗炳"心源论"在不同时期的不同表述。

关于"心""意""旨""理"。有学者在分析宗炳"夫理绝于中古之上者，可意求于千载之下。旨微于言象之外者，可心取于书策之内"时，未能将之与"况乎身所盘桓，目所绸缪。以形写形，以色貌色也"联系起来理解，仅仅理解后者的写生含义。那么宗炳为什么要写前面那两句话呢？并且中间还有"况乎"这个连接词。前面两句讲的是"心""意"（二者互文）的问题，后面两句讲的是"身""目"（二者互补）的问题。这里"身"和"目"讲的就是要亲身体验、亲身观察，这就是张璪所说的"外师造化"，但这只是一个最基本的要求，所以用了"况乎"二字。而前两句讲的是，通过"心""意"获取事物之"旨"（道）和"理"（二者互文）。慧远也曾经谈到这样的问题："辞朴而义微，言近而旨远。义微则隐昧无象，旨远则幽绪莫寻。"[①] 这就是说"旨"和"义"是很微妙、玄远的东西，主体要通过"言""象"去把握，所以这种把握有时是非常困难的。

在宗炳看来，既然道（理）可以通过"心取""意求"来把握，那么我们亲临其境"身所盘桓，目所绸缪"，通过具体形象的山水就更能够把握。宗炳认为，通过"言""象"把握"道"虽然不易，但仍然可以形成自己特有的审美观念，这就是张璪所说的

[①] （晋）慧远著，张景岗点校：《庐山慧远大师文集》，九州出版社2014年版，第26页。

"中得心源"。将这种"心""意"因素与主体亲身体验和观察所获得的素材即"形""象"因素,绘制成山水画作("构兹云岭")。"以形写形,以色貌色",实际上就是主体以其具有主观色彩之"形"而写客体之"形";以具有主观色彩之"色"而貌客体之"色"。有学者在谈到这个问题时说:"前面的'形''色'是被他主观融会了的东西,后面的'形''色'才是自然所本有。换而言之,宗炳所谓'貌',并非机械地描绘客观景物,而是主观能动地反映它,其中必然会有个'我'或画家的思想感情。换而言之,山水画之所贵就在于画家能从外在自然之'有',来写出画家内心之'灵'。"①

关于"目"与"心"的关系问题,宗炳指出:

> 夫以应目会心为理者,类之成巧,则目亦同应,心亦俱会。应会感神,神超理得。虽复虚求幽岩,何以加焉?又神本亡端,栖形感类,理入影迹。诚能妙写,亦诚尽矣。

如果通过眼睛观察和心理感悟能够表现山水之神(灵)、获得自然之道(理)的话,那么只要画得"巧妙",观画者所获得的物象和心灵感受的意象就与画者都是相同的。即使我们去深山峡谷面对自然,也不可能获得更多。而山水之神是无形无状的,隐藏于真实的山水之中,通过真实的山水而显现出来。只要能"巧妙"地状写对象的形貌与神韵,我们就可以领悟到山水之神、自然之道(理)的魅力。

这里除了谈到"目"与"心"的关系之外,还涉及形—神—理的关系问题,涉及山水画(绘画艺术)的两个重要的美学问题:一个是山水画与真山水的关系问题,或者说客观物象与审美意象的关系问题;一个是审美主体间的关系问题,或者说主体间的共同性问题。

先讨论第一个问题(第二个问题下节讨论)。在宗炳看来,自

---

① 伍蠡甫:《谈艺录·中国画论研究·欧洲文论简史》,复旦大学出版社2017年版,第163页。

然界的山水，由外在的形态和内在的神韵两个方面的因素构成，而这种外在的形态，实际上是自然界内在生命的外在表现。因此，如果我们的山水画作仅仅满足于这种外在形态的再现，而没有内在神韵的表现的话，那么就仅仅是"应目"而已。只有形神兼备，才能做到"应目会心"，也才能够把握隐藏于山水形象之中的自然之道（理）。

在宗炳的画论思想中，"目""心"是山水画艺术的两翼，缺一不可。只有二者俱备，才能神超理得。沈周曾经强调："山水之胜，得之目，寓诸心。"① 而这与宗炳所说"应目会心"如出一辙。"目"即感观，即实践所得；"心"即精神，即主体所思。艺术创作的过程，首先是主体对客观物象的视听，这种视听不是停留在感官层面，而是与主体的情感产生一种交互作用。就是说外在的物象，通过内在心灵的体验与情感形成一种虚拟的形象或者心象，这种心象就表现为艺术作品。所以在艺术创作过程中，主体带着自己特有的精神、意识，也就是以审美观念观察客观的物象，同时主体心灵又受到客观物象的影响，形成主客融为一体的虚拟的艺术形象。

宗炳的"神本亡端，栖形感类，理入影迹"实源于慧远佛理，其《佛影铭》曰："法身之运物也，不物物而兆其端，不图终而会其成，理玄于万化之表，数绝乎无形无名者也。……是故如来或晦先迹以崇基，或显生涂而定体，或独发于莫寻之境，或相待于既有之场。独发类乎形，相待类乎影。"② 慧远又曰："神道无方，触象而寄。"③ "幽岫栖神迹"（《庐山诗》），"神者可以感涉"。④ 佛无具体形象，但可以化作任何形象，其法性就隐寓其中。山水之神本来

---

① （明）沈周：《石田论画山水》，载俞剑华《中国画论类编》下卷，人民美术出版社2016年版，第707页。

② （晋）慧远著，张景岗点校：《庐山慧远大师文集》，九州出版社2014年版，第37页。

③ （唐）释道宣：《广弘明集》（宋思溪藏本）卷十五，国家图书馆出版社2018年版，第六册，第22页。

④ 刘遗民语，（梁）释慧皎撰，汤用彤校注《高僧传·慧远传》，中华书局1992年版，第214页。

就无形无状，只能寄之于形，感之于人，构之于画，而自然之理也就在其中了。

清初诗论家叶燮在论诗时曾说："凡遇于目，感于心，传之于手而为象，惟画则然，大可笼万有，小可析毫末。"① 这就是所谓以"应目会心"为理者，虽然是诗论，却把宗炳的画论思想表达得十分透彻。这是主体情意与客体物象的交感和融合，形成主体的意中之象，达到超越具体、超越当下而进入物象的内在生命精神之永恒与无限的境界。

"巧似"是刘宋时期山水艺术的特点，《诗品》评谢灵运诗"故尚巧似"，评颜延之"尚巧似"，而宗炳则提出山水画要，"类之成巧"。同时，宗炳还明确提出，"妙写"，"诚能妙写，亦诚尽矣"。"妙写"与"巧类"虽然意义大体相同，但"妙写"具有更深刻、更丰富的美学意义。一个"妙"字，妙不可言！"妙"字里头不仅包含主体的精神、意识和情感色彩，而且包含主体在绘画过程中的构图、布局、笔法、着色（当时还未认识到墨法问题）等技术性问题，通过这些技法，"巧""妙"地表现出对象的灵趣、神韵，也就写出了山水之神，同时也表现出主体的意向和情趣。

在中国艺术家眼里，真山水与山水画之关系，就是客观物象与心灵意象之关系。西方的风景画，讲究逼真，讲究对自然风景的临摹和再现。中国的山水画，是承载主体精神、意志、情趣等的山水意象，是自然山水与主体情志的融合。也正因为如此，中国的山水画既源于真山实水，也来自人的心灵，是二者结合的产物，实际上也就是物我为一、天人合一的产物。这就是所谓"妙写"。"诚能妙写，亦诚尽矣。"即使"虚求幽岩，何以加焉？"如果我们确实画得很巧妙，那么山水之神和自然之理也就尽在其中了，即使到深山峡谷面临真实的山水，也不可能比观画获得更多。

宗炳画论中的这些"心源论"思想的提出，对我国艺术发展产生了重要的影响。比宗炳晚出生40年的王微，在其《叙画》中提出绘画要"明神降之"。即指主体的精神、思想、情感和想象力

---

① 叶燮：《赤霞楼诗集序》，《已畦集》卷八，载《清代诗文集汇编》，康熙叶氏二弃草堂刻本，上海古籍出版社2010年版，第104册，第400页。

等被"激活",从而影响绘画活动。王微这一理念已经隐含在宗炳的画论之中。继王微之后,姚最又提出"立万象于胸怀"。此后唐张璪提出著名的"外师造化,中得心源";宋元人有"画乃心印","胸中自有丘壑";更有明王履提出"吾师心,心师目,目师华山"的十字真言,这句话虽然与张璪的"外师造化,中得心源"异曲同工,但与宗炳的思想更为接近。在宗炳的审美过程中,"心"是放在第一位的,主体带着自己的审美意向(心)走向实践,走向自然,从事写生,而在其作画的过程当中融入了主体的精神、意识和情感。因此王履的十字真言,与其说是再次成为当时画家注重写生的创作纲领,倒不如说是宗炳审美思想的完整体现。清代画家戴熙的表达则更具哲理、更为简洁:"吾心自有造化。"①

"心源"一词本系佛教用语,意即心为万物之源、万物之本,也就是宗炳所说的"心为法本""心作万有"。宗炳所提出的"澄怀味象""澄怀观道"就已经清楚表明佛教的这种"心源论",即从"心"出发而品味万象、观照万物。当我们"外师造化"时,其"心源"已在其中。二者不能分离、当然也不可分离。"造化"与"心源"是一而二、二而一的。② 这实际上就是宋代陆九渊所说的:"吾心便是宇宙,宇宙便是吾心。"后世画家的这些表述与宗炳画论思想是一脉相承的,其贡献就在于以简洁明了的语言替代了宗炳带有玄学意味的表述。

宗炳重视"心"理因素在山水画中的作用,与其佛教信仰有非常密切的关系。世间的万事万物,在宗炳看来都是虚幻的,都是佛法(道)的外在显现。隐藏于山水之中的"道"才是真实的。因此"宗炳所说的写形貌色决不只是为了形色的逼肖"。③ "他所要表现的是由山水之形以现出山水的'玄牝之灵',以与其胸中之灵融为

---

① (清)戴熙:《习苦斋题画》,载俞剑华《中国画论类编》下卷,人民美术出版社2016年版,第992页。
② 朱良志:《中国美学十五讲》,北京大学出版社2006年版,第41页。
③ 李泽厚、刘纲纪主编:《中国美学史》(魏晋南北朝编),安徽文艺出版社1999年版,第490页。

一体，不可随便以一般的写实主义称之。"①

正因为如此，到了明朝心学大行其道的时期，宗炳的学说重新受到人们的重视，出现山水画史上所谓的"返祖"现象（陈传席）。当然，宗炳的"心源论"并不意味着无视心外之物，而是在绘画过程中，充分体现主体的精神与情感。正如明末清初画家龚贤所说："心穷万物之原，目尽山川之变（一作'势'）。"②

宗炳的贡献，一方面是首次发现山水的本体美——山水之神，认识到山水之形与山水之神的关系；另一方面则是从道、理、神等观念出发，重视观山水、画山水、观摩山水画时的精神性、情感性等"心"理因素，也就是审美主体在创作山水画时的主观能动性，以及主客体在审美过程中的相互作用、相互交感的关系问题。上述两方面是宗炳画论所确立的双重的形神关系，即客体自身的形神关系，客体与主体之间相互交感而形成的形神关系——即主体因素与客体物象、形态之关系。因此宗炳的山水传神论，绝不是顾恺之的人物传神论简单地向山水画的移植，而是基于主、客双重因素的传神论。宗炳的山水传神，比之顾恺之的人物传神论要丰富得多、深刻得多，它为后世画家或画论家们以诸如"神似""气韵""逸气""妙品"等标准品评山水画乃至整个中国画，提供了坚实的哲学和美学基础。所有关于山水画乃至中国画的品评标准的提出，其渊源都可以追溯到宗炳的画论，都在一定程度上是对宗炳画论的继承与阐发。

第七节 "图之以壁，坐卧向之"

宗炳晚年从衡山回到江陵，叹曰："老疾俱至，名山恐难遍睹，唯当澄怀观道，卧以游之。"宗炳对自然山水充满着热爱，十分眷念，告老还乡之后，将所见名山大川"图之于壁，坐卧向之"。于是，宗炳提出了一个在中国山水画史上经久不衰的美学命题："卧游"。

---

① 徐复观：《中国艺术精神》，广西师范大学出版社2007年版，第177页。
② （清）周二学：《一角编》，上海人民美术出版社1986年版，第41页。

怎样理解"卧游"？顾名思义，"卧游"与"游"有着十分密切的关系，中国士人以"游"体道，"卧游"不是亲身游历，而是"坐卧"宅中观赏山水画作，仿佛身临其境，以达到一种身心的适意畅快。

宗炳在中国绘画史、美学史上首次提出"卧游"这个审美命题，并对其过程及其本质特征进行了生动的描述：

> 于是闲居理气，拂觞鸣琴，披图幽对，坐究四荒，不违天励之藂，独应无人之野。峰岫峣嶷，云林森眇。圣贤暎于绝代，万趣融其神思。

"披图幽对"，就是欣赏山水画作；"坐究四荒"就是居家观赏。"卧游"不仅仅局限于卧姿，前引宗炳自言，"图之于壁，坐卧向之"。宗测本传载："测善画，自图《阮籍遇苏门》于行障上，坐卧对之。"① 唐阎立本至荆州，见到张僧繇旧迹，"坐卧观之，留宿其下，十余日不能去"。② 郭熙也有类似的表述："不下堂筵，坐穷泉壑。"③ 因此"卧游"实际上也包括"坐游"，并不仅仅是睡在床上的状态，更不是道教的所谓"伏思"（即处于酣睡之中的臆想）状态。④

宗炳的"卧游"有两个基本前提。

一是逻辑前提。这就要求，虚拟山水与自然山水具有同等的意义。宗炳强调："观画图者，徒患类之不巧"，如果"类之成巧，则目亦同应，心亦俱会。应会感神，神超理得。"又说："诚能妙写，亦诚尽矣。"如果画得很"巧妙"（"类之成巧""诚能妙写"），则观画者与绘画者所看到的和感受到的就会相同，由此观画者就与绘画者一样，其精神得到超越，从而获得（山水）画中的"理"（即

---

① 《南史》卷七五《宗测传》，中华书局1975年点校本，第1862页。
② （宋）郭若虚：《图画见闻志》（论画人物），载俞剑华《中国画论类编》上卷，人民美术出版社2016年版，第451页。
③ （宋）郭熙、郭思：《林泉高致》，载俞剑华《中国画论类编》上卷，人民美术出版社2016年版，第632页。
④ 陈铮：《身份的认定——南朝画家与道教》，博士学位论文，南京艺术学院，2012年，第120、121页。

道)。"虽复虚求幽岩,何以加焉?"即使我们再亲自去游览山水,也不比观赏山水画强啊。

这里涉及主体与客体(即心与物、真实山水与虚拟山水)的关系问题。山水艺术是自然山水的一种主观意象,是主体对客体的一种审美表现。这种表现源于生活、高于生活。此外还有一个审美主体间关系问题,也就是"画者"与"观画者"的关系问题,二者都是审美的主体。所谓:"类之成巧,则目亦同应,心亦俱会。"人们往往忽视这里的"同"和"俱",宗炳认为,如果画得很巧妙,"观画图者"就会与"画者"得到同样的审美意象和同样的心灵感悟。这里的"观画图者"既可以是他人,也可以是"画者"本人。

正如认识主体间存在共同性一样,审美主体间也存在极大的共同性。关于这个问题,孟子曾曰:"口之于味也有同耆焉;耳之于声也有同听焉;目之于色也有同美焉。至于心,独无所同然乎?心之所同然者何也?谓理也义也。"[①] 这就是人们经常说的"人同此心,心同此理"。一定的审美群体之内,有着共同的审美心态、审美情趣和审美标准。这种共同性来自群体共同的生理条件、自然条件、地理环境、文化传统诸因素。如中国人之对于中国山水画,就有共同的哲学基础(如道家学说)、表现方式(如以大观小、散点透视)和绘画技法(如笔法、墨法和布色)。如果没有这种共同性,在古代就无法进行所谓人物、书画和诗文的品评了,在现代也无法进行任何形式的艺术评审。审美主体间的这种共同性,是文学艺术发展的基础和条件。

不仅绘画如此,其他艺术领域也是如此。《文心雕龙》《物色》篇云:"吟咏所发,志惟深远;体物为妙,功在密附。故巧言切状,如印之印泥,不加雕削,而曲写毫芥。故能瞻言而见貌,即字而知时也。"在其赞语中又云:"山沓水匝,树杂云合。目既往还,心亦吐纳。春日迟迟,秋风飒飒。情往似赠,兴来如答。"[②] 在刘勰看

[①] (清)焦循撰,沈文倬点校:《孟子正义·告子上》,中华书局2018年版,第821页。

[②] (梁)刘勰著,王志彬译注:《文心雕龙》,中华书局2012年版,第524、526页。

来。如果文章对客观对象描绘得非常"巧妙"("巧言切状""体物为妙"),那么读者就会有同样的感悟(目既往还,心亦吐纳)。无独有偶,刘勰这一段话既有"巧""妙"二字,又有"心""目"二语。刘勰讨论的是文学,而与宗炳所谈绘画,都是艺术美学问题,可谓异曲同工,甚至如出一辙。刘勰比宗炳晚90年出生,姑且不论刘勰是否直接受到宗炳画论的影响,但至少说明,宗炳这种主体间审美感受相同的思想的提出,在中国美学史上,具有开创性的意义。

二是心理前提。这里的"闲居理气,拂觞鸣琴,披图幽对,坐究四荒"是"澄怀观道"的形象化表述。但"闲居理气"与"澄怀"还有是区别的,前者本质上属于后者的范畴,"闲居理气"主要是指作画时或者欣赏画作时应该处于一种平和虚静的状态,甚至是一种毕恭毕敬、奉若神明的心态,古人在这样一些场合甚至还要盥手焚香。"作画于搦管时,须要安闲恬适,扫尽俗肠,默对素幅,凝神静气"①,"写画凡未落笔先以神会。"②而"拂觞"则兼"品味","鸣琴"更助"移情"。展开画作,幽然面对,但见时序悠远,山川渺然。"不违天励之藂,独应无人之野。"观画者完全进入了一种物我两忘的境界,此时的宗炳(观画者),面对的不是一幅简单的山水画作,而是无限的宇宙时空,万物万象皆进入其视野与想象中。在这样的时刻,画家与画作中的山川物象已经没有时间的阻隔,"圣贤映于绝代",也没有空间的间隔,"万趣融其神思"。

"不违天励之藂,独应无人之野。"这里更多地体现了那种"万物皆备于我"的艺术哲学理念和"无我之境"的审美心理状态。这种哲学理念和审美心态与老庄哲学的自由精神、楚骚文化的浪漫主义,特别是佛教的神圣与庄严感有着非常密切的关系。

在庄子那里,精神处于一种自由无碍、逍遥自在的状态,"四

---

① (清)王原祁:《雨窗漫笔》,载俞剑华《中国画论类编》上卷,人民美术出版社2016年版,第169页。
② 释道济:《石涛论画》,载俞剑华《中国画论类编》上卷,人民美术出版社2016年版,第168页。

达并流，无所不极，上际于天，下蟠于地，化育万物，不可为象"。① 有如鲲鹏展翅，长风万里，翻动扶摇，畅游寰宇，这是道家的空灵与玄远；在楚骚那里，精神通达，意象恣肆，"览相观于四极兮，周流乎天余乃下。""经营四荒兮，周流六漠。上至列缺兮，降望大壑。下峥嵘而无地兮，上寥廓而无天。"② 这是楚骚文化的幽远而苍茫。在佛教那里，其审美主体拥有一个博大的精神世界："无量无边之旷，无始无终之久。""布三千日月，罗万二千天下。"在其佛论中，宗炳还有与上述画论中异曲同工的表述："若使回身中荒，升岳遐览，妙观天宇澄肃之旷，日月照洞之奇，宁无列圣威灵尊严乎其中，而唯离人群匆匆世务而已哉？"③ 面对一幅山水画，犹如登高远望，极目八荒，仰观天宇的肃清旷远，俯瞰山川的虚寂萧疏，一种神圣与庄严感油然而生，一种畅快和神奇感通达全身，这也就是卧游所得到的一种精神快慰，宗炳正是在观赏自己的山水画时获得这种精神快慰的。

宗炳的"卧游"与其"神思"有着非常密切的关系，作为一般词汇，"神思"在汉末三国时期已偶尔出现，如三国吴韦昭《从历数》诗曰"建号创皇基，聪睿协神思。"但这时的"神思"泛指人的思想敏达。作为一个美学概念或命题，应是宗炳在《画山水序》中首先提出。宗炳的"神思"，既指画家在绘画（以及其他艺术创作）过程中主体精神、神志、思维和情感等因素的集中体现，又包括观画者在欣赏山水画时情感和思想上诸种感悟的交集。

宗炳之后的刘勰，在其《文心雕龙》中，对"神思"进行了较为系统的阐述："古人云：'形在江海之上，心存魏阙之下。'神思之谓也。"刘勰给神思下了一个形象的定义。他还指出，"思理为妙，神与物游"，④ 说的是在艺术创作中，主体的情感因素与客观对

---

① （清）郭庆藩撰，王孝鱼点校：《庄子集释·刻意》，中华书局2018年版，第547页。

② 林家骊译注：《楚辞》，中华书局2010年版，第22、178页。

③ （梁）僧祐编撰，刘立夫、魏建中、胡勇译注：《弘明集》，中华书局2013年版，第94、153页。

④ （梁）刘勰著，王志彬译注：《文心雕龙·神思》，中华书局2012年版，第320页。

象相互作用，形成一种"物我交融"的状态。在艺术活动中，无论是绘画还是写作，要达到这样一种状态，主体首先应该处于一种恬适虚清的心境之中，这种心境就是宗炳所说的"澄怀"。而宗炳的"神思"，除了创作时的神情凝聚之外，更包括欣赏时的神情凝聚。

因此，自宗炳开其端绪，经刘勰阐发，"神思"逐渐成为中国文学艺术一个非常重要的美学范畴。宗炳卧游时的这种"神思"，来自画家终生游历山水感悟的升华。实际上，这样一种"万物皆备于我"的审美心态，表现在文学艺术的各个领域。在诗人眼里："观化匪禁，吞吐大荒。""天风浪浪，海山苍苍。"① 黄庭坚曾写道："东坡居士，游戏于管成子（笔）、楮先生（纸）之间……笔力跌宕于风烟无人之境，盖道人之所易，而画工之所难。"② 在书法家眼里："开篇玩古，则千载共明；削简传今，则万里对面。"（庾吾肩《书品》）文学艺术家们面对自然山川，面对广袤宇宙，与自然运化同起伏，与天地精神共往来，此时物我之间浑然一体，主体进入一种神圣、冥化、超然的审美境界。晚清词人况周颐也谈到这样一种类似的感受："吾苍茫独立于寂寞无人之区，忽有匪夷所思之一念，自沉冥杳霭中来。吾于是乎有词。"③ 这种匪夷所思之一念，就是宗炳"卧游"时的"神思"，而这种"神思"，就是刘勰所说的"思理为妙，神与物游"。

自宗炳之后，"卧游"成为中国绘画史上乃至中国文化史上经久不衰的话题，具有越来越丰富的内涵，并逐渐成为艺术家乃至文人雅士们一种特有的文化行为和审美体验。这种体验不仅包括创作山水、欣赏山水（画），而且逐渐扩展到其他绘画种类，以及绘画之外的文学艺术领域。因此，"卧游"作为一种审美体验方式，也就不仅适用于绘画艺术，而且适用于其他一切艺术形式，逐渐成为中国士大夫们游历山川、悟道自然的重要途径。

---

① （唐）司空图、（清）袁枚撰，陈玉兰主注：《二十四诗品·续诗品》，中华书局2019年版，第57页。

② 《东坡居士墨戏赋》，《山谷集》卷一，景印《文渊阁四库全书》，台湾商务印书馆2008年版，第1113册，第7页。

③ （清）况周颐、王国维著，王幼安校订：《蕙风词话·人间词话》，人民文学出版社1984年版，第10页。

一是因年老体衰而居家作画赏画。宗炳本人如此,后世也不乏其人。明画家何良俊因"老目昏花","精力衰惫,不能遍历名山,日悬一幅于堂中,择溪山深邃之处,神往其间,亦宗少文卧游之意也"。① 明末清初画家程正揆因为遭受清王朝的打击而闲居长安,"无山水可玩",百无聊赖,只有以画为乐,画了500余幅山水,均以《卧游图》名之。在他看来:"六合虽遐,一览可尽,风景如故,心目依然。"② 不仅画家如此,诗人也如此。宋范成大在其诗中写道:"况我身兼老病衰",只能"一席三椽正卧游。"③ 艺术家的"卧游",代替了"身游",仍然可徜徉于千山万水之间,享受精神上的自由和惬意。

二是案牍劳形,不能亲游山水,只得居家赏玩。郭熙谈到山水画"可行可望,不如可居可游之为得"。可行可望,乃感官之愉;而可居可游,乃精神之娱。感官之愉固然重要,精神之娱更为难得。郭熙谈到的这"四可",为山水画的"卧游"功能提供了更为现实的理论基础。正因如此,郭熙强调"不下堂筵坐穷泉壑,猿声鸟啼依约在耳,山光水色滉漾夺目,此岂不快人意实获我心哉!"④ 郭若虚则说:"每宴坐虚庭,高悬素壁,终日幽对,愉愉然不知有天地之大,万物之繁;况乎惊宠辱于势利之场,料得丧于犇(奔)驰之域者哉!"⑤ 此与宗炳"拂觞鸣琴,披图幽对"之语义何其相似。正如郭象所言:"夫圣人虽在庙堂之上,然其心无异于山林之中。"⑥ 对于出世的士大夫而言,虽然"公务在身",却可"坐穷泉

---

① (明)何良俊:《四友斋丛说》卷二十八画一,明万历七年张仲颐刻本(中国基本古籍库),第160页。何良俊:《四友斋画论》,载卢辅圣主编《中国书画全书》第三册,上海书画出版社1992年版,第868页,漏"卧游"二字。
② 《青溪遗稿·杂著》,转引自陈传席《中国山水画史》,天津人民美术出版社2001年版,第457页。
③ 《送刘唐卿户曹擢第西归六首》,载(宋)范成大著,富寿荪标校《范石湖集》,上海古籍出版社2006年版,第336页。
④ (宋)郭熙、郭思撰:《林泉高致》,卢辅圣:《中国书画全书》第一册,上海书画出版社1993年版,第497页。
⑤ (宋)郭若虚:《图画见闻志叙论》,载俞剑华《中国画论类编》上卷,人民美术出版社2016年版,第52页。
⑥ (晋)郭象注,(唐)成玄英疏:《庄子注疏》,中华书局2011年版,第15页。

錾",满足他们向往自然、放飞身心的精神渴望。

三是以"卧游"养生、疗疾。北宋著名词人秦观因患肠癖(拉肚子)卧床不起,友人名医高符仲特送王维名画《辋川图》,供其卧而赏之,并告之"阅此可以愈疾"。王维所画乃自家田园山林景观,颇得自然之趣,秦观得画喜甚,陶醉于画景之中,"恍然若与摩诘入辋川,度华子冈,经孟城坳,憩辋口庄,泊文杏馆,上斤竹岭,并木兰柴,绝茱萸沜,躅槐陌,窥鹿柴;返于南北垞,航欹湖,戏柳浪,灌栾家濑,酌金屑泉,过白石滩,停竹里馆,转辛夷坞,抵漆园,幅巾杖履,期弈茗饮,或赋诗自娱,忘其身之匏系于汝南也。数日疾良愈。"为此,秦观特写《书辋川图后》一文。① 明清时期强调山水画"养生"的画家和论者颇多,有增寿说、疗疾说、去陈愁、涤烦襟等。因此,"卧游"不仅给人带来心神之乐,而且可以带来身体的快乐。

四是文学艺术作品以"卧游"命名。随着历史的发展,"卧游"逐渐成为山水画、绘画乃至登山临水之作的代名词。有的将画作称为"卧游图",比如《江山卧游图》《潇湘卧游图》《江南卧游册》《黄山卧游册》等,有的将画室命名为"卧游"室。明沈周不仅将画册取名为《卧游图》,而且在开首自书"卧游"二字,在其题跋又曰:"宗少文四壁揭山水图,自谓卧游其间。此册方可尺许,可以仰眠匡床,一手执之,一手徐徐翻阅,殊得少文之趣。倦则掩之,不亦便乎?"清盛大士将其画论名为《溪山卧游录》,认为"书画同源""诗画同理",云云。

学者们则把自己记载名胜古迹或者游历名山大川的著作也称为《卧游录》,宋人吕祖谦将古人所载名山胜水录之,名为《卧游录》,在其与友人的信中写道:"近书新衔,譙沛真源,便如在眼中,若更十年不死,嵩之崇福、兖之太极、华之云台;皆可卧游也。"② 宋人方岳在其《跋人会稽诗卷》写道:"予未尝绝胥涛,而东得功甫

---

① (宋)秦观:《书辋川图后》,《淮海集》卷三四,《四部丛刊》景明嘉靖本(中国基本古籍库),第144页。
② 杜海军:《吕祖谦年谱》,中华书局2007年版,第276页。

明代画家沈周（1427—1509年），人物、山水、花鸟无一不入神品，其画册名《卧游图》，开首自书"卧游"二字

诗，真可卧游。"① 平生未曾观临浙江潮涌，则以功甫（诗人）观潮诗卧游之。同样是宋人陈振孙，在其《洛阳名园记》后写道："余近得此记，手写一通，与《东京记》、《长安河南志》、《梦华虚录》诸书并藏而时自览焉，是亦卧游之意云尔。"② 可见，"卧游"的对象已经由"画"扩展为"诗文"，不过，无论是画还是诗文，无论是对自然山水的写照（虚拟山水），还是对人文市井的描述，都成了今人所说的"虚拟现实"。

由此看来，几乎所有传统艺术都是基于"卧游"的审美体验。观赏园林也是一种"卧游"，谢灵运有《山居赋》，淋漓尽致地描绘了自己的私家园林，仅仅游览其私家园林，就可以达到观赏山水的目的。"一畦杞菊为供具，满壁江山入卧游。"（倪瓒）在极其有限的空间，垒石筑台，植树种草，凿池引泉，将山水之胜揽入庭院之中，达到以居为游的目的，这恐怕也是园林艺术的美学意义所在。

---

① 吴文治主编：《宋诗话全编》，江苏古籍出版社1998年版，第8791页。
② （宋）陈振孙：《直斋书录解题》，中华书局1985年版，第249页。

正如京剧艺术行话所说:"三四人千军万马,六七步万水千山。"方寸舞台,乃大千世界,这与山水画中的"咫尺千里"又有何异!

宗炳的"卧游"命题,汇集了中国传统学术的诸多元素,集中体现了中国文化中的"游"的思想,不仅有前述道家庄子的"心斋""坐忘""逍遥游"的超越现实的精神自由,即所谓"坐忘人间世,卧游尘外境",① 而且有儒家孔子对君子人格的审美主张,"游于艺,游者玩物适情之谓"。② 宗炳正是通过"卧游"导出了山水画的精神价值"畅神"(这种价值理念得到后世画家极大的拓展,详见下节);当然更有宗炳所信仰的佛教的修持理念,其澄心观佛(佛像甚至佛影)、参禅悟道,与卧游山水、感悟自然之道一样,都是以虚静之心,追求一种解脱、畅快、理想的人生境界,这种境界既是宗教的境界,也是美学的境界。

宗炳的"卧游"及其画论与道教也有一定的关系,其《画山水序》中谈到"凝气怡身",《明佛论》中谈到"洗心养身",在衡山隐居时"传道而不食",这些都有某种辟谷养身、化羽成仙的意味。早期佛教进入中国时,与道教方术混在一起,很难区分彼此,况且道教、道家与佛教,都有相通之处。当时士大夫阶层中,信奉道教者甚为普遍,其时"之"字为五斗米道(即天师道)的标识,晋魏南北朝时期,多有以"之"取名者,如何承之、颜延之、王羲之父子等,宗炳之父名"繇之",宗炳从弟名"彧之"。有学者(陈寅恪)认为,此与其人信奉天师教(道教的早期形态)有关,如果这种判断成立,则宗家也有信奉道教的行为,因此宗炳的画论和行为与道教有一定的关系,这是不足为奇的。

第八节 "畅神而已,孰有先焉"

宗炳的《画山水序》,是一篇结构严谨的画论。开篇讨论的是

---

① (明)钱惟善:《访一溪长老宿桂子亭》,《江月松风集》卷三,清武林往哲遗著本(中国基本古籍库)

② (宋)朱熹:《四书章句集注》,中华书局1983年版,第94页。

山水绘画艺术中审美主体和审美客体，以及二者所建立的审美关系，这是全篇的总纲。接着叙说的是自己为何作此山水画；然后讨论山水画制作时如何处理远近关系、大小关系以及形神关系；而后又讨论真山水与山水画之关系、审美主体间关系，最后讨论山水画的审美功能和社会价值。这就是整篇画论的逻辑结构。

正因为山水画具有与真山水等同的审美价值，宗炳最后写道：

余复何为哉，畅神而已。神之所畅，孰有先焉？

在宗炳那里，"畅神"是一个与"卧游"异曲同工的美学命题。"卧游"是一种身体或心理行为，表现为一个过程，"畅神"则是一种心理或精神状态，表现为一种结果。宗炳的艺术行为别无他求，就是精神愉快罢了。《画山水序》以"仁智之乐"为开端，以"神之所畅"而结尾，由此可见，宗炳画论的内在逻辑：亲睹山水，"行而游之"而享仁智之乐，此乃人之常情，况圣人贤者乎？而妙写山水后，披图幽对，达到"神之所畅"，这就是"卧而游之"。都是"山水之乐"，但在宗炳这里，上升到了一个新的更高的境界。

对于"行而游之"而享"仁智之乐"，宗炳之前，人们已经普遍地意识到。《淮南子·泰族训》就专门谈到这个问题，一个人如果"囚之冥室之中，虽养之以刍豢，衣之以绮绣，不能乐也"。因为目无所视，耳无所闻。如果打开窗户，能够看到外面的世界，就感到几分欣喜。而如果能走出室外，见到日月之光，则"旷然而乐，又况登泰山，履石封，以望八荒，视天都若盖，江河若带，又况万物在其间者乎？其为乐岂不大哉！"[①] 这与宗炳在观赏山水图画时感受，何其相似。从"仁智之乐"到"神之所畅"，宗炳所获得的是一种"朝闻道，夕死可矣"的精神寄托和生命安顿的快感，是一种心灵的乡愁得到满足的快感。

"畅神"是宗炳画论的最高理念。从"比德说"到"畅神说"，从实用绘画到欣赏绘画，山水艺术的审美功能首次得到明确。宗炳

[①] 刘文典：《淮南鸿烈集解·泰族训》，中华书局2018年版，第838页。

"畅神论"的提出，对中国绘画史乃至中国艺术史产生了深远的影响。所谓"畅神"，就是审美主体与客体达到了一种物我合一、天人合一的境界，由此主体的精神感到自由、洒脱、逍遥、畅快，这是山水艺术带给人的纯粹的精神享受，这种享受不带有任何功利色彩，没有实用诉求。只有抱着一种"澄怀观道"的审美心态，才能获得这样一种"神之所畅"的审美功效。

宗炳"畅神说"的提出，与宗炳深谙的玄学特别是庄学有着十分密切的关系。庄子哲学的主旨在于高扬精神的自由，强调至人心斋，以自由澄净的审美心理，以超世俗功利的审美心态获得的审美体验，就是至美；庄子说，有一种音乐，奏之以阴阳之和，烛之以日月之明，其声能短能长，能柔能刚。听之不闻其声，视之不见其形，但是充满天地，在谷满谷，在坑满坑。这样的音乐可以给人带来真正的快乐，称之为至乐。因此庄子的"至乐"也就是"至美"，也就是使人的精神达到一种自由、畅快、明朗的境界。这里已经具有畅神的意味。东汉以降，由于社会动荡，人们开始走向山野，感悟自然之美。张衡的《归田赋》针对这样一种畅神的心情作过描述：人们到仲春的郊外去游玩，但见天朗气清，草木葳蕤，百鸟欢唱，感到"极般游之至乐，虽日夕而忘劬"。[①] 这里张氏从自然界中获得的精神上的快乐，称之为"至乐"。

"畅神"思想更为直接的渊源来自宗炳所信奉的佛教。即色派大师东晋支遁（道林）（314—366）有"寥寥神气畅，钦若盘春薮"的诗句。[②] 而庐山诸道人石门之游，更是一次山水之美畅神怡情的实践。仲春之月，师徒相约，因咏山水，杖锡而游。虽乘危履石，历险穷崖，而"众情奔悦，瞩览无厌"。禽猿之声，"虽仿佛犹闻，而神以之畅"。"乃悟幽人之玄览，达恒物之大情，其为神趣，岂山水而已哉？"[③] 山水蕴含了佛理，隐人逸士欣赏山水是为了获得

[①] （汉）张衡：《归田赋》，（南朝梁）萧统编，（唐）李善注：《文选》卷十五，胡刻本（中国基本古籍库），第354页。

[②] （晋）支道林：《八关斋诗三首》之三，（明）冯惟讷：《古诗纪》卷四七，《四库全书》集部总集类（中国基本古籍库），第4页。

[③] （晋）慧远著，张景岗点校：《庐山慧远大师文集》，九州出版社2014年版，第32页。

其中的神趣，获得身心的愉快。佛教信奉者孙绰《游天台山赋》曰："释域中之常恋，畅超然之高情。"[1] 宗炳自己也在其《明佛论》中写道："是以闻道灵鹫，天人咸畅，造极者蔚如也。"又说"依周孔以养民，味佛法以养神"。可见宗炳的"畅神"来自对佛道的品味和感悟，本质上就是通过修持以领悟佛法，获得精神的解脱与畅达，这也就是"养神"。

在宗炳那里，艺术家是一个摆脱了外在的束缚与内在的杂念的审美主体，是一个自由自在的精神存在物。自然山水（从而山水绘画）体现着佛法的灵性和光辉，因此无论是修持还是观览山水，都是一个悟道的过程。一旦得道，神清气爽，豁然开朗。

比宗炳略早的兰亭诗人，已经开始用"畅神"的理念表达心中的美感。王羲之有"寄畅在所因"，王肃之有"豁尔畅心神"，桓伟有"愠情亦暂畅"，王玄之有"酣畅豁滞忧"，王蕴之有"散豁情志畅"。[2] 略晚一点的郦道元有云："游者登之，以畅远情。"[3] 可见畅神的理念在当时已经呼之欲出，因此，马克思曾经说过，哲学是时代精神的精华。宗炳的畅神理念，作为一种艺术哲学，就代表了魏晋南北朝的这种时代精神。

宗炳画论中的"神"有两个方面的含义，既有自然山水客体之神（道、神、灵），又有山水画创作者主体之神。前者如"山水质有而趣灵""山水以形媚道""嵩华之秀，玄牝之灵（神）"，后者如"圣人以神法道""神超理得""万趣融其神思""神之所畅，孰有先焉？"宗炳的畅神说与顾恺之的传神说，有着本质的不同。后者针对客体而言，要求审美主体将客体（人物）内在的神韵传达（表现）出来，而宗炳的畅神说，则是指审美主体而言，主体在创作和欣赏山水时，达到一种精神上的快感，当然这种精神上的快感，是建立在客体（山水）之神的基础之上的。因此"畅神说"比

---

[1] （晋）孙绰:《游天台山赋》，（南朝梁）萧统编，（唐）李善注:《文选》卷十一，胡刻本（中国基本古籍库），第 250 页。

[2] 逯钦玄辑校:《先秦汉魏晋南北朝诗》晋诗卷十三，中华书局 1983 年版，第 895、910、911、913、915 页。

[3] （北魏）郦道元著，陈桥驿校证:《水经注校证》，中华书局 2013 年版，第 643 页。

之"传神说"，有着更为复杂的审美机制。首先是人作为有意识的动物，存在形神之关系。而山水之神从何而来？因此表现山水之神，就比表现人物要难得多。其次是主体达到一种"畅神"的状态，何以形成？这与主体的审美心态就有着十分密切的关系。宗炳的"畅神说"，涉及主、客两个方面，但是其落脚点在主体上，它突出了人的主体地位，张扬了人的主体精神。

因此，"畅神论"的本质，重要的不在于自然物象之美给予艺术主体的美的享受，而在于艺术作品或艺术创作对于人的精神、人的心灵、人的情感所产生的积极的反应，而这种反应不带有任何功利的色彩，而使主体进入一种物我两忘、自由超脱的境界。它是继顾恺之传神论之后中国美学史的一个新的理念，并且从此深刻地影响了中国的绘画艺术乃自整个中国艺术。

宗炳之后，在中国绘画史上，畅神论就像一条红线贯穿其间。首先继承和阐发畅神思想的是比宗炳小40岁的王微，王微著名的"明神降之"表述，以及充满激情的"望秋云，神飞扬。临春风，思浩荡"之语，与宗炳的畅神思想一脉相承，只是用了更为形象、生动的语言，而宗炳所用语言带有更多的佛学色彩。

但遗憾的是，王微之后的谢赫品画提出的六法，并没有吸收宗炳以及王微提出的畅神或明神的思想，而只是沿着顾恺之的美学思想路线，即侧重于对客体的表现及其技法。所以谢赫的六法之所以被称为"法"，也是理所当然的，除了"气韵生动"以外，其他五条基本上都是技法问题。而宗炳的画论，除了"以大观小"的技法以外，其他思想都是"道"和"理"。从理论的层次看，谢赫的画论与宗炳以及王微不在同一个层次。后世画家首先关注的是法（技法），即构图法（所谓经营位置）、笔法、墨法、色法等，更不用说在相当长一个历史时期，模仿之风盛行，追慕前人的画法程式，大多数人不会关注绘画艺术的所谓"道"和"理"，因此，谢赫的六法在中国艺术史上大行其道。正如陈传席先生所说的那样，谢赫六法"是法更是绘画的批评标准。作为法，大画家可以置之不理，但没成为大画家之前尤其是学画的人必须有法，否则便成不了画家。

作为一种批评标准，大小画家都必须了解"。① 所以，后人称："六法精论，万古不移。"凡学画者，无不知六法，"六法"甚至成了绘画的代名词。不仅绘画界如此，在书法界也是如此。说得通俗一点，就是怎么把画画得更好，字写得更好，所涉及的是如何表现客体。

尽管如此，一些有思想的艺术家，特别是一些文人画家、诗人、书法家，仍然注重宗炳的畅神思想。王微之后，继承宗炳畅神思想的是陈朝的姚最，他在评价南朝梁代画家萧贲时说："学不为人，自娱而已。"作画并非为了在他人面前炫耀，或者与人交换谋取世俗功利，而是供自己的身心娱乐而已。姚在评价梁代画家嵇宝钧、聂松时又说："赋彩鲜丽，观者悦情。"（《续画品》）由于色彩艳丽，给观者带来一种美的享受。《历代名画记》作者张彦远强调绘画除了具有"鉴戒贤愚"这个社会功能以外，还具有"怡悦情性"的审美功能。他还谈到自己收藏书画"近于成癖，……唯书与画犹未忘情。既颓然以忘言，又怡然以观阅。"有些画虽"迹不逮意，但以自娱。"② 作者对书画是那么的偏爱，完全是因为书画能给他带来快乐。时至今日，以收藏书画为观赏之乐者，不乏其人。

唐朱景玄在评价画家李灵省时，说李"长爱画山水""不拘于品格，自得其趣耳"。③ 这里的"自得其趣"，与"自娱"一样，表明了画家在绘画创作时的审美感受。唐末五代画家荆浩在肯定山水画的作用时说，高雅之士之所以对琴书图画乐此不疲（"纵乐"），是因为可以戒除那些世俗的、功利的欲望（"去杂欲"）。其实这里荆浩主要讨论的是山水画的社会功能，当然由于山水画具有畅神的审美功能，因此也就具有劝诫的社会功能。

宋元时期是我国绘画、论画的鼎盛时期，宗炳的畅神论在此期间得到了极大的弘扬和拓展。其间宋代有郭熙的"快人意"说，郭

---

① 陈传席：《中国绘画美学史》，人民美术出版社2012年版，第91、119页。

② （唐）张彦远著，俞剑华注释：《历代名画记》，上海人民美术出版社1964年版，第47页。

③ （唐）朱景玄撰，温肇桐注：《唐朝名画录》，四川美术出版社1985年版，第35页。

若虚的"愉然""游心"说,刘道醇的"自娱""自适"说,苏轼的"适意""自适""游戏"说,米友仁的"真趣""悦目"说,韩拙的"自适"说,董逌的"自嬉"说,邓椿的"游心"说等,其间最有代表性的是画家郭熙、绘画理论家郭若虚和文人苏轼的论述。

画家郭熙身处庙堂之高,心怀江湖之远。他的画论既表达了这样一种矛盾,又较好地处理了这样一对矛盾。在他看来,庙堂之琐事,乃"尘嚣缰锁,此人情所常厌也"。而"烟霞仙圣,此人情所常愿而不得见也"。所以他处于一种入世与出世的矛盾之中。作为一个山水画家,他找到了解决这种矛盾的出路。这就是"不下堂筵,坐穷泉壑"。因此山水画就可以为士大夫体验山水之乐。这种山水之乐与宗炳的神之所畅当然不同,宗炳是因为老病俱至不能远足而卧以游之。当然无论是宗炳的"坐卧向之",还是郭熙的"坐穷泉壑",其本质别无二致,都是山水画的审美功能所在。可见欣赏画作时的畅快,犹如王羲之的"仰观宇宙之大,俯察品类之盛",同样拥有一种"游目骋怀"的感觉,可以摆脱世俗间荣辱得失的烦恼。

以苏轼为代表的宋代文人,十分重视画的逸韵与神似,讲究"得意忘形"(黄伯思),"忘形得意"(欧阳修)、"大小惟意,而不在形"(晁补之)这里的得意,虽然是得客观本体之"意",而实则与主体之"意"(满意、畅神)也密不可分。在苏轼看来,读书作诗、观赏书画,都是"自娱""可乐"而已,他评价何充"好之聊自适",他赞同朱象先"画以适吾意"。[①] 宋代本是文人画大行其道的时代,因此山水画的非功利性功能,山水画对于主体情志的怡情养神的意义,就更为人们所注重。上述这些论述或命题对于宗炳畅神理念的拓展和阐发,起到了十分积极的作用,对后世产生了深远的影响。

元代接宋代之余绪,尽管其绘画的创新性大为减弱,但人们对主体畅神功能的重视程度不减。元代四大画家之一的吴镇有"兴

[①] (宋)苏轼:《苏轼全集》,上海古籍出版社2000年版,第136、2191页。

趣"说:"墨戏之作,盖士大夫词翰之余,适一时之兴趣。"① 书画鉴赏家汤垕本人虽非画家,但他在其评价董元画时认为能使人"神情爽朗",而且提出绘画乃"游戏翰墨"的命题,这与吴镇提出的"墨戏""词翰之余"如出一辙。士大夫们在公务之余,写写画画,聊以自娱,权当游戏而已。同为元四家的倪云林有"逸气"说,在其《答张仲藻书》中说:"仆之所谓画者,不过逸笔草草,不求形似,聊以自娱耳。"② 在谈到自己画竹时说:"余之竹聊以写胸中之逸气耳,岂复较其似与非,叶之繁与疏,枝之斜与直哉。"③ 画家注重主观之感受,对客观物象的表现并不十分在意,这大约是苏东坡、倪云林这样一类画家的共同特点。正因为怡情自娱、骋怀养神,文人画家们不在乎自己所描绘的物象是否形似,而是更注重神似。有时草草几笔,艺术神韵尽显,画家感到几分乐趣,以为惬意。

明清时期最值得关注的恐怕是董其昌对畅神理论的阐发,在他看来,"以画为寄""以画为乐""寄乐于画",应是画家的初衷。如能做到这一点,便可"多寿",否则即会"折寿",并以此作为划分南北画派的依据。这固然有可商榷之处,但是绘画对于中国士人来说,本质上是一种自娱之举,为己不为人。而对于画工或者画匠来说,则是一种功利之举,为人不为己。在中国艺术史上,有些善画者不愿为人作画,不愿被朝廷聘为画师,认为那是一种耻辱。自宗炳时代始,文人画逐步形成,到了宋代,苏轼把这种文人画的传统推向极致。

宗炳所追求的这样一种非功利性的艺术行为,开启了中国历史上文人画的艺术道路。一个以艺术谋生的画工,一个追求功利价值的画家,恐怕是很难产生这样一种审美心理的。历史上真正有艺术价值的山水画,都是高雅之士所作。张彦远在评价宗炳时说道:"宗公高士也,飘然物外情,不可以俗画传(一作论)其意旨。"并

---

① 沈子丞编:《历代论画名著汇编》,文物出版社1982年版,第206页。
② 俞剑华:《中国画论类编》下卷,人民美术出版社2016年版,第702页。
③ (元)倪瓒著,江兴佑校:《清閟阁集》,西泠印社出版社2010年版,第319页。

说:"自古善画者,莫匪衣冠贵胄、逸士高人。"① 宋刘学箕说:"古之所谓画士,皆一时名胜,……故其发为豪墨,意象萧爽,使人玩宝不置。"② 正如张彦远谈论宗炳和王微一样,清画家、书画鉴别家华翼纶也谈到同样的问题:"俗士眼必俗,断不可与论画,世间能画者寥寥,故知画者亦少。"因此高雅之士作画赏画,"但以自娱可耳"。而那些"俗士",着眼于绘画的功利目的,有人为了卖画而降格为之。而真正的高雅大作,可能无人问津。③

绘画史上的"自适说""自娱说""怡情说"等,虽然从属于"畅神说"的范畴,对畅神说的阐发与扩展,对于畅神说在中国绘画史上的影响起到了延续的作用。但是归根到底,都没有宗炳"畅神说"的表述更深刻、更通透、更富有哲理、更富有美感。因为"畅神"不仅仅是一个感官的愉悦问题,更是触及人的心灵深处、意味着主体把握了事物本体之后的精神的自由和解脱。正如庄子所说,真正的乐,不是感官之乐、视听之乐,而是心灵之乐、精神之乐,是心灵的自适与自由,是精神的解放与逍遥,这就是"至乐"。因此,宗炳的"畅神",也就是庄子的"至乐"。"得至美而游乎至乐,谓之圣人。"④ 这就是文人雅士作画赏画所追求的人生境界所在。山水画的畅神,不仅仅是身心的愉快,还有人生境界的提升,这才是畅神的最终本质所在。

在宗炳那里,由于山水画体现了自然山水的"秀"与"灵",即形与神,与自然山水无异,而且体现了主体的审美价值取向及其他主观因素比如性格、气质和好恶。因此,山水画作的审美价值甚至超过了自然山水,给审美主体带来精神上的享受和畅快。宗炳的初衷是肯定山水画作在欣赏时所具有的审美功能,在后来的发展过程中,"畅神论"不仅贯穿于我国山水画史乃至整个艺术史,为我

---

① (唐)张彦远著,俞剑华注释:《历代名画记》,上海人民美术出版社1964年版,第131、25页。
② 俞剑华:《中国画论类编》,人民美术出版社2016年版,第73页。
③ (清)华翼纶:《画说》,载俞剑华《中国画论类编》上卷,人民美术出版社2016年版,第316页。
④ (清)郭庆藩撰,王孝鱼点校:《庄子集释·田子方》,中华书局2018年版,第716页。

国历代艺术家所接受，而且得到了充分而广泛的拓展，在很大程度上发展和丰富了宗炳的畅神论。

绘画艺术史启示我们，宗炳的畅神论不仅具有欣赏论的意义，而且具有创作论的意义。[①] 所谓"创作畅神论"，是指主体在创作山水画时能够得到一种审美的畅快、精神的享受，使主客融为一体，形成主体心中的审美意象，最后将其表现为艺术作品。而"欣赏畅神论"，则是主体（包括作画者本人和其他欣赏者）在欣赏山水画作时所得到的一种审美的畅快、精神的享受，欣赏者犹如面对自然山水，自由逍遥地畅游其间。如前所说的"自娱""自乐""自适""沉着痛快""游戏自在""以画为乐"等多有创作畅神论之义，而"应目会心""悦目""传神""气韵生动"则多有欣赏畅神论之义；有些表述则二者兼而有之。同样，"养生""涤烦襟""去陈愁""怡情养神"等这些审美功能，则同时体现于创作和欣赏的过程中。

当然，人们在游览自然山水时，本来就有一种畅神的审美感受。早在屈原《九歌》中就有"登昆仑兮四望，心飞扬兮浩荡"[②]。魏晋时期文人雅士常表达登山临水时的审美感受，如王羲之的"游目骋怀"，慧远说猿声鸟音"仿佛犹闻，而神之以畅"，陶弘景"吟咏盘桓，不能已已"，羊欣"游玩山水，甚得适性"，宗炳本人"眷念庐衡，契阔荆巫，不知老之将至"。这就是畅神之说的实践来源。

正因为宗炳本人有这样的亲身体验，加上他对道学和佛学的深刻领悟，"畅神"终于成为一个具有深刻和广泛含义的美学命题，"畅神说"就构成了一个观赏自然山水（包括山水游览以及画家写生）—绘制山水图画—欣赏山水图画，这样一个山水艺术审美全过程的完整的理论体系。[③]

---

① 刘晓静：《古代绘画"畅神"论研究》，硕士学位论文，江苏师范大学，2018年。
② 林家骊译注：《楚辞·河伯》，中华书局2010年版，第68页。
③ 本章参考陈传席《六朝山水画论》《中国山水画史》《中国绘画美学史》和邓乔彬《中国绘画思想史》。

终 论

宗炳的境界与文化形象

由于史料阙如，我们尚不能为宗炳构成一个略为完整的生平年谱。但是，宗炳的人格形象，相当的丰满；宗炳留给我们的精神遗产，值得珍惜。

第一节 宗炳的境界

人的境界，就是人的心灵所拥有的世界，"是心的存在方式或存在状态"。① 一个人的境界体现在其不同领域，这些领域的集中表现，构成其人生境界。宗炳是一个佛学家，又是一个艺术家、美学家，宗炳的人生境界具有多重意涵。

一 山水境界

宗炳的最高成就是其山水艺术及其理论，因此探讨宗炳的境界，首先要讨论他的山水境界。

中国人的山水境界，在历史的不同阶段，有不同的层次。魏晋之前，山水主要作为"比兴"的景物和"比德"的陪衬。从魏晋时期开始，山水逐渐成为人们歌赋和绘制的独立对象。魏晋时期的玄学以崇尚老庄的天道观为旨归，以追求与道冥合的精神境界为己任，而这种无形的"道"必须通过有形之物得到体现。正是在这样一种背景下，宗炳提出了"山水质有而趣灵""山水以形媚道"的

---

① 蒙培元：《儒、佛、道的境界说及其异同》，《世界宗教研究》1996年第2期。

论述,这一论述集中表达了他的山水境界。

在宗炳看来,山水不仅仅是一个可以"比兴"的自然景观,也不仅仅是具有某种"德性"的比附对象,而是"至道"之外化的具体物象。因此中国人的山水境界,就从以往的"比兴境界""比德境界",升华到宗炳"媚道"境界,即"与道冥合"的境界。自然山水不再仅仅是人们"比兴""比德"的自然景观,也不再仅仅是人们纯粹欣赏的审美景观,而主要是人们"体道""悟道"的形上景观。作为一种自然景观,山水是被动的客观存在,与主体不发生交互作用;而作为一种审美景观,山水与主体形成一种审美主客关系,形成一种美学意义上的交互作用;作为一种形上景观,与主体形成一种特殊的认知关系,主体主要靠"体验""妙悟""顿悟"来认知客体,因而这种认知关系又与上述的审美关系融合为一体,这就是宗炳所说的"含道应物""澄怀观道"。正如宗白华先生所说的"晋人向外发现了自然,向内发现了自己的深情"。[①] 其实这种"深情",不仅是主体内心的审美之情,更重要的是主体对世界的感悟和认知。

宗炳的这种山水境界,既充满着美学的生命情调,又蕴含着哲学的玄思(玄学)和领悟(佛学)。由此,山水在中国人心中的意象,就经历了一个由物向心、由情向理、由实向虚的跃迁。正因为如此,宗炳的"好山水,爱远游",就绝不是一种简单的"仁智之乐",而是他自己所说的"神之所畅"——是一种犹如庄子所说的得"道"之后的"至乐";宗炳的"眷恋庐衡,契阔荆巫,不知老之将至",也绝不仅仅是对山水景观的迷恋,而是对"求道""悟道"的依依不舍。

宗炳的山水境界,决定了宗炳的山水画境界。"目也同应,心也俱会",实现了由物向心的跃迁;"应会感神,神超理得",实现了"由情向理"的跃迁;"嵩华之秀,玄牝之灵,皆可得之于一图也",实现了由实向虚的跃迁。正因为有了这样的跃迁,山水就不仅可以行而游之,而且可以卧而游之。行游是动观,观赏客观山

[①] 宗白华:《美学散步》,上海人民出版社1981年版,第215页。

水；卧游是静观，观赏的是虚拟山水。无论是行游还是卧游，主体都不是单纯观赏物象或景象，而是品味蕴含其中的自然之道、天地之道的山水意象，体现主体喜怒哀乐乃至形上哲思的山水意象。不仅如此，在宗炳看来，就体道、悟道而言，山水画作甚至胜于自然山水，只要"类之成巧"，只要"诚能妙写"，山水画比自然山水有过之而无不及。

于是，在宗炳那里，自然山水，以及山水画作，就是被赋予了与道冥合的物象（自然山水）和意象（虚拟山水），宗炳山水境界的意义在于，他真正认识到了山水之美，真正具有了山水美的自觉审美意识。这是中国人山水境界的飞跃，也是中国人山水审美的飞跃。

二 艺术境界

宗炳是一个潜心悟道的艺术家。作为一个艺术家，宗炳涉猎广博、才艺高超，在多个领域（诗、书、画、琴）都取得了卓越的成就。宗炳的艺术，不仅仅局限于山水艺术，宗炳的艺术思想，当然也就具有更普遍的意义。

宗炳首次把"道"的理念引入中国绘画艺术，从此中国艺术就进入悟道、弘道的历史发展进程。而他本人正是从精神性的角度，而非实用性、功利性的角度从事艺术、欣赏艺术的，他以澄明的心灵、自由的精神，感悟宇宙之道，这就是他的艺术境界。[①]

前引宗白华先生指出，宗炳提出的"澄怀观道"是六朝以来"艺术的理想境界"。[②] 同样，宗炳提出的"畅神"，也是艺术的理想境界。二者从不同的侧面表达了主体从事艺术活动应该达到的审美体验。"澄怀"是主体审美的心态，"观道"（"味象"）是审美的过程，"畅神"是审美的结果（得道之后的畅快）。宗炳的艺术境界（不仅仅局限于山水艺术）主要体现在以下几个方面。

[①] 详见陈传席《中国山水画史》，天津人民美术出版社2001年版，第9页；《六朝画论研究》，天津人民美术出版社2015年版，第130页。

[②] 宗白华：《中国艺术境界之诞生》，载宗白华《美学散步》，上海人民出版社1981年版，第76页。

一是追求象外之意。首先，宗炳的艺术境界理论，承继先秦时期的《易传》和魏晋玄学的言意之辨，在其画论开篇便提出"澄怀味象（像）"的命题，又说："旨微于言象之外者，可心取于书策之内。"可见，艺术之"旨"（意）在其言象之外，这里的"言""象"即艺术语言或艺术形象（诗文中的字词、绘画中的形象等）。艺术（作品）的境界，不能止于所见到的客观物象，而是应该观物取象、澄怀味象、得意忘象，这种言外之意、象外之意，就是艺术家的内心之境，也就是艺术家的心象。

二是追求实中探虚。艺术家的心象也并非空穴来风，无中生有。在宗炳看来，这种心象的来源，其一是客观对象之"灵"、之"神"。岂止山水"质有而趣灵"，岂止山水"以形媚道"，岂止山水有"嵩华之秀"和"玄牝之灵"。任何一个审美客体，都存在这样一个"质"与"灵"、"形"与"道"之关系，这就是艺术中普遍存在的"虚""实"关系。宗炳追求以"实"求"虚"，不停留在感观层面。但如何求"虚"，这又与主体的"含道应物"有着十分密切的关系。这里的"道"，就是主体的审美思想、价值取向、情感偏好、处世感受等。这样由实入虚、由形入神，才是中国艺术应有的境界。

三是追求主客合一。由实入虚、虚实结合的实质就是主客合一、物我合一、天人合一。从"身所盘桓，目所绸缪"，到"应会感神，神超理得"，这是一个从"物"到"我"，从"客"到"主"的过程，也就是一个从实到虚的飞跃，最后达到"万趣融其神思"。伍蠡甫曾指出，在绘画中表现为主客观之统一，便是中国绘画"意境"意识的"一次大突破，其首创之功应归南朝时宋代宗炳"。[1] 宗炳的这种审美境界在其弄琴时也得到了生动的体现，"抚琴动操，欲令众山皆响"，显然这时的审美主体——宗炳，"得意""畅神"，达到了一种"主客合一""天人合一"的境界，沉浸在一种"乐道""乐天"的"至乐"之中。达到这样的境界，审美主体是何等的逍遥自在。绘画如此，弄琴如此，赋诗作文也是如此。

---

[1] 伍蠡甫：《谈艺录·中国画论研究·欧洲文论简史》，复旦大学出版社2017年版，第125页。

四是追求以小见大。任何一个艺术作品的时间或空间都是有限的，而艺术的境界就是通过有限统摄无限，以瞬间把握永恒。"竖划三寸，当千仞之高；横墨数尺，体百里之迥。""不以制小而累其似，此自然之势。"宗炳的论述揭示了艺术中的有限与无限、瞬间与永恒的关系。一幅画如此，一首诗（赋、文）也是如此。这种咫尺千里、以近追远、以小见大、以少总多的艺术境界，也同样表现于宗炳所说的"登蒙山而小鲁，登泰山而小天下"。这是中国哲学、美学的一种心灵超越的精神，这是一种包裹八极、囊括乾坤的境界，是中国艺术，特别是中国绘画诗赋园林等艺术所追求的最高境界。

三　佛学境界

宗炳的艺术境界及其理论与他的佛学信仰和佛学境界有着不可分割的关系。宗炳一心奉佛，向往西方净土世界，摒弃世俗烦恼，摆脱情欲所累，希望达到一种涅槃超脱、无牵无挂的无生境界。他是一个有勇有智的护法卫士，在当时佛教与中国本土文化的冲突过程中，他勇敢地捍卫和发展了佛教的基本理论和基本思想，对佛教的中国化进程起到了重大的推动作用。他知行合一，身体力行，不为世俗功利所累，不为艰难所惧，无论是追随慧远，寻求义理；还是结宇衡山，苦心修行，都是其志如初，终生不改。这就是他的佛学境界。

宗炳的佛学境界，有一个发展过程，早年参加百二十三人建斋立誓，信奉阿弥陀佛，共期往生西方。慧远所主张的信仰及其佛事活动，非常契合宗炳这些俗家弟子的需要及其生活方式。也就是观想佛像，赞颂佛影或菩萨法身，如能幻见或梦见阿弥陀佛，就能往生西方极乐世界。这大约是宗炳当初的佛学境界。

而宗炳重在探求义理，慧远圆寂（416年）后，宗炳离开庐山，又经过了近二十年的探求和修习（在江陵和衡山），终于形成了自己系统的佛学理论（《明佛论》），其佛学思想进入一个新的境界。

宗炳认为，人是一个精神主体，人的一生中会遇到很多烦恼，有很多世俗的利益诱惑，但是这些东西都是可以克服的。因为人的精神具有主动性，绝不为肉体所束缚。他坚信"人可成佛"，而佛性就是人之所以成佛的根据。成佛就是精神不断摆脱粗鄙之"识"习染的过程，同时又是摆脱贪欲之"情"困扰的一个过程。"欲此道者，可谓有欲于无欲矣。"摒弃贪欲、去除累患的过程是一个渐进的过程。"渐之以空，必将习渐至尽，而穷本神矣，泥洹之谓也。"[①] 逐渐以空理体悟，让过去的习染逐渐消除殆尽，而与本神合一，这就达到最高的涅槃境界了。这个境界就是"无生""无身""法身""泥洹"。

宗炳的佛学境界，是以缘会之理为起点，以神灵不灭为基础，以次第渐修为途径，破除主客、内外之对立，追求绝对超越和彻底解脱的涅槃境界。蒙培元曾说："真正的'涅槃'境界，不必出离世间，只是获得了心灵的彻底解脱，实现了无限与永恒"。[②] 宗炳一生笃信佛教，以考寻文义为旨归，以护法明道为己任，但他并未别妻离子、削发为僧，可谓"形在江湖之上，心存魏阙之下"，只不过这里的"魏阙"乃是佛堂。身处"江湖"，他依然亲身耕稼，依然游历山川，但他却始终保持着佛教徒的最高境界追求。他在"考寻文义"，继承、拓展和深化乃师慧远的"理学精妙"上，是最值得称道的。

四 人生境界

宗炳的人生是一种隐逸人生，他的隐逸又与其艺术人生、佛学人生融为一体。他的隐逸就是远离朝政、游历山川，就是鼓琴构画、从艺悟道，就是皈依佛门、修持护教。因此宗炳的人生境界是集艺术、佛学、隐逸于一体而又以隐逸为其主轴的人生境界。

历史上有各种各样的隐士，有的先官后隐，有的先隐后官，有的半官半隐，有的偶官偶隐，有的假隐实官，甚至有些人的隐就是伺机以待，待价而沽。从本质上看，上属诸类都不是真正的隐士，而宗炳终身不仕，是一个完全的、彻底的隐士。

---

① （梁）僧祐编撰，刘立夫、魏建中、胡勇译注：《弘明集》，中华书局2013年版，第194、113页。

② 蒙培元：《儒佛道的境界说及其异同》，《世界宗教研究》1996年第2期。

历史上有炫富式的隐士,如一些豪门贵族;有求生式的隐士,如一些寒门子弟;有体道式的隐士,如士族文人,宗炳就是这样一类体道者的隐士,所谓"有道艺而在家者",他不是为了炫富,他也无富可炫;他也并非贫寒子弟,而是出身官宦之家、书香之家,不必为了生存而隐居山林、事必躬亲。他的隐逸完全不带有任何世俗的目的,有如史家形容徐幹的那样:"清玄体道,六行修备,聪识洽闻,操翰成章,轻官忽禄,不耽世荣。"①

宗炳一生性情淡泊,不求名利,志在丘壑,九次征召而不就。冠冕、俸禄、名利,被宗炳视为"腐草",不屑一顾。这是典型的中国隐士的人格。世人皆称陶渊明为隐士代表,不为五斗米折腰,具有高洁的隐逸境界。其实陶渊明曾五次出仕,前四次出仕均不得志,第五次出任彭泽县令,因督邮之事,于41岁愤而弃官归隐。②如果说陶渊明是隐士,也是被动的隐逸,是前仕后隐;而宗炳则是主动的隐逸,彻底的隐逸。陶渊明与宗炳相比,其隐逸境界相去甚远。③

古人云:是真名士自风流。宗炳生活于晋宋之交,其大半生(46岁前)属于东晋时期。晋人崇尚一种简约玄澹、神情超迈的哲学美,晋人的风范、风采、风神,在宗炳身上得到了相当充分的体现。宗炳是一个不折不扣的晋宋名士,其德行贞绝、道德通明,在当时的社会,即使没有特殊的实际功德,这样的名士身份,足以有一种超然世外、风流俊望的人格美,正是这样一种人格美,成为"晋人的美的意象的源泉"。(宗白华)宗炳把这种人格美的意向体现于、贯穿于其艺理(不仅是画论)和佛理之中,因此更造就其清芬远播、泽被后世,为历代所敬仰的人格形象。

纵观宗炳的整个人生,其境界归根到底就是他留给我们的千古

---

① 《三国志》卷二十一《魏书·王粲传附徐幹传》注引《先贤行状》,中华书局1959年点校本,第599页。

② 《晋书》卷九四《陶潜传》,中华书局1974年点校本,第2460页。

③ 朱熹曾说:"晋宋间人物,虽曰尚清高,然个个要官职。这边一面清谈,那边一面招权纳货。渊明真个是能不要,此其所以高于晋宋人也。"(宋)黎靖德:《朱子语类》,《钦定四库全书》(影印本)子部儒家类卷三十四,第34页。现在看来,朱熹老先生有所不察,真正"高于晋宋人物"的非宗炳莫属。

名言：澄怀观道。

——这是他一生所追求的最高境界。一个"道"字，贯穿于他的艺术人生、佛教人生和隐逸人生，正所谓"吾道一以贯之"。

第二节 宗炳的文化形象

宗炳在艺术和佛学上的特殊贡献以及他的人格与境界，给后世留下了宝贵的精神财富，奠定了他在中国文化史上的独特地位，构成了他在中国文化史上特有的形象。这种形象，不仅仅是一个模山范水的画家——还是艺术的宗师，不仅仅是一个拂觞弄琴的隐士——还是名士的偶像。对宗炳的这种人格形象和艺术形象的崇拜和追慕，在艺术家、文学家的诗词歌赋中多有体现，而且其出现的频率之高，持续的时间之长，是中国文化艺术史上所少见的。

一 艺术宗师

宗炳不仅确立了中国艺术的最高境界——澄怀观道，也是践行这种艺术追求的一代宗师，因此在中国艺术发展（特别是绘画艺术）发展史上有着极高的声誉。元代著名画家、元四家之一倪瓒有诗曰：

> 临池学书王右军，澄怀观道宗少文。
> 王侯笔力能扛鼎，五百年中无此君。[1]

这是倪瓒评价王叔明即王蒙画的一首诗作，此诗运用烘托、类比的手法，认为王蒙的绘画和书法可以与王羲之、宗少文相媲美。在倪瓒看来，宗炳在绘画界的地位，如同王羲之在书法界的地位。这既是对王蒙的高度评价，也是对宗炳的高度肯定。

不仅元代画家倪瓒如此，明代著名学者王世贞也有类似赞许，

---

[1] （元）倪瓒：《题王叔明〈岩居高士图〉》，载（清）卞永誉《式古堂书画汇考》画卷之二十一，浙江人民出版社2019年版，第1951页。

他在《题包参军东游稿后》写道："临池步武逸少，画笔不减少文。"①书法直逼王羲之，画作媲美宗少文。将宗炳与王羲之相提并论，可见历史上并非某人偶尔为之。

明代学者何良俊在谈绘画艺术时，对宗炳推崇有加。他说世人多附庸风雅，收藏书画，悬之中堂，向人夸耀，但真正懂画的"千百中或四五人而已"。而"必欲如宗少文之澄怀观道而神游其中者，盖旷百劫而未见一人者欤！"在他看来，宗炳于中国绘画，乃千古一人。②士人对宗炳的赞许中，不仅推崇宗炳的画技（王世贞），更为看重的是宗炳之超然画外的艺术和人生境界（倪瓒、何良俊）。

以宗炳为师，追求澄怀观道的艺术境界，艺术家和学者们往往通过"卧游"的方式表达出来。明末诗人、书画家何白对宗炳的钦佩和景仰就无以复加，其多首诗作都提及宗炳。在《和陶渊明饮酒诗二十首》之一中写道："卧游一室中，吾师得宗炳。"在其《放歌行赠陈太史》中又写道："忽忆中天秀华顶，人外襟期有宗炳"③，（"襟期"即抱负、志愿）作者立志要向宗炳学习。

宗炳提出的"卧而游之"在中国艺术史、文化史上，有着广泛的影响。"卧游"演化成一种含义丰富的文化行为，成为后世高人雅士追慕的艺术表达和精神享受。画家和画论家们提出"要如宗炳，澄怀卧游耳"，可以说是屡见不鲜。清代学者许仲元撰《三异笔谈》，专记自己悉心收集的胜迹、志怪、典故资料，在其《飞云洞》中写道："飞云洞：……予癃老，咫尺西湖，懒于杖履，良由曾经沧海，除却巫山，难为云水缘也。然如飞云洞者，常在梦魂中，每拟仿宗少文卧而游之。"④许氏曾为官，后辞官隐居，游幕四方，骨子里还是向往宗炳卧而游之的生活。

---

① （明）王世贞：《弇州四部稿》卷一百二十九，《文渊阁四库全书》集部别集类，第1281册，台北商务印书馆1986年版，第162页。

② （明）何良俊：《四友斋画论》，载卢辅圣主编《中国书画全书》第三册，上海书画出版社1992年版，第869页。

③ （明）何白：《汲古堂集》卷六、卷十，明崇祯刻本《四库禁毁书丛刊》第177集，北京出版社1997年版，第90、142页。

④ （清）许仲元：《三异笔谈》卷二，载《笔记小说大观》，台湾新兴书局1985年版，一编第九册，第5805页。

如前所述,"卧游"在中国的诗文中屡屡出现,成为一个内涵丰富、诗意浓郁的文化符号。人们追慕卧游,模仿卧游,包括亲游山水,写生作画,几乎等同于追慕和模仿宗炳,足见人们对宗炳的推崇。

明学者、诗人、藏书家徐熥《赠陈元之刺史》诗曰:

> 先生宗炳流,山水卧中游。
> 隐矣能自适,澹然何所求。
> 紫云当日梦,黄菊此时秋。
> 投老六溪上,依稀如十洲。①

作者赞赏陈元之是宗炳一类的人物,虽然人在官场,但所追求的是一种淡然自适的处事风格和人生态度,颇有隐士之风、出世之意。

又有《剑浦怀宗思兼先生》诗曰:

> 剑气冲霄水乱流,故人曾共木兰舟。
> 年来老病如宗炳,画里青山卧里游。②

徐熥对宗炳情有独钟,视卧游为年来老病后的追求所在,对两位友人都是以此称赞。

文人学士们对"卧游"的认同,其根本原因在于"卧游"这一命题,隐含着一种超脱、虚静的审美心理,表达了人们在艺术(文学)创作和欣赏中所获得的一种精神享受,而这种精神享受具有独立性和主动性,正好契合文人雅士的追求自由、逍遥的人生态度。

宗炳不仅画技为人所推崇,琴艺也为人所追慕,人们在体验宗

---

① (明)徐熥:《幔亭集》卷二,载《四库全书》集部六,上海古籍出版社 2003 年版,第 1296 册,第 47 页。
② (明)徐熥:《幔亭集》卷十三,载《四库全书》集部六,上海古籍出版社 2003 年版,第 1296 册,第 162 页。

炳的卧游乐趣时，又往往与其"抚琴动操，众山皆响"的超然绝世、物我合一的形象结合在一起。著名诗人李白曾写过一首清新明快的诗作《听蜀僧濬弹琴》：

> 蜀僧抱绿绮，西下峨眉峰。
> 为我一挥手，如听万壑松。
> 客心洗流水，遗响入霜钟。
> 不觉碧山暮，秋云暗几重。①

蜀地一位名叫濬的和尚，抱着一尊古琴（"绿绮"为古琴名，后代指古琴），从峨眉山下来，为我拨动琴弦，其声犹如万壑松涛雄风。我的心像流水一样欢快流淌，琴声终止之后，余音仍久久不绝，与薄暮时分寺庙的钟声融合在一起。这里隐含着高山流水觅知音的意味，不仅有听者李白与弹者蜀僧"心有灵犀一点通"情感交融，而且表现了一种物我合一的移情美学境界，实际上这也是一种卧而游之的美学体验。这不正是宗炳当初"抚琴动操，众山皆响"情景的再现吗？

明朝著名学者、诗人和文艺批评家胡应麟十分向往宗炳晚年携琴卧游的隐逸生活。他曾有诗曰："向长志五岳，宗炳卧一丘。济胜苟无具，澄怀亦天游。鸣琴一室内，万象同蜉蝣。"②诗中有着宗炳完整的艺术人生形象。在作者看来，即使未能游历五岳，面壁抚琴，大千世界亦皆在我望。

胡氏还将其书房起名为"卧游室"，在其《卧游室午睡起题》中写道："东方谈十洲，尚子怀五岳。"早就听说过东方朔谈"十洲"这样一类仙山琼阁，也听说过向子平游历五岳不知所终的传说。自己一生禀赋不足，屡试不第，身体和精神都大不如前。虽然在文坛上薄有虚名，但终究未能享受到人生的乐趣。现在隐居一

---

① （唐）李白：《听蜀僧濬弹琴》，载《全唐诗》卷一八三，中华书局 1999 年版，第 1874 页。

② （明）胡应麟：《寓怀三韵七首之四》，《少室山房集》卷十二，《清文渊阁四库全书补遗》（中国基本古籍库），第 57 页。

隅，潜心著述，虽然屋舍简陋，但环境幽雅，终日读书写作，"时援白雪琴，三弄对猿鹤。泠泠众山响，一一度林薄。五鼎非我荣，万钟亦奚乐。达哉宗炳言，先民有遗篾"。① 可见，即使像胡应麟这样著名的学者，仍然以宗炳作为人生的归宿。抚琴动操，猿鹤为之静听，众山为之鸣响。高官厚禄、衣食奢华非我所好，像宗炳那样的人生，才是自己的追求所在。

明学者白德游曾写一首《盘礴行赠崔画师镇之崔兼善弹琴》，作者听崔画师弹琴，将其比作伯牙、摩诘（王维），一为琴师，一为画家。"呼君伯牙君不愧，呼君摩诘君莫辞。曲中山水图中韵，写出松风烟雨姿。"后来觉得尚不圆满，于是把崔画师比作宗炳（画家兼琴师）："语君可卧游，呼君为宗炳。指法笔意本相怜，从君虚室开灵境，动操四壁响诸峰，互鸣天籁幽而永。"② 正因为作为琴师的指法与作为画师的笔法是相通的，因此在幽室之中开辟一片悠远空灵的境界，琴声在四壁之内回响，仿佛与天籁之音相互激荡，久久不绝。这里我们可以看到，一个活生生的宗炳抚琴动操、众山皆响的艺术形象跃然而出。在作者心中，宗炳是琴技和画艺可与伯牙和王维相媲美，且二者集于一身，相得益彰、相互生辉的艺术典范。

清学者宋琬《雪夜苹园听何山人弹琴歌》有更为生动细腻的表达："瑞雪峨峨照金罍，主人置酒临高台。座中有客操绿绮，使我徒御皆心哀。寒风萧飒空堂里，一曲未终栖鸦起。忽疑空山雷雨过，倒挂飞流声齿齿。又如班马之群鸣，千骑万骑行复止。……弦际何由识今古，胸无丘壑难为工。……烦君为鼓一再行，能令宗炳群山响。"③ 作者听山人奏琴，一曲终了又一曲，但觉周遭万物为之响应，栖鸦惊起、斑马嘶叫、飞泉叠出、雷雨交加，听者已经感到十分神奇（当然是一种移情作用），但尚且觉得不够，还请山人再

---

① （明）胡应麟：《五言古诗二十七首》，《少室山房集》卷十三，《清文渊阁四库全书补遗》（中国基本古籍库），第59页。
② （明）白德游：《浴鹤庵诗集》（存二卷），"中研院"历史语言研究所编《傅斯年图书馆未刊稿钞本》集部四，2014年版，第53页。
③ 徐世昌辑：《晚晴簃诗汇》卷二十四，《续修四库全书》，上海古籍出版社2002年版，第1629册，第7页。

弹一曲，以达到宗炳令众山皆响的效果。虽然这是诗人的一种艺术表达手法，但在诗人看来，只有宗炳弹琴才达到了艺术的最高境界。

有学者直接将古琴与宗炳连在一起，形成一个简洁的艺术形象，如颜鼎受《楚山歌自郴州还桂阳作》诗中，描写了自己在途中所看到的奇山异水、草木猿鸟，不禁十分感慨："纵观豁高目，长啸开幽襟。欲招苏耽鹤，且携宗炳琴。"[①] 作者希望能像苏耽那样，驾鹤升仙，并且能够像宗炳那样，携琴而游，宗炳的艺术形象跃然纸上，表达了文人雅士对宗炳隐逸高情的向往。

平心而论，历史上宗炳并不是最著名的画家，所有的画论、画品都没有把宗炳列为最高品位。比宗炳略早的顾恺之可以称为中国绘画第一人，被时人誉为"三绝"（才绝、画绝、痴绝），也是中国画论第一人，他提出的传神论成为中国绘画走向成熟自觉的标志，对后世产生广泛而深远的影响。与顾恺之及其画论相比，宗炳的影响都不及。唐代的吴道子以"吴带当风"而闻名，被人称为"画圣"。但是，纵观中国绘画艺术史乃至文化史，宗炳却具有更为崇高的地位。

宗炳的画论阐述了山水画的基本美学原理，首次明确了山水画的精神价值，为山水画以及中国画奠定了哲学基础，由此画家们不仅有了绘制山水的基本遵循，而且有了绘制山水的精神寄托（畅神、卧游）。同时，作为一个山水画家，宗炳热爱自然，钟情山水，师法造化，为中国的山水画家树立了榜样。更重要的是，宗炳远离世俗功利，终生隐居山林，以"澄怀"之心，体悟山水之神，感悟自然之道，具有高洁的艺术境界和人生境界。虽然画家们在绘画的具体创作过程中，所遵循的是顾恺之的传神论和谢赫的六法，但是真正潜藏在他们心灵深处的，是宗炳所提出的山水画艺术的"道"和"理"。因此，宗炳当之无愧被画家们奉为最高楷模。

[①] 徐世昌辑：《晚晴簃诗汇》卷三十八，《续修四库全书》，上海古籍出版社2002年版，第1629册，第656页。

二 名士偶像

作为一个真正的、彻底的隐士，宗炳一生不为世俗功利所动，心无牵挂，超脱飘逸，徜徉于山水之间。真正的、彻底的隐士，有着高尚的境界、高雅的人格、执着的追求，有着强烈的道德感召力。

元末明初著名历史学家、文学家危素（字云林）在其《崇山游》诗序中写道："仆生慕宗少文李太白有世外风格，思山水之好，繇云林西行七十里，得崇山境甚胜。"[①]李白是中国最著名的浪漫主义诗人，因其超然脱俗、自由潇洒的人格和诗风，被人称为"诗仙"。将宗炳与李白并列，可见宗炳在人们心中的形象相当鲜明，仙风道骨，超然物外。

宗炳的洁身自好、独立不迁，史上还有特别的记载："宗炳之性洁，宾客造之者，去未出户，辄令拭席洗床。"[②]不管真实与否，这种行为与他的隐士气质是相符合的。宗炳的性洁，从本质上看，反映了宗炳超然世外的品格。据传，元代大画家倪元林就有此类"洁癖"，也许是宗炳"性洁"之遗风。

人们又常将隐士宗炳与向子平相提并论。史上的向（尚）子平，待儿女婚嫁之后，心中了无牵挂，开始云游四海。同样，在妻子去世，子侄们均已婚嫁或者出仕之后，宗炳也离开江陵三湖老家，自由自在地四处游历，并隐居衡山修行传道，欲寻尚平之志，且绘有《尚子平图》。于是宗炳又与向子平一样，成为古代文士晚年所追慕的对象，其晚年隐居在外，也成为文士们所追求的生活方式。

明著名学者王世贞仿照宗炳将画册置于书斋，声称即使不能成为向子平，也要成为宗少文。他在其诗文中屡屡提到宗少文和向子

[①] （元）危素：《崇山游》，《危学士全集》卷十四，第141页，清乾隆二十三年刻本（中国基本古籍库）。

[②] （明）冯梦龙编著，栾宝群点校：《古今概谭》怪诞部第二，中华书局2007年版，第25页。

平："达为向平叹，倦为宗炳言。"① 特别是在其《览何使君振卿所编游名山记有寄》中写道：

> 笔底青山杖底知，书成不数子长奇。
> 双峰太华真如掌，万里岷峨半入眉。
> 婚嫁向平何日事，卧游宗炳暮年期。
> 玉京人鸟须弥顶，更有新编拟付谁？②

明末著名书法家倪元璐称赞西蜀尹西《桃园图》如"右丞（王维）极辋庄之状"，使人"处则境皆图画，出则袖有云烟"，"若乃尚平结遥盟于毕娶，宗炳开便法于卧游……。"③ 作者虽然也是官员，但却十分羡慕尚平和宗炳晚年那种自由潇洒的隐逸生活。

明末清初著名学者钱谦益在为周亮工所作的《赖古堂宝画记》中说，"高人胜流，蜇遁遗俗者"，必栖托于山水。如若不能亲身登临，"往往以图画代之"。但终不如亲临有切身感受，也不是追逐势利者所能感受到的。他强调，要像宗炳一样，摆脱世俗累赘，专门体道悟道："惟是栖名山，临大川，空灵秀发之气，吸而取之，可以涤荡尘俗，舒写道心。若乃天外数峰，云山一角，烟岚云物，涌现笔墨间者，化工妙韵，与方寸灵心，熏染映望相逼而出。向子平之五岳，宗少文之四壁，着屐非遥，卧游非近，此可与解人道也。"④。

宗炳的"好山水，爱远游"，是文人雅士向往的生活方式。而宗炳"名山恐难遍睹"的遗憾，则成为士人们老病之后共同的遗憾，他们往往把宗炳和五岳连在一起，来表达这种向往和遗憾。清

---

① 《送吴士游郧阳用贫士韵》其二，《弇州四部稿》卷十二，载《文渊阁四库全书》集部别集类，第1279册，台北商务印书馆1986年版，第150页。

② （明）王世贞：《弇州四部稿》卷四十，载《文渊阁四库全书》集部别集类，第1279册，台北商务印书馆1986年版，第507页。

③ （明）倪元璐：《跋西蜀尹西有卜筑桃源图卷》，（明）郑元勋《媚幽阁文娱》，明崇祯刻本，载《四库禁毁书丛刊》集部，北京出版社1997年版，第172册，第99页。

④ （清）钱谦益著，钱仲联标校：《牧斋杂著》，上海古籍出版社2003年版，第903—904页。

末诗人洪弃生曾有诗曰：

"余性爱山水，偶涉辄成趣。引领东南峰，日夕起烟雾；阴晴风雨时，崎岖心遥注。重重丘壑深，无因得小住；宗炳五岳形，空从梦中遇。……"[1]

洪氏在其诗中文中多次提及宗炳，在《闲居即事五首》（选一）中写道："宗炳空怀五岳志，潜夫未遂九州行。"[2] 在其《鸡笼山遇雨，留宿颜君云年陋园》诗中写道："宗悫万里风，宗炳五岳展。"[3] 作者在其诗中大多描写所见所想的山川胜境，以表达对宗炳的追慕。由此可见，宗炳为了领悟山水之魂，跋涉于三山五岳之间，这在中国文人特别是中国山水画家的心中，也是一种孑然孤行的艺术形象，而且具有一种敢于探索的人格力量。

宗炳虽然不是一个出家僧人，但他的修持之心十分虔诚。作为一个著名的护法卫士，宗炳继承、弘扬和拓展了慧远法师的佛学思想，在当时产生了极大的影响。慧远是当时我国南方的佛教领袖，宗炳作为慧远的得意门生之一，协助其师为佛教融入中国本土文化，为佛教在中国站稳脚跟发展壮大，起到了十分重要的作用。"慧远从雁门来，云此山类灵鹫峰，托迹东林，于时有宗炳、雷次宗、刘程之等号十八高贤，共真信之士，结白莲社。故晋代名山惟匡庐最著，以其有慧永、远、宗、雷及陶、谢诸公故也。"[4] 慧远圆寂后，宗炳又不远千里去衡山传道修道。宗炳一生与佛教文化、佛教寺院和法师们保持着密切的联系，在佛教界、世俗界都有着极高的知名度。

后世的佛教徒和士大夫都对宗炳非常崇敬，这种崇敬追慕程度，超过当时庐山其他隐士。在人们印象中，刘遗民深得慧远器重。但宗炳不仅是隐士、佛教徒和佛学思想家，还是一位集画家、画论家、书法家、古琴师、旅游家于一身的文人雅士，因此，著名哲学

---

[1] 洪弃生：《书次儿樌十四岁所作山水画》，《寄鹤斋选集》，载《台湾文献史料丛刊》第8辑，台湾大通书局、人民日报出版社2009年版，第317页。

[2] 同上书，第358页。潜夫，指隐士。典出《后汉书》卷四九《王符传》，中华书局1965年点校本。

[3] 同上书，第372页。

[4] 吴宗慈：《庐山志》纲六目二六，江西人民出版社1996年版，第79页。

家李泽厚和美学家刘纲纪认为："较之刘遗民，宗炳在当时统治阶级中的影响和名声要大得多。"①

宗炳之后，一般隐士、佛徒和世俗文人，对宗炳的隐逸行迹十分崇敬和向往，从唐代及之后的诗文中可以清楚地看到这一现象。

诗人司空曙《赠庾侍御》诗曰：

> 年少身无累，相逢忆此时。
> 雪过云寺宿，酒向竹园期。
> 白发今催老，清琴但起悲。
> 唯应逐宗炳，内学愿为师。②

年少时无牵无挂，如今已是两鬓斑白，老之将至，不由悲从心来，希望能以宗炳为师，潜心修佛悟道。

晚唐文学家皮日休《伤史拱山人》诗曰：

> 一缄幽信自襄阳，上报先生去岁亡。
> 山客为医翻赍药，野僧因吊却焚香。
> 峰头孤冢为云穴，松下灵筵是石床。
> 宗炳死来君又去，终身不复到柴桑。③

与皮日休齐名（人称"皮陆"），并为世交的唐农学家、文学家陆龟蒙曾写诗奉和皮日休的这首《伤史拱山人》。陆龟蒙本人的诗中也多次出现宗炳的形象，同样表达作者对宗炳的崇敬和向往之意，其《和访寂上人不遇》诗曰：

> 芭蕉霜后石栏荒，林下无人闭竹房。
> 经抄未成抛素几，锡环应撼过寒塘。

---

① 李泽厚、刘纲纪主编：《中国美学史》（魏晋南北朝编），安徽文艺出版社1999年版，第473页。
② 《全唐诗》卷二九二，中华书局1999年版，第3309页。
③ 《全唐诗》卷六一四，中华书局1999年版，第7132页。

蒲团为拂浮埃散,茶器空怀碧饽香。
早晚却还宗炳社,夜深风雪对禅床。①

一个为"史拱山人"之死而悲伤,一个为访"寂上人"不遇而感叹。"山人"和"上人"都是世外之人,"山人"仅仅是隐士一类,而"上人"则是持戒严格、精于佛学的僧侣,就是和尚,而和尚也称为"和上"。在二位作者看来,他们的归属都应该像宗炳那样,到庐山(柴桑)白莲社去寻法悟道,修成正果。

佛教在唐朝相当发达,成为当时占主流地位的文化形态。在这样一种文化背景下,拜谒寺庙、与僧侣谈佛论道或寄和词赋,成为文人学士们的高雅之举。人们往往羡慕僧侣的生活,陆龟蒙就曾在《江南秋怀寄华阳山人》中同样表达了这样一种情结:"忘情及宗炳,抱疾过刘桢。"② 不仅如此,文人学士们会经常互相奉和访禅房上人之诗作,诗中常常流露出同样追慕宗炳的情结。比皮陆略晚的诗人李咸用《和彭进士秋日游靖居山寺》就是如此:

秋山入望已无尘,况得闲游谢事频。
问著尽能言祖祖,见时应不是真真。
添瓶野水遮还急,伴塔幽花落又新。
自笑未曾同逸步,终非宗炳社中人。③

宗炳当年追随慧远,师徒百二十三在庐山成立白莲社。从此,"白莲社"就成为奉佛修持的代名词,而远公、宗炳则往往被人们当作白莲社的代表,"社中人"即白莲社中人。在世人看来,宗炳就是隐士乃至僧人的榜样,而东林白莲社乃是他们的终生向往和最后归宿。不仅世俗之人如此看,僧侣本人更是如此。唐朝有三位著名的诗僧就是其中的代表,他们视宗炳为修持楷模,在其诗文中经常表达"虽不能至,心向往之"的意愿:

---

① 《全唐诗》卷六二六,中华书局1999年版,第7235页。
② 《全唐诗》卷六二三,中华书局1999年版,第7211页。
③ 《全唐诗》卷六四六,中华书局1999年版,第7461页。

中唐著名诗僧、东晋名将谢安十二世孙、自称谢灵运十世孙皎然《夏日与綦毋居士、昱上人纳凉》诗曰：

> 为依炉峰住，境胜增道情。凉日暑不变，空门风自清。
> 坐援香实近，转爱绿芜生。宗炳青霞士，如何知我名。①

几位修道者在炉峰旁的隐居地消暑纳凉，此地风景绝佳，清幽宁静，禅意浓郁。诗人觉得，即使是像宗炳这样的高逸僧人，也不一定有如此美妙的环境。在诗人看来，宗炳是他们心目当中高逸僧人的代表，借宗炳来反衬他们所处的环境是幽雅清绝的佛禅之地。青霞之士，也就是隐居修道的高人雅士，这样称呼宗炳，表达了他们对宗炳的崇敬。

唐末五代时期前蜀著名画僧、诗僧及书法家贯休《山居诗二十四首》（之二）写道：

> 难是言休即便休，清吟孤坐碧溪头。
> 三间茆屋无人到，十里松阴独自游。
> 明月清风宗炳社，夕阳秋色庾公楼。
> 修心未到无心地，万种千般逐水流。②

"宗炳社"即白莲社，其信徒们隐居山林，与世隔绝，虔诚修持，悟空体道，宗炳被认为是他们的代表。"清风明月"与"青霞之士"一样，是宗炳冰心高洁、超然绝世的气质和人格形象的写照。

同样为唐末诗僧而比贯休略晚的齐己，其《送东林寺睦公往吴国》写道：

> 八月江行好，风帆日夜飘。
> 烟霞经北固，禾黍过南朝。

---

① 《全唐诗》卷八一七，中华书局1999年版，第9290页。
② 《全唐诗》卷八三七，中华书局1999年版，第9501页。"难"一作"谁"。

社客无宗炳,诗家有鲍昭。
莫因贤相请,不返旧山椒。①

  盛夏八月,作者送东林寺的睦公顺长江而下,睦公昼夜兼程去吴国一带,将途经南京(南朝首都)、镇江(北固)。作者不胜感慨,东林寺少了一位像宗炳一样的隐逸高士,而扬州却多了一位像鲍照那样的诗人。作者虽然是对睦公的赞许,但同时我们看到,宗炳在作者心目中的位置。言下之意是,当今的白莲社(东林寺)中,已经没有南朝宗炳这样的隐逸高士,而诗坛却还有像南朝鲍照这样的诗人。② 唐朝是中国诗歌的顶峰时期,名家辈出,但却很少能找到像宗炳这样的隐逸高士。齐己在江陵与分别多年的禅友相逢,作者百感交集,曾写《荆渚逢禅友》诗,其中也有类似的诗句:"社思匡岳无宗炳,诗忆扬州有鲍昭。"③

  齐己与贯休曾是师兄弟,二人友善,诗歌齐名,都曾在江陵长期奉佛修道。贯休有诗《江陵寄翰林韩偓学士》,其中有"久住荆溪北,禅关挂绿萝"诗句,可见他在江陵逗留时间不短。而齐己经江陵入蜀时,被高从诲(南平高季兴长子,南平第二任国君)挽留,并任命为僧正,居龙兴寺,后圆寂于江陵。在江陵期间,齐己写了许多诗,其中有《渚宫莫问篇》十五章,齐己也曾亲至东林,且对东林十八高贤极为崇敬,对白莲净土信仰极为虔诚,有《题东林白莲》《东林雨后望香炉峰》等诗篇,并将其诗文集命名为《白莲集》。因此,二位高僧对宗炳的行迹有亲身的感受,对宗炳的人格有高度的认同。

  宋朝初年杭州西湖昭庆寺省常大师缔结西湖白莲社时,李至入社诗曰:"论诗谁对榻,补纳自纫丝。愿比宗雷辈,禅余寄所疑。"作者自比的"宗雷",即宗炳、雷次宗。与此同时的郑载,其入社诗曰:"新诗相寄出深云,招我东林结净因。懒学陶潜为醉令,喜

---

① 《全唐诗》卷八三八,中华书局1999年版,第9521页。
② 唐人或避武则天之讳,将"照"写为"昭"。
③ 《全唐诗》卷八四六,中华书局1999年版,第9634页。

同宗炳作高人。"① 诗人非常愿意加入西湖莲社,做宗炳那样的高士。

不仅一般文人雅士、僧侣居士,对宗炳景仰和追慕,即使像南唐后主李煜这样的国君,也向往宗炳归佛悟道的行迹,在其《病起题山舍壁》诗中写道:

> 山舍初成病乍轻,杖藜巾褐称闲情。
> 炉开小火深回暖,沟引新流几曲声。
> 暂约彭涓安朽质,终期宗远问无生。②

李煜在病情略有好转之后,游览周遭环境,思考人生归宿,还是希望最终能够像宗炳和慧远那样,研习佛道,寻求超脱,追求生命的无限与永恒。

宗炳虽然离我们越来越远,但是他的"澄怀观道"的心灵境界,他的"携琴卧游"的历史形象,他的独立不迁的人格精神,却影响着历史上一代又一代的画家、文人、学者。

---

① 金程宇:《稀见唐宋文献丛考》,中华书局2009年版,第137、152页。李至(947—1001年),字言几,真定(今河北正定)人,进士,《宋史》有传。郑载,生卒不详,苏州人,进士。

② 《全唐诗》卷八,中华书局1999年版,第76页。

宗炳故里——江陵三湖的宗炳广场
（湖北省江陵县三湖管理区办公室提供）

附

宗炳著述

据《隋书·经籍四》载，宗炳有著述十六卷。现仅存文章七篇、诗二首、颂一则，即《画山水序》《师子击象图序》《明佛论》《答何衡阳书》《又答何衡阳书》《评何承天通裴难荀大功嫁女议》《寄雷次宗书》《登半石山》《登白鸟山》和《甘颂》，其中七文、一颂汇于清严可均辑《全上古三代秦汉三国六朝文》之《全宋文》（卷二十、二十一，载《续修四库全书》集部总集类），二诗载唐欧阳询《艺文聚类》（卷七）。现附二文如下：

一 画山水序

圣人含道映（一作"应"）物，贤者澄怀味像（一作"象"）。至于山水，质有而趣（一作"趋"）灵，是以轩辕、尧、孔、广成、大隗（误作"块""魄"）、许由、孤竹之流，必有崆峒、具茨、藐姑、箕、首、大、蒙之游焉，又称仁智之乐焉。夫圣人以神法（一作"发"）道，而贤者通；山水以形媚道，而仁者乐，不亦几乎？

余眷恋庐、衡，契阔荆、巫，不知老之将至。愧不能凝气怡身，伤跕石门之流，于是画象布色，构兹云岭。

夫理绝于中古之上者，可意求于千载之下。旨微（一作"徵"）于言象之外者，可心取于书策之内。况乎身所盘桓，目所绸缪。以形写形，以色貌色也。

且夫昆仑山之大，瞳（误作"曠"）子之小，迫目以寸，则其形莫睹,迥以数里,则可围于寸眸。诚由去之稍阔,则其见弥小。今张绡素以远暎,则昆、阆之形,可围于方寸之内。竖划三寸,当千仞之高;横墨数尺,体百里之迥。是以观画图者,徒患类之不巧,不以制小而累其似,此自然之势。如是,则嵩、华("華"误作"筆")之秀,玄、牝之灵,皆可得之于一图矣。

夫以应目会心为理者,类之成巧,则目亦同应,心亦俱会。应会感神,神超理得。虽复虚求幽岩,何以加焉?又神本亡端,栖形感类,理入影迹。诚能妙写,亦诚尽矣。

于是闲居理气,拂觞鸣琴,披图幽对,坐究四荒,不违天励之藂,独应无人之野。峰岫峣嶷,云林森眇(一作"渺")。

圣贤映于绝代,万趣融其神思。余复何为哉,畅神而已。神之所畅,孰有先焉。

[《画山水序》最早载于唐张彦远《历代名画记》,现存多个版本,包括明毛晋刻《津逮秘书》本、明王世贞刻《王氏书画苑》本、清《佩文斋书画谱》本及清严可均辑《全宋文》本,此用毛本原文,其他版本有异者,括号注明。]

二 明佛论

夫道之至妙,固风化宜尊;而世多诞佛,咸以我躬不阅,遑恤于后。万里之事,百年以外,皆不以为然。况须弥之大,佛国之伟,精神不灭,人可成佛,心作万有,诸法皆空,宿缘绵邈,亿劫乃报乎!此皆英奇超洞,理信事实。黄华之听,岂纳云门之调哉?世人又贵周、孔书典,自尧至汉,九州华夏,曾所弗暨,殊域何感?汉明何德,而独昭灵彩?凡若此情,又皆牵附先习,不能旷以玄览,故至理匪遐,而疑以自没。悲夫!中国君子,明于礼义而暗于知人心,宁知佛心乎?今世业近事,谋之不臧,犹兴丧及之。况精神作哉,得焉则清升无穷,失矣则永坠无极。可不临深而求,履薄而虑乎?夫一局之奕,形算之浅,而奕秋之心,何尝有得?而乃欲率井蛙之见,妄抑大猷,至独陷神于天阱之下,不以甚乎!今以茫昧之识,烛幽冥之故,既不能自览鉴于所失,何能独明于所得?

唯当明精暗向，推夫善道，居然宜修，以佛经为指南耳。彼佛经也，包《五典》之德，深加远大之实；含老、庄之虚，而重增皆空之尽。高言实理，肃焉感神，其映如日，其清如风，非圣谁说乎？谨推世之所见，而会佛之理，为明论曰：

今自抚踵至顶，以去凌虚，心往而勿已，则四方上下皆无穷也。生不独造，必传所资。仰追所传，则无始也。奕世相生而不已，则亦无竟也。是身也，既日用无垠之实，亲由无始而来，又将传于无竟而去矣。然则无量无边之旷，无始无终之久，人固相与凌之以自敷者也。是以居赤县于八极曾不疑焉。今布三千日月，罗万二千天下，恒沙阅国界，飞尘纪积劫。普冥化之所容，俱眇末其未央，何独安我而疑彼哉？

夫秋毫处沧海，其悬犹有极也。今缀彝伦于太虚，为貌胡可言哉？故世之所大，道之所小。人之所遐，天之所迩。所谓轩辕之前，遐哉邈矣者，体天道以高览，盖昨日之事耳。《书》称知远，不出唐虞；《春秋》属辞，尽于王业；《礼》《乐》之良敬，《诗》《易》之温洁。今于无穷之中，焕三千日月以列照，丽万二千天下以贞观，乃知周、孔所述，盖于蛮触之域，应求治之粗感，且宁乏于一生之内耳。逸乎生表者，存而未论也。若不然也，何其笃于为始形，而略于为终神哉？登蒙山而小鲁，登太山而小天下，是其际矣。且又《坟》《典》已逸，俗儒所编，专在治迹。言有出于世表，或散没于史策，或绝灭于坑焚。若老子、庄周之道，松、乔列真之术，信可以洗心养身，而亦皆无取于《六经》。而学者唯守救粗之阙文，以《书》《礼》为限断，闻穷神积劫之远化，炫目前而永忽，不亦悲夫？呜呼！有似行乎层云之下，而不信日月者也。

今称"一阴一阳之谓道，阴阳不测之谓神"者。盖谓至无为道，阴阳两浑，故曰"一阴一阳"也。自道而降，便入精神，常有于阴阳之表，非二仪所究，故曰"阴阳不测"耳。君平之说"一生二"，谓"神明"是也。若此二句，皆以明无，则以何明精神乎？然群生之神，其极虽齐，而随缘迁流，成粗妙之识，而与本不灭矣。今虽舜生于瞽，舜之神也，必非瞽之所生。则商均之神，又非舜之所育。生育之前，素有粗妙矣。既本立于未生之先，则知不灭于既死之后矣。又不灭则同，愚圣则异，知愚圣生死不革不灭之分矣。故云：精神受形，周遍五道，成坏天地，不可称数也。夫以累瞳之质，诞于顽嚚；嚚均之身，受体黄中。愚圣天绝，何数以合乎？岂非重华之灵，始粗于在昔。结因往劫之先，缘会万化之后哉？今则独绝其神，昔有接粗之累，则练之所尽矣。神之不灭，及缘会之理、积习而圣，三者鉴于此矣。

若使形生则神生，形死则神死，则宜形残神毁，形病神困。据有腐则其身，或属纩临尽，而神意平全者；及自牖执手，病之极矣，而无变德行之主，斯殆不灭之验也。若必神生于形，本非缘合。今请远取诸物，然后近求诸身。夫五岳四渎谓无灵也，则未可断矣。若许其神，则岳唯积土之多，渎唯积水而已矣。得一之灵，何生水土之粗哉？而感托岩流，肃成一体，设使山崩川竭，必不与水土俱亡矣。神非形作，合而不灭，人亦然矣。神也者，妙万物而为言矣。若资形以造，随形以灭，则以形为本，何妙以言乎？夫精神四达，并流无极，上际于天，下盘于地。圣之穷机，贤之研微。逮于宰、赐、庄、嵇、吴札、子房之伦，精用所乏，皆不疾不行，坐彻宇宙。而形之臭腐，甘嗜所资，皆与下愚同矣，宁当复禀之以生，随之以灭耶？又宜思矣。周公郊祀后稷，宗祀文王，世或谓空以孝。即问谈者，何以了其必空？则必无以了矣。苟无以了，则文、稷之灵，不可谓之灭矣。斋三日，必见所为斋者。宁可以常人之不见，而断周公之必不见哉？嬴博之葬，曰："骨肉归于土，魂气则无不之。"非灭之谓矣！

夫至治则天，大乱滔天，其要心神之为也。尧无理不照，无欲不尽，其神精也。桀无恶不肆，其神悖也。桀非不知尧之善，知己之恶，恶己亡也。体之所欲，悖其神也。而知尧、恶亡之识，常含于神矣。若使不居君位，千岁勿死，行恶则楚毒交至，微善则少有所宽。宁当复不稍灭其恶，渐修其善乎？则向者神之所含知尧之识，必当少有所用矣。又加千岁而勿已，亦可以其欲都澄，遂精其神如尧者也。

夫辰月变则律吕动，晦望交而蚌蛤应；分至启闭，而燕、鹰、龙、蛇飒焉出没者。皆先之以冥化，而后发于物类也。凡厥群有，同见陶于冥化矣，何数事之独然，而万化之不尽然哉？今所以杀人而死，伤人而刑，及为缧绁之罪者；及今则无罪，与今有罪而同然者。皆由冥缘前遘，而人理后发矣。夫幽显一也，衅遘于幽，而丑发于显，既无怪矣；行凶于显，而受毒于幽，又何怪乎？今以不灭之神，含知尧之识，幽显于万世之中，苦以创恶，乐以诱善，加有日月之宗，垂光助照，何缘不虚己钻仰，一变至道乎？自恐往劫之桀、纣，皆可徐成将来之汤、武。况今风情之伦，少而泛心于清流者乎？由此观之，人可作佛，其亦明矣。

夫生之起也，皆由情兆。今男女构精，万物化生者，皆精由情构矣。情构于己，而则百众神受身大似，知情为生本矣。至若五帝三后，虽超情穷神，然无理不顺，苟昔缘所会，亦必循俯入精化，相与顺生，而敷万族矣。况今以情贯神，一身死坏，安得不复受一身，生死无量乎？识能澄不灭之本，禀日损之学，损之又损，必至无为，无欲欲情，唯神独照，则无当于生矣。无生则无身，无身而有神，法身之谓也。

今黄帝、虞舜、姬公、孔父，世之所仰而信者也。观其纵辔升天，龙潜鸟飚，反风起禾，绝粒弦歌，亦皆由穷神为体，故神功所应，倜傥无方也。今形理虽外，当其随感起灭，亦必有非人力所致而至者。河之出图，洛之出书；蓂荚无栽而敷，玄圭不琢而成；桑谷在庭，倏然大拱，忽尔以亡；火流王屋而为鸟；鼎之轻重大小，皆翕歘变化，感灵而作；斯实不思议之明类也。夫以法身之极灵，感妙众而化见，照神功以朗物，复何奇不肆，何变可限。岂直仰凌九天，龙行九泉，吸风绝粒而已哉？凡厥光仪符瑞之伟，分身涌出，移转世界，巨海入毛之类。方之黄、虞、姬、孔，神化无方。向者众瑞之晻暧显没，既出形而入神，同惚恍而玄化。何独信此而抑彼哉？冥觉法王，清明卓朗，信而有征。不违颜咫尺，而昧者不知，哀矣哉！

夫《洪范》庶征休咎之应，皆由心来。逮白虹贯日，太白入昴，寒谷生黍，崩城陨霜之类，皆发自人情，而远形天事，固相为形影矣。夫形无无影，声无无响，亦情无无报矣，岂直贯日陨霜之类哉？皆莫不随情曲应，物无遁形。但或结于身，或播于事，交赊纷纶，显昧眇漫，孰睹其际哉。众变盈世，群象满目，皆万世以来，精感之所集矣。故佛经云："一切诸法，从意生形。"又云："心为法本，心作天堂，心作地狱。"义由此也。是以清心洁情，必妙生于英丽之境。浊情滓行，永悖于三途之域。何斯唱之迢，微明有实理，而直疏魂沐想，飞诚悚志者哉？虽然，夫亿等之情，皆相缘成识，识感成形，其性实无也。自有津悟以来，孤声豁然，灭除心患，未有斯之至也。

请又述而明之：夫圣神玄照，而无思营之识者，由心与物绝，唯神而已。故虚明之本，终始常住，不可凋矣。今心与物交，不一于神。虽以颜子之微微，而必乾乾钻仰，好仁乐山，庶乎屡空。皆心用乃识，必用用妙接，识识妙续，如火之炎炎，相即而成焰耳。今以悟空息心，心用止而情识歇，则神明全矣。则情识之构，既新故妙续，则悉是不一之际，岂常有哉？使庖丁观之，必不见全牛者矣。佛经所谓变易离散之法，法识之性空，梦幻、影响、泡沫、水月，岂不然哉？颜子知其如此，故处有若无，抚实若虚，不见有犯而不校也。今观颜子之屡虚，则知其有之实无矣。况自兹以降，丧真弥远。虽复进趋大道，而与东走之疾，同名狂者。皆违理谬感，遁天妄行，弥非真有矣。况又质味声色，复是情伪之所影化乎？且舟壑潜谢，变速奔电，将来未至，过去已灭，见在不住。瞬息之顷，无一毫可据，将欲何守而以为有乎？甚矣！伪有之蔽神也。今有明镜于斯，纷秽集之，微则其照蔼然，积则其照胐然，弥厚则照而昧矣。质其本明，故加秽犹照，虽从蔼至昧，要随镜不灭。以之辩物，必随秽弥失，而过谬成焉。人之神理，有类于此。伪有累神，成精粗之识。识附于神，故虽死不灭。渐之以空，必将习渐至尽，而穷本神矣，泥洹之谓也。是以至言云富，从而豁以空焉。夫岩林希微，风水为虚。盈怀而往，犹有旷然。况圣穆乎空，以虚授人，而不清心乐尽哉！是以古之乘虚入道，一沙一佛，未讵多也。

或问曰：神本至虚，何故沾受万有，而与之为缘乎？又本虚既均，何故分为愚圣乎？又既云"心作万有"，未有万有之时，复何以累心，使感而生万有乎？

答曰：今神妙形粗，而相与为用。以妙缘粗，则知以虚缘有矣。

今愚者虽鄙，要能处今识昔，在此忆彼。皆有神功，则练而可尽，知其本均虚矣。心作万有，备于前论。据见观实，三者固已信然矣。但所以然者，其来无始。无始之始，岂有始乎？亦玄之又玄矣。庄周称冉求问曰："未有天地可知乎？"仲尼曰："古犹今也。"盖谓虽在无始之前，仰寻先际，初自茫眇，犹今之冉求耳。今神明始创，及群生最先之祖，都自杳漠，非追想所及，岂复学者通塞所预乎？夫圣固凝废，感而后应耳。非想所及，即六合之外矣，无以为感，故存而不论。圣而弗论，民何由悟？今相与践地戴天而存，践戴之外，岂有纪极乎？禹之弼成五服，敷土不过九州者，盖道世路所及者耳。至于大荒之表，旸谷濛汜之际，非复人理所预，则神圣已所不明矣。况过此弥往，浑瀚冥茫，岂复议其边陲哉？今推所践戴，终至所不议，故一体耳。推今之神用，求昔之所始终，至于圣人之所存而不论者，亦一理相贯耳，岂独可议哉？皆由冥缘随宇宙而无穷，物情所感者有限故也。夫众心禀圣以成识，其犹众目会日以为见。离娄察秋毫于百寻，资其妙目，假日而睹耳。今布毫于千步之外，目力所匮，无假以见，而于察微避危，无所少矣。何为以千步所昧，还疑百寻之毫乎？今不达缘本，情感所匮，无以会圣，而知取至于致道之津，无所少矣。何为以缘始之昧，还疑既明之化矣哉？

或问曰：今人云"不解缘始，故不得信佛"，此非感耶？圣人何以不为明之？

答曰：所谓感者，抱升之分，而理有未至，要当资圣以通，此理之实感者也。是以乐身滞有，则朗以苦空之义；兼爱弗弘，则示以投身之慈；体非俱至，而三乘设；分业异修，而六度明。津梁之应，无一不足，可谓感而后应者也。是以闻道灵鹫，天人咸畅，造极者蔚如也。岂复远疑缘始，然后至哉？理明训足，如说修行，何所不备？而犹必不信，终怀过疑于想所不及者。与将陨之疾，馈药不服；流矢通中，忍痛不拔；要求矢、药造构之始，以致命绝，夫何异哉？皆由猜道自昔，故未会无言，致使今日在信妄疑耳，岂可以为实理之感哉？非理妄疑之惑，固无以感圣而克明矣。夫非我求蒙，蒙而求我。固宜虚己及身，随顺玄化，诚以信往，然后悟随应来。一悟所振，终可遂至冥极。守是妄疑，而不归纯敛衽者，方将长沦惑网之灾，岂有旦期？背向一差，升坠天绝，可不慎乎！

或问曰：孔氏之训："无求生以害仁，有杀身以成仁。"仁之至也，亦佛经说菩萨之行矣。老子明"无为"，无为之至也，即泥洹之极矣。而曾不称其神通成佛，岂孔、老有所不尽与？明道欲以扇物，而掩其致道之实乎？无实之疑，安得不生？

答曰：教化之发，各指所应。世蕲乎乱，洙泗所弘，应治道也。纯风弥凋，二篇乃作，以息动也。若使颜、冉、宰、赐、尹喜、庄周，外赞儒玄之迹，以导世情所极，内禀无生之学，以精神理之求，世孰识哉？至若冉季、子游、子夏、子思、孟轲、林宗、康成、盖公、严平、班嗣、杨王之流，或分尽于礼教，或自毕于任逸，而无欣于佛法，皆其寡缘所穷，终无僭滥。故孔、老发音指导，自斯之伦，感向所暨，故不复越叩过应。儒以弘仁，道在抑动，皆已抚教得崖，莫匪尔极矣。虽慈良、无为，与佛说通流，而法身、泥洹无与尽言，故弗明耳。且凡称"无为而无不为"者，与夫"法身无形，普入一切"者，岂不同致哉！是以孔、老、如来，虽三训殊路，而习善共辙也。

或问曰：自三五以来，暨于孔、老。洗心佛法，要将有人。而献酬之迹，曾不乍闻者，何哉？

答曰：余前论之旨已明，俗儒而编专在治迹。言有出于世表，或散没于史策，或绝灭于坑焚。今又重敷所怀。夫三皇之书，谓之《三坟》，言大道也。尔时也，孝慈天足，岂复训以仁义？纯朴弗离，若老、庄者复何所扇？若不明神本于无生，空众性以照极者，复以何为大道乎？斯文没矣，世孰识哉！史迁之述五帝也，皆云生而神灵，或弱而能言，或自言其名。懿渊疏通，其知如神。既以类夫大乘菩萨，化见而生者矣。居轩辕之丘，登崆峒，陟凡岱，幽陵蟠木之游，逸迹超浪，何以知其不由从如来之道哉？以五帝之长世，尧治百年，舜则七十。广成、大隗、鸿崖、巢许、夸父、北人、姑射四子之流，玄风畜积，洋溢于时。而《五典》余类，唯唐、虞二篇，而至寡阙。子长之记，又谓："百家之言黄帝，文不雅训，搢绅难言。唯采杀伐治迹，犹万不记一。"岂至道之盛，不见于残缺之篇，便当皆虚妄哉？今以神明之君，游浩然之世，携七圣于具茨，见神人于姑射，一化之生，复何足多谈。微言所精，安知非穷神亿劫之表哉？

广成之言曰："至道之精，窈窈冥冥。"即首楞严三昧矣。"得吾道者，上为皇，下为王。"即亦随化升降，为飞行皇帝、转轮圣王之类也。"失吾道者，上见光，下为土。"亦生死于天人之界者矣。"感大隗之风，称天师而退"者，亦十号之称矣。自恐无生之化，皆道深于若时，业流于玄胜。而事没振古，理随文翳，故百家所撼，若晓而昧，又搢绅之儒，不谓雅训。遂令殉世而不深于道者，仗史籍而抑至理，从近情而忽远化，困精神于永劫，岂不痛哉！

伯益述《山海》："天毒之国，偎人而爱人。"郭璞传："古谓天毒，即天竺，浮屠所兴。偎爱之义，亦如来大慈之训矣。"固亦既闻于三五之世也。国典弗传，不足疑矣。凡三代之下，及孔、老之际，史策之外竟何可量？孔之问礼，老为言之；关尹之求，复为明道。设使二篇或没，其言独存于《礼记》，后世何得不谓柱下翁，直是知礼老儒？岂不体于玄风乎？今百代众书，飘荡于存亡之后，理无备在。岂可断以所见，绝献酬于孔、老哉！东方朔对汉武劫烧之说，刘向《列仙》叙"七十四人在佛经"，学者之管窥于斯，又非汉明而始也。但驰神越世者众而显，结诚幽微者寡而隐，故潜感之实，不扬于物耳。

道人澄公，仁圣于石勒、虎之世，谓虎曰："临淄城中，有古阿育王寺处，犹有形像、承露盘，在深林巨树之下，入地二十丈。"虎使者依图搜求，皆如言得。近姚略叔父为晋王，于河东蒲坂，古老所谓阿育王寺处，见有光明。凿求得佛遗骨，于石函银匣之中，光曜殊常，随略迎睹于霸上比丘，今见在辛寺。由此观之，有佛事于齐、晋之地久矣哉！所以不说于三传者，亦犹干宝、孙盛之史，无语称佛，而妙化实彰有晋，而盛于江左也。

或问曰：若诸佛见存，一切洞彻，而威神之力，诸法自在。何为不曜光仪于当今，使精粗同其信悟；洒神功于穷迫，以拔冤枉之命？而令君子之流，于佛无睹，故同其不信，俱陷阐提之苦？秦、赵之众，一日之中，白起、项藉坑六十万。夫古今彝伦，及诸受坑者，诚不悉有宿缘大善；尽不睹无一缘，而悉积大恶。而不睹佛之悲一日俱坑之痛，懋然毕同，坐视穷酷而不应，何以为慈乎？缘不倾天，德不邈世，则不能济，何以为神力自在、不可思议乎？鲁阳回日，耿恭飞泉，宋九江虎远江而蝗避境，犹皆心力横彻，能使非道玄通。况佛神力，融起之气，治籍之心，以活百万之命殊易。夫纳须弥于芥子，甚仁于毁身乎一虎一鸽矣！而今想焉而弗见，告焉而弗闻，请之而无救，寂寥然与大空无别。而于其中，有作沙门而烧身者，有绝人理而剪六情者，有苦力役、倾资宝而事庙像者，顿夺其当年，而不见其所得。吁！可惜矣。若谓应在将来者，则向六十万，命善恶不同，而枉灭同矣。命善恶虽异，身后所当，独何得异？见世殊品，既一不蒙甄别，将来浩荡，为欲何望？况复恐实无将来乎？经云："足指按地，三千佛土皆见，及盲聋喑哑、牢狱毒痛，皆得安宁。"夫佛，远近存亡、有戒无戒，等以慈焉。此之有心宜见，苦痛宜宁，与彼一矣。而经则快多是语，实则竟无暂应。安知非异国有命世逸群者，构此空法，以胁异翼，善交言，有微远之情事，有澄肃之美纯。而易信者一己输身，遂相承于不测，而势无止薄乎？

答曰：今不睹其路，故于夷谓险。诚瞰其途，则不见所难矣。夫常无者，道也，唯佛则以神法道。故德与道为一，神与道为二。二故有照以通化，一故常因而无造。夫万化者，固各随因缘，自作于大道之中矣。今所以称佛，云"诸法自在，不可思议"者，非曰为可不由缘数，越宿命而横济也。盖众生无量，神功所导，皆依崖曲畅，其照不可思量耳。譬之洪水四凶、嚚顽象傲，皆化之固然，尧、舜弗能易矣。而必各依其崖，降水流凶，允若克谐，其德岂不大哉！夫佛也者，非他也，盖圣人之道不尽于济生之俗，敷化于外生之世者耳。至于因而不为，功自物成，直尧之殊应者耳。

夫钟律感类，犹心玄会，况夫灵圣以神理为类乎？凡厥相与冥遵于佛国者，皆其烈志清神，积劫增明，故能感诣洞彻。致使释迦发晖，十方交映，多宝踊见，灯王入室。岂佛之独显乎哉？能见矣。至若今之君子，不生应供之运，而域乎禹绩之内。皆其诚背于昔，故会乖于今。虽复清若夷、齐，贞如柳、季，所志苟殊，复何由感而见佛乎？况今之所谓，或自斯以还。虽复礼义熏身，高名馥世，而情深于人，志不附道。虽人之君子，而实天之小人。灵极之容，复何由感映？岂佛之偏隐哉？我弗见矣。若或有随缘来生，而六度之诚发自宿业，感见独朗，亦当屡有其人。然虽道俗比肩，复何由相知乎？然则粗妙在我，故见否殊应。岂可以己之不曜于光仪，而疑佛不见存哉？

夫天地有灵，精神不灭，明矣。今秦、赵之众，其神与宇宙俱来，成败天地而不灭。起、籍二将，岂得顿灭六十万神哉？神不可灭也，则所灭者身也。岂不皆如佛言："常灭群生之身，故其身受灭。"而数会于起、籍乎？何以明之？夫乾道变化，各正性命，至于鸡、彘、犬、羊之命，皆乾坤六子之所一也。民之咀命充身，暴同蛛蠓为网矣。鹰、虎非搏噬不生；人可饭蔬而存，则虐已甚矣。天道至公，所布者命，宁当许其虐命，而抑其冥应哉！今六十万人，虽当美恶殊品，至于忍咀群生，恐不异也。美恶殊矣，故其生之所享，固可实殊。害生同矣，故受害之日，固亦可同。

今道家之言，世之所述，无以云焉。至若于公、邴吉、虞怡，德应于后；严延年、田蚡、晋宣，杀报交验。皆书于魏、汉，世所信睹。夫活人而庆流子孙，况精神为杀活之主，无殃庆于后身乎？杀活彼身，必受报己身，况通塞彼神，而不荣悴于己神乎？延年所杀，皆凡等小人；窦婴、王陵，宰牧之豪。贤否殊，贵贱异，其致报一也。报之所加，不论豪贱，将相、晋王不二矣。岂非天道至平，才与不才，亦各其子。理存性命，不在贵贱故耶？然则肫鱼虽贱，性命各正于乾道矣。观大鸟之回翔，小鸟之啁噍，葛庐所听之牛，西巴所感之鹿，情爱各深于其类矣。今有孕妇稚子于斯，而有刳而剔之，燔而炙之者，则谓冤痛之殃，上天所感矣。今春猎胎孕，燔葅羔雏，亦天道之所一也，岂得独无报哉？但今相与理，缘于饮血之世，畋渔非可顿绝。是以圣王庖厨其化，盖顺民之杀以灭其害，践庖闻声，则所不忍。因豺獭以为节，疾非时之伤孕。解罝而不网，明含气之命重矣。孟轲击赏于衅钟，知王德之去杀矣。先王抚粗救急，故虽深其仁，不得顿苦其禁。如来穷神明极，故均重五道之命，去杀为众戒之首。萍沙见报于白兔，释氏受灭于昔鱼，以示报应之势。皆其窈窕精深，迂而不昧矣。

若在往生能闻于道，敬修法戒，则必不坠长平而受坑马服矣。及在既坠，信法能彻，必超今难。若缘衅先重，难有前报。及戒德后臻，必不复见坑来身矣。所谓洒神功于穷迫，以拔冤枉之命者，其道如斯，慈之至矣。今虽有世美，而无道心，犯害众命。以报就迫，理之当也。佛乘理居当，而救物以法，不蹈法则理无横济，岂佛无实乎？譬之扁鹊，救疾以药，而不信不服，疾之不瘳，岂鹊不妙乎？鲁阳、耿恭、远祖九江，所以能回日、飞泉、虫虎避德者，皆以烈诚动乎神道。神道之感，即佛之感也。若在秦、赵，必不陷于难矣。则夫陷者，皆已无诚，何由致感于佛，而融冶起、籍哉！

夫以通神之众，萃穷化之堂，故须弥可见于芥子之内耳。又虽今则虎、鸽，昔或为人，尝有缘会。故值佛嘉运，投身济之，割股代之。苟无感可动，以命偿杀。融冶之奇，安得妄作？吹万之死，咸其自已，而疑佛哉？夫志之笃也，则想之而见，告之斯闻矣。推周孔交梦、傅说形求实至，古今攸隔，傅岩遐阻，而玄对无碍。则可以信夫洁想西感，睹无量寿佛，越境百亿，超至无功。何云大空无别哉！

夫道在练神，不由存形。是以沙门祝形烧身，厉神绝往。神不可灭，而能奔其往，岂有负哉？契阔人理，崎岖六情，何获于我，而求累于神？诚自剪绝，则日损所情，实渐于道。苦力策观，倾资复居，未几有之。俄然身灭，名实所收，不出盗跨。构馆栖神象，渊然幽穆，形从其微，神随之远。微则应清，远则福妙。盗跨与道，孰为优乎？顿夺其当年，所以超升。潜行协于神明，福德彰于后身，岂能见其所得哉？

夫人事之动，必贯神道。物无妄然，要当有故而然矣。若使幽冥之报不如向论，则六十万命，何理以坑乎？既以报坑，必以报不坑矣。今战国之人，眇若安期，幽若四皓，龙颜而帝，列地而君，英声茂实，不可称数，同在羿之彀中，独何然乎？岂不各是前报之所应乎？既见福成于往行，则今行无负于后身，明矣。见世殊品，既宿命所甄。则身后所当，独何容滥？

经之所奇，自谓当佛化见之时，皆由素有嘉会，故其遇若彼。今曾无暂应，皆咎在无缘，而反诬至法空构。呜呼！神鉴孔昭，侮圣人之殃，亦可畏也。敢问空构者将圣人与？贤人与？小人与？夫圣无常心，盖就物之性，化使遂耳。若身死神灭，但当一以儒训，尽其生极。复何事哉，而诳以不灭，欺以成佛？使烧祝发肤，绝其胖合，所遏苗裔，数不可量。且夫彦圣，育无常所，或潜有塞矣，空构何利，而其毒大苦，知非圣贤之为矣。若人哉，樊须之流也，则亦敛身周、孔，畏惧异端，敢妄作哉？若自兹以降，则不肖之伦也，又安能立家九流之外，增徽老、庄之表，而昭列于千载之后？

龙树、提婆、马鸣、迦旃延、法胜、山贤、达摩多罗之伦，旷载五百，仰述道训，《大智》《中》《百论》《阿毗昙》之类，皆神通之才也。近孙绰所颂耆域、健陀勒等八贤，支道林像而赞者竺法护、于法兰、道邃、阙公则，皆神映中华。中朝竺法行，时人比之乐令。江左尸梨蜜，群公高其卓朗。郭文举廓然邃允，而所奉唯佛。凡自龙树以达，宁皆失身于向所谓不肖者之诧乎？然则黄面夫子之事，岂不明明也哉！今影骨、齿发、遗器、余武，犹光于本国，此亦道之证也。夫殊域之性，多有精察黠才，而嗜欲类深。皆以厥祖身立佛前，累叶亲传世祇，其实影迹遗事，昭化融显。故其裔王，则倾国奉戒，四众苦彻，死而无悔。若理之诡暧，事不实奇，亦岂肯倾已破欲，以尊无形者乎？若影物无实，声出来往，则古今来者，何为苦身离欲，若是之至？往而反者，宜其沮懈，而类皆更笃乎？粗可察矣。

论曰：夫自古所以丕显治道者，将存其生也。而苦由生来，昧者不知矣。故诸佛悟之以苦，导以无生。无生不可顿体，而引以生之善恶同。善报而弥升，则朗然之尽可阶焉。是以其道浩若沧海，小无不津，大无不通。虽邈与务治存生者反，而亦固陶潜《五典》，劝佐礼教焉。今世之所以慢祸福于天道者，类若史迁感伯夷而慨者也。夫孔圣岂妄说也哉？称"积善余庆，积恶余殃"，而颜、冉夭疾，厥胤蔑闻；商臣考终，而庄则贤霸。凡若此类，皆理不可通。然理岂有无通者乎？则纳庆后身，受殃三途之说，不得不信矣。虽形有存亡，而精神必应，与见世而报，夫何异哉？但因缘有先后，故对至有迟速，犹一生祸福之早晚者耳。然则孔氏之训，资释氏而通，可不曰玄极不易之道哉！

夫人理飘纷，存没若幻，笼以百年命之，孩老无不尽矣。虽复黄发鲐背，犹自觉所经俄顷，况其短者乎？且时则无止，运则无穷，既往积劫无数无边，皆一瞬一阅以及今耳。今积瞬以至百年，曾何难及，而又鲜克半焉！夫物之媚于朝露之身者，类无清遐之实矣。何为甘臭腐于漏刻，以枉长存之神，而不自疏于遐远之风哉！虽复名法佐世之家，亦何独无分于大道？但宛转人域，嚣于世路，故唯觉人道为盛，而神想蔑如耳。若使回身中荒，升岳遐览，妙观天宇澄肃之旷，日月照洞之奇，宁无列圣威灵尊严乎其中，而唯离人群匆匆世务而已哉？固将怀远以开神道之想，感寂以昭明灵之应矣。

昔仲尼修《五经》于鲁，以化天下，及其眇邈太、蒙之巅，而天下与鲁俱小。岂非神合于八遐，故超于一世哉？然则《五经》之作，盖于俄顷之间，应其所小者耳。世又何得以格佛法而不信哉？请问今之不信，为谓黔首之外，都无神明耶？为之亦谓有之，而直无佛乎？若都无神明，唯人而已，则谁命玄鸟，降而生商？孰遗巨迹，感而生弃哉？汉、魏、晋、宋，咸有瑞命。知视听之表，神道炳焉。有神理，必有妙极，得一以灵，非佛而何？夫神也者，依方玄应，应不预存，从实致化，何患不尽，岂须诡物而后训乎？然则其法之实，其教之信，不容疑矣。

论曰：群生皆以精神为主，故于玄极之灵，咸有理以感。尧则远矣，而百兽舞德，岂非感哉？则佛为万感之宗焉。日月海岳，犹有朝夕之礼，秩望之义。况佛之道众，高者穷神于生表，中者受身于妙生，下则免夫三趣乎？今世教所弘，致治于一生之内，夫玄至者寡，顺世者众，何尝不相与唯习世情，而谓死则神灭乎？是以不务邈志清遐，而多循情寸阴，故君子之道鲜焉。若鉴以佛法，则厥身非我，盖一憩逆旅耳。精神乃我身也，廓长存而无已。上德者，其德之畅于己也无穷；中之为美，徐将清升以至尽；下而恶者，方有自新之回路，可补过而上迁。是以自古精粗之中，洁己怀远，祗行于今，以拟来业，而迈至德者，不可胜数，是佛法之效矣。此皆世之所壅，佛之所开，其于类岂不旷然融朗，妙有通途哉！若之何忽而不奉乎？

夫风经炎则暄，吹林必凉。清水激浊，澄石必明。神用得丧，亦存所托。今不信佛法，非分之必然，盖处意则然。诚试避心世物，移映清微，则佛理可明，事皆信矣，可不妙处其意乎？资此明信已往，终将克王神道。百世先业，皆可幽明永济，孝之大矣。众生沾仁，慈之至矣。凝神独妙，道之极矣。洞朗无碍，明之尽矣。发轸常人之心，首路得辙，纵可多历劫数，终必径集玄极，若是之奇也。等是人也，背辙失路，蹭蹬长往，而永没九地，可不悲乎？若不然也，世何故忽生懿圣，复育愚鄙，上则诸佛，下则蜎飞蠕动乎？皆精神失得之势也。今人以血身七尺，死老数纪之内，既夜消其半矣。丧疾众故，又苦其半。生之美盛，荣乐得志，盖亦何几？而壮齿不居，荣必惧辱，乐实连忧，亦无全泰。而皆竞入流俗之险路，讳陟佛法之旷途，何如其智也！世之以不达缘本，而闷于佛理者，诚亦众矣！

夫缘起浩汗，非复追想所及，失得所关。无理以感，即六合之外，故佛而不论，已具前论。请复循环而申之：夫圣人之作《易》，天之垂象，吉凶治乱，其占可知。然原其所以然之状，圣所弗明，则莫之能知。今以所莫知，废其可知，逆占违天而动，岂有不亡者乎？不可以缘始弗明，而背佛法，亦犹此也。又以不忆前身之意，谓神不素存。夫人在胎孕，至于孩齠，不得谓无精神矣。同一生之内耳，以今思之，犹冥然莫忆，况经生死、历异身，昔忆安得不亡乎？所忆亡矣，而无害神之常存。则不达缘始，何妨其理常明乎？子路问死，子曰："未知生，安知死。"问事鬼神，则曰："未知事人，焉知事鬼。"岂不以由也尽于好勇，笃于事君，固宜应以一生之内。至于生死、鬼神之本，虽曰有问，非其实理之感。故性与天道，不可得闻。佛家之说众生有边无边之类十四问，一切智者皆置而不答。诚以答之无利益，则堕恶耶。然则禀圣奉佛之道，固宜谢其所绝，餐其所应，如渴者饮河，挹洪流以盈己，岂须穷源于昆山哉？凡在佛法，若违天碍理，不可得然，则疑之可也。今无不可得然之碍，而有顺天清神之实，岂不诚然哉！

夫人之生也，与忧俱生。患祸发于时事，灾沴奋于冥昧。虽复雅贵连云，拥徒百万，初自独以形神坐待无常。家人嗝嗝，妇子嘻嘻，俄复沦为惚恍。人理曾何足恃？是以过隙宜竞，赊谤冥化，纵欲侈害，神既无灭，求灭不得，复当乘罪受身。今之无赖群生，虫豸万等，皆殷鉴也。为之谋者，唯有委诚信佛，托心履戒，以援精神。生蒙灵援，死则清升。清升无已，径将作佛。佛固言尔，而人侮之。何以断人之胜佛乎？其不胜也，当不下坠彼恶，永受其剧乎？呜呼！六极苦毒，而生者所以世无已也。所闻所见，精进而死者，临尽类多神意安定。有危迫者，一心称观世音，略无不蒙济。皆向所谓生蒙灵援、死则清升之符也。

夫万乘之主，千乘之君，日昃不遑食，兆民赖之于一化内耳。何以增茂其神，而王万化乎？今依周、孔以养民，味佛法以养神，则生为明后，殁为明神，而常王矣。如来岂欺我哉？非崇塔侈像，容养滥吹之僧，以伤财害民之谓也。物之不窥远实而睹近弊，将横以诟法矣。盖尊其道，信其教，悟无常，空色有，慈心整化，不以尊豪轻绝物命，不使不肖窃假非服。岂非导之以德，齐之以礼，天下归仁之盛乎！其在容与之位，及野泽之身，何所足惜，而不自济其精神哉！

昔远和尚澄业庐山，余往憩五旬，高洁贞厉，理学精妙，固远流也。其师安法师，灵德自奇。微遇比丘，并含清真。皆其相与素洽乎道，而后孤立于山。是以神明之化，邃于岩林。骤与余言于崖树涧壑之间，暖然乎有自言表而肃人者。凡若斯论，亦和尚据经之旨云尔。夫善即者，因鸟迹以书契，穷神与人之颂。缇萦一言，而霸业用遂，肉刑永除。事固有俄尔微感，而终至冲天者。今芜陋鄙言，以警其所感，奄然身没，安知不以之超登哉！

[《明佛论》最早载于梁僧祐撰《弘明集》第二卷，汇编于《大正藏》第52册。现以《大正藏》本为底本，以金陵刻经处本为校本，参校刘立夫等译注《弘明集》本]

参考文献

历史文献

《史记》，中华书局1959年点校本。
《汉书》，中华书局1962年点校本。
《后汉书》，中华书局1965年点校本。
《三国志》，中华书局1959年点校本。
《晋书》，中华书局1974年点校本。
《宋书》，中华书局2019年点校本修订本。
《南齐书》，中华书局2019年点校本修订本。
《梁书》，中华书局1973年点校本。
《魏书》，中华书局1974年点校本。
《周书》，中华书局1971年点校本。
《南史》，中华书局1975年点校本。
《北史》，中华书局1974年点校本。
《隋书》，中华书局1973年点校本。
（清）迈柱等监修，夏力恕等编纂：《湖北通志》，《四库全书》本。
光绪《荆州府志》，湖北人民出版社2006年校勘重印本。
乾隆《江陵县志》，原版影印本。
光绪《江陵县志》，《中国地方志集成·湖北府县志辑》，江苏古籍出版社2001年影印本。
（清）孔自来：《江陵志余》，《中国地方志集成·湖北府县志辑》，江苏古籍出版社2001年影印本。
（清）阮元校刻：《十三经注疏》，中华书局2009年版。
余敦康解读：《周易》，国家图书馆出版社2017年版。

程树德撰，程俊英、蒋见元点校：《论语集释》，中华书局2018年版。

（清）焦循撰，沈文倬点校：《孟子正义》，中华书局2018年版。

朱谦之撰：《老子校释》，中华书局2018年版。

（清）郭庆藩撰，王孝鱼点校：《庄子集释》，中华书局2018年版。

黎翔凤校注：《管子校注》，中华书局2018年版。

（东汉）王充著，黄晖校：《论衡校释》中华书局2018年版。

程俊英撰：《诗经译注》，上海古籍出版社2012年版。

林家骊译注：《楚辞》，中华书局2010年版。

方韬译注：《山海经》，中华书局2011年版。

（南朝宋）刘义庆撰，刘孝标注，余嘉锡笺疏：《世说新语笺疏》，中华书局2011年版。

（南朝齐）谢朓撰，曹融南注：《谢宣城集校注》，上海古籍出版社1991年版。

（南朝梁）刘勰著，王志彬译注：《文心雕龙》，中华书局2012年版。

（南朝梁）钟嵘著，周振甫译注：《诗品译注》，中华书局2017年版。

逯钦立辑校：《先秦汉魏晋南北朝诗》，中华书局1983年版。

（北魏）郦道元著，陈桥驿校证：《水经注校证》，中华书局2013年版。

（唐）张彦远著，俞剑华注释《历代名画记》，上海人民美术出版社1964年版。

（唐）张彦远著，范祥雍点校：《法书要录》，人民美术出版社2016年版。

（唐）余知古著，杨炳校校释《渚宫旧事校释》，武汉出版社1992年版。

（唐）徐坚：《初学记》，中华书局2004年版。

（唐）杜甫著，杨伦笺注：《杜诗镜铨》，上海古籍出版社1981年版。

《全唐诗》，中华书局1999年版。

陶敏、王友胜校注：《韦应物集校注》，上海古籍出版社2011年版。
（宋）洪迈撰，孔凡礼点校：《容斋随笔》，中华书局2015年版。
（宋）任渊等注，刘尚荣校点：《黄庭坚诗集注》，中华书局2003年版。
（宋）沈括著，胡道静校证：《梦溪笔谈校证》，上海古籍出版社1987年版。
（明）冯梦龙编著，栾宝群点校《古今概谭》，中华书局2007年版。
（明）徐弘祖：《徐霞客游记》，上海古籍出版社1980年版。
（明）袁中道：《珂雪斋集》前集，明万历四十六年刻本。
《笔记小说大观》，台湾新兴书局1985年版。
（清）王琦注：《李太白全集》，中华书局2011年版。
（清）严可均：《全上古三代秦汉三国六朝文》，中华书局1958年影印本。
（清）况周颐、王国维著，王幼安校订：《蕙风词话·人间词话》，人民文学出版社1984年版。
（唐）裴孝源：《贞观公私画史》，《四库全书》本。
《佩文斋书画谱》，《四库全书》本。
（民国）余绍宋著，江兴佑点校：《书画书录解题》，西泠印社出版社2012年版。
华东师范大学古籍整理研究所选编校点：《历代书法论文选》，上海书画出版社2018年版。
卢辅圣：《中国书画全书》，上海书画出版社1993年版。
俞剑华：《中国画论类编》，人民美术出版社2016年版。
（晋）慧远著，张景岗点校：《庐山慧远大师文集》，九州出版社2014年版。
（南朝梁）慧皎撰：《高僧传》，《大正藏》第50册，No. 2059。
（南朝梁）释慧皎撰，汤用彤校注：《高僧传》，中华书局1992年版。
（南朝梁）释慧皎撰，朱恒夫、王学钧、赵益注译：《高僧传》，陕西人民出版社2010年版。
（南朝梁）僧佑撰《弘明集》，《大正藏》第52册，No. 2102。

（南朝梁）僧祐编撰，刘立夫、魏建中、胡勇译注：《弘明集》，中华书局 2013 年版。

（唐）释道宣撰《广弘明集》，《大正藏》第 52 册，No. 2103。

（宋）思溪藏本《广弘明集》，国家图书出版社 2018 年版。

（南朝梁）释僧祐著，苏晋仁、萧鍊子点校：《出三藏记集》，中华书局 1995 年版。

（南朝梁）真谛译、高振农校释：《大乘起信论》，中华书局 2016 年版。

（宋）志磐撰，释道法校注：《佛祖统纪校注》，上海古籍出版社 2012 年版。

（宋）陈舜俞撰：《庐山记》，《丛书集成续编》第 219 卷，新文丰出版公司 1988 年版。

（宋）陈田夫《南岳总胜集》，《丛书集成续编》第 219 卷，新文丰出版公司 1988 年版。

（明）桑乔《庐山纪事》，《丛书集成续编》第 219 卷，新文丰出版公司 1988 年版。

（明）王夫之《莲峰志》，湖南人民出版社 2013 年版。

（清）李元度修纂，（民国）王香余、欧阳谦增补，（民国）王香余续增：《南岳志》，岳麓书社 2013 年版。

（清）刘世珩：《南朝寺考》，清光绪三十三年刻圣顾丛书本，《四库未收书辑刊》玖辑柒册，北京出版社 1997 年版。

石俊等《中国佛学思想资料选编》，中华书局 1981 年版。

今人著述

陈寅恪：《金明馆丛稿初编》，上海古籍出版社 2020 年版，

王仲荦：《魏晋南北朝史》，上海人民出版社 2016 年版。

牟发松：《湖北通史》（魏晋南北朝卷），华东师范大学出版社 2018 年版。

徐冲：《中古时代的历史书写与皇帝权力起源》，上海古籍出版社 2012 年版。

李泽厚：《中国古代思想史论》，人民出版社 1986 年版。

张立文主编，向世陵著：《中国学术通史》（魏晋南北朝卷），人民出版社2004年版。

徐远和等主编：《东方哲学史》（中古卷），人民出版社2010年版。

李泽厚、刘纪刚主编：《中国美学史》（魏晋南北朝编），安徽文艺出版社1999年版。

盛源、袁济喜：《华夏审美风尚史》，北京师范大学出版社2016年版。

朱志荣主编，李修建著：《中国审美意识通史》（魏晋南北朝卷），人民出版社2017年版。

叶朗主编：《中国美学通史》，江苏人民出版社2014年版。

李泽厚：《美的历程》（附华夏美学、美学四讲），安徽文艺出版社1994年版。

宗白华：《美学散步》，上海人民出版社1981年版。

徐复观：《中国艺术精神》，广西师范大学出版社2007年版。

陈传席：《六朝画论研究》，天津人民美术出版社2015年版。

陈传席：《中国山水画史》，天津人民美术出版社2001年修订版。

陈传席：《中国绘画美学史》，人民美术出版社2012年版。

邓乔彬：《中国绘画思想史》，安徽师范大学出版社2013年版。

王伯敏《中国绘画通史》，生活·读书·新知三联书店2018年版。

朱志荣：《中国审美理论》，北京大学出版社2005年版。

朱良志：《中国美学十五讲》，北京大学出版社2006年版。

谢巍：《中国画学著作考录》，上海书画出版社1998年版。

王玫：《六朝山水诗史》，天津人民出版社1996年版。

高智：《六朝隐逸诗学研究》，社会科学文献出版社2016年版。

夏咸淳：《明代山水审美》，人民出版社2009年版。

卿希泰主编：《中国道教思想史》，人民出版社2009年版。

方立天《慧远及其佛学》，中国人民大学出版社，1984年版。

梁启超：《中国佛教研究史》，中国社会科学出版社2008年版。

梁启超著，汤仁泽、唐文权编：《中国佛教史稿》，中国人民大学出版社2012年版。

汤用彤：《汉魏两晋南北朝佛教史》，中华书局2015年版。

汤用彤：《理学·佛学·玄学》，北京大学出版社1991年版。

任继愈主编：《中国佛教史》，中国社会科学出版社1985年版。

季羡林、汤一介主编，张雪松著：《中华佛教史》（汉魏两晋南北朝佛教史卷），山西教育出版社2014年版。

（荷）许理和：《佛教征服中国——佛教在中国中古早期的传播与适应》，李四龙、裴勇等译，江苏人民出版社2017年版。

方立天：《佛教哲学》，长春出版社2006年版。

吕澂：《中国佛教源流略讲》，中华书局1979年。

黄家章：《印光思想、净土信仰与终极关怀》，社会科学文献出版社2013年版。

刘立夫：《弘道与明教》，中国社会科学出版社2004年版。

周建刚：《中国佛教史考论》，中国社会科学出版社2019年版。

曹虹：《慧远评传》，南京大学出版社2002年版。

龚斌：《慧远法师传》，江西人民出版社2008年版。

李勤合：《庐山慧远社团研究》，社会科学文献出版社2016年版。

张松辉：《十世纪前的湖南宗教》，湖南人民出版社2004年版。

刘涛：《中国书法史》（魏晋南北朝卷），江苏凤凰教育出版社2017年版。

黄惇：《秦汉魏晋南北朝书法史》，江苏凤凰美术出版社2008年版。

陈道义：《书法·装饰·道——古代汉字书法装饰之道》，文物出版社2009年版。

牟发松：《汉唐间的荆州宗氏》，《文史》第44集，中华书局1998年版。

周文俊；《南朝官职拜除考述》，载武汉大学编《魏晋南北朝隋唐史资料》第三十八辑，上海古籍出版社2018年版。

陈铮：《身份的认定——南朝画家与道教》，博士学位论文，南京艺术学院，2012年。

杨文斌：《宗炳神不灭论思想述论》，硕士学位论文，苏州大学，2005年。

龙小帆：《宗炳神不灭思想研究》，硕士学位论文，中国人民大学，2011年。

刘晓静：《古代绘画"畅神"论研究》，硕士学位论文，江苏师范大学，2018年。

邵晓林：《论卧游》，硕士学位论文，南京师范大学，2015年。

王艳军：《"杂书体"研究》，硕士学位论文，首都师范大学，2005年。

霍二阳：《晋宋隐逸新风尚与山水艺术》，硕士学位论文，河北师范大学，2013年。

雍文昂：《宗炳的隐居之地及其美学观念的融会》，《中国美学研究》2017年第1期。

张晶：《宗炳与谢灵运：从佛学到山水美学》，《江西社会科学》2016年第7期。

杨遇青：《皈依佛教的精神超越之旅——宗炳的佛学活动及其对晋宋之际佛学思想的诠释》，《佛学研究》2007年第3期。

徐学标：《从中国书法发展中"飞白书"的兴衰流变看杂体书的历史宿命》，《艺术百家》2012年第3期。

张隽：《"一笔画"考辨》，《荣宝斋》2018年第12期。

黄惇：《南齐萧子良、竟陵八友及新潮"杂体书"》，《南京艺术学院学报》（美术与设计版）2008年第5期。

胡晓明：《图说精灵瑞物——论〈瑞应图〉》，《社会科学战线》2014年第11期。

郑伟：《嵇康狮子击象图献疑》，《西安交通大学学报（社科版）》2012年第3期。

陈志远：《地方史志与净土教——谢灵运〈庐山法师碑〉的"杜撰"与"浮现"》，武汉大学《魏晋朝北朝隋唐史资料》第34集，2016年11月。

李勤合：《〈谢灵运庐山法师碑〉献疑》，《图书馆杂志》2011年第6期。

刘心恬：《"卧游"与中国传统观画方式新探》，《西北美术》2019年第2期。

管维良：《大巫山盐泉与巴族兴衰》，《四川三峡学院学报》1999年第4期。

程地宇:《〈高唐赋〉中巫山地望的再探讨》,《重庆社会科学》2005年第3期。

简锦松:《李白登上三峡之巅》,《中国三峡》2018年9月号。

后　　记

　　少小离家，四处奔波，对宗炳这样一位乡贤并没有过多思考。多年前家乡成立宗炳文化研究会，建起气势恢宏的宗炳广场，广场舞台后方墙上镌刻着宗炳画像和《画山水序》全文，广场两边竖立着高大的石柱，上面刻着宗炳的名言或生平事迹，图文并茂，这促使笔者开始关注宗炳研究问题。

　　宗家祖籍南阳，世居江陵。宗炳青少年时期居于江陵城西的高沙湖（今荆州市荆州区李埠镇），中晚年居于江陵城东的三湖。宗炳是一位著名的隐士，同时又是著名的书法家、画家、画论家、佛学家和古琴师，对中国绘画史、美学史、佛学史作出过重大贡献。历代画家和画论家几乎都对宗炳画论思想有所论述并受其影响，很多名人雅士都极为仰慕宗炳的隐逸人格，但真正研究宗炳、解读宗炳者鲜有其人。民国以降，始有学者进行专门研究，当下宗炳研究者不乏其人，其研究成果多有所见。遗憾的是，至今为止宗炳研究仅限于专题，其中又主要集中于绘画艺术和美学领域，尚未发现对宗炳家世、生平、艺术（书法、绘画、琴技）和学术（画论、佛论）进行全方位、综合性研究的著述。正因为如此，作为宗炳故里学人，笔者似乎有一种历史责任感和文化使命感。四年前，经过长时间思考，终下决心为宗炳撰写一本传记类的著述，填补这一空白，向学界和读者展示一个完整的宗炳形象，以告慰宗炳先生的在天之灵，以报答三湖父老的养育之恩！

　　决定撰写此书，实属"知其不可而为之"。宗炳研究涉及艺术、美学、佛学和历史等多个学科。笔者所学为哲学，虽然对这些领域偶有涉足，但毕竟专业不同，其知识结构、思维模式和学术规范都有很大差异。与此同时，宗炳的文字和义理艰深古奥，其生平史料和著述作品散佚严重。这些对笔者来说都是挑战。况且笔者乃单兵作战，既无经费资助，也无人手相助，可以说，撰写此书的主客观条件都不充分。但既然立下志愿，那就硬着头皮往前走。为了查找和核对资料，四年来，笔者曾经无数次到湖北省图书馆、武汉市图书馆、深圳市图书馆等，一待就是大半天、一整天，直到筋疲力尽、头昏脑胀才离开。对于一些必备且不易获得的书籍，则通过网购和借阅方式予以解决。

为了对宗炳的行迹有所感悟，笔者特地做了相应的"田野调查"。宗炳曾"下入庐山"，笔者专程到庐山东林寺，下榻其附近专事接待佛教信众的酒店（宗炳当年曾立禅房于东林寺侧），拜谒寺内十八高贤殿堂，考察当年诸法师游历过的石门景区，与寺内法师和居士（即研究人员）讨论，在寺内图书馆查阅资料。宗炳曾"结宇衡山"，笔者又专程到衡山实地考察，造访"结宇"附近的方广寺法师和山民（幸遇一位95岁老者指点迷津），大致确定宗炳当年修道的处所。宗炳又曾"西陟荆巫"，笔者特地驱车从重庆奉节顺三峡周边而下，不仅认定宗炳所登之"巫"，绝非今巫山县之"巫山"，实乃三峡地区，更主要的是对宗炳的山水之游有了更深切的感受（上述这些地方笔者以前都曾游历过）。

由于史料阙如，宗炳的生平无法构成一个完整、连续的链条，只能采取评传结合的方式来书写。又由于宗炳才学广博，其各个方面都要兼顾，不便按年代顺序叙述，而是基本按大的"块块"（专题）来展开，在"块块"中体现"条条"（时间顺序）的脉络，以"终论"作为结语。

四年来，在搜集资料、实地考察和写作修改的过程中，得到了各方面的帮助。湖北省图书馆古籍部主任范志毅、深圳市图书馆专题部主任余胜，多次协助笔者查找资料。庐山东林寺和衡山方广寺的法师和居士，与笔者一起讨论，观看资料、查看地形等，在此谨对上述朋友的帮助表示衷心的感谢！

初稿完成后，曾先后请多位师友阅改，其中李瞳博士审读佛论部分并提出意见，黄家章博士逐字逐句修改佛论部分并提出诸多建议，史建成博士审读画论部分并提出意见，方映灵研究员和问永宁教授审读"心本体论"并提出意见，卢忠仁教授阅改大部分文稿并提出诸多建议。魏晋南北朝史研究专家、华东师范大学历史系教授牟发松先生，不仅逐字逐句修改大部分文稿，订正史实，提出修改意见，并提供参考书目，惠寄参考资料。上述师友的帮助不仅提高了拙稿的质量，而且极大地增强了笔者修改的信心。特别是牟先生一丝不敬、严谨治学的精神，对文稿的修改起到了积极的导向作用。在此谨对各位师友表示衷心的感谢！由于笔者主客观条件有限，最后的定稿可能达不到师友的期望，因此书中存在的问题和不足完全由本人负责。

在写作的过程中，参阅和吸收了前彦今贤大量研究成果，拙稿尽量做了引注。但也可能因为引文太多而有所简化或遗漏，敬请原作者多多包涵。在此谨对所有作者表示感谢！同时要特别说明的是，陈传席先生对宗炳以及山水画史、中国绘画美学史颇有研究，其著述对笔者帮助甚大，拙稿吸收也较多；牟发松先生研究魏晋南北朝史的成果颇丰，笔者多有参考；刘立夫诸君译注的《弘明集》，对于把握宗炳等人的佛学思想提供了极大的便利，拙稿中的佛论意译大多参校刘本，在此特对陈传席先生、牟发松先生和刘立夫诸君表示诚挚的谢意！

深圳市社科院和中国社会科学出版社对丛书出版给予了大力支持，刘婉华博士、史敏博士作了大量组织和协调工作，刘绚兮博士为拙稿引注作了一些规范工作，李凯凯编辑为拙稿的编校付出了辛勤的劳动，在此一并致谢！

最后要特别感谢妻子，在我"闭门造车"时，她承担了更多的家务；在我"田野调查"时，她全程陪伴相助。

拙稿虽然付印，笔者不但没有如释重负的感觉，反而更加忐忑不安。由于学力不济，书中可商榷之处一定不少，错讹之处也在所难免，真诚期待学界和读者的批评指正（来函请致 huangfayu@szass.com）。如果本书能为宗炳传记研究起到某种抛砖引玉的作用，笔者也就聊以自慰了。

黄发玉　谨记

2021 年 8 月 31 日

于深圳